W0084069

DIEDERICHS GELBE REIHE

herausgegeben von Michael Günther

धम्मचक्कप्पवत्तनसुत्तं

एकं समयं भगवा बाराणसियं विहरति इसिपतने मिग-
दाये । तत्र खो भगवा पञ्चवग्गिये भिक्खू आमन्तेसि – "द्वेमे,
भिक्खवे, अन्ता पब्बजितेन न सेवितब्बा । कतमे द्वे ? यो चायं
कामेसु कामसुखल्लिकानुयोगो हीनो गम्मो पोथुज्जनिको अनरियो अनत्थ-
संहितो, यो चायं अत्तकिलमथानुयोगो दुक्खो अनरियो अनत्थसंहितो ।
एते खो, भिक्खवे, उभो अन्ते अनुपगम्म मज्झिमा पटिपदा तथागतेन
अभिसम्बुद्धा चक्खुकरणी ञाणकरणी उपसमाय अभिञ्ञाय सम्बोधाय
निब्बानाय संवत्तति ।

"कतमा च सा, भिक्खवे, मज्झिमा पटिपदा तथागतेन अभि-
सम्बुद्धा चक्खुकरणी ञाणकरणी उपसमाय अभिञ्ञाय सम्बोधाय
निब्बानाय संवत्तति ? अयमेव अरियो अट्ठङ्गिको मग्गो, सेय्यथीदं –
सम्मादिट्ठि, सम्मासङ्कप्पो, सम्मावाचा, सम्माकम्मन्तो, सम्माआजीवो,
सम्मावायामो, सम्मासति, सम्मासमाधि । अयं खो सा, भिक्खवे,
मज्झिमा पटिपदा तथागतेन अभिसम्बुद्धा चक्खुकरणी ञाणकरणी
उपसमाय अभिञ्ञाय सम्बोधाय निब्बानाय संवत्तति ।

"इदं खो पन, भिक्खवे, दुक्खं अरियसच्चं – जाति पि दुक्खा,
जरा पि दुक्खा, ब्याधि पि दुक्खो, मरणं पि दुक्खं, अप्पियेहि सम्पयोगो
दुक्खो, पियेहि विप्पयोगो दुक्खो, यम्पिच्छं न लभति तं पि दुक्खं –
सङ्खित्तेन पञ्चुपादानक्खन्धा दुक्खा । इदं खो पन, भिक्खवे, दुक्ख-
समुदयं अरियसच्चं – यायं तण्हा पोनोब्भविका नन्दिरागसहगता
तत्रतत्राभिनन्दिनी, सेय्यथीदं – कामतण्हा, भवतण्हा, विभवतण्हा । इदं
खो पन, भिक्खवे, दुक्खनिरोधं अरियसच्चं – यो तस्सा येव तण्हाय

Der Anfangsteil der ersten Lehrrede des Buddha in Pāli-Sprache und Devanāgarī-Schrift. Pāli kann in allen süd- und südostasiatischen Alphabeten und in lateinischen Lettern wiedergegeben werden. Die Devanāgarī-Schrift ist in Nordindien und Nepāl in Gebrauch.

Inhalt

528 – 508 v. Chr.

Die ersten zwanzig Missionsjahre

Lehre, Orden, Laienschaft

Gotama – psychologische Aspekte

Späte Jahre

483 v. Chr.

Die Große Heimkehr

Danach

Anhang

Vorwort

Nur wenige Persönlichkeiten in der Geistesgeschichte der Menschheit haben so weit und so anhaltend ausgestrahlt wie Siddhattha Gotama, der »Buddha«, und keine hat Asien so tief geprägt wie er. Die von ihm gestiftete Religion hat nicht nur zahllosen Menschen Trost gebracht, sie war zugleich Grundlage edler Humanität und feinsinniger Kultur. Die erste Predigt des Buddha im Jahre 528 v. Chr. in Sārnāth bei Benares war ein Ereignis, das noch heute segensreich fortwirkt.

Der Titel »Der historische Buddha« umreißt sowohl das Thema des vorliegenden Buches als auch seine Abgrenzung. Ausgeschlossen von der Behandlung sind die ahistorischen Buddhas der Vorzeit und Zukunft, von denen in buddhistischen Schriften oft die Rede ist; ausgeschlossen sind weiter die um den historischen Buddha entstandenen Legenden, sofern sie nicht einen geschichtlichen Kern erkennen lassen. Es geht um die entmythologisierte Person des großen Inders, um die Epoche, in der er lebte, und um die politisch-sozialen Verhältnisse, die seine Mission ermöglichten und zum Erfolg gedeihen ließen.

Da es bereits eine stattliche Reihe von Buddha-Biographien gibt – vier davon aus deutscher Feder –, bedarf eine neue Biographie ausdrücklicher Rechtfertigung. Diese liegt darin, daß die Indologie als Wissenschaft seit etwa zwei Jahrzehnten von ihrem philologischen Elfenbeinturm herabgestiegen ist und die großen indischen Denker heute im Rahmen der Gegebenheiten ihrer Zeit und Umwelt betrachtet. Die Epoche des Buddha, das 6./5. Jh. v. Chr., erscheint aufgrund neuer

Detailuntersuchungen in neuem Licht. Man sieht den Buddha nicht mehr als sozusagen über dem Boden schwebenden Heiligen, sondern als weltklugen, politische Konstellationen nutzenden, taktische Intelligenz einsetzenden Organisator – vergleichbar etwa dem größten Inder der Moderne, Mahātma Gāndhi, der seine Mission erfüllen konnte, weil er nicht nur ein frommer Hindu, sondern auch ein gerissener Advokat und realistisch denkender Politiker war. Keine Periode der Geschichte war eine »gute alte Zeit«, die des Buddha nicht ausgenommen, wie ihre starke Hinneigung zu neuen Erlösungslehren beweist. Man tut gut daran, sie als eine Epoche anzusehen, deren Menschen sich von uns Heutigen weder im Intelligenzgrad noch im moralischen Standard, sondern lediglich durch ein anderes Weltbild und geringere technische Naturbeherrschung unterscheiden, im übrigen aber von denselben Sehnsüchten und Hoffnungen bewegt werden wie wir.

Von buddhistischer Seite ist oft zu hören, der Buddha als Person sei unwichtig, nicht die ephemeren Ereignisse seines Lebens, sondern allein seine zeitlose Lehre verdiene Beachtung. Diese Ansicht hat einiges für sich, und in der Tat läßt sich der Buddha aus seinem System wegdenken, ohne daß diesem dadurch etwas fehlte. Andererseits ist jede philosophische Anschauung eine Rationalisierung der Mentalität ihres Denkers. Ein anderer Mensch oder derselbe Mensch in einem anderen Milieu hätte eine andere Mentalität entwickelt und entsprechend etwas anderes rationalisiert, kurz: Etwas anderes gedacht. Der Schöpfer eines Systems verdient demnach auch als Person und in seinem Lebensumfeld Interesse, jedenfalls für den Westler, der historisch denkt und den das Wie einer Erkenntnis ebenso fesselt wie das Was.

Das philosophisch-religiöse, auf Erlösung abzielende System, das der Buddha in 45jähriger Lehrtätigkeit seinen indischen Zeitgenossen darlegte, wird im Folgenden in seiner ältest erhaltenen Gestalt skizziert. Leser, die auch die Weiterentwicklungen der Buddhalehre kennenlernen wollen, werden auf mein Buch »Buddhismus – Stifter, Schulen und Systeme« (Olten/Freiburg ³1981) verwiesen.

Wo es in der folgenden Arbeit nicht um philosophische Details, sondern um biographische Zusammenhänge geht, ist es zulässig, Aussprüche des Meisters gekürzt, gerafft oder paraphrasiert wiederzugeben. Möglicherweise werden sie dadurch lebendiger als in dem repetitiven Sakralstil des von mehreren Mönchskonzilen revidierten Pāli-Kanons.

Dieser Kanon in der Pāli-Sprache bildet für den Buddha-Biographen die wichtigste Quelle. Entsprechend werden im Folgenden die buddhistischen Namen und Begriffe in ihrer Pāli-Form angegeben – z. B. (P) *nibbāna* statt (Skt) *nirvāṇa*. Für einige andere Namen und Begriffe wird die jeweils gebräuchlichste Sprachform in Sanskrit, Prākrit oder Hindī verwendet.
Es wäre möglich gewesen, das Buch durch die Wiedergabe von Buddhaskulpturen zu illustrieren. Ich habe davon abgesehen, da die bildliche Darstellung des Buddha in Indien erst viereinhalb Jahrhunderte nach dem Tod des Meisters, also kurz vor Beginn der christlichen Zeitrechnung einsetzt und nicht den historischen Gotama, sondern den bereits ins Legendäre erhobenen Übermenschen *(mahāpurisa)* zum Gegenstand hat. Durch Verwendung von Illustrationen aus der Kunst wären die herausgefilterten legendären Elemente wieder in das Buch hineingelangt. Der historische Buddha ist ein bildloser Buddha.
Von ganzem Herzen möchte ich denjenigen danken, die das Buch möglich gemacht haben, voran meiner Frau, die fünf Jahre hindurch in Bonn und später in Colombo die Abende schweigend verbringen und auf viele gemeinsame Programme verzichten mußte. Opfer gebracht hat auch mein Sohn Harald Kim, der, obwohl an Buddhas angeblichem Geburtstag am Mai-Vollmond in Indien geboren, zuweilen protestierte, wenn Pa sich nicht ihm, sondern vergangenen Zeiten widmete. Dank für selbstlose Hilfe und großen Einsatz an Mühe sage ich dem Senior der deutschen Theravāda-Mönche, dem ehrw. Nyānaponika Mahāthera, Forest Hermitage bei Kandy. Trotz eigener literarischer Arbeiten und drängender Editionsaufgaben für die Buddhist Publication Society hat er sich die Zeit genommen, das Manuskript sorgfältig durchzusehen. Seine Hinweise haben zur Präzisierung einiger Abschnitte erheblich beigetragen.

Hans Wolfgang Schumann

563 – 528 v. Chr.

Jugend, Suche und Erleuchtung

Die landschaftliche und politische Szene Nordindiens im 6. Jh. v. Chr.

Auf dem Bahnhof der nordindischen Universitätsstadt Gorakhpur bemerkt der Beobachter neben den indischen Reisenden Besucher aus Japan und Śrī Laṅkā, Thailand und Burma sowie Exiltibeter und Westländer: Pilger, die zum Geburtsort des Buddha nach Lumbinī und seinem Sterbeort Kusināra unterwegs sind. Denn die nordindische Ebene zwischen den Himālaya-Vorbergen und den Ufern der Gaṅgā (Ganges) ist das heilige Land des Buddhismus. Hier war es, wo der Buddha zwischen 528 und 483 v. Chr. seine Einsichten verkündete und wo die erste Bekennergemeinde entstand. Von hier aus trat seine Lehre ihren friedlichen Siegeszug durch Asien an.

Die Landschaft, zur Buddhazeit dicht bewaldet, erstreckt sich vom Himālaya-Vorland, dem Tarai, 300 km flach nach Süden, gemustert von Feldern, gesprenkelt von Dörfern, die unter schütteren Bäumen in der Hitze brüten, und mehrfach durchbrochen von träge strömenden Flüssen, auf denen Holzschiffe unter grauen Segeln gemächlich dahinziehen. Städtische Schwerpunkte sind Allāhabād, Vārāṇasi (Benares) und Patna.

Ganz anders als im Mai/Juni, wenn das Thermometer über 40° C anzeigt, erscheinen Landschaft und Städte, wenn Mitte Juni der Monsun losbricht, der mit mächtigen Kumuluswolken aus Südost herangezogen ist. Rauschend ergießen sich, jeweils einige Stunden lang, gewaltige Regengüsse über das Land, die Erde verwandelt sich in Morast, die kurz zuvor noch so matten Flüsse werden uferlose Ströme. Bald wird die Hitze zur Schwüle, die Haut bildet Hitzepöckchen und juckt, aber langsam sinkt dann die Temperatur und macht die Monate von Oktober bis März gemäßigt (15 °C) und angenehm. Im Januar kann es nachts sogar empfindlich kalt (bis 3 °C) werden, und die Basarhändler bieten mit Baumwolle gestopfte Steppdecken an. Allmählich steigt das Quecksilber wieder, und ab April beginnt erneut die heiße Zeit. Der Flame of the Forest-Baum schlägt in rubinrot leuchtende Blüten aus. Je heißer es wird, umso öfter schreit der Brainfever-Vogel, der Falkenkuckuck seine hysterischen Kadenzen, die bei Nacht die allgemeine Stickigkeit darin unterstützen, den Schlafsuchenden wachzuhalten.

Wie Land und Klima die Lebensweise des Menschen diktieren, so auch die politischen und sozialen Verhältnisse. Liegt Indiens Geschichte vor dem Zeitalter des Buddha für uns im Nebeldunst, so hebt sich im 6. Jh. v. Chr. der Schleier und gibt den Blick auf die politische Bühne des Gangeskontinents frei. Ereignisse und Personen gewinnen Kontur, Individuen mit den gleichen Fähigkeiten, Eigenschaften und Wünschen wie die heutigen treten hervor. Es sind die buddhistischen Schriften, die uns dies alles überliefern.

Nicht mit der Absicht freilich, Geschichte zu schreiben, denn das politische Geschehen erschien den Indern jener Zeit kaum festhaltenswert. Zweck der Überlieferungstätigkeit der Mönchsgemeinde war es, die Lehre *(dhamma)* weiterzugeben, die der Erhabene in seinen Predigten offenbart und als alleinige Autorität für zukünftige Heilssucher bestimmt hatte. Jahrhundertelang mündlich tradiert, wurde der Kanon seiner Lehrreden kurz vor der Zeitwende aufgezeichnet. Aus den Angaben über Ort, Anlaß und Umstände dieser Reden sowie aus den Kommentaren dazu wird die Epoche des Buddha lebendig.

Reflektieren die ältesten literarischen Quellen der Inder, die Veden, ländliche Lebensweise, so tritt uns in den buddhistischen Schriften das Bild einer städtischen Kultur entgegen. Von Dörfern und Bauern ist zwar auch die Rede, aber vor allem die Städte bilden die Kulisse der Mission des Buddha, sie sind die Schwerpunkte eines blühenden merkantilen und politischen Lebens. Ihr gesellschaftliches Zentrum bildete der ortsansässige Regierende, der Rāja, der in seinen Entscheidungen von der Ratsversammlung abhängig und zudem meist durch Loyalitätszwang gegenüber einem Mahārāja (Großrāja) gebunden war. Vier Königreiche, so erfahren wir aus den buddhistischen Schriften, eine Anzahl von oligarchischen Republiken und eine Gruppe von Stämmen bestimmten um das 6. Jh. v. Chr. das politische Bild der mittleren Gangesebene:

- Nördlich des Ganges-Stroms lag das mächtige Königreich Kosala mit der Hauptstadt Sāvatthi (skt: Śravasti), zu Lebzeiten des Buddha nacheinander beherrscht von den Königen Mahākosala, Pasenadi und Viḍūḍabha. Wichtige Städte Kosalas neben Sāvatthi waren Sāketa (Ayojjha), die einstmalige Hauptstadt des Landes, und die Pilgerstadt Vārāṇasī (Benares). Der König von Kosala war, abgesehen von seinem Kernterritorium, Herr über zwei Republiken und drei Stammesgebiete.

- Südwestlich von Kosala, in dem Winkel zwischen Gaṅgā und Yamunā, war das kleine Königreich Vaṃsā (oder Vaccha) mit der Hauptstadt Kosambī und dem Wallfahrtsort Payāga (heute Allāhabād) gelegen. In Kosambī regierte König Udena, Sohn des Parantapa.

- Das Avanti-Reich erstreckte sich unterhalb von Vaṃsā und Kosala südlich der Gaṅgā. Sein König Pajjota residierte in Ujjenī, hatte jedoch im Südteil seines Reiches eine zweite Hauptstadt, Māhissati. Avanti lag außerhalb des Gebiets, das der Buddha auf seinen Wanderungen berührte, und wurde durch seinen Jünger Mahākaccāna für seine Lehre gewonnen.

- Schließlich zu nennen ist das sich weit dahinziehende Königreich Magadha, das sich im Osten an Avanti anschloß und im Norden von der Gaṅgā begrenzt war. Sein Reichtum stammte zum erheblichen Teil aus dem Eisenerz, das unweit der Hauptstadt Rājagaha im Tagebau gewonnen wurde und sowohl Exportgut als auch Rohstoff für die eigene Waffenproduktion war. In Rājagaha (»Königshausen«) residierten in der Folge die Könige Bhāti (oder Bhātiya), Bimbisāra (der mit einer Schwester des Kosala-Königs Pasenadi verheiratet war) und Ajātasattu, der die Hauptstadt von Rājagaha nach Pāṭaliputta (heute Patna) verlegte. Ajātasatus Sohn und Nachfolger war

Udāyibhadda, der gleich seinem Vater durch Vatermord auf den Thron kam und durch seinen Sohn Anuruddhaka das gleiche Schicksal erlitt.

Neben diesen vier Königreichen gab es im Mittleren Land mehrere Republiken, alle östlich von Kosala und nördlich von Magadha gelegen. Bei ihnen handelte es sich um aristokratisch-oligarchisch geleitete Staatswesen mit einem Präsidenten oder Gouverneur (rāja) an der Spitze, der den Vorsitz in der Ratsversammlung hatte und, wenn diese nicht tagte, die Regierungsgeschäfte alleinverantwortlich führte. Zum Rāja wählbar waren nur die Angehörigen der Kriegerkaste *(khattiya,* skt: *kṣatriya),* d. h. des Adels, wie auch die Sitze im Rat Männern dieses Standes vorbehalten waren. Die anderen Kasten konnten jedoch – da die Ratshallen nur aus einem von Säulen getragenen Dach bestanden – den Debatten zuhören.

Die Republiken werden jeweils nach dem Adelsstamm bezeichnet, der die Regierungs- und Verwaltungsgeschäfte führte. Ihre Bevölkerung machte ein Vielfaches der regierenden Schicht aus, jedoch sind Zahlen nicht überliefert.

- Die Republik der Sakiya (auch Sakya, Sakka), deren Hauptstadt Kapilavatthu war und deren einstiges Territorium heute von der indisch-nepālischen Grenze durchschnitten wird, schloß sich nordöstlich an das Königreich Kosala an und stand zu diesem in einem Suzeränitätsverhältnis. Dem Sakiya-Adel entstammte der Buddha.
- Die recht ausgedehnte Malla-Republik besaß zwei Rājas, die in den städtischen Zentren Pāvā und Kusināra ansässig waren. Kusināra wird als unbedeutendes Nest beschrieben, wurde aber der Ort, an dem der Meister im Jahre 483 v. Chr. ins Absolute Verlöschen (Parinibbāna) einging.
- Die Republik der Licchavī mit der Hauptstadt Vesāli
- und die Republik der Videha mit der Hauptstadt Mithilā hatten sich zur sogenannten Vajjī-Föderation zusammengeschlossen, zu der zeitweilig noch einige Stämme gehörten.

Die Stämme bildeten neben den Monarchien und Republiken eine dritte Gruppe von Staatswesen. Über ihre Verwaltungsstruktur besit-

Das Wandergebiet des Buddha in Nordindien

zen wir kaum Angaben, jedoch scheint ihr Unterschied zu den Republiken darin bestanden zu haben, daß bei ihnen der Rāja nicht gewählt, sondern ernannt wurde, nämlich von den Stammesältesten, und daß weder der Rāja noch die Ältesten dem Kriegeradel angehören mußten. Zu den wichtigeren Stämmen gehörten

- die Koliya, die südöstlich der Sakiya-Republik beheimatet und von deren Staatsgebiet durch das Flüßchen Rohiṇī (heute Rowaī) getrennt waren. Zwischen Sakiya und Koliya bestanden zahlreiche Heiratsverbindungen. Die Hauptstadt der Koliya war Rāmagāma (oder Koliyanagara).

- Ferner aufzuführen sind die Moriya mit der Hauptstadt Pipphalivana, deren Stammesareal sich noch weiter östlich an das Gebiet der Koliya anschloß.

- Letztlich erwähnenswert ist der Stamm der Kālāma, die Kesaputta zur Hauptstadt hatten. Ihr Stammesgebiet lag in dem nach Westen offenen Winkel zwischen den Flüssen Ghāghra und Gaṅgā.

Zwischen den Königreichen, Republiken und Stämmen gab es zwar gelegentlich Meinungsverschiedenheiten – meist um Wassernutzungs- und Weiderechte –, die Grundstimmung war jedoch die der friedlichen Koexistenz. Ohne Behinderung konnte jeder die Grenzen zwischen den verschiedenen Staatsgebilden überschreiten.

So beschaffen war die landschaftliche, klimatische und politische Umwelt, in die Siddhattha Gotama, der nachmalige Buddha, im Jahre 563 v. Chr. hineingeboren wurde.

Siddhatthas Herkunft und Geburt

Kapilavatthu, die Heimatstadt des Buddha, in der er die ersten 29 Jahre seines Lebens verbrachte, liegt unweit der Grenze, die heute das Königreich Nepāl vom Staatsgebiet der Republik Indien trennt. Der Vater des Buddha hieß Suddhodana, »Der reinen Reis züchtet«, und gehörte dem Stamm der Sakiya an. Die Sakiya waren Khattiya, zählten also zur (damals noch) höchsten Kaste, dem Krieger- oder besser: Dienstadel, welchem die Verwaltung und die Rechtspflege der Sakiya-Republik oblag und aus dessen Mitte bei Bedarf der neue Rāja, der Präsident der Republik und Vorsitzende der Ratsversammlung, gewählt wurde. Um die Mitte des 6. Jh. v. Chr. war es Suddhodana, der das Rāja-Amt innehatte.

Suddhodana war mit zwei Schwestern aus Devadaha verheiratet, von denen die ältere, Māyā mit Namen, seine Hauptgattin war und die Mutter Siddhatthas, des Buddha wurde. Suddhodanas zweite Gattin, Pajāpatī oder Mahāpajāpatī, schenkte zwei Kindern das Leben, dem Sohn Nanda, der einige Tage nach seinem Halbbruder Siddhattha auf die Welt kam, und der Tochter Nandā oder Sundarīnandā.

Wie Suddhodana selbst, so gehörte auch das Schwesternpaar Māyā und Pajāpatī zum Sakiya-Stamm. Innerhalb des Stammes zu heiraten entsprach den Endogamie-Gepflogenheiten der Zeit, die die Reinerhaltung des Stammes sichern sollten, jedoch oft in den Wind geschlagen wurden, wenn Liebe oder eine lockende Mitgift sich einmischten.

Strenger beachtet, besonders in der Brahmanen-Kaste, wurden die gegen Inzucht gerichteten Exogamie-Regeln, die Ehebindungen zwischen Trägern desselben Familiennamens ausschlossen. Suddhodana hieß mit Familiennamen Gotama, hätte also keine Frau gleichen Familiennamens ehelichen dürfen. Daß er der Sitte folgte und tatsächlich exogam heiratete, ist wahrscheinlich, aber nicht ganz sicher, da uns die Familien- *(gotta-)* Namen weder des Devadahasakka noch des Añjana überliefert sind. Ein Blick auf das genealogische Schema zeigt jeden-

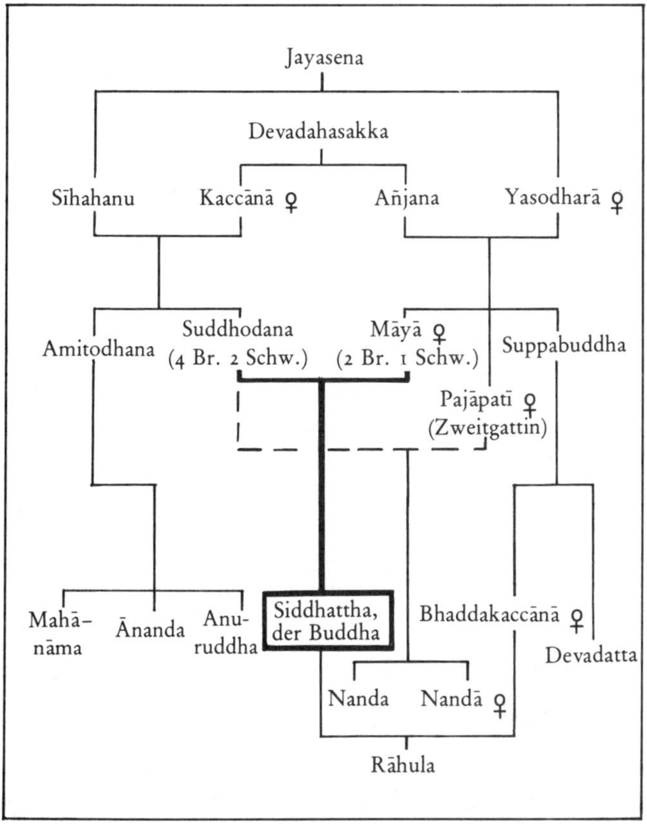

Die Genealogie des Buddha und seiner für den buddhistischen Orden bedeutsamen Verwandten (vereinfacht, Geschwister und Ehefrauen zum Teil unberücksichtigt).

falls eine enge Blutsverwandtschaft Suddhodanas mit den beiden schönen Schwestern: Seine Mutter und der Vater seiner Frauen waren Geschwister, und ebenso sein Vater und die Mutter seiner Frauen. Anders ausgedrückt: Seine Frauen waren seine Kusinen.

Kapilavatthu war zwar die Heimatstadt Siddhatthas, nicht aber sein Geburtsort. Wie die Nidānakathā, die »Einleitungserzählung« zum Buch der Vorgeburtsgeschichten *(jātaka)* in legendenhafter Ausschmückung erzählt, hatte sich die damals bereits 40jährige Māyā kurz vor der Geburt ihres Kindes nach Devadaha zum Haus ihrer Eltern aufgemacht, um das Kind dort mit dem Beistand ihrer Mutter Yasodharā zur Welt zu bringen. Die Reise im rumpelnden Pferde- oder Ochsenkarren auf heiß-staubiger Straße führte dazu, daß die Geburt vor Erreichen Devadahas eintrat. Unweit des Dorfes Lumbinī (heute Rummindai), im Freien, beschirmt nur von der Krone eines Sāla-Baums (shorea robusta) und ohne fachkundige Hilfe für die Gebärende, erblickte der kleine Siddhattha im Mai des Jahres 563 v. Chr. das Licht der Welt.

Lumbinī ist 1896 archäologisch entdeckt worden. Das bedeutsamste Fundstück am Ort ist eine vom Kaiser Asoka im Jahre 245 v. Chr. errichtete, sechseinhalb Meter hohe Steinsäule mit der Inschrift:

> Zwanzig Jahre nach seiner Krönung kam König Devānampiya Piyadasi (= Asoka) hierher und bezeigte seine Verehrung, weil der Buddha, der Weise aus dem Sakya-Geschlecht, hier geboren worden ist. Er ließ ein Steinrelief (?) anfertigen und eine Steinsäule errichten, um anzuzeigen, daß hier der Erhabene geboren wurde. Das Dorf Lumbinī befreite er von Steuern und (setzte) seine Naturalabgaben (von dem üblichen Viertel) auf ein Achtel (herab).

Auch eine wohl aus dem 2. Jh. n. Chr. stammende Steinplatte wurde in Lumbinī gefunden, die heute in einem kleinen Tempel dort untergebracht ist. Sie zeigt Māyā, die sich, das Kind gebärend, stehend an einem Ast des Sāla-Baums festhält. Offenbar war Entbindung im Stehen die Sitte der Zeit.

Nach den Strapazen der Geburt war Māyā außerstande, ihre Reise nach Devadaha fortzusetzen. Erschöpft wurde sie von ihrem kleinen Gefolge nach Kapilavatthu zurückgebracht, wo die Freude über den neuen Gotama-Sproß bald von der Sorge über die zunehmende Entkräftung der Mutter überschattet wurde. Schwach und fiebrig verfolgte Māyā von ihrem Lager aus die Vorbereitungen zu Siddhatthas Namengebung.

Zum Zweck des Zeichendeutens war ein weiser Mann herbeigeholt

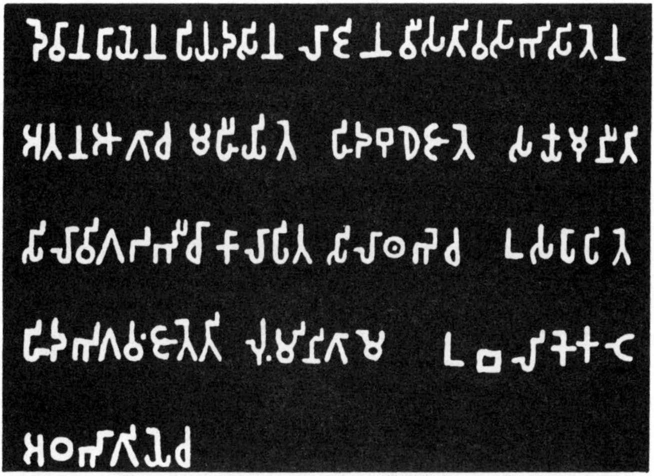

Das Edikt des Kaisers Aṣoka auf der Säule von Lumbinī. Die Schrift ist Brāhmī, die Sprache Māgadhī – mit den bei Asoka üblichen örtlichen Varianten. Der Kaiser legte Wert darauf, daß seine Edikte am Aufstellungsort verständlich seien und paßte sie den lokalen Dialekten an. Die Brāhmī-Schrift ist 1837 von James Prinsep entziffert worden.

worden, der greise Asita, ein geehrter alter Freund der Gotama-Familie, dessen Name (»Nicht-Weiß«) von seiner dunklen Hautfarbe herrührte und auf Herkunft von den vor-arischen Ureinwohnern Indiens hindeutet. Viele Jahre lang war Asita Hauspriester der Gotamas gewesen – zuerst bei Sīhahanu, dem Vater Suddhodanas, dann bei diesem selbst – bevor er sich in eine Einsiedelei zurückgezogen hatte. Asita beschaute das drei Tage alte Kind und prophezeite aus dessen körperlichen Merkmalen, daß es sich um einen außerordentlichen Knaben handele, der Buddhaschaft erlangen und das Rad der Lehre in Gang setzen werde (Snip 693). Mit Tränen in den Augen darüber, daß es ihm selbst nicht mehr vergönnt sei, Siddhattha als Buddha zu erleben, schärfte er seinem Neffen Nālaka ein, dereinst Hörer des Buddha zu werden (Snip 695 f.).
Zwei Tage darauf vollzogen acht Brahmanen die Namengebungszere-

monie für Siddhattha. Auch sie weissagten dem Kind Größe, sei es auf dem Feld der Religion als ein Buddha, sei es auf dem Feld weltlichen Ruhms als ein mächtiger Rāja. Der Jüngste der Brahmanengruppe war Kondañña, dem wir 30 Jahre später wieder begegnen werden.
Für Māyā vollendete sich mit den Zeremonien für das Neugeborene das Schicksal. Sieben Tage nachdem sie Siddhattha das Leben geschenkt hatte, teilte sie das Los so vieler Mütter in tropischen Ländern. Sie starb still und ohne Klage.
Gleichwohl wuchs der kleine Siddhattha nicht mutterlos auf. Pajāpatī, die jüngere Schwester der Verstorbenen und, als Zweitgattin des Suddhodana, Siddhatthas andere Mutter, die soeben einen eigenen Sohn, Siddhatthas Halbbruder Nanda zur Welt gebracht hatte, übernahm liebevoll seine Betreuung. Es heißt sogar, daß sie Nanda einer Amme anvertraut und sich vorrangig um das Schwesterkind gekümmert habe.

Probleme der Datierung

Die Mehrheit der westlichen Indienhistoriker hält das Jahr 563 v. Chr. als Geburtsjahr des Buddha für das früheste sichere Datum der indischen Geschichte. Wie wird es errechnet? Und wie groß sind die Fehlermöglichkeiten?

(a) Da die altindische Überlieferung nur Zeitabstände zwischen Ereignissen angibt, diese Ereignisse aber noch nicht, wie in späteren Jahrhunderten, datiert, hat man zur Feststellung altindischer Jahresdaten auch griechische Historiker heranzuziehen. Indisch-griechische Beziehungen entwickelten sich als Folge des Indienfeldzugs Alexanders des Großen (327 v. Chr.). Um das Jahr 303 v. Chr. kam es zwischen dem indischen Kaiser Candragupta Maurya (P: Candagutta Moriya) und dem über Babylonien herrschenden Alexander-Diadochen Seleukos Nikator zu einem territorialen Abkommen und zur Aufnahme diplomatischer Beziehungen. Durch die Berichte des am Kaiserhof in Pāṭaliputta (Patna) akkreditierten hellenischen Gesandten Megasthenes wurde Candragupta (Gr: Sandrokottos) zum Thema für griechische Historiker, und durch sie gelingt es, seine Thronbesteigung auf 321 v. Chr. zu bestimmen.

Anhand dieser Jahreszahl lassen sich die Zeitrelationen, die uns in den im 4. bzw. 6. Jh. n. Chr. kompilierten Ceylonchroniken Dīpavaṃsa und Mahāvaṃsa mitgeteilt werden, in Daten umsetzen. Den Chroniken zufolge (Dv 5,100; Mhv 5,18) regierte Candragupta 24 Jahre (bis 297), sein Sohn und Nachfolger Bindusāra 28 Jahre (bis 269); danach dauerte es weitere 4 Jahre, bis Bindusāras Sohn Asoka seine Brüder ausschalten und sich selbst die Herrscherweihe geben konnte (DV 6,21; Mhv 5,22). Für dieses Ereignis errechnet sich somit das Jahr 265 v. Chr. Den Sprung zurück auf das Geburtsjahr des Buddha ermöglichen die beiden Chroniken durch die Angabe (Dv 6,1; Mhv 5,21), Asokas Herrscherweihe habe 218 Jahre nach dem Parinibbāna, d. h. dem Tod des Buddha stattgefunden. Dieses Ereignis wird damit auf 483 datierbar. Da der Meister ein Alter von 80 Jahren erreicht hat, ergibt sich als sein Geburtsjahr 563 v. Chr.

Obwohl die Zahlenangabe von 218 Jahren zwischen dem Verlöschen des Buddha und der Weihe Asokas als verläßlich gilt, ist die angeführte Datenerrechnung nicht ohne Schwachstellen. Einerseits ist denkbar, daß die Regierungsjahre der Könige auf volle Zahlen aufgerundet sind, andererseits ist nicht zu übersehen, daß Bindusāra in den Purāṇas eine Herrschaft von nur 25 Jahren zugeschrieben wird. Die auf den Chroniken basierende Ausrechnung ist daher durch anders gewonnene Datierungen abzusichern.

(b) Eine Handhabe dazu bieten die Edikte, die der Kaiser Asoka (= Devānampiya Piyadasi) überall in seinem gewaltigen Reich in Felsen und eigens dafür errichtete Säulen einmeißeln ließ. Das XIII. Felsenedikt, das Asokas blutige Eroberung von Kalinga (Orissa) auf 8 Jahre nach seiner Krönung datiert und wahrscheinlich 12 Jahre nach seiner Krönung erlassen wurde, nennt fünf außerindische Herrscher, mit denen der Kaiser in Verbindung stand: Antiochos II. von Syrien, Ptolemaios II. von Ägypten, Antigonos von Makedonien, Magas von Cyrene und Alexander von Epirus; die Herrschaftsdauer von jedem von ihnen ist bekannt. Das jüngste Jahr, in dem sie noch gleichzeitig lebten, ist 258, das also die untere Zeitgrenze des Edikts darstellt. Rechnet man von diesem Datum 12 Jahre bis zu Asokas Krönungsweihe und von dieser die in den Ceylon-Chroniken angegebenen 218 Jahre zurück, so resultiert daraus 488 v. Chr. als Todes- und 568 als Geburtsjahr des

Buddha. Eine Fehlermöglichkeit liegt in der Frist zwischen Asokas Krönung und dem Erlaß des Edikts: sie könnte etwas kürzer als 12 Jahre gewesen sein.

(c) Auch die Historiker Chinas liefern eine Datierungshilfe, nämlich durch die Kantoner Punktchronik. Diese weist bis zum Jahr 489 n. Chr. für jedes seit dem Tod des großen Inders vergangene Jahr einen Punkt, insgesamt 975 Punkte auf. Danach wäre Gotamas Tod auf 486 und seine Geburt auf 566 v. Chr. anzusetzen. Bei aller Hochachtung für die historische Exaktheit der Chinesen sind Irrtümer auch hier nicht ausgeschlossen, zumal China die Lehre des Buddha verhältnismäßig spät aufnahm, also nicht sofort nach seinem Tod mit der Chronik begann.

(d) Des weiteren heranzuziehen ist die jainistische Tradition. Der Stifter der Jaina-Religion, der Jina (»Sieger«) oder Mahāvīra (»Großer Held«), war ein Zeitgenosse des Buddha, der in den buddhistischen Quellen Nigaṇṭha Nātaputta genannt wird und ein Alter von 72 Jahren erreichte.
Europäische Forscher nehmen als Todesjahr Mahāvīras gewöhnlich 476 v. Chr. an, wobei sie sich der Angabe des Jaina-Mönchs Hemacandra (12. Jh. n. Chr.) bedienen, daß die Thronbesteigung des Kaisers Candragupta Maurya (321 v. Chr.) 155 Jahre nach dem Nirvāṇa des Mahāvīra erfolgt sei. Jainistische Autoren jedoch bestreiten die Richtigkeit der Zahl 155, wobei sie sich auf einen angeblichen Irrtum Hemacandras und auf andere Stellen des Jaina-Kanons berufen, die zwischen Candraguptas Einverleibung des Reichs von Avanti (im Jahre 312 v. Chr.) und Mahāvīras Tod 215 Jahre legen. Die Rückrechnung ergibt für Mahāvīras Nirvāṇa das Jahr 527 v. Chr., das auch den Anfangspunkt der (in nachchristlicher Zeit eingeführten) jainistischen Zeitrechnung darstellt.
Der Versuch, aus dem Sterbejahr Mahāvīras das Sterbejahr des Buddha abzuleiten, wird dadurch erschwert, daß über den zeitlichen Abstand dieser Ereignisse keine eindeutigen Angaben vorliegen. Trotz der Behauptung eines Jaina-Sūtra, Mahāvīra habe den Buddha um 7 Jahre überlebt (was bei Zugrundelegung des Jahres 476 für Mahāvīras Tod das Parinibbāna des Buddha für 483 v. Chr. bestätigen würde), sind viele Jainas mit den Buddhisten der Meinung, daß Mahāvīras Tod dem

des Buddha voranging. Gleich dreimal im buddhistischen Pāli-Kanon (D 29,2; D 33,1; M 104) wird uns die Szene überliefert, wie dem Buddha der Tod Mahāvīras mitgeteilt wird, und wiederholt spielen die Texte darauf an, daß Gotama unter den großen Religiosen seiner Zeit der jüngste gewesen sei.
Westliche Buddha-Biographen vermuten, daß der Meister 2 Jahre nach Mahāvīra gestorben ist, jedoch gibt es hierfür nur schwache Indizien. Nimmt man den Zwei-Jahre-Abstand arbeitshypothetisch als zutreffend an, errechnet sich nach dem westlichen Zeitansatz für Mahāvīras Tod das Parinibbāna des Buddha auf 474 v. Chr., nach dem Zeitansatz der Jaina-Tradition auf 525. Als Geburtsjahr sind jeweils 80 Jahre zu addieren.

(e) Noch geringere Glaubwürdigkeit als die jainistische besitzt die heute in Asien übliche buddhistische Zeitrechnung, die Gotamas Tod auf 544 und seine Geburt auf 624 v. Chr. hinaufrückt. Das buddhistische Zeitrechnungsverfahren – B.E. = »Buddhist Era« – kam erst im 11. Jh. n. Chr. in Gebrauch. Entweder ist das für die Geburt des Meisters nachträglich errechnete Jahr im Lauf der Zeit irrigerweise als sein Todesjahr verstanden worden, oder die Mönche haben sich in ihren Berechnungen, bei denen sie sich vermutlich eines 60-Jahre-Zyklus bedienten, um *einen* solchen Zyklus verrechnet. Unterstellt man das Letztere, ergibt sich als Jahr des Parinibbāna 484, als Geburtsjahr des Buddha 564 v. Chr. Beweiskraft hat die Irrtumshypothese selbstverständlich nicht.

Welches der nach den skizzierten Methoden errechneten Jahresdaten muß man als das historisch wahrscheinlichste ansehen?
Von vornherein auszuschließen sind die Jahreszahlen, die auf der jainistischen und buddhistischen Tradition basieren. Sie sind sehr spät ermittelt worden und angesichts der mit historischer Methode gewonnenen Werte nicht zu verteidigen.
Gut begründet dagegen sind die mittels der Ceylon-Chroniken, des Asoka-Edikts und der chinesischen Punktchronik festgestellten Jahresdaten, die nur unbeträchtlich differieren und denen zufolge Gotamas Geburt zwischen 568 und 554 v. Chr. liegen muß. Das von den Ceylon-Chroniken gestützte Geburtsjahr 563 v. Chr. hat hiervon nicht nur als in der Mitte liegender Wert Bedeutung, es wird auch

durch zwei weitere, allerdings recht umständliche Berechnungsverfahren untermauert, die sich südindischer und singhalesischer Königslisten, des Missionierungsdatums Ceylons sowie verstreuter Hinweise auf ein sehr altes, nur fragmentarisch überliefertes Zählungssystem bedienen, das vom Parinibbāna des Buddha 483 v. Chr. ausgeht. Es ist daher gerechtfertigt, mit den Chroniken das Jahr 563 v. Chr. als Geburtsjahr des Buddha anzusehen, mit der Maßgabe, entsprechend den anderen historischen Datierungsergebnissen Fehlermöglichkeiten von + 5 bis − 9 Jahren einzuräumen. Die Wahrscheinlichkeit, daß Gotamas Geburt früher angesetzt werden muß, ist dabei etwas höher, da sie von zwei Datierungsweisen (b und c) getragen wird – gegenüber nur einer Datierungsmethode (d), die auf ein späteres Geburtsjahr weist.

Die Stadt Kapilavatthu und ihr Rāja

Wenn der kleine Siddhattha von Kapilavatthu nach Norden schaute, sah er am Horizont eine gezackte Bergkette. Sie lag etwa acht Ochsentouren (80 km) fern, wie er wußte, aber es war schwer, dorthin zu gelangen. Denn Kapilavatthu und die Berge waren getrennt durch einen Streifen von Schilf und Urwald, in dem es Tiger, Elefanten und Nashörner gab, und viele Männer, die gewagt hatten, diesen wilden Wald zu durchqueren, hatten Fieber bekommen und waren daran gestorben. Wenn man ihn aber glücklich überwunden hatte, stieg das Gelände an und man erreichte nach einiger Zeit Hochwald. Hinter den Vorbergen (heute Śivalik oder Churia) gab es ein grünes Tal und dahinter wieder Berge (die Mahābhārata-Kette), von denen man einzelne von Kapilavatthu aus sehen konnte. Dahinter, so hieß es, kamen noch mehr und noch höhere Berge: Der Himavat (Himālaya) mit gewaltigen Eisgipfeln, die bis an den Himmel reichten, und dort war dann der Jambudīpa, der Kontinent des Rosenapfelbaums, zuende.
Weniger unheimlich war es nach Osten. Dort lag Lumbinī, wo er, Siddhattha, unter einem Baum geboren war, und durch den Ort hindurch ging es nach Devadaha, wo die Mutter Māyā, die er nicht mehr gekannt hatte, und Mutter Pajāpatī herkamen und wo Großvater Añjana gelebt hatte. Von Devadaha konnte man noch ein paar Tagereisen gegen Sonnenaufgang reisen, aber dann kam wieder Wald und es wurde

gefährlich: dunkelhäutige Jäger mit großen Bogen schweiften dort umher und die Leute redeten eine Sprache, die man nicht verstand. Nach Westen, ja das war etwas ganz anderes! Da gab es eine Straße bis nach Setavyā und Sāvatthi und darüber hinaus, und in Sāvatthi wohnte der König, von dem der Vater Suddhodana oft sprach und vor dem man Añjali mit einer ganz tiefen Verneigung machen mußte. Der König hatte eine große Armee, von der einzelne Trupps manchmal hierher nach Kapilavatthu kamen, wo sie freundlich aufgenommen wurden. Nach Sāvatthi konnte man gefahrlos reisen, denn die Soldaten des Königs paßten auf, daß die Karawanen von Ochsenkarren, die allerlei Güter hin- und herbrachten, nicht von Räubern überfallen wurden. Oft kamen aus Sāvatthi Karrenkolonnen, die in Kapilavatthu kaum halt machten, sondern auf der Straße nach Südosten weiterfuhren, wo es nach Kusinārā und Vesāli und schließlich über die Gaṅgā nach Pāṭaligāma und weiter nach Rājagaha ging, wo ein anderer großer König wohnte. Wer wollte, so hatte Siddhattha gehört, konnte in Pāṭaligāma ein Boot besteigen und in mehreren Tagen die Gaṅgā stromaufwärts segeln bis nach Vārāṇasī (Benares) und Payāga (Allāhabād). Wenn er, Siddhattha, groß war, würde er alle diese und viele andere Städte besuchen, um Leuten davon erzählen zu können. Aber so oft er Vater Suddhodana solche Absichten schilderte, lachte dieser, winkte ab und meinte, ein Sakiya habe nicht in der Welt herumzuziehen wie ein hausloser Paribbājaka oder ein Ochsentreiber oder Kaufmann, sondern solle als Khattiya-Bauer den Boden bestellen und das Kriegshandwerk lernen, um einmal zum Rāja gewählt zu werden wie er, Suddhodana, selbst. Dabei pflegte der Vater auf die Felder rundum zu zeigen, zwischen denen Gruppen von Sāla-Bäumen standen, und auf die Stadt Kapilavatthu, die da mit ihrem »Palast«, ihren Holzbauten und Lehmhütten in der Sonne lag, während die Luft vor Hitze flimmerte. –
Welcher heutige Ort dem originalen Kapilavatthu entspricht, ist noch immer ein Diskussionsthema der Archäologen. Der chinesische Pilger Fa-hsien, der die buddhistischen Stätten Indiens von 399 bis 414 n. Chr. besuchte, macht Angaben, die auf das Ruinengelände beim heutigen, auf indischem Boden gelegene Piprāvā (12 km südwestlich von Lumbinī) zu deuten scheinen. Sein Landsmann Hsüan-tsang, der das Buddhaland zwei Jahrhunderte später (von 629 bis 645) auf der Suche nach den heiligen Büchern bereiste, verweist dagegen durch seine Ent-

fernungs- und Richtungsangaben auf das im Königreich Nepāl liegende Ruinenareal von Tilaurakoṭ (24 km nordwestlich von Lumbinī).

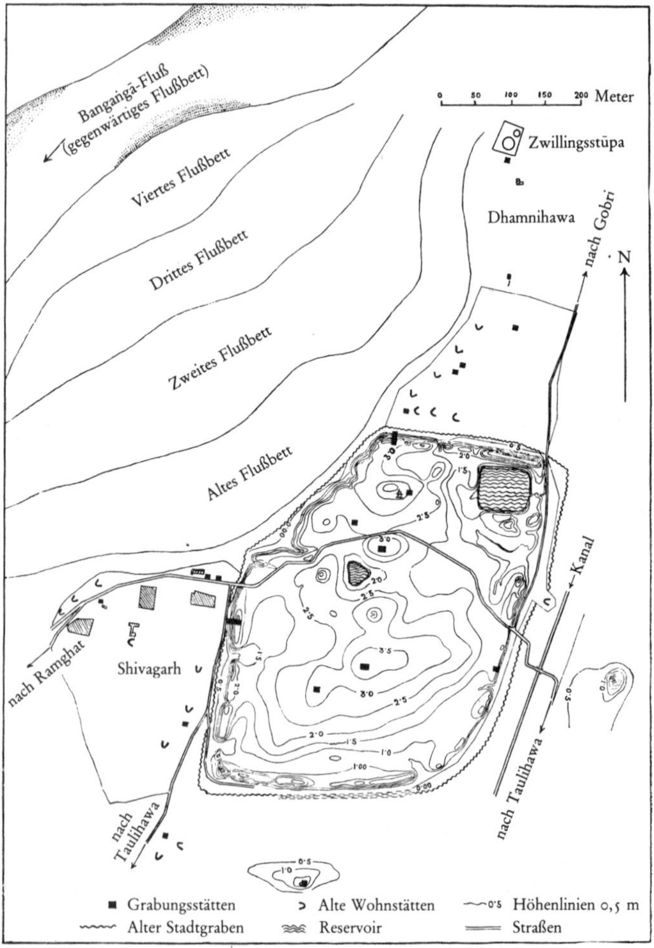

Tilaurakoṭ in Nepāl, das alte Kapilavatthu (= Kapilavatthu I)

Zwischen Piprāvā und Tilaurakoṭ verläuft die indisch-nepālische Grenze. Die Orte liegen 16 km auseinander, aber die landschaftliche Umgebung ist an beiden Plätzen die gleiche.
Die Debatte über die Heimatstadt des Buddha ist nicht frei von nationaler Voreingenommenheit. Nepālische Forscher führen als Argument für Tilaurakoṭ die Ausdehnung des Ruinenfeldes und das Vorhandensein eines alten, Tilaurakoṭ umschließenden Walls und Wassergrabens an – Züge, die nur eine Haupt- und Rāja-Stadt aufweisen könne. Sie betonen, daß Tilaurakoṭ wie das Kapilavatthu der buddhistischen Texte an einem Fluß lag (der seitdem sein Bett 400 m nach Nordwesten verlagert hat). Um ihren Anspruch auf das historische Kapilavatthu deutlich zu machen, hat die nepālische Regierung Tilaurakoṭ und den ganzen Distrikt 1961 in Kapilavastu (= Skt.) »zurück«-benannt, so daß der Ort auf neueren Landkarten unter diesem Namen erscheint.
Indische Archäologen andererseits behaupten, daß Kapilavatthu mit dem indischen Ort Piprāvā identisch sei und stützen diesen Anspruch auf folgende Funde:

- 1898 wurden in einem Ziegelstūpa bei Piprāvā fünf Gefäße entdeckt, von denen eins durch eine Inschrift in Brāhmī-Schrift und Māgadhī-Sprache als »Urne des erhabenen Buddha aus dem Sakiya-Stamm« ausgewiesen ist. Die Urne enthielt Asche und winzige Votivbeigaben.

- 1972 wurde unterhalb dieses Stūpa in einer Bodenschicht, die dem 5. Jh. v. Chr. zugeordnet wird, ein noch älterer Stūpa mit zwei weiteren Urnen zutage gefördert; die Urnen enthalten zehn bzw. zwölf Knochenreste (des Buddha?).

- 1973/74 fand man in einer aus dem 1./2. Jh. n. Chr. stammenden Klosterruine in Piprāvā verschiedene Terrakotta-Plaketten, die in ihren sprachlich divergierenden Texten auf das »Mönchskloster von Kapilavatthu« oder »von Großkapilavatthu« Bezug nehmen. Entsprechende Beschriftung trägt ein ebendort ausgegrabener irdener Topfdeckel.

- 1975/76 schließlich wurden 1 km südwestlich von Piprāvā an einem Ort namens Ganwaria Überreste eines alten Baukomplexes entdeckt, der als »Palast« des Sakiya-Rāja gedeutet werden könnte.

Obwohl die 1898 entdeckte Inschriftenurne von Piprāvā – ein 153 mm hohes Specksteingefäß mit inskribiertem Deckel – in der Tat Aschenreliquien des historischen Buddha enthalten dürfte, sind die Piprāvā- und Ganwaria-Funde kein zwingender Beweis dafür, daß Piprāvā mit der Heimatstadt des Buddha identisch ist. Wahrscheinlich muß man Alt-Kapilavatthu, den Schauplatz von Siddhatthas Jugend, und Neu-Kapilavatthu unterscheiden. Denn da der Kosala-König Viḍūḍabha noch zu Lebzeiten des Buddha die Sakiyas bekriegt und besiegt und (Alt-) Kapilavatthu (Tilaurakoṭ) zerstört hat, spricht vieles dafür, daß die Überlebenden, aus *Alt*-Kapilavatthu vertriebenen Sakiyas sich später beim heutigen Piprāvā niederließen und hier ein *Neu*-Kapilavatthu (»Großkapilavatthu«) gründeten, wo sie nach dem Tod des Buddha auch dessen Reliquien beisetzten. Gewißheit über die Lage von Siddhatthas Heimatstadt ist erst von künftigen Grabungen zu erhoffen, wobei vor allem Tilaurakoṭ archäologisch noch gründlicher untersucht werden müßte. Wichtige Aufschlüsse könnte die bisher nicht eingesetzte Luftarchäologie liefern.

Über den Verwaltungsaufbau der von Kapilavatthu aus regierten Sakiya-Republik sind wir hinlänglich unterrichtet.

Als die Halbbrüder Siddhattha und Nanda geboren wurden, war es, wie erwähnt, ihr Vater Suddhodana, der die Republik als gewählter Rāja regierte. Wie lange er das Amt bereits innehatte, ist aus den Quellen nicht ersichtlich, jedoch wird deutlich, daß er es mehrere Jahrzehnte behielt: Als Siddhattha im Alter von 36 Jahren seine Heimatstadt wieder besuchte, war sein Vater noch im Amt. Da der Rāja aus dem Krieger- oder Dienstadel gewählt wurde, muß man annehmen, daß solche Wahlen nicht in festgelegten Zeitabständen, sondern bei Bedarf stattfanden, sei es, wenn der alte Rāja seinen Posten nicht mehr zufriedenstellend ausfüllte, sei es, wenn der König von Kosala, der die Oberhoheit über die Sakiya-Republik besaß, einen neuen Mann an ihrer Spitze wünschte. Sicherlich durfte der Rāja nach erfolgter Wahl sein Amt erst antreten, wenn der Kosala-König in Sāvatthi dem Wahlergebnis zugestimmt hatte. Der Sakiya-Rāja war daher stets ein Mann des königlichen Vertrauens – ein Umstand, der auch seinen Söhnen die Türen öffnete und Siddhatthas späteren Missionserfolg mit bedingte. Anders als in der Licchavī-Republik, wo sich drei Rājas in die Führungsaufgaben teilten, regierte Suddhodana allein, jedoch nicht autokratisch, da Fragen von Konsequenz stets in der Ratsversammlung der Republik diskutiert wurden. Die Sitzungen in der nach allen Seiten offenen Ratshalle waren allen Kasten zugänglich, wenn auch nur die männlichen Angehörigen der Kriegerkaste zum Vortrag berechtigt und somit am Prozeß der Meinungsgestaltung aktiv beteiligt waren. Man nannte sie deshalb »Regierer« *(rājana)*. Abstimmungen gab es im alten Indien nicht, denn daß eine Mehrheit aufgrund ihrer numerischen Überlegenheit eine anderes denkende Minderheit an den Abstimmungsbeschluß binden könne, war den Menschen des 6. Jh. v. Chr. noch nicht in den Sinn gekommen. Vielmehr wurde so lange diskutiert, bis durch Überzeugung oder Erschöpfung der Gegenpartei Konsensus hergestellt war. Um Einhelligkeit der Meinungen herbeizuführen mußte der Rāja als Ratspräsident über besonderes Redetalent und starke Überzeugungskraft verfügen, Eigenschaften, die Suddhodana in hohem Maße besessen haben muß und die er seinem Sohn Siddhattha vererbte.

Eine Vorstellung von der Größe der von Suddhodana verwalteten Republik vermittelt uns der Chinese Hsüan-tsang. Das Sakiya-Gebiet, so schreibt er, habe einen Umfang von 4000 Li = etwa 1880 km gehabt und zehn – von unserem Reisenden im 7. Jh. n. Chr. zerstört und verlassen vorgefundene – Städte eingeschlossen. Die Stadt Kapilavatthu sei durch eine in den Ziegelfundamenten noch erhaltene Mauer von 15 Li = ca. 7 km Länge geschützt gewesen. Offenbar sind diese zehn Städte weitgehend identisch mit jenen neun, die in den buddhistischen Texten als Sakiya-Städte erwähnt werden, nämlich außer Kapilavatthu: Devadaha, Cātumā, Sāmagāma, Khomadussa, Silāvatī, Medatalumpa, Uḷumpa und Sakkāra. Es dürfte sich um Kreisstädte gehandelt haben, die jeweils einer Anzahl von Dörfern als Markt- und Umschlagplatz dienten.

Hsüan-tsangs Angaben erlauben uns, wenn auch nur sehr grob, Rückschlüsse auf Areal und Bevölkerung der Sakiya-Republik zu ziehen. Ihre Grundfläche mag etwa 2000 qkm betragen haben, von denen ein erheblicher Teil Dschungel und landwirtschaftlich ungenutzt war. Nehmen wir für den fruchtbaren Landstrich des Zentral-Tarai – zurückschließend von der heutigen, höher liegenden Zahl – eine durchschnittliche Wohndichte von 90 Einwohnern pro km^2 an, ergibt dies eine Gesamtbevölkerung von 180000 Menschen, wovon 8000 in Kapilavatthu und je 4000 in den acht (oder neun) Kreisstädten beheimatet gewesen sein mögen. Rund 40000 Menschen der Sakiya-Republik wären demnach Stadt-, die übrigen 140000 Dorfbewohner gewesen. Zum Kriegeradel mögen sich 10000 Personen gezählt haben, die weitgehend in den Städten lebten, gleich der Mehrheit der Bevölkerung aber der Landwirtschaft nachgingen.

Des Rāja unpopulärste Aufgabe bestand im Einziehen der Steuern, über deren Höhe wir nichts wissen. Die Bauern, die untereinander Tauschhandel trieben und Geld kaum kannten, hatten ihre Abgaben in Naturalien, also meist Reis, an besondere Steuerobmänner zu leisten, die auch für die Anlegung staatlicher Vorratslager sowie für den Verkauf in den Städten zu sorgen hatten. Die Abgaben der Bauern richteten sich nach dem Ernteerfolg, der von besonderen Meßbeamten festgestellt wurde, denn die später in Indien geltende Besteuerungstheorie, daß aller Boden Eigentum des Königs sei und diesem für jede Fremdnutzung eine fixierte Pacht zustehe, war noch nicht aufgekommen.

Wo immer möglich, wurden die Steuern nicht in Naturalien, sondern in Geld eingezogen. Da noch keine Münzen aus staatlicher Prägung existierten, dienten als Währung viereckige Silber-, Bronze- oder Kupferstücke in der Rechnungseinheit des vollen oder geteilten Kahāpaṇa. Acht bis zwölf Kahāpaṇas waren der Preis einer Milchkuh. Der Kahāpaṇa unterteilte sich in 4 Pādas = 20 Māsakas; noch kleinere Einheiten wurden in Kaurischneckenschalen gerechnet. Die Geldstücke trugen die Punzmarke eines privaten Bankiers, der als Emittent korrektes Gewicht und die Einlösung gegen Waren garantierte und weitere Geschäfte durch Geldverleih machte. Kein Wunder, daß sich die Bankiers zu den mächtigsten Männern der Gesellschaft entwickelten.

Welchen Anteil des Steueraufkommens der Sakiya-Republik Suddhodana an den Oberherrscher in Sāvatthi, den König von Kosala abzuführen hatte, entzieht sich unserer Kenntnis. Da der Steuerertrag mit dem Ernteergebnis schwankte, war die Abgabe wohl nicht in absoluten Zahlen festgelegt. Denkbar wäre auch, daß der Kosala-König mit Geschenken zufrieden war, die ihm die Sakiya-Republik als Zeichen ihrer Untertänigkeit gelegentlich sandte.

Zu den Pflichten des Rāja Suddhodana gehörte es weiter, öffentliche Arbeiten wie den Bau von Straßen, Karawanenrastplätzen, Bewässerungsteichen, Stausystemen und Brunnen zu veranlassen. Da es für solche Leistungen keine Freiwilligen gab, waren alle arbeitsfähigen Männer, speziell die Handwerker mit ihren nützlichen Fertigkeiten, zur Fronarbeit *(rājakariya)* verpflichtet. Geplant und beaufsichtigt wurden die öffentlichen Arbeiten von Ingenieuren, die der Rāja aus dem Steueraufkommen besoldete. Das Anlegen von Parks, Staudämmen und Zisternen wurde später vom Buddha in den Kanon der ethisch verdienstvollen Aktivitäten aufgenommen, die zu heilsamer Wiedergeburt führen (S 1,47).

Neben diesen nach innen gerichteten Aufgaben hatte der Rāja Suddhodana auf zwei Sektoren diplomatisch tätig zu sein. Insbesondere hatte er den Kontakt zu dem in Sāvatthi residierenden Kosala-König zu pflegen, der die Oberherrschaft über die Sakiya-Republik ausübte. Es galt, des Königs Vertrauen und Wohlwollen gegenüber der kleinen Republik zu stärken, ihn zugleich aber so weit auf Distanz zu halten, daß der Zustand der Halbsouveränität, den sie genoß, erhalten blieb. Reisen Suddhodanas nach Sāvatthi müssen öfter stattgefunden haben; gelegentlich gab es in Sāvatthi Rāja-Konferenzen.

Lag die kosalasche Reichspolitik, das Schließen von Allianzen und die Führung von Angriffskriegen in den Händen des Königs, so hatten die Rājas der Republiken und Stämme die Aufgabe der »kleinen Nachbarschaftspolitik«. Sie stellte Suddhodanas zweiten diplomatischen Pflichtensektor dar. Hier galt es, sich ohne Preisgabe wesentlicher Eigeninteressen mit den direkten Anrainern zu arrangieren: Meist handelte es sich um die Regelung von Weide- und Wasserrechten im Grenzgebiet. Durch sein Geschick, befriedigende Lösungen einvernehmlich zu erwirken, bewies der Rāja seine Qualitäten.

Nicht zu den Obliegenheiten des Rāja zählte die Kriegsführung. Er hatte den Frieden zu gewinnen, – verlor er ihn und brach ein bewaffneter Konflikt aus, dann führte ihn der dazu bestimmte Militärbefehlshaber oder General *(senāpati)*, der eine von seinem Rāja unabhängige Stellung einnahm. Im Kosala-Reich standen alle Generäle, der des Kernterritoriums wie auch jene der Republiken und Stämme, unter der zentralen Befehlsgewalt des Königs, der auf diese Weise verhinderte, daß die ihm untertanen Rājas im Zusammenspiel mit »ihrem« General eine eigene Machtpolitik entfalteten.

Für die Rājas hatte die Trennung zwischen politischer und militärischer Gewalt zwei Gesichter. Sie wußten einerseits, daß der König in dem stets präsenten General ein Machtmittel gegen sie besaß, waren andererseits aber gegen Putschgelüste dieses Generals geschützt, da der König die Absetzung eines von ihm ernannten Rāja und die Übernahme der politischen Macht durch den General nicht geduldet hätte. Noch ein weiterer Aufgabenbereich fiel dem Rāja Suddhodana zu: Die Rechtsfindung in Straf- und wichtigeren Zivilsachen. Welche Methoden zur Ergreifung eines Täters angewandt wurden und wie ein Gerichtsverfahren bei den Sakiyas aussah, ist nicht überliefert, aber Rückschlüsse sind von den Republiken der Koliya und der Malla möglich, die sich südöstlich an die der Sakiyas anschlossen. Bei ihnen gab es eine Polizei, deren Mitglieder durch eine besondere Haartracht uniformiert und wegen ihrer Willkür, Übergriffe und Bestechlichkeit berüchtigt waren.

Die Rechtsfindung der Sakiya dürfte sich nicht allzu sehr von der in der Vajjī-Föderation üblichen unterschieden haben. Hier gab es als Grundlage der Jurisdiktion einen (geschriebenen?) Rechtskodex, vermutlich aus Maximen oder Fallentscheidungen bestehend. Rechtsgelehrte, die jedem Prozeß beiwohnten, achteten darauf, daß nach diesem Kodex verfahren wurde. Die Interessen der Kontrahenten bzw. des Angeklagten wurden durch Rechtsanwälte oder Verteidiger vertreten, ein oder mehrere Richter hatten den Fall zu entscheiden. Als Berufungsinstanzen fungierten das Parlament, der General, der Vize-Rāja (von dem wir im Fall der Sakiya niemals hören) und der Rāja. Man muß annehmen, daß der Instanzenzug in *einer* Sitzung durchlaufen wurde und der Rāja als oberste lokale Rechtsinstanz schließlich das Endurteil verkündete. Todesurteile durfte der Sakiya-Rāja nicht aussprechen, da die Verhängung der Höchststrafe allein dem Oberherrscher in Sāvatthi zustand.

Siddhattha, Sohn des Rāja

Daß die Söhne des Rāja Suddhodana dank der Position ihres Vaters eine Vorzugsstellung in Kapilavatthu genossen, versteht sich von selbst. Während die Mehrheit der Bevölkerung in Häusern aus Lehm und Hütten aus Bambus und Schilf lebte, wobei die Hütten in den tiefer gelegenen Stadtgegenden zumeist auf Pfahlstelzen standen, um den

Überschwemmungen des Monsuns und der Invasion durch Ratten, Schlangen und Skorpione zu entgehen, wohnten die Rāja-Söhne im Haus ihres Vaters, das wegen seiner Mehrstöckigkeit als »Palast« bezeichnet wurde. Es war vermutlich aus Ziegeln gebaut, etwas erhöht gelegen und von einem niedrigen Erdwall umschlossen, der die Schutzzone des Rāja kennzeichnete. In unmittelbarer Nähe befand sich ein Teich mit blauem, rotem und weißem Lotos.

In Suddhodanas Haus begegnete man den klimatischen Veränderungen der drei indischen Jahreszeiten (Winter, Sommer, Regenzeit) durch saisonale Verlegung der Schlafräume; im Sommer übernachtete man auf der Dachterrasse. Auch die zahlreiche Dienerschaft hatte im Haus des Rāja kein übles Leben. Statt des bei anderen Herrschaften üblichen Gesindeessens aus Bruchreis und Reissuppe gab es für sie Gerichte aus vollkörnigem Reis, sogar mit Fleisch (A 3,39).

Unter den Kindern Kapilavatthus fiel der kleine Siddhattha auf: er war gepflegter und mehr umsorgt als andere. Seine Kleider waren aus Benares-Stoff, und zumindest in seiner frühen Jugend war er ständig von Dienern und Kinderfrau begleitet. Er war, mit seinen eigenen Worten, »verwöhnt, äußerst verwöhnt«.

Der buddhistische Kanon (D 1,1,14) hat uns eine Liste altindischer Kinderspiele überliefert. Man kann sich ausmalen, wie Siddhattha mit seinem Halbbruder Nanda Brettspiele wie das Acht- oder Zehnfelderspiel (Schach? Dame?) trieb oder sich mit anderen Jungen auf in die Erde geritzten Linien beim Quadratespringen vergnügte. Beliebt waren ferner Figurenwerfen, Klickern, Stäbchenschlagen und das Spielen mit kleinen Pflügen, Wagen und Spielzeugbogen. Etwas Ältere konnten sich mit Gedankenerraten und Buchstabenerkennen die Zeit vertreiben. Beim letzteren Spiel galt es, in die Luft gemalte oder dem Rater auf den Rücken geschriebene Lettern zu erkennen, was freilich voraussetzte, daß der Betreffende das Lesen gelernt hatte.

Ob Siddhattha zu den Lesekundigen gehörte, ist allerdings fraglich. Zwar behauptet eine späte Legende, er habe seinen Lehrer durch die Leichtigkeit verblüfft, mit der er die indischen Alphabete beherrschen lernte, – Tatsache ist aber, daß der Pāli-Kanon keinen Hinweis enthält, daß der Buddha des Lesens mächtig war. Lesen zu können wurde zu seiner Zeit als nützliche, indes nicht zur Elementarbildung gehörige Fertigkeit betrachtet, zumal es in Ermanglung geeigneten Schreibmaterials noch keine niedergeschriebenen Bücher gab, und die einzigen Schriftdokumente in Stein oder Holz eingeritzte Bekanntmachungen und Rechtsverträge waren. Das Schreiben, eigentlich Ritzen *(lekhā)*, galt als Kunstfertigkeit (Sv 2,2,1), die fast immer als Beruf ausgeübt wurde. Die Einstellung des erwachsenen Siddhattha zu der Frage wird aus seiner Weisung an den Orden deutlich, daß sich für einen Mönch die Ausübung von Fertigkeiten wie u. a. des Schreibens nicht gezieme; der Mönch habe allein auf Erlösung bedacht zu sein (Ud 3,9).

Aus Siddhatthas lebenslangem Interesse an geistigen und geistlichen Dingen darf man schließen, daß ihm die Aneignung des für einen Khattiya-Sproß wichtigen Lernstoffes wenig Mühe bereitete. Sehr gefördert wurde seine Ausbildung durch häufige Anwesenheit bei Ratssitzungen und Gerichtsverhandlungen, bei denen sein Vater präsidierte. Die Ratshalle schulte Siddhatthas Intelligenz und erzog ihn zu Gewandtheit und Präzision des Ausdrucks.

Mit seiner geistigen Entwicklung parallel ging freilich die Entfaltung von Charaktereigenschaften, die seinen realistisch denkenden Vater beunruhigt und als vermeintliche Schwächezeichen befremdet haben mögen, nämlich Empfindsamkeit und ein Hang zur Reflexion, vielleicht Grübelei. Die Einsicht, daß das Leben nicht immer erfreulich ist und hinter allem Glück *(sukha)* Vergänglichkeit und Leid *(dukkha)* lauern, kam Siddhattha nicht erst kurz vor seinem Auszug in die Hauslosigkeit, wie die Legende uns glauben machen will, sondern überfiel ihn bereits als Jugendlichen, als er, frei von äußeren Sorgen, noch in der Obhut der Familie lebte:

> Verwöhnt lebte ich, ihr Mönche, äußerst verwöhnt (im Elternhause). In solchem Wohlleben, ihr Mönche, kam mir der Gedanke: ›Wahrlich, der naive Weltling, selber dem Alter unterworfen, ist angeekelt, wenn er einen Alten sieht. Doch auch ich bin ja dem Alter unterworfen, kann ihm nicht entgehen.‹ Indem ich, ihr Mönche, so dachte, schwand mir der Jugendrausch.
>
> ›Wahrlich, der naive Weltling, selber der Krankheit unterworfen, ist angeekelt, wenn er einen Kranken sieht. Doch auch ich bin ja der Krankheit unterworfen, kann ihr nicht entgehen.‹ Indem ich so dachte, schwand mir der Gesundheitsrausch.

›Wahrlich, der naive Weltling, selber dem Tode unterworfen, ist angeekelt, wenn er einen Toten sieht. Doch auch ich bin ja dem Tode unterworfen, kann ihm nicht entgehen.‹ Indem ich so dachte, schwand mir der Lebensrausch. (A 3,39 gerafft)

Selbst in der kodifizierten Formulierung des Kanons ist das Ausgangserlebnis echt und stark spürbar. In einer subtropischen Welt, wo ein Freund, mit dem man jetzt noch fröhlich plaudert, schon bald vom Fieber dahingerafft, vom Gift der Kraitschlange tödlich gelähmt, von einem Tiger zerrissen sein kann, liegen Gedanken wie die des jugendlichen Siddhattha nahe. Im Prinzip besitzen sie überall und jederzeit Gültigkeit.

Noch eine weitere Eigenschaft Siddhatthas wird aus den Quellen erkennbar: Sein Desinteresse am Soldatischen. Begeisterung für Reiten, Wagenlenken, Bogenschießen, Schwertkampf, Ringen und den Umgang mit Elefanten setzte man bei jedem Khattiya-Jungen voraus, und fraglos wurde auch Siddhattha in diesen Fertigkeiten unterwiesen. Zur Enttäuschung aller Gotamas aber scheint er es dabei nur zu Durchschnittsleistungen gebracht zu haben, einigermaßen blamabel für den Sproß eines Rāja. Suddhodanas Sorge über den schwachen Weltsinn und weichlichen Zivilismus seines Sohnes muß beträchtlich gewesen sein.

Als Siddhattha (im Jahre 547 v. Chr.) das Alter von sechzehn Jahren erreicht hatte, beschloß Suddhodana, den Grübler dadurch an die Welt zu binden, daß er ihn verheiratete. Selbstredend handelte es sich um eine arrangierte Ehe, bei der die Beteiligten nicht gefragt wurden, aber die Texte lassen durchblicken, daß die Partner einander zugetan waren. Gemäß den Endo- und Exogamiesitten hatte man ein Mädchen aus der Großfamilie erkoren, nämlich eine Nichte der verstorbenen Mutter und der Pflegemutter Siddhatthas, die Tochter seines Onkels Suppabuddha (nach späten Quellen eines Onkels namens Daṇḍapāni), mit anderen Worten: Siddhatthas Kusine. Sie hieß Bhaddakaccānā, wird in den Pāli-Büchern aber auch unter den Namen Bimbadevī, Yasodharā (wie Siddhatthas Großmutter) und Gopā geführt. Einige Texte nennen sie einfach Rāhulamātā, »Mutter des Rāhula«. Sie war mit Siddhattha gleichaltrig.

Schwierigkeiten gab es von seiten des ins Auge gefaßten Schwiegervaters, der seine Tochter nicht einem so unmilitärischen, grüblerischen Jüngling anvertrauen wollte. Erst hatte Siddhattha zu zeigen, daß er in der Waffenkunst und im Sportwettkampf seinen Mann stand, bevor man ihm zutrauen konnte, eine Familie zu ernähren. Die Legende berichtet von einem Wettkampf, der angesetzt wurde, damit Siddhattha seine Kriegerqualitäten beweise. Er bestand die Prüfung, indem er angeblich alle Konkurrenten spielend in den Schatten stellte. Suppabuddha (bzw. Daṇḍapāni) überwand darauf seine Bedenken und stimmte der Hochzeit zu.

Daß der junge Ehemann für die Reize und den Charme seiner schönen Gattin unempfindlich gewesen sei, ist nicht anzunehmen; zu kenntnisreich spricht er später darüber, daß nichts anderes auf der Welt den Geist eines Mannes so gefangen nehme wie eine Frau (A 1,1). Dennoch ließ er sich auch durch Sinnenfreuden auf die Dauer nicht von seinen Kontemplationen abbringen. Die Ehe blieb, aus welchen Gründen auch immer, dreizehn Jahre kinderlos.

Nach indischem Brauch dürfte das junge Paar im Haus des Vaters des Mannes, also im »Palast« des Rāja Suddhodana gewohnt haben. Wie dieses Leben aussah, bleibt in den Quellen unbeschrieben. Anzunehmen ist, daß Siddhattha seinem Vater bei politischen Aufgaben zur Hand ging und mit Nanda abwechselnd die Bestellung der familieneigenen Felder beaufsichtigte; vielleicht hat er auch eigenes Land bewirtschaftet oder bewirtschaften lassen. Vom Ackerbau lebten im alten Indien etwa 75 % der Bevölkerung, der Adel und die Mehrheit der Brahmanen eingeschlossen.

Eine Stadt Altindiens

Mit dem Herzen bei der Feldarbeit war Siddhattha wohl kaum, seiner Natur nach war er ein Geistesmensch. Perioden der Zurückgezogenheit wechselten bei ihm mit solchen, in denen er den Kontakt mit Menschen suchte. Wie oft mag der jugendliche Siddhattha in Kapilavatthu schauend umhergeschweift sein, hier ein paar Sätze mit einem Färber tauschend, dort ein Wort mit einem Elefantenlenker oder eine Höflichkeit mit einem Geldverleiher. Die Gleichnisse aus den verschieden-

sten Handwerken, die er in seinen Reden verwendete, beweisen, wie wach und bewußt er das bunte Treiben der Stadt beobachtet hat.
Obschon wir von Kapilavatthu wenig wissen, läßt sich rekonstruieren, wie die Stadt aussah. Literarische Quellen und zahlreiche Bildwerke, nicht zuletzt die Reliefs des Stūpa von Bharahat (Bhārhut), geben uns von indischen Städten des 6. Jh. v. Chr. eine Vorstellung.
Die Städte jener Zeit waren meist an Flüssen angelegt und hatten, wo das Gelände dies erlaubte, einen rechteckigen Grundriß; die Anlage einer kreisrunden Stadt ist in Indien nie angestrebt worden. Gewöhnlich war die Stadt von einem Wassergraben oft beträchtlicher Breite und Tiefe umschlossen, der von dem Fluß gespeist wurde und der männlichen Jugend auch zum Tummeln und Baden diente. Im Innenbereich des Wassergrabens war die ausgehobene Erde zu einem Verteidigungswall aufgeschüttet, der häufig eine begehbare Palisaden- oder Steinmauer trug. Bastionen erhoben sich alle 50 m, nämlich je in günstiger Pfeilschußentfernung von der nächsten, um die Nachbarbastion von feindlichen Eskalierkommandos freischießen zu können. In alle vier Himmelsrichtungen war der Stadtwall von befestigten Toren durchbrochen.
Das Zentrum des vom Wall umschlossenen Stadtbereichs, der im Idealfall durch ein Netz sich rechtwinklig schneidender Straßen gegliedert war, nahm der Rāja-»Palast« ein. Bei einigen Rājas – vermutlich nicht bei Suddhodana – bestand der Palast aus fünf Einzelhäusern, von denen drei parallel zueinander standen und seitlich durch zwei rechtwinklig zu ihnen gesetzte Langbauten nach außen abgeschlossen waren, so daß sich als Grundriß ein Rechteck mit Querteilung ergab. Von den beiden Innenhöfen diente der eine als Wirtschaftshof, der andere war der Muße und dem Zeitvertreib gewidmet. Letzterer war zumeist mit Bäumen bepflanzt und hatte eine an vier Messingketten hängende Schaukel mit großer Sitzplatte, denn Schaukeln war bei altindischen Damen ein beliebtes Vergnügen.
Hauptgebäude war der die beiden Innenhöfe trennende Zentralbau. Gewöhnlich erhob er sich zwei, manchmal drei Stockwerke hoch, wobei jede höhere Etage eine kleinere Grundfläche aufwies als die darunterliegende, so daß sich offene Terrassen ergaben. Das Dach hatte zumeist Tonnenform.
Gegenüber dem Rāja-Komplex befanden sich die nach allen Seiten of-

fene Ratshalle, die eigentlich nur ein Dach auf Säulen war, und das Haus des Bürgermeisters. Daran schlossen sich die Häuser der Beamtenschaft, d. h. des amtstragenden Dienstadels an, meist aus vier im Karree um einen Innenhof gruppierten Trakten bestehend. Der Frontbau diente zum Tagesaufenthalt und als Schlafraum, die Anbauten beherbergten Küche, Dienerquartiere und Ställe. Jedes derartige Haus, das stark an ein Gehöft erinnerte und es meist auch noch war, blieb vom Nachbarhaus durch eine schmale Gasse getrennt. Das nachbarschaftliche Wohnen der Beamten, die bis auf wenige Ausnahmen der Kriegerkaste angehörten, schuf einen regelrechten Khattiya-Stadtteil, durchsetzt natürlich mit Dienerschaft aus anderen Kasten.

Auch der für den Opfervollzug erforderliche Kultplatz – eine Wiese an einem Stadtteich mit einer den Göttern als Speiseplatz dienenden Erdaufschüttung und drei Feuerstellen um sie herum – lag innerhalb des Palisadenwalls, ebenso das Wohnviertel der Brahmanen, die sich teils vom Opferritual, mehrheitlich aber durch Landwirtschaft ernährten. Sie genossen im Mittleren Lande noch nicht das übersteigerte gesellschaftliche Ansehen der späteren Zeit und rangierten hier als Kaste hinter dem Kriegeradel. Größeres Prestige besaßen sie im Westen des alten Indien (etwa westlich von Payāga = Allāhabād), wo sie sich bereits zur obersten Kaste emporgeschwungen hatten.

Um den Basar, unweit von den besseren Wohnvierteln, konzentrierten sich die Läden und Werkstätten der Branchen des gehobenen Bedarfs in jeweils eigenen Straßenzügen: Bankiers und Goldhändler, Elfenbeinschnitzer, Stoffhändler und Parfümisten, Messing- und Eisenwarenkaufleute, Reis-, Gewürz- und Süßwarenkrämer. Jeder Handelszweig und jedes Handwerk war zu einer Gilde *(seṇi)* zusammengefaßt, die weitreichende regulierende Funktionen hatte. Sie befand über Fragen der Produktion und des Vertriebs, legte Rahmenpreise für ihre Erzeugnisse fest, die sogar der örtliche Rāja anerkannte, redete bei der Lehrlingsausbildung, ja sogar bei häuslichen Differenzen ihrer Mitglieder mit und sorgte, soweit dies nicht schon die Großfamilie tat, für die Witwen verstorbener Gildenbrüder. Ihr Zunftstolz zeigte sich in Gildeninsignien, die bei öffentlichen Festlichkeiten mitgeführt wurden, wie auch darin, daß sie unwürdigen Mitgliedern ein Berufsverbot erteilte, was für den Betroffenen oft einer Verurteilung zur Bettelei gleichkam.

Alle Entscheidungen wurden von einem Gildenrat getroffen, an dessen Spitze ein Gildenvorstand *(jeṭṭhaka, pamukha)* stand. Über ihm gab es noch den Gildenpräsidenten *(seṭṭhi)*, der die Anliegen der Gewerbesparte nach außen hin vertrat. Er war meist Hoflieferant und ging beim Rāja ein und aus.

Die reichste Gilde war die der Bankiers. Ihre Einnahmequelle bestand hauptsächlich im Geldverleih, für den feste Zinssätze galten. Ein voll abgesicherter Kredit, z. B. für die Verheiratung und Mitgift einer Tochter, kostete 15 %, ein nur teilgedeckter Kredit 60 % Zinsen im Jahr. Handelskredite waren wegen des hohen Risikos besonders teuer. Für eine durch Kredit finanzierte Unternehmung des Karawanenhandels wurden bis 120 %, für den Seehandel bis zu 240 % Jahreszinsen berechnet. Kastenmäßig stand die Geldverleihergilde, deren Mitglieder fast ausschließlich der Händlerkaste *(vessa)* angehörten, nicht besonders hoch: Nach ihrem gesellschaftlichen Einfluß hielt sie jedoch die Spitze. Ihr Präsident fungierte in der Regel auch als Doyen *(mahāseṭṭhi)* der örtlichen Gildenchefs und war damit der gewichtigste Mann der lokalen kaufmännischen Prominenz.

Ein geräumiges Haus in der Stadt wurde von einer gewissen, in den Texten vielmals erwähnten Dame bewohnt. Vertreterinnen der käuflichen Liebe waren in Altindien zahlreich und wurden verachtungsvoll geduldet: Auf die kunstsinnige Stadtkurtisane *(gaṇikā)* aber blickte man mit Stolz. Sie war eine nicht nur schöne und elegante, sondern geistvolle, wenn auch intrigante Frau und betörte die Männer vornehmlich durch ihre musisch-literarische Bildung. Ausgehalten von meist nur *einem* reichen Liebhaber, der dann und wann wechselte und manchmal am Ende nicht mehr reich war, empfing sie zu ihren von einem Berufsorchester begleiteten Gesangs- und Tanzdarbietungen, zu ihren Dichtkunst-Wettbewerben und zum Gespräch auch andere Herren der besseren Gesellschaft. Die Jünglinge aus den vermögenderen Schichten lernten in ihrem Salon Benehmen und Lebensart. Keine konventionell erzogene Frau jener Zeit beherrschte die musikalischen Kunstformen wie sie, keine war gleich ihr in der Lage, in der Hochsprache zu konversieren. Ihre öffentlichen Auftritte bei Hochzeiten und anderen Festlichkeiten verliehen einer Stadt kulturellen Glanz. Die heute als klassisch geltenden Formen des indischen Tanzes und Gesangs sind von der Stadtkurtisane mit geprägt worden.

Daß Kapilavatthu eine Stadtkurtisane besaß, ist nicht beweisbar, aber wahrscheinlich. Von anderen Städten Nordindiens sind uns die Namen der Kurtisanen und Berichte über ihre gelegentlichen Eskapaden, jedoch auch über ihre religiösen Stiftungen überliefert. Durch Heirat konnte eine Kurtisane jederzeit ein normales bürgerliches Leben aufnehmen.

Waren die im zentralen Stadtbereich gelegenen Häuser solide und gepflegt und großenteils mit Figurenmotiven und Ornamenten farbig bemalt, so änderte sich der Eindruck, je weiter man in die äußeren Stadtgegenden hinauskam. Hier wohnten in Lehmkaten und auf Pfählen stehenden Bambushütten die Handwerker und Dienenden, auch sie jeweils nach dem Gewerbe gruppiert. Da gab es Straßen der Zimmerleute, Schreiner, Stellmacher, Holzschnitzer und Instrumentenbauer, der Metallgießer und Steinmetze, der Weber, Färber, Schneider, Töpfer, Lederarbeiter und Maler, der Blumenhändler, Girlandenfädler und Flechter, der Tierhändler, Schlächter, Fischer und Garköche, der Friseure, Bademeister, Wäscher und Stadtbüttel. Jede gehobenere Berufsgruppe bildete innerhalb des Systems der Vier Kasten (vaṇṇa) eine eigene Unterkaste (jāti). Außerhalb der Kastenordnung standen die Kastenlosen, mit denen man als Kastenangehöriger keinen privaten Umgang pflegte. Die Idee der Unberührbarkeit dieser Menschen lag indes noch in einiger Ferne. Auf sie wird erst in den (Jahrhunderte jüngeren) Jātakas (z. B. Jāt 377) angespielt.

Das Kastensystem des 6. Jh. v. Chr. in der rigorosen Auffassung des viel späteren »Hinduismus« zu verstehen, wäre ein historischer Irrtum. Die Zeitgenossen des Buddha, insbesondere die des Mittleren Landes, wo die Brahmanisierung weniger weit fortgeschritten war als im Westen Indiens, betrachteten die Kastenordnung zumeist als eine weltliche und durchbrechbare Stände- und Berufs-, allenfalls Bildungshierarchie. Berufswechsel und damit Übertritt von einer Unterkaste zur anderen war schwierig, aber möglich, ja sogar Aufstieg in eine höhere Kaste war nicht ausgeschlossen, beispielsweise wenn ein Rāja einen tüchtigen Mann einfacher Herkunft in gehobener Funktion in seine Dienste nahm oder einen reichen Bankier zu seinem Finanzminister ernannte.

Verließ man die altindische Stadt und trat durch eins der Stadttore, die nachts geschlossen und bewacht waren, hinaus, gelangte man jenseits des Stadtgrabens zu den Laub- und Erdhöhlen der Allerärmsten, die vielleicht als Brennholzsammler und Dungbrikettformer den Bruchteil eines Māsaka verdienten oder gelegentlich als Grasschneider in den Parks der Reichen Beschäftigung fanden. Parks dieser Art gab es im Umkreis jeder indischen Stadt, und es gehörte zu den Vergnügungen der Begüterten, dort zu picknicken und im Sommer die relative Kühle des sich herabsenkenden Abends zu genießen.

Für den jugendlichen Siddhattha besaßen diese Haine besondere Anziehungskraft, denn hier pflegten im Schatten der Banyan-Bäume die Wandermendikanten zu kampieren: Verwahrloste und filzhaarige, indes oft feinsinnige und intelligente Abenteurer im Geiste, denen die heiligen Hymnen des Veda und die brahmanistischen Opferkulte nichts bedeuteten und die sich im Streben nach Erkenntnis in die Hauslosigkeit aufgemacht hatten. Ihnen, den freidenkerischen, das mystische Erlebnis außerhalb der Tradition suchenden Samaṇas und Paribbājakas, liebte Siddhattha bei philosophischen Gesprächen zu lauschen, was die Gotama-Familie, die seine schwache Weltverhaftung und seine Transzendenz-Neugier stirnrunzelnd beobachtete, nach Möglichkeit zu verhindern suchte. Wenn die Legende berichtet, Suddhodana habe seinen Sohn gegen die Welt abgeschirmt, um ihm den Anblick des Leidens zu ersparen, so war wohl der wahre Grund, Ideen der Weltflucht von ihm fernzuhalten.

Der vedische Opferkult

Kein Zweifel, daß die Opferreligion des 6. Jh. v. Chr. einen religiös erwartungsvollen Menschen enttäuschen mußte. Verweht war die divinatorische Begeisterung, die tausend Jahre zuvor die indo-arischen Seher befähigt hatte, das Wissen *(veda)* von den Göttern im eigenen Herzen zu erlauschen und das Gehörte *(śruti)* in Hymnen zu gießen, erstorben der literarische Stolz, mit dem sie ihre Hymnen zum Veda, zur heiligen »Wissenschaft« zusammengestellt und beim Opfer in feierlichem Singsang rezitiert hatten. Wurden die vedischen Hymnen auch nach wie vor bei den Opferzeremonien gesungen, so verstand sie Gotamas Jahrhundert nur mehr als mechanistisch wirkende Zaubergesänge. Ständig komplizierter und ausgedehnter waren die Opferhand-

lungen geworden, immer kostspieliger für den Opferherrn die Opfergaben und Priesterhonorare. Unter der wuchernden Werkgerechtigkeit war der numinose Gehalt der Religion fast erstickt.
Die Entwicklung von den lebensprallen Kulten der indischen Frühzeit zur ritualistischen Sakrifikalreligion des 6. Jh. v. Chr. läßt sich anhand der Sakraltexte in großen Zügen verfolgen. Außer dem 1028 Hymnen umfassenden Ṛgveda, dem ältesten Dokument indischer Geisteskultur (etwa 1500 v. Chr.), sind Yajur-, Sāma- und der erst spät kanonisierte Atharvaveda heranzuziehen, ferner die in Prosa gehaltenen, das Ritual erläuternden Brāhmaṇas (um 1000 v. Chr.) und Āranyakas sowie die ältesten Upaniṣaden (um 700 v. Chr.). Die Upaniṣaden atmen den Geist spiritueller Erneuerung und sind bereits der religiösen Unabhängigkeitsbewegung zuzurechnen, in deren Sog schließlich auch Siddhattha Gotama, der nachmalige Buddha geraten sollte.
Für Menschen unserer Zeit sind viele der Göttergestalten des vedischen Himmels kaum vorstellbar, da sich in ihrem Wesen theistische Züge mit Naturvorstellungen auf alogische Weise mischen. Oft gehören die einer Wesenheit zugeschriebenen Eigenschaften gegensätzlichen Kategorien an und lassen sich kombiniert nicht denken. Eine ganze Anzahl vedischer Götter bleibt daher jenseits klarer Definition im Halb- oder Dreivierteldunkel der Unbegreifbarkeit.
Die erste Stelle des vedischen Pantheons nahm Indra ein, der Herr der Götter, Meister der Tausend Kräfte und Schutzgott der Indo-Arier, die um 1200 v. Chr. aus dem Westen in die Ganges-Ebene eingewandert waren. Er war ein gewaltiger Kämpfer und hatte einst den Dürredämon Vṛtra mit der Keule erschlagen und die in seinem Schlangenleib eingeschlossenen Wasser als Flüsse freigesetzt. Den Regenbogen als Kampfbogen schwingend, aus seinem Zepter *(vajra)* Blitze aussendend, stürmte er auf seinem himmlischen Wagen von Kampf zu Kampf gegen die Dämonen, die ihn daran hindern wollten, der dürstenden Erde den Fruchtbarkeit bringenden Regen zu schenken. Sein Krafttrank war Soma, der heilige, vermutlich aus dem Fliegenpilz (Amanita muscaria) gepreßte, mit Honig und Milch gesüßte Rauschsaft, den seine Anhänger ihm reichlich als Opfer darbrachten, um sein Wohlgefallen zu erwerben. Denn Indras Wesen war nicht nur Kraft und Männlichkeit, er war nicht nur Anreger von Ideen und Taten, er galt auch als Gewährer von Viehreichtum und Erfüller materieller Wün-

sche. Wer Indra für sich eingenommen hatte, litt an nichts mehr Mangel. Naiv-keck redet ein Verehrer dem großen Gott ins Gewissen:

Wär' ich, o Indra, so wie du,
Der Herr der Güter hier auf Erden,
So strömten meinem Sänger zu
Sofort die schönsten Rinderherden.

Ich würd' ihm helfen, Herr der Macht,
Und geben, geben ihm zur Ehre,
Ihm, der mir Lob und Dank gebracht,
Wenn *ich* der Herr der Rinder wäre.

(Ṛv 8,14,1–2 Übers. H. Weller)

Neben Indra waren es Varuṇa und Mitra, auf die sich das vedische Denken richtete. Varuṇa, Personifikation des alles umfassenden Himmels, wurde als der Hüter der Wahrheit *(ṛta)* und kosmischen Ordnung verehrt. Ihm oblag es, die Regelmäßigkeit zu sichern, die dem Sonnenlauf, dem Wechsel von Tag und Nacht, der Abfolge der Mondphasen und den Jahreszeiten zugrundeliegt. In seine Zuständigkeit fielen unter anderem Vertrag und Eid, denn ein gebrochenes Versprechen ist eine Lüge und verletzt die Heiligkeit der Wahrheit, die Varuṇa zu schützen hatte. Da Varuṇa in der jüngeren vedischen Periode auch als Herr der Ozeane und Gewässer angesehen wurde, bestrafte er den Wortbrüchigen mit Wassersucht, den in Indien so häufigen Krankheiten Ödem und Filaria. Ein von solchem Leiden Befallener fleht Varuṇa an:

O laß mich, König Varuṇa,
Noch nicht ins Haus von Erde gehn.
Erbarm dich, guter Herrscher, du!

Ich schwanke schütternd, Schleuderer,
Ein aufgeblas'ner Schlauch daher,
Erbarm dich, guter Herrscher, du!

Aus Schwachheit, ach, aus Unverstand
Hab' ich gefehlt, du reines Licht.
Erbarm dich, guter Herrscher, du!

Dein Sänger steht im Wasser ganz,
Und doch befiel ihn arger Durst.
Erbarm dich, guter Herrscher, du!

(Ṛv 7,89,1–4 Übers. H. Weller)

Häufig war Varuṇa von Mitra begleitet, und in dieser Zusammenstellung bedeutete Varuṇa den Nachthimmel, Mitra den Taghimmel und die Sonne. An anderer Stelle wird Varuṇa als der gestrenge Nachspürer (nach Gesetzesbrechern), Mitra (»Freund«) als der Einiger des Menschenvolkes angesprochen.
Himmelskörper und Naturerscheinungen spielten im vedischen Pantheon eine dominante Rolle. Als zartes junges Mädchen stellte man sich Uṣas, die Morgenröte vor. Savitar wie auch Sūrya hieß der Sonnengott, den man als den Urheber pflanzlichen und animalischen Lebens und als Vertreiber der Unwissenheit feierte. Die Maruts waren die mit Indra befreundeten monsunischen Sturmgötter und Regenwinde. Vāyu war der Name des Windgottes, dem reinigende Kraft und die Fähigkeit zugeschrieben wurde, Unglück wegzublasen. Parjanya, der Regengott, schuf in Pflanzen und Wesen den Keim des Lebens. Pṛthivī war die Erdgöttin, vollbusig, breithüftig und fruchtbar.
Wie aber hätte man den Göttern opfern können ohne Agni, den Gott des Feuers, der durch Flammenzungen und Rauch die Opfergaben zu den Himmlischen trug und sie veranlaßte, den Opferer auf Erden zu besuchen?

Agni, die Opfergabe, die
Du, ganz umhüllend, aufwärts führst,
Nur sie gelangt zur Götterwelt.

Agni, der Beter geistesstark,
Der Treue, hell im Ruhmesglanz
Nahe der Gott mit Göttern uns.

(Ṛv 1,1,4–5 Übers. H. Weller)

Agni war der Gott der Opferbrahmanen und zugleich der Opferpriester der Götter; er bedingte (als Körperwärme) das Leben, aber er zerstörte auch. Das letzte Opfer, das der Mensch auf Agnis Altar darbringt, ist er selbst auf dem lodernden Scheiterhaufen. Darauf nimmt der grimmige Totengott Yama den Verstorbenen in sein im Himmel gelegenes Reich.

In frühvedischer Zeit hatte man die Opferhandlung als ritualisierte Bewirtung der Götter verstanden. Das Wort *ārya,* mit dem sich die Indo-»Arier« selbst bezeichneten, bedeutete »die Gastfreien« und ist, da die Himmlischen in die Gastfreundschaft eingeschlossen waren, zugleich eine Bezeichnung ihrer Religion. Profanen Augen unsichtbar besuchten die Götter den Opferer, indem sie auf den unter freiem Himmel bereiteten altarartigen Opfersitz hinabstiegen. Sie wurden von ihm mit Speise und Soma festlich bewirtet und zeigten sich durch Gegenopfer erkenntlich. Solche Gegenopfer waren, daß sie täglich die Sonne aufgehen ließen, Regen spendeten, Sieg und Wohlergehen sicherten und dem irdischen Opferer Erfolg, Nachkommenschaft, Viehreichtum, Kraft und langes Leben verschafften. Auf das Gegenopfer der Götter war Verlaß, vorausgesetzt, daß bei der Anrufung und Beköstigung der »Strahlenden« kein Fehler unterlaufen war.

Just diese Furcht vor Ritualversehen war der Grund, daß die Auffassung vom Opferkult sich tiefgreifend wandelte. Denn wenn nicht mehr der Gesinnung des Opfernden, sondern der Beachtung der korrekten Form die ausschlaggebende Bedeutung zukam, war es ratsam, daß der Opferherr die Götterbewirtung einem Fachmann anvertraute. Die Männer, die aufgrund ihrer Beherrschung der Formalien und ihrer Kenntnis des magisch wirksamen Wortes *(brahman)* den Opfervollzug auftragsweise übernahmen und mit der Zeit als die Opfertechniker und Kultexperten schlechthin galten, erhielten den Berufs- und späteren Kastennamen Brahmanen. Da die Bevölkerung glaubte, daß der brahmanische Zelebrant dem Opferherrn durch falschen Vollzug des Rituals oder Verballhornung der Opferhymnen Schaden zufügen könne, bemühte sich jeder Opferveranstalter, den beauftragten Sakrifikalbrahmanen durch Zusage großzügigen Lohns und eines reichlichen Mahls in wohlwollende Stimmung zu versetzen.

Mit zunehmender Komplizierung der Kulte entwickelten die Opferbrahmanen außerordentliche Überheblichkeit, und zwar nicht allein dem Opferherrn, sondern ebenso den Göttern gegenüber. Aussagen wie »Die Götter hängen vom Opfer ab« (ŚBr 14,6,8,9) finden sich in den Brāhmaṇa-Texten häufig. Daß die Himmlischen auf die Opferkunst der Brahmanen angewiesen seien und ohne die Stärkung durch das Opfer nichts vermögen, diese Überzeugung durchzieht die gesamte Brāhmaṇa-Literatur. Ja noch mehr: »Die (kultische) Huldigung erhält Erde und Himmel, die Huldigung ist für die Götter, die Huldigung ist Herr über sie« heißt es sogar (TBr 6,51,8). Das heilige Opferwort *(brahman)* ist ein mechanistischer Zauber und zwingt die Himmlischen unter den Willen des zelebrierenden Brahmanen. Das Brahman ist allmächtig; wer es kannte und richtig zu sprechen wußte, war allen anderen überlegen.

Es spricht für die Brahmanen, daß sie trotz des unerhörten Dünkels, den sie aus ihrer Beherrschung des wirkensmächtigen Opferworts ableiteten, sich doch über die Gründe für dessen Zauberkraft klarzuwerden bemühten. Es war, wie sie erkannten, die dem Opferwort innewohnende Wahrheit *(ṛta, satya)*, die die Wirkenskraft des Brahman ausmacht. Ṛta = Wahrheit bedeutet hier weniger logische Wahrheit im Sinne einer Übereinstimmung von Sachverhalt und Aussage, als vielmehr *absolute* Wahrheit, also Wahrheit als Wirklichkeit. Da im Brahman, im »wahren« Opferwort die ganze Wirklichkeit umschlossen ist, da es alles Seiende und Denkmögliche enthält, kann es auch alles bewirken.

Selbstverständlich war auch der Kultplatz von Kapilavatthu nach den Vorschriften der Brāhmaṇa-Texte angelegt. Im Westen der den Göttern als Speiseplatz dienenden erhöhten Altarplattform, die vor jeder Opferhandlung mit Grasschnitt bestreut wurde, brannte das Feuer, das der Zubereitung der Opferspeise diente. Es symbolisierte die Sonne, die das Leben reifen läßt, und brannte daher in einer kreisförmigen Feuerstelle.

Östlich des Götteraltars befand sich eine Feuerstelle von quadratischer Form, nämlich in der Gestalt der Erde, die man sich als quadratische Scheibe vorstellte. In die hier lohende Flamme wurde die Opferspeise gegossen, damit sie von Agni emporgetragen werde.

Im Süden schließlich brannte das dritte, den Mond darstellende und darum halbkreisförmig angelegte Feuer. Es sollte die Dämonen von der Störung der sakralen Opferhandlung abhalten. Zu einem vollen Opferritual gehörten drei Zelebranten und ein Aufsichtspriester. Am Ende jeder Opferhandlung ertönte der Ruf *svāhā!* Heil!

Neben dem großen Auftragsopfer kannte das alte Indien eine erhebliche Zahl weiterer kleinerer Opfer sowie vielerlei Rituale, auf die der

Name »Opfer« nicht zutrifft. Neben Analogiezaubern (z. B. Regenmachen durch Wassergießen) und Aneignungszaubern (z. B. Tigerherz essen um mutig zu werden) standen kalendergebundene und häusliche Rituale der verschiedensten Art: zur Hochzeit, Geburt, Namengebung, bei Todesfällen und anderen Anlässen. Auch sie erhielten ihre Wirksamkeit durch das magische Wort *(brahman)*, welches in richtiger Intonation auszusprechen nur ein Berufszelebrant vermochte. Den Rang eines Zeremonialbrahmanen erwarb nur, wer zwölf Jahre lang als Hausschüler bei einem brahmanischen Guru das Feuer versorgt, die Hymnen, Mantras und Riten gelernt und während dieser Zeit durch Enthaltsamkeit asketische Weltüberlegenheit geübt hatte. Erst nach Abschluß seiner Schulung durfte der junge Brahmane sich die Haartracht des Berufsbrahmanen zulegen, die aus einem rechts getragenen Haarknoten, andernorts aus drei Haarknoten bestand. Hält man sich das lange und mühsame Studium des Opferbrahmanen vor Augen, versteht man, warum nur ein geringer Teil der zur erblichen Brahmanenkaste gerechneten Männer die Religion als Beruf ausübte.

Die religiöse Befreiungsbewegung

Bei einem so tief religiösen, das numinose Erlebnis so brennend ersehnenden Volk wie den Indern konnte eine Reaktion gegen den vedisch-brahmanistischen Opferkult und seine mechanistische Entartung nicht ausbleiben. Im 7. Jh. v. Chr. setzte sie ein, ergriff mit ansteckenden Ideen Teile der Jugend und entwickelte sich im 6. Jh. zu einer kraftvollen spirituellen Bewegung. Sie war keine Revolution, denn sie blieb tolerant und trat der Opferreligion lediglich in öffentlichen Disputationen entgegen. Sie war ein unorganisierter geistiger Aufbruch, der die etablierten Opferkulte links liegen ließ und auf der Suche nach neuen Heilszielen abseits der alten Straße eigene und neue Wege einschlug. Manche erwiesen sich als Holzwege, die im Gestrüpp endeten, andere führten auf nie zuvor bestiegene Höhen. Im 6. Jh. v. Chr. erreichte der indische Geist philosophische und religiöse Gipfelleistungen, die noch heute wirken.

Die Vielzahl der emanzipistischen Gruppen läßt sich auf vier Grundtypen von Heilssuchern reduzieren: (1.) Aupaniṣadas, (2.) Materialisten, (3.) Asketen und (4.) Wandermendikanten. Mit ihnen allen kam Gotama kürzer oder länger in Berührung, jede Gruppe hat, zum Teil antithetisch, Elemente zu seinem System beigesteuert.

(1.) Der vedischen Tradition am nächsten standen die Aupaniṣadas, die Anhänger der ab 700 v. Chr. entstandenen Upaniṣaden. Ihre Lehre war aus den Veden und Brāhmaṇas abgeleitet, stellte aber eine so originelle Weiterentwicklung dar, daß ihre Schöpfer bei den Orthodoxen Widerspruch erwarteten. Die Aupaniṣadas hielten deshalb ihre Erkenntnisse geheim, was auch der Name ihrer Texte andeutet. *Upa-ni-sad* heißt, »sich bei jemandem niedersetzen« – um ihm nämlich die esoterische Lehre vertraulich mitzuteilen.
Nicht lange allerdings bleiben die Geheimtexte geheim. Ihre zentrale Aussage kam auch den brahmanistischen Opferritualisten zu Ohren, die sehr geschickt taktierten. In der Einsicht, daß ein in Umlauf geratener Gedanke nicht mehr unterdrückbar ist, machten sie sich die Upaniṣaden kurzerhand zu eigen, adoptierten deren Lehre als Überbau ihrer eigenen Opferphilosophie und fügten die »geheimen« Texte dem vedischen Kanon als Endstück *(vedānta)* an. Auf diese Weise wurde die upaniṣadische All-Einheitslehre Teil der brahmanischen Tradition.
Nur fünf Upaniṣaden sind vorbuddhistischen Ursprungs, voran die Bṛhadāraṇyaka-Upaniṣad, die älteste überhaupt. Wenig jünger ist Chāndogya; in einigem Zeitabstand folgen dann Taittirīya, Aitareya und Kauśītaki. Da diese Texte weitgehend Niederschlag experimentellen Fabulierens sind und lange Passagen mit Identitätsspekulationen im Stil der Brāhmaṇa-Bücher enthalten, bieten sie nicht durchweg erhellende Lektüre. Stellenweise, meist in erzählenden Abschnitten, zucken jedoch beglückende Erkenntnisblitze auf, intuitive Einsichten, die ein Problem jäh beleuchten. Keine einzelne Upaniṣad stellt eine geschlossene Philosophie dar, jede liefert nur Teilbeiträge. Erst die relevanten Aussagen aller Upaniṣaden zusammen ergeben das System, das unter dem Namen Vedānta einen Höhepunkt des Hindudenkens darstellt und um 800 n. Chr. von Śaṅkara und um 1100 n. Chr. erneut von Rāmānuja philosophisch präzisiert wurde.
Vom Ṛgveda zu den Upaniṣaden ist historisch zu verfolgen, wie das

Wort *brahman* eine Sinnverschiebung erfährt. Im Veda bezeichnete es das Opferwort, das aufgrund der ihm innewohnenden Wahrheit *(ṛta, satya)* zauberisch wirksam ist; in den Upaniṣaden wird *brahman* zur Vollverkörperung, zum Synonym der Wahrheit: »Der Name (= das Wesen) dieses Brahman ist Wahrheit« (ChU 8,3,4), »das Brahman *ist* Wahrheit« (BAU 5,5), heißt es. Ja noch mehr: *Brahman* ist in den Upaniṣaden zum Namen des Absoluten, der »Letzten Wirklichkeit« geworden, und große Mühe verwenden die Denker darauf, dieses die Ganzheit umgreifende, alles durchwesende Absolute durch Worte erlebbar zu machen. Sie bedienen sich dazu der für die Mystik typischen Ausdrucksweisen: des Symbols, der Identifikation der Gegensätze und der negierenden Beschreibung.

Das Brahman ist die Ursache des Alls (BAU 1,4,21); wie alles in der Welt Existente in den Raum eingewoben ist, so ist der Raum ins Unvergängliche, das Brahman eingewoben (BAU 3,8,8). Da es alles durchgeistet, ist es auch im Menschen beheimatet: Der Körper ist die Burg des Brahman. In dem kleinen leeren Raum im Herzen wohnt es, winzig, und doch so groß wie dieser Weltraum. In ihm liegt dieses ganze All, alles Existente und alles latent Mögliche. Wenn der Körper altert und stirbt, nicht altert und stirbt das Brahman (ChU 8,1,1–5). Wer das unvergängliche Brahman kennt, dem ist nach dem Tod die Erlösung sicher (BAU 3,8,11). Aufgabe eines jeden, der Befreiung anstrebt, ist es, ein Kenner des Brahman zu werden.

Das Subjekt des Erkennens ist der Ātman, die Seele. Er ist es, der das Sehen, Hören, Denken, Erkennen ausführt (BAU 3,5,1). Der Ātman schafft die Welten, Götter und irdischen Wesen (BAU 2,1,23), er ist Herrscher über alles (BAU 4,4,24). Im Herzen wohnt er, kleiner als ein Reiskorn, als ein Gerstenkorn, aber größer als die Erde, größer als der Himmel und diese Welten (ChU 3,14,2–3). Der Körper ist der Aufenthaltsort des unsterblichen unphysischen Ātman (ChU 8,12,1) und stirbt, sobald dieser ihn verläßt (ChU 6,11,3). Der Ātman aber ist ungeboren (weil ewig), alterslos, todlos, ungefährdet, unsterblich (BAU 4,4,30). Nur in Negationen kann man von ihm sprechen (BAU 4,4,27).

Der Ātman ist zwar das Selbst, die Seele, aber er ist nicht auf die Einzelperson begrenzt, sondern mit allen Ātmans identisch: »Dieser dein Ātman ist der in allen vorhandene Ātman« belehrt uns die Bṛhadāraṇyaka-Upaniṣad (3,4,1). Zwischen den Seelen der Wesen gibt es keinen Unterschied, sie alle sind eins. Jeder »Andere« ist wesenhaft »Ich«.

Die Parallelität der Aussagen über das Brahman und den Ātman ist augenfällig und legt nahe, das Brahman, das Absolute, die Weltseele und den Ātman, die Individualseele als identisch zu betrachten. Tatsächlich ist dies die große Erkenntnis und zentrale Botschaft der Upaniṣaden und macht sie zu den Grundtexten der indischen All-Einheitslehre. Das Verhältnis der Vielheit der empirischen Welt zur Einheit des Absoluten hat alle indischen Philosophen der Folgezeit beschäftigt.

Immer wieder in den Upaniṣaden wird die Identität von Brahman und Ātman betont:

> Wahrlich, dieser große, ungeborene Ātman, der alterslose, todlose, ungefährdete, unsterbliche, – er ist das Brahman.
> (BAU 4,4,25)
>
> Wie wenn eine Schlangenhaut abgestorben und abgestreift auf einem Ameisenhaufen läge, ebenso liegt der Körper nach dem Tode da. Aber dieser unphysische, körperlose, aus Erkenntnis bestehende Ātman ist das Brahman (und lebt weiter). (BAU 4,4,7)
>
> Dieser Ātman ist das Brahman. (ChU 3,14,4)

Erkennbar ist die Einheit von Ātman und Brahman vor allem im traumlosen Tiefschlaf. In der Zurückgezogenheit solchen Schlafes, wenn der Ātman zeitweilig inaktiv im Brahman ruht, wird offenbar:

> Das ist der Ātman, das ist das Unsterbliche, Ungefährdete, das ist das Brahman. (ChU 8,11,1)

War der mystische Monismus die eine große Entdeckung der Aupaniṣadas – die Lehre von der Seelenwanderung war die andere.

Daß das Individuum den Tod in der einen oder anderen Form überdauere, war als Idee bereits im Ṛgveda und in den Brāhmaṇa-Texten aufgetaucht. Die Aupaniṣadas indes erkannten die Zwangshaftigkeit und Regelgebundenheit der Wiedergeburt und die Steuerungsfunktion der Taten im Wiedergeburtsvorgang. Der Unerlöste läuft im Kreis (BAU 6,2,16) der Seelenwanderung herum, getrieben von Lustbegierde *(kāmayamana* – BAU 4,4,6) und Unwissenheit *(avidyā)*, nämlich der Unkenntnis des Ātman (BAU 4,4,10–13). Begeht er gute Taten *(karman)*, steht ihm eine angenehme Wiederverkörperung bevor, begeht er üble Taten, eine unangenehme:

> Je nachdem wie einer handelt und wandelt, entsprechend wird er (wieder-)geboren. Wer Gutes tat, wird als Guter geboren, wer Böses tat, wird als Böser geboren ... Darum heißt es: ›Der Mensch ist ganz und gar aus Begierde *(kāma)* gebildet. Je nachdem wie seine Begierde ist, so ist seine Einsicht. Je nachdem wie seine Einsicht ist, so tut er die Tat. Je nachdem welche Tat er tut, so ergeht es ihm‹. (BAU 4,4,5)

> Die hier (in der Welt) von erfreulichem Wandel sind, für die besteht Aussicht, daß sie (nach dem Tode) in einen erfreulichen Mutterschoß eingehen: Den Schoß (der Frau) eines Brahmanen oder Kṣatriya oder Vaiśya. Die aber hier von stinkendem Wandel sind, für die besteht Aussicht, daß sie (nach dem Tode) in einen stinkenden Mutterschoß geraten: Den Schoß (des Weibchens) eines Hundes oder Schweins oder Kastenlosen. (ChU 5,10,7)

Aus diesem erschreckenden Kreislauf der naturgesetzlich-mechanischen, von den Taten gelenkten Seelenwanderung kommt frei, wer Lustbegierde *(kāma)* und Unwissenheit *(avidyā)* vernichtet. Ein derart Vollendeter geht ins Brahman ein, sein Ātman löst sich im Brahman auf. Durch das Verlöschen im Brahman *(brahmanirvāṇa)* ist er erlöst. Ohne Zweifel gehören die Erkenntnis der All-Einheit und der naturzwänglichen, von den Taten gelenkten Wiedergeburt zu den profundesten religiösen Einsichten der Menschheit, philosophisch aber warfen sie ein Bündel neuer Fragen auf. Die All-Einheitslehre hatte zwar die Trennung zwischen den Einzelwesen aufgehoben, jedoch zwischen dem ewigen, in sich ruhenden Brahman/Ātman und der physischen Natur *(prakṛti)* eine neue Trennlinie gezogen; die vertikale Dichotomie war durch eine horizontale ersetzt worden. Sofort ergab sich ein Realitätsproblem: Kommt der materiellen Welt gegenüber dem Brahman als dem Absoluten Wirklichkeit zu oder ist sie Schein *(māyā)*? Des weiteren drängten sich Fragen nach dem Verhältnis zwischen Brahman und Prakṛti auf: Was veranlaßt das in sich selbst ruhende Brahman, sich in der Wandelwelt zu verkörpern? Und wie können die Taten eines Menschen den an sich freien Ātman an einen physischen Körper binden? – Die nach-upaniṣadischen Systeme Indiens sind weitgehend als Antwortversuche auf diese Fragen aufzufassen.

(2.) Spöttisch ablehnend gegenüber allen Erlösungslehren verhielten sich die Materialisten, die jegliches über die sichtbare Welt Hinausreichende für Hirngespinst ansahen. Ihr Name Lokāyata, »die der (wahrnehmbaren) Welt Zugewandten«, gibt dieser Einstellung Ausdruck. Eine andere Bezeichnung für sie, Cārvāka, ist vom Namen eines ihrer Denker abgeleitet. Ihre Gegner verwendeten für sie den despektierlich gemeinten Ausdruck »Leugner« oder »Negierer« *(nāstika)*.
Wie indisches Denken stets zur Kodifizierung seiner Inhalte drängt und es für alle Kunstfertigkeiten einschließlich der Diebes- und der Liebeskunst Leitfäden gab, hatten auch die Materialisten ihre Anti-Ideologie systematisiert, nämlich in dem im 6. Jh. v. Chr. entstandenen Barhaspatisūtra. Dieses Werk ist nur bruchstückhaft in Zitaten überliefert, jedoch haben wir von den Auffassungen der Materialisten eine Vorstellung aus den Widerlegungsbemühungen ihrer Gegner. Der folgende Abriß der Lokāyata-Maximen basiert auf dem »Kompendium der Sechs Systeme« (Ṣaddarśanasamuccaya) des Haribhadra (8. Jh. n. Chr.) und der »Zusammenfassung aller Systeme« (Sarvadarśanasaṃgraha) des Mādhava (14. Jh.).
Konsequent in ihrer Überzeugung, daß direkte Sinneswahrnehmung das einzige Erkenntnismittel ist, es also keine Erkenntnis durch Schlußfolgerung, Intuition, Erfahrung, Belehrung oder göttliche Offenbarung gebe, bestreiten die Lokāyatas ein Jenseits. Was nicht sinnlich auffaßbar ist, ist nicht existent. Es gibt keinen Gott, keine Erlösung, keine Seele *(ātman)*. Recht und Unrecht *(dharma/adharma)* existieren ebenso wenig wie gute und böse Taten ein (wiedergeburtliches) Ergebnis zeitigen. Wenn der Körper einmal auf dem Scheiterhaufen verbrannt ist, ersteht er (= das Individuum) nie wieder.
Aus den Vitalfunktionen der Lebewesen läßt sich die Existenz einer Seele nicht beweisen. Alle Gebilde, auch unser Körper, sind Konglomerate aus den Vier Elementen Erde, Wasser, Feuer und Luft, die sich aufgrund ihrer Eigennatur, d. h. der ihnen innewohnenden Tendenzen, zu eben jenen Gebilden zusammenschließen. Jede psychische Aktivität ist lediglich das Ergebnis des Zusammenspiels der vier Elemente

und entwickelt sich so, wie aus den unverfänglichen Ingredienzien Reis und Melasse durch Gärung berauschender Alkohol entsteht.
Wer auf Sinnesvergnügungen verzichtet weil ihnen Schmerz beigemischt ist, der handelt wie ein Narr. Wirft man etwa das Reiskorn weg, weil es von der Spelze umschlossen ist? Darum kann es nur *ein* vernünftiges Verhalten geben: Lebe vergnügt, solange Leben in dir ist, und iß Schmelzbutter, auch wenn du dich verschulden mußt. Wert hat im Leben allein, was die Freuden mehrt.

> Hinwendung zum Ungesehenen unter Aufgabe des Gesehenen, –
> die Cārvākas haben erkannt: Das ist die Dummheit der Welt!
> (Ṣaddarśanasamuccaya 9,6)

In der antimaterialistischen Polemik der indischen philosophischen Literatur fällt auf, daß die Lokāyatas keineswegs als amoralische oder antisoziale Menschen geschmäht werden. Ihr Nonkonformismus beschränkte sich auf den Bereich des Geistes. Sie waren Skeptiker, Diesseitsmenschen und Hedonisten, fügten sich aber in die Stadt- oder Dorfgemeinschaft problemlos ein. Bisweilen, wenn die Opferbrahmanen sich allzu wichtig nahmen, mögen selbst die Frommen einen befreiend respektlosen Lokāyataspruch im Munde geführt haben.
Der philosophische Einfluß der Lokāyatas war erheblich. Indem sie sich mit scharfzüngiger Kritik und erdnahem Zynismus über Thesen der idealistischen Schulen mokierten, verhinderten sie philosophische Kapriolen und wirkten als Korrektiv.

(3.) Das Sanskrit-Wort *tapasvin,* »Asket«, wird oft mit »Büßer« übersetzt – fälschlicherweise. Buße ist der Versuch der Wiedergutmachung einer begangenen Sünde, Askese im indischen Sinne hingegen ist die Bemühung, die Zukunft zu gestalten. Sie beruht auf dem Glauben, daß Selbsttortur *(tapas* als Mittel) Glut *(tapas* als Ergebnis), d. h. geistig-magische Kraft erzeuge, die gespeichert und zur Erlösung verwendet werden kann. Voraussetzung zum Erfolg ist absolute sexuelle Enthaltsamkeit. Erliegt der Asket dem sexuellen Trieb, ist das angesammelte Tapas sofort und restlos verströmt.
Einer verbreiteten Vorstellung nach entwickelte der Asket, je mehr Tapas er ansammelte, übernatürliche Fähigkeiten. Bereits der Ṛgveda gibt an, der Gott Indra habe seine Position im Himmel seinem Tapas

zu danken, aber erst im 7./6. Jh. v. Chr. wurde die Tapas-Theorie wirklich populär. In der hinduistischen (nach-buddhistischen) Literatur nimmt sie breiten Raum ein, und wiederholt ist von Asketen die Rede, die durch ihr angestautes Tapas zu einer Konkurrenz und Gefahr für die Götter geworden waren. Die Götter, um Rat nicht verlegen, pflegten dem Asketen eine schöne Nymphe zu senden, die ihn verführte und damit sein Tapas zunichte machte.

Daß die vedisch-brahmanistische Opferpriesterschaft der asketischen Bewegung ablehnend gegenüberstand, kann nicht verwundern. Nicht nur verkleinerte der Asket, wenn er Familie, Haus und Dorf verließ, den Kreis der Opferspender, sondern er demonstrierte auch, indem er die materielle Opfergabe durch Aufopferung seiner eigenen Freuden ersetzte, einen Weg der Eigenerlösung, der die alte Opferreligion an Bedeutung minderte. In brahmanischen Augen war der Übertritt in ein Leben als Asket oder Wandermendikant höchstens bei einem Mann vorgerückten Alters gutzuheißen, der seine Familie versorgt, seine Kastenpflichten erfüllt hatte und dessen Sohn seine Aufgabe im häuslichen und sozialen Leben übernahm.

Äußere Kennzeichen des Asketen waren Verzicht auf Besitz und Familie, wilder Haarwuchs und häufig totale Nacktheit. Asketen hausten als Einsiedler allein im Dschungel oder in kleinen Gruppen in Asketenwäldchen, auf jeden Fall fern von Dörfern und Städten, um von den Haushabern nicht gestört und von ihren Töchtern nicht irritiert zu werden. War ein Asket in seinen Observanzen über längere Zeit rigoros, galt er als heilig, und das nächstgelegene Dorf war stolz, ihn mit dem Wenigen, das er benötigte, versorgen zu dürfen.

Die Ziele, zu deren Verwirklichung Männer die harten Askeseobservanzen auf sich nahmen, waren zuweilen nur niedrig gesteckt. Es gab das Sprichwort, »worauf man verzichtet, das wird zehnfach erlangt.« Manchem Asketen mögen als Endzweck seiner Übungen gerade jene Freuden vorgeschwebt haben, die er sich gegenwärtig versagte. Anderen lag bei der Verfolgung des Askese-Pfads nur das halbe Ziel am Herzen, nämlich die Erreichung der aus der Tapas-Akkumulation erwachsenden paranormalen Fähigkeiten: Fliegen zu können wie ein Vogel, auf dem Wasser zu wandeln, durch Wände zu schreiten oder Fernliegendes, Verborgenes, Vergangenes und Zukünftiges zu erkennen. Die Kraft, Naturgesetze und physische Beschränkungen zu überwinden, wurde bei jedem fortgeschrittenen Asketen ohne weiteres unterstellt und – auch unbewiesen – vom Volk bewundert, aber als wirklich der Askese wert und echtes Endziel galt bei Einsichtigen nur die Erlösung, die teils in der Aufnahme in den Kreis der Götter, teils in der Einswerdung mit einem bestimmten Gott und teils in der Erkenntnis des Absoluten und dem Aufgehen in ihm gesehen wurde.

Die Heilsziele der Asketen waren mehr oder weniger konventionell, nicht jedoch ihre Methoden. Die Skala reicht von subtilen Versenkungsübungen über schrullige Praktiken bis hin zu abartigen Selbstfolterungen. Bei den letzteren spielt deutlich ein Element exhibitionistischer Eitelkeit mit.

Zu den Skurrilitäten darf man die (in M 57 genannten) Kuh- und Hundeasketen zählen. Der erstere hatte sich (laut Kommentar) Hörner aufgesetzt und einen Kuhschwanz angesteckt und hielt sich bevorzugt zwischen Rindern auf. Der nackte Hundeasket dagegen fraß vom Boden, rief Wau Wau! und rollte sich beim Hinlegen nach Hundeart zusammen.

Die elementarste Askeseobservanz war das Fasten, das zuweilen bis zum Tod betrieben wurde. Manche Asketen aßen nur Früchte oder nur, was unter der Erdoberfläche wächst; andere lebten allein von flüssiger Nahrung. Immerhin originell war das Fasten mit dem Mond: Bei Neumond aß der Asket nichts, an jedem folgenden Tag bis zum Vollmond je einen Bissen mehr, um dann, bis zum neuerlichen Neumond, die Nahrungsaufnahme wieder schrittweise zu drosseln.

Zur Askeseübung gemacht werden konnte auch die Positur des Asketen. Während einige tagelang bis zur Hüfte im Wasser standen, zogen die Fledermausasketen es vor, täglich einige Stunden im Kniehang mit dem Kopf nach unten an einem Baum zu hängen. Neben Immersitzer- und Immer-krumm-Asketen, die sich niemals ausstreckten, kannte man solche, die ihre Zeit stehend, manchmal auf einem Bein verbrachten, bis sich Schlingpflanzen an ihnen emporrankten. Des weiteren gab es Asketen, die niemals schliefen und andere, die Nagelbretter oder Dornenhaufen zu ihrem Lager gemacht hatten. Vereinzelt kamen Fünffeuer-Asketen vor, die im Lotossitz zwischen vier Feuern saßen und das Gesicht mit den längst erblindeten Augen dem fünften Feuer, der Sonne zugewandt hielten.

Groß war die Schar der Selbstverstümmler, die sich Glieder abgeschnitten oder sie gebrochen hatten, um sie in bizarrem Winkel wieder anwachsen zu lassen. Das absichtliche Verkümmernlassen eines Armes durch ständiges Hochhalten war häufig, ebenso das Durchbohren des Penis, an welchem der Asket gewöhnlich einen schweren Stein befestigte, um auf diese Weise Keuschheit und Schmerzaskese zugleich zu beweisen. Asketische Übungen waren oft von einem Schweigegelübde begleitet, das manchmal so strikt eingehalten wurde, daß auch Andeutungen einer Antwort durch Mimik oder Kopfnicken unterblieben. Mehr Aufmerksamkeit als die körperlichen Askesepraktiken verdienen die Übungen zur geistigen Selbstmeisterung. Bei der Atemobservanz unterwarf der Asket Ein- und Ausatmung einer künstlichen Rhythmisierung, bis sich Entrücktheitszustände einstellten. In der Meditation oder Versenkung stieg er in die eigene Psyche hinab. Die tiefste Versenkungsstufe bestand in Trance, die als zeitweilige Erlösung angesehen wurde.

(4.) Zahlenmäßig stärker als Aupaniṣadas, Lokāyatas und Asketen war der vierte Grundtyp von Heilssuchern, die Gruppe der Wandermendikanten. Die buddhistischen Quellen sprechen von ihnen als den Paribbājakas (Skt: *parivrājaka)* und Samaṇas (Skt: *śramaṇa)*, d. h. den »Umherschweifern« und den »Sich-Abmühern«. Paribbājakas hießen die Wandermendikanten brahmanischer Herkunft, mochten sie orthodoxe oder heterodoxe Wege gehen, die Bezeichnung Samaṇa war Wandermendikanten der anderen Kasten auf heterodoxen Heilswegen vorbehalten. Gegen Ende seines Lebens war der Buddha bemüht, das Wort Samaṇa auf Wandermendikanten einzuengen, in deren Lehre es einen Achtweg gab (D 16,5,27), d. h. es auf die Bhikkhus seines Vinaya zu spezialisieren.

Es ist heute schwierig, die Gedanken nachzuvollziehen, die den Menschen des alten Indien die Hauslosigkeit so attraktiv erscheinen ließen und das Wandermendikantentum zu der kraftvollen Bewegung machten, die es tatsächlich darstellte. Man stelle sich vor: In der agrarischen, einem Opferpolytheismus anhängenden Gesellschaft Nordindiens war um 600 v. Chr. eine Strömung aufgekommen, die aus dem engen Rahmen von ritualistischer Religion und sozialer Gruppe einen Ausweg suchte. Eine Psychose des Freiheits- und Erkenntnisstrebens, ein Drang nach spiritueller Mündigkeit hatte die Menschen erfaßt und Tausende Männer aller Kasten veranlaßt, ihren Brotberuf hinzuwerfen, Frau und Kinder der Obhut der Großfamilie anzuempfehlen, die Bambushütte, das Dorf, die Stadt zu verlassen, um sich mit der Hoffnung auf erlösende Erkenntnis einem mönchisch-zölibatären Wanderleben zu ergeben.

Die Abkehr von der Tradition und die Lebensweise des freien Umherwanderns und Almosenerbettelns waren die einzigen Gemeinsamkeiten, die die Wandermendikanten verbanden; weltanschaulich folgten sie sehr verschiedenen Tendenzen. Einzelne waren Sophisten, die sich auf Widerlegungen spezialisiert hatten ohne eine positive eigene Lehre zu propagieren, etliche waren Ājīvikas, die als Fatalisten und Deterministen das Dogma vertraten, daß alles, auch ihre Erlösung, unbeeinflußbar vorherbestimmt sei. Das Gros der Wandermendikanten indes experimentierte mit der Religion, schloß sich einmal diesem, einmal jenem Guru an, suchte das Heilsglück vielleicht zeitweilig in Askese oder bei den Aupaniṣadas, bemühte sich aber ansonsten, mit eigener Methode zur Erkenntnis zu gelangen. Ihre Wortgefechte mit Bekennern anderer Richtungen, üblicherweise in den Hainen am Dorf- oder Stadtrand ausgetragen, waren das intellektuelle Vergnügen der Zeit und zogen viele Zuhörer an, darunter den älteren der beiden Söhne des Sakiya-Rāja von Kapilavatthu.

Siddhatthas Weg in die Hauslosigkeit

Ihn, den jungen Siddhattha Gotama, müssen die philosophischen Disputationen tief beeindruckt haben. Stark spürte er den Sog, der von der anti-vedischen Strömung ausging, und gewaltig die Verlockung, sich der Samaṇa-Bewegung anzuschließen. »Eng ist das Leben in der Häuslichkeit, dieser Stätte der Unreinheit, die Samaṇaschaft ist der freie Himmelsraum«, so formulierte er dieses Gefühl später mehrfach.

Eine Schilderung seines Auszugs in die Hauslosigkeit liegt uns vor in der bereits erwähnten, frühestens ins 5. Jh. n. Chr. datierbaren Nidānakathā. Diese enthält trotz ihres legendären Charakters Angaben, die durchaus auf echten Überlieferungen beruhen könnten. Setzt man sie zu den spärlichen, jedoch zuverlässigen autobiographischen Äußerungen des zum Buddha gewordenen Siddhattha in Bezug, ergibt sich ein Eindruck, wie seine Loslösung vom weltlichen Leben sich vollzogen haben mag.

Die Nidānakathā eignet sich eine Erzählung des Dīghanikāya (14,2) an, die von Vier Ausfahrten des (ungeschichtlichen) Vipassin spricht, und überträgt sie auf den historischen Siddhattha Gotama. In seinem Luxusleben in Kapilavatthu, so erzählt sie, sei Siddhattha eines Tages die Lust angekommen, einen Park außerhalb der Stadt zu besuchen. Von seinem vierspännigen, von einem Wagenlenker gesteuerten Prachtwagen herab sei ihm am Weg ein Greis aufgefallen, gebeugt, zitternd, grauhaarig und mit schadhaften Zähnen. Betroffen von dem Anblick fragte Siddhattha den Wagenlenker, was für ein Mensch dies sei, worauf jener erklärte, es handele sich um einen Mann, dessen Lebensspanne bald ablaufe. Zutiefst bewegt von der Einsicht, daß auch ihm selbst Greisentum bevorstehe, kehrte der Rāja-Sohn nach Hause zurück.

Bei drei weiteren Ausflügen, fährt die Legende fort, habe Siddhattha einen Kranken, einen Toten und einen Mönch erblickt. Die letztere Begegnung habe ihn Gefallen am Mönchsleben finden lassen, so daß er den Entschluß faßte, noch in der kommenden Nacht der Welt zu entsagen. Gerade in dieser Nacht gebar seine Gattin Bhaddakaccānā (oder Yasodharā) einen Sohn, der den Namen Rāhula erhielt.

Als die Stunde des Weltverzichts herangekommen war, ließ Siddhattha von seinem Diener Channa ein Pferd zäumen, wollte jedoch vor dem Hinausziehen seinen neugeborenen Sohn noch sehen. Beim Eintreten in das Gemach der schlafenden Bhaddakaccānā erlosch die Öllampe. Da zudem die junge Mutter den Kopf des Kindes schützend mit der Hand bedeckt hielt, war es dem Scheidenden unmöglich, einen Blick auf sein Kind zu werfen. Ohne einen Eindruck von ihm verließ er um Mitternacht auf dem Pferd Kanthaka, von Channa begleitet, die Stadt Kapilavatthu, deren zur Nachtzeit geschlossenes und bewachtes (Ost-) Tor ihnen durch die zauberische Hilfe der Götter geöffnet wurde.

Drei Rāja-Territorien berührend erreichte Siddhattha noch in derselben Nacht den Fluß Anomā, auf dessen anderem Ufer er sich nach Mönchsweise das Haupthaar schor und die Kutte eines Samaṇa anleg-

te. Pferd und Schmuck vertraute er dem treuen Channa an, der sie nach Kapilavatthu zurückbrachte. Die erste Woche seiner Samaṇaschaft brachte Siddhattha in einem Mangohain bei dem Dorf Anupiyā zu; dann begab er sich auf die Wanderschaft nach Rājagaha.
Soweit die Legende. Wahrscheinlich historisch an dieser hier schon heruntergenüchtert wiedergegebenen Erzählung sind die Angaben, Siddhatthas Weltentsagung sei der Geburt seines Sohnes Rāhula unmittelbar gefolgt, und die ersten Tage seines Lebens unter freiem Himmel habe er bei Anupiyā verbracht. Bei dem Anomā-Fluß dürfte es sich um die heutige Aumī handeln, einen Zufluß der Gandak in der damaligen Republik der Mallas, das Malla-Dorf Anupiyā läßt sich nicht lokalisieren. Daß Siddhattha auf dem Weg dorthin drei Rāja-Territorien berührte, trifft zu, denn um von der Sakiya-Republik in die südöstlich davon gelegene Republik der Mallas zu gelangen, hatte er das Stammesgebiet der Koliyas zu durchqueren.
Anders als die Legende, die Siddhatthas Auszug ins Wandermendikantentum in aller Heimlichkeit bei Nacht geschehen läßt und die Scherung des Haares sowie das Anlegen der Mönchsgewänder an die Anomā verlegt, klingt die Schilderung aus Siddhatthas eigenem Mund. Sie macht deutlich, daß zumindest sein Vater Suddhodana und seine Pflegemutter Pajāpatī seine Weltentsagungsabsicht kannten, aber außerstande waren, ihn zurückzuhalten.

> Als ich noch Bodhisattva (ein zur Buddhaschaft bestimmtes Wesen) war, kam mir der Gedanke: ›Eng ist das Leben in der Häuslichkeit, dieser Stätte der Unreinheit, die Samaṇaschaft ist der freie Himmelsraum. Nicht leicht ist es für einen Haushaber, den vollendeten, völlig reinen, vollkommenen Wandel der Heiligkeit zu führen. Wie, wenn ich mir nun Haar und Bart scheren, die gelben (Samaṇa-)Gewänder anlegen und aus dem häuslichen Leben in die Hauslosigkeit ziehen würde?‹
> Und ich, der ich jung war, ein Knabe mit schwarzem Haar, der ich in glücklicher Jugend lebte, im ersten Mannesalter, schor mir, obwohl Vater und (Pflege-)Mutter damit nicht einverstanden waren, sondern Tränen im Gesicht hatten und weinten, Haar und Bart, legte die gelben Gewänder an und zog aus dem Haus in die Hauslosigkeit hinaus. (M 26 I p.163 = M 36 I p.240)

Bringt man diesen nüchternen Bericht in Verbindung mit der Aussage der Nidānakathā, daß Siddhatthas Hinausziehen *(pabbajā)* in die Samaṇaschaft unmittelbar nach Rāhulas Geburt erfolgte, so liegt die Vermutung nahe, daß er seine Eltern schon längere Zeit mit der Bitte um Zustimmung bestürmt hatte, daß die Eltern aber ihr Einverständnis von der Geburt eines Enkelsohnes abhängig gemacht hatten. Möglicherweise erklärt sich die späte Vaterschaft Siddhatthas – nämlich als er und Bhaddakaccānā neunundzwanzig Jahre alt und bereits dreizehn Jahre verheiratet waren – daraus, daß Bhaddakaccānā, um ihren Gatten nicht zu verlieren, sich lange geweigert hatte, Kinder zu haben. Als in Rāhula dann der von Suddhodana und Pajāpatī geforderte Sohn geboren war, verlor Siddhattha jedenfalls keine Zeit, seine Absicht zum Weltverzicht in die Tat umzusetzen. Der verwöhnte junge Mann, dem als Sohn des Sakiya-Rāja eine politische Karriere offengestanden hätte, nahm im Jahr 534 v. Chr. als Neunundzwanzigjähriger das harte Leben eines Wandermendikanten auf.
Wohin er sich zuerst wandte, ist in den Quellen uneinheitlich, gleichwohl nicht widersprüchlich dargestellt. Dem viele Jahre später abgegebenen und die Ereignisse raffenden autobiographischen Bericht (in M 26 und M 36) zufolge unterstellte er sich nach Verlassen Kapilavatthus sofort dem Āḷāra Kālāma; nach dem Text der Nidānakathā verweilte er zunächst eine Woche in Anupiyā, um dann nach Rājagaha weiterzuziehen. Bestätigung findet der Aufenthalt in Rājagaha, bei dem Siddhattha dem jungen König Bimbisāra von Magadha begegnete, im Suttanipāta (3,1). Der König war damals vierundzwanzig Jahre alt und bereits neun Jahre im Besitz der Herrschaftsgewalt.
Während der Samaṇa Gotama in Giribbaja, dem alten Festungskern der Magadha-Hauptstadt Rājagaha (»Königshausen«) Almosen sammelnd umherzog, sah ihn, wie es heißt, König Bimbisāra von der Terrasse seines Palastes. Durch die adlige Erscheinung des Wandermendikanten neugierig gemacht, ließ er über ihn Erkundigungen einziehen und suchte ihn dann am Paṇḍava-Berg – dem nordöstlichen der fünf Rājagaha umschließenden Berge – auf. Nach seiner Herkunft befragt erwiderte Siddhattha, er komme von den Himālaya-Vorbergen aus dem Reich Kosala und gehöre dem Stamm der Sakiya an. Auf Sinnesfreuden verzichtend sei er zum Zweck geistigen Ringens Wandermendikant geworden.

Damit bricht der Bericht ab. Gerade seine inhaltliche Dürftigkeit scheint darauf hinzudeuten, daß er einen historischen Vorfall wiedergibt; das Leben liefert selten eine literarisch runde Story.
Daß der König den jungen Samaṇa aufsuchte und nicht umgekehrt, ist glaubhaft. Zur Kurzweil breiter Kreise gehörte es, umherschweifenden Religiosen Aufwartung zu machen, zumal man glaubte, daß der Anblick eines geistig Hochstehenden etwas von dessen magischer Potenz auf den Betrachter überströmen lasse. Von der Freundschaft, die zwischen Bimbisāra und Siddhattha später entstehen sollte, war bei dieser ersten Begegnung noch nichts zu spüren.
Lange scheint Siddhattha in Rājagaha nicht verweilt zu haben. Ungeduldig vor Erlösungssehnsucht begab er sich aus der Königsstadt unter die Mentorschaft eines Lehrers namens Āḷāra Kālāma. Zu den führenden Schulhäuptern seiner Zeit gehörte Āḷāra nicht; allein in buddhistischen Quellen und nur im Zusammenhang mit Siddhatthas Erlösungssuche ist von ihm die Rede.
Siddhattha beschreibt seine Schülerschaft bei Āḷāra wie folgt:

> Nachdem ich (in die Samaṇaschaft) hinausgezogen war, um das höchste Heil und den unvergleichlichen Frieden zu suchen, ging ich zu Āḷāra Kālāma und sprach zu ihm: ›Ehrwürdiger Kālāma, ich möchte in deiner Lehre und Disziplin das religiöse Leben führen.‹ Darauf sagte er zu mir: ›Der Ehrwürdige möge bleiben; diese Lehre ist so beschaffen, daß ein intelligenter Mann binnen kurzem die gleiche Erkenntnis wie sein Lehrer verwirklicht und darin verweilt.‹ Tatsächlich machte ich mir diese Lehre rasch in kurzer Zeit zu eigen. Aber ich leistete nur Lippendienst, plapperte nur eine gelernte Lehre, (nämlich) die Lehre der älteren (Schüler des Āḷāra) nach und behauptete dabei wie die anderen, ich erkennte und sähe sie (durch eigene Einsicht).
> Da kam mir in den Sinn, daß Āḷāra Kālāma seine Lehre nicht nur auf Grund von Glauben verkündet, sondern die Erkenntnis selbst verwirklicht haben müsse. Ich sprach zu ihm: ›Wie weit hast du, ehrwürdiger Kālāma, die Erkenntnis selbst verwirklicht und auf Grund dessen diese Lehre verkündet?‹ Darauf legte Āḷāra den Bereich der Nichtsheit dar.
> Ich dachte mir, nicht nur Āḷāra besitzt Glauben, Willensstärke,

Achtsamkeit, Meditation(sfähigkeit) und Weisheit, sondern auch ich, und binnen kurzem verwirklichte ich selber die Lehre und verweilte darin. (Das) erklärte ich dem Āḷāra Kālāma (und er sagte:) ›Es ist gewinnbringend, sehr profitabel für uns, den Ehrwürdigen als (gleichwertigen) Genossen im religiösen Leben zu sehen! Diese Lehre, die ich verkünde und die ich selbst erkannt habe, die hast jetzt auch du erkannt; wie ich bin, so bist du, wie du bist, so bin ich. Komm, Ehrwürdiger, wir beide wollen diese (Schüler-) Schar gemeinsam leiten!‹
Auf diese Weise setzte mein Lehrer mich sich selbst gleich und ehrte mich. Doch ich dachte: ›Diese Lehre führt nicht zur Abkehr, zur Leidenschaftslosigkeit, zum Aufhören, zur Beruhigung, zur Erkenntnis, zum Erwachen, zum Nibbāna, sondern lediglich bis zum Bereich der Nichtsheit.‹ Da hatte ich genug von dieser Lehre, verwarf sie und wandte mich von ihr ab.

(M 26 I p. 163 ff. gerafft)

Unsere Wißbegierde nach den Lehrgehalten des Āḷāra bleibt ungestillt, denn Siddhattha fand sie nicht wiedergebenswert. Der Ausdruck »Bereich der Nichtsheit« bezeichnet einen Zustand tranceartiger Meditation, in welcher der Meditand wach, jedoch in sich gekehrt ist. Meditation war Āḷāras Spezialität. Sein Schüler Pukkusa, der später zur Lehre des Buddha übertrat, berichtet (D 16,2,27), Āḷāra habe einst bei vollem Bewußtsein unter einem Baum gesessen und dabei fünfhundert dicht an ihm vorbeifahrende Wagen nicht wahrgenommen (so sehr sei seine Konzentration nach innen gewendet gewesen). – Diese mageren Angaben könnten darauf hindeuten, daß es sich bei Āḷāras System um eine Frühform des Yoga handelte.
Genaueres wissen wir über Āḷāras Geschäftssinn. Daß er Siddhattha die Mitleitung seiner Schule anbot, konnte nur einen Grund haben: Er vermutete bei dem Rāja-Sohn, der ja kürzlich eine Unterredung mit König Bimbisāra gehabt hatte, engere Beziehungen zu dem Magadha-Herrscher und hoffte, durch Siddhattha das Patronat des Königs für seine Schule und somit verstärkten Schülerzulauf zu erhalten.
Siddhattha reagierte, wie es seinem lauteren Charakter und seinem echten Streben nach Erlösung entsprach – er lehnte ab. Er war nicht in die Hauslosigkeit gezogen, um sich von einem mediokren Schulhaupt kor-

rumpieren zu lassen. Ohne Frage würde er seinen Aufenthalt bei Āḷāra als verlorene Zeit angesehen haben, wenn er sich nicht doch einiges bei ihm abgesehen hätte, nämlich die Technik der Meditation und die Organisationsweise eines Samaṇa-Ordens. Dies mag der Grund sein, warum er sich Jahre später wieder an Āḷāra erinnern sollte.
Trotz der enttäuschenden Erfahrung mit Āḷāra war Siddhatthas Vertrauen in geistliche Lehrer ungebrochen. Zuversichtlich, diesmal den richtigen Guru gefunden zu haben, schloß sich der jugendliche Heilssucher einem anderen Schulhaupt, dem Uddaka Rāmaputta an.
Im Majjhimanikāya (26 und 36) schildert er seine Erlebnisse bei Uddaka mit fast denselben Worten wie jene bei Āḷāra. Von Uddakas Lehre erfahren wir nur, daß Uddaka sie nicht selbst entdeckt, sondern von seinem Vater Rāma gelernt hatte, und daß sie bis zum »Bereich der Weder Wahrnehmung noch Nichtwahrnehmung« führte. Schlüsse auf ihren Inhalt läßt jedoch eine Äußerung zu, die Siddhattha Jahrzehnte später gegenüber dem Novizen Cunda (Mahācunda) machte. Uddaka, so sagte er (D 29,16), habe seinen Schülern öfter erklärt, (der gewöhnliche Mensch) sehe und sehe doch nicht, und zur Illustration des Gemeinten habe er ein scharfgeschliffenes Messer angeführt, bei dem zwar die Klinge erkennbar ist, nicht aber (seiner Feinheit wegen das eigentlich funktionale Element:) die Schneide. – Dem Kenner der Upaniṣaden fällt sofort die Parallelität dieses Gleichnisses zur Chāndogya-Upaniṣad (6,12) auf, wo Uddālaka Āruṇi seinen Sohn Śvetaketu einen der winzigen Kerne der Feigenfrucht spalten läßt und ihm dann in der nicht mehr sichtbaren Feinheit die Essenz des All und des Ich offenbart. Daher ist die Folgerung gerechtfertigt, daß Uddaka upaniṣadische Ideen, d. h. die Lehre vom Brahman als dem in allem wesenden Absoluten vertrat. Was der Buddha von der Upaniṣaden-Philosophie wußte und, teils unverändert, teils in antithetischer Umkehrung in seine eigene Lehre hinübernahm, dürfte er bei Uddaka gelernt haben.
Als Siddhattha die Wissensstufe von Uddakas Vater Rāma erreicht hatte, bot ihm Uddaka nicht wie seinerzeit Āḷāra Partnerschaft, sondern die alleinige Leitung seiner Schule an. Er erkannte in dem Schüler eine religiöse Begabung, die seine eigene übertraf. Auch dieses Angebot, so ehrend es war, lehnte Siddhattha ab. Seine Suche galt der Erlösung vom Leiden, nicht dem Status eines Schulhauptes. Da Uddakas Lehre ihn zudem nicht befriedigte und Uddakas Eigenlob ihn abstieß (S 35,103),

sagte er sich von ihm los und begab sich neuerlich auf die Wanderschaft. Weniger als ein Jahr, vielleicht nur sechs Monate, hatte seine Schülerschaft bei den beiden Mentoren gedauert.

Siddhattha, der Asket

Von Uddaka Rāmaputtas Hütte und Schule, die man sich wohl in der Gegend von Rājagaha zu denken hat, wanderte Siddhattha nach Südwesten, wo er bei Uruvelā, einer Garnisonsstadt für Truppen des Magadha-Königs, »ein reizendes Fleckchen Erde fand, einen lieblichen Wald und einen klar dahinströmenden Fluß, der gut zum Baden und ganz entzückend war, und überall Dörfer zum Almosensammeln« (M 26). An diesem Ort am Ufer der Nerañjarā (heute Nīlājanā), die mit der Mohanā zusammenfließt und dadurch die Phalgu bildet, ließ er sich nieder, um sich der Askese zu widmen. Yoga und Upaniṣaden-Lehre hatten sich als ungeeignet erwiesen, ihm die erlösende Einsicht zu vermitteln, vielleicht war Askese der richtige Weg. Seinen Mönchen malte er später die Abenteuer jener knapp sechs Jahre breit aus, denn von nichts spricht man so gern wie von glücklich überstandenen Fährnissen.

Die angeführte Stelle beschreibt den von Siddhattha gewählten Wald als lieblich; gleichwohl sollte man sich vom indischen Wald keine idyllische Vorstellung machen. Der Baumbestand, der zu Zeiten des Buddha den größten Teil des Subkontinents überzog, variiert von Zone zu Zone. Im Gebiet des heutigen Bihār hatte und hat er die Form schütteren Hartlaub-Trockenwaldes, der im Sommer sein Laub abwirft und nur in der Regenzeit satte Begrünung zeigt. Dominante Baumart ist der Sāla (shorea robusta), von dem einzelne Baumpatriarchen eine Höhe von 30 m erreichen. In den Lichtungen wuchert Unterholz, Bambusdickichte ziehen sich an den Flußufern entlang.

Vielfältig ist die im Wald beheimatete Tierwelt. An ihrem Lieblingsbaum hängen, schlaffen Samtbeuteln ähnlich, Dutzende von Fledermäusen und Fliegenden Füchsen. Braunrote und schwarze Affen jagen sich im Geäst, graziös schreitet eine Familie hellbrauner Gazellen vorüber. Reißende Tiere sind zwar seltener als man annimmt, aber Schrecken gibt es genug. Nicht ohne Grund empfindet der indische

Bauer gegen den Wald tiefen Argwohn und betritt das von Geistern bewohnte Reich des Halbschattens nur, wenn es gilt, Feuerholz zu sammeln oder eine entlaufene Ziege oder Kuh wieder einzufangen.
Den dreißigjährigen Adligen aus Kapilavatthu kam die erste Zeit im Wald hart an. »Schwer zu ertragen ist Wald-Einsamkeit, schwer ist es, am Alleinsein Freude zu finden. ... Wenn ich mich in den Nächten an solchen erschreckenden und beängstigenden Plätzen aufhielt und es streifte ein Tier vorbei oder ein Pfau brach einen Zweig oder der Wind raschelte im Laub, dann befielen mich Entsetzen und Angst.« Erst mit der Zeit, so erzählte er dem Brahmanen Jāṇussoṇi (in M 4) weiter, gelang es ihm, die Furcht durch geistige Selbstdisziplin zu überwinden.
Deutlich lassen sich in Siddhatthas Askeseübungen verschiedene Phasen und Neuansätze erkennen; auch blieb er nicht immer allein. Schilderungen jener Zeit, die der Buddha dem Jaina-Laienbekenner Saccaka Aggivessana und seinem Jünger Sāriputta gab, sind uns im Majjhimanikāya (36 und 12) überliefert.
Der junge Asket begann seine Suche nach der Wahrheit mit dem Versuch, die Erkenntnis denkerisch zu erzwingen, indem er »die Zähne zusammenbiß, die Zunge an den Gaumen preßte und mit dem Denken den Geist zu unterwerfen, niederzuzwingen, zu bemeistern« sich bemühte. Das Ergebnis war ein Schweißausbruch unter den Armen – nicht zu reden von der Erfahrung, daß zwar der Geist als Instrument sich disziplinieren läßt, daß aber Denkresultate und Einsichten weder mit Gewalt noch ohne Intuition produzierbar sind.
Ebenfalls als fruchtlos erwies sich die Methode der »atemlosen Trance«, d. h. das (möglichst lange) Anhalten des Atems. Nicht ekstatische Zustände und höhere Erkenntnis stellten sich ein, sondern Ohrensausen, Schädelstiche, Kopfschmerzen, Reißen im Bauch und Brennen im ganzen Körper.
Der doppelte Fehlschlag der »inneren« Methoden veranlaßte Siddhattha, zu äußeren Observanzen überzugehen. Wenn wir dem Text (M 12) voll Glauben schenken wollen, probierte er fast den ganzen Katalog asketischer Selbsttorturen durch: Er lief nackt herum, nahm keine ihm gebrachte Speise an, sondern erbettelte selbst seine Nahrung, die vegetabilisch zu sein hatte. An jedem Haus akzeptierte er nur die Menge einer hohlen Hand und schränkte zeitweilig das Almosensammeln derart ein, daß er nur jeden siebten Tag einen Rundgang machte.

Zu anderen Zeiten lebte er ausschließlich von wild Gewachsenem. Wenn er sich (in der kühlen Jahreszeit) kleidete, durften es nur Rupfengewänder, Tücher von Leichen, Lumpen, alte Felle, Gras- und Rindengeflechte sein. Kopf und Bart schor er sich nicht, sondern rupfte die Haare aus. Er verbot sich das Sitzen und stand stattdessen angelehnt oder hockte auf den Fersen. Mußte er sich niederlegen, dann auf Dornen. Auf das Waschen verzichtend vertraute er darauf, daß der dickste Schmutz von selbst abfiel. Zugleich hegte er extremes Mitgefühl, trachtete keinem Wesen zu schaden und hatte sogar bei einem Wassertropfen Mitleid: »O, daß ich nur die kleinen Wesen (darin) nicht verletze!« Scheu floh er vor jedem den Wald betretenden Viehhüter, Grasschneider oder Holzsucher und versteckte sich.
Was seine Aufenthaltsstätte angeht, verbrachte er im indischen Winter (Dezember/Januar) die Tage im Wald, die Nächte, wenn die Temperatur nur wenig über dem Gefrierpunkt liegt, unter offenem Himmel; im Sommer (Mai/Juni) hielt er es umgekehrt und weilte die Nacht über im stickigen Wald, tagsüber in der Sonnenglut im Freien. Hier pflegte er auf einem Leichenfeld zu kampieren, wo Hirtenkinder den grauen Asketen bespuckten und annäßten, mit Unrat bewarfen und mit Grashalmen in den Ohren kitzelten.
Eine gewisse Zeit ernährte er sich von Stoffen, die auch in Asketenkreisen nicht zur Normalkost gehören. Wenn die Rinderhirten ihre Tiere allein gelassen hatten, holte er sich den Mist der Kälber. Zuweilen aß er, »wenn er nicht völlig verdaut war«, seinen eigenen Kot. Dies war Siddhatthas »großes Schmutzverzehren.«
Wie weit die Schilderungen seiner Askese wörtlich zu nehmen sind, sei dahingestellt, aus der Luft gegriffen sind sie nicht. Zumal die Hungeraskese darf als Faktum gelten. Tatsächlich drosselte er seine Nahrungsaufnahme so sehr, daß er täglich nur eine Handvoll Grütze oder eine Waldfrucht zu sich nahm und infolge seiner Magerkeit dem Hungertod nahe schien. Seine Schilderung dieses Zustandes gerät durch die treffenden Vergleiche zu plastischer Anschaulichkeit:

> Da ich jedesmal nur ganz wenig zu mir nahm, verfiel mein Körper extremer Magerkeit. Gleich dürren, welken Rohrknüppeln wurden meine Gliedmaßen, gleich einem Büffelhuf wurde mein Gesäß und wie eine Kugelkette mein Rückgrat mit den herausstehenden

und eingesunkenen Wirbeln. Wie an einem verfallenen Haus die Dachsparren freiliegen und sichtbar sind, so lagen meine Rippen frei und sichtbar, und wie in einem tiefen Brunnen der Wasserspiegel tief unten schimmert, so schimmerten in meinen Augenhöhlen meine Augensterne tief unten. Einem Bitterkürbis gleich, der, wenn angeschnitten, in der Sonne schnell dorrt und schrumpelt, so war meine Kopfhaut verdorrt und verschrumpelt. Wollte ich meine Bauchdecke fühlen, berührte ich mein Rückgrat, denn Bauch und Rückgrat waren durch meine äußerst geringe Nahrungsaufnahme nahe aneinander gekommen. Beim Entleeren von Stuhl oder Harn stürzte ich (vor Schwäche) vornüber, und wenn ich mir die Glieder mit der Hand rieb, fielen mir die an der Wurzel verrotteten Haare aus. (M 36 = M 12)

Daß derart eisern betriebene Askese Bewunderer anzieht, liegt auf der Hand. Der Asket Siddhattha besaß daher außer einer Gefolgschaft von Haushabern aus Uruvelā eine Bewundererschar von fünf Asketen aus seinem heimatlichen Landstrich im Vor-Himālaya. Koṇḍañña aus Doṇavatthu war einer jener acht Brahmanen, die drei Jahrzehnte zuvor an dem neugeborenen Knaben Siddhattha Gotama die Namengebungszeremonie vollzogen hatten, war also mindestens fünfzehn Jahre älter als Gotama. Bhaddiya, Vappa, Mahānāma und Assaji waren die Söhne von vier weiteren Brahmanen jener Zelebrantengruppe. Zusammen mit Koṇḍañña waren sie dem Gotama-Sproß einige Zeit nach dessen Auszug in die Hauslosigkeit gefolgt, und fasziniert von der rigorosen Ehrlichkeit seines Ringens nahmen sie an seinen Übungen teil. Sie hatten miteinander verabredet, daß derjenige, der zuerst die Wahrheit *(dhamma)* erkennte, sie den anderen darlege. Keiner aus der Fünferschar hegte Zweifel, daß Siddhattha dieser erste sein werde.

Siddhattha, der Buddha

Enttäuschung bei den fünf Asketen, Empörung, Zorn: Siddhattha, ihr Vorbild, war seinem Streben untreu geworden, hatte seine Askese abgebrochen und ausreichend Nahrung, eine ganze Schale Reis zu sich genommen; der Rāja-Sohn schien sich einem Leben in Üppigkeit ergeben zu wollen. Verstört wandten sich die fünf von ihm ab und ließen

ihn allein. Siddhattha war ihnen kein Wegweiser mehr, also sollte er auch nicht mehr ihr Gefährte sein!
Was war geschehen? Wir besitzen die Erklärung in Siddhatthas eigenen Worten. Er hatte eingesehen:

> Durch diese Methode, auf diesem Pfad, mittels dieser harten Askese gelangte ich nicht zum höchsten von einem Menschen erreichbaren Ziel, (nämlich) der wahrlich edlen Wissenserkenntnis. Und warum nicht? Weil ich jene edle Weisheit *(paññā)* nicht erlangt hatte, welche, wenn man sie hat, sich als Hinausführerin (aus dem Wiedergeburtenkreislauf) erweist und für den Betreffenden gänzliche Vernichtung des Leidens bewirkt. (M 12 I p.81)

> Welche Samaṇas und Brahmanen je schmerzhafte, brennende, schneidende Gefühle empfunden haben – höher und weiter (als die von mir in der Askese erlittenen) können sie nicht gehen! Und doch gelangte ich mit dieser harten Askese nicht zum höchsten von einem Menschen erreichbaren Ziel, zur wahrlich edlen Wissenserkenntnis. Müßte es nicht einen anderen Weg zur Erleuchtung geben? (M 36 I p.246)

Über diesen anderen Weg nachdenkend, war ihm ein Erlebnis aus seiner Jugend eingefallen. Damals, vor etlichen Jahren, als sein Vater, der Sakiya-Rāja Suddhodana Gotama, einmal mit eigener Hand den Acker pflügte, hatte er , Siddhattha, im Schatten eines Rosenapfelbaumes am Feldrain gesessen und war dabei unversehens in einen Zustand der Enthobenheit von unheilsamen Regungen geraten, in eine mit Nachdenken verbundene, freudig-heitere In-sich-Versunkenheit *(jhāna)*. Sollte etwa diese Art Kontemplation der Weg zur Erleuchtung sein? – Da ein ausgemergelter, sich durch Mangelerscheinungen ständig meldender Körper schlecht zum Träger geistiger Suche taugt, hatte Siddhattha kurz nach der Erinnerung an jenes Jugenderlebnis Askese und Fasten verworfen und war zu einer ausgeglichenen Lebensweise zurückgekehrt. Die Fünferschar, die nur seine Abwendung von der Askese, nicht seine Hinwendung zu einer neuen Methode der Heilssuche erkannte, hatte sich darauf von ihm getrennt.
Bei Uruvelā im Wald allein gelassen, schlug Siddhattha, nun vom Asketen wieder zum Samaṇa geworden, den neu erkannten Weg systema-

tisch ein. Zustatten kamen ihm dabei die Meditationskenntnisse, die er seinerzeit bei Āḷāra Kālāma erworben hatte.
Die Meditation, die seinem Erkenntnisdurchbruch den Boden bereitete, ist die im buddhistischen Kanon oft genannte Vierstufige Versenkung *(jhāna)*. Sie hat die Erleuchtung keineswegs zwingend zur Folge, sondern wirkt wie alle Meditation lediglich präparativ. Sie macht den Geist zur Erleuchtung fähig, die Erleuchtung aber bleibt ein seltener Fall, der günstige kammische Destiniertheit und ernste Bemühung um Weisheit voraussetzt.
Die vier Versenkungsstufen werden (in M 36 I p.247) wie folgt beschrieben:

> *Stufe 1:* Aufhören sinnlicher Lust und unheilsamer Regungen; Vorhandensein von Nachdenken und Erwägen; aus der Loslösung resultierende Wohlbefindensfreude.
> *Stufe 2:* Aufhören von Nachdenken und Erwägen; Entstehen von Geistesruhe und Konzentration; aus der Meditation resultierende Wohlbefindensfreude.
> *Stufe 3:* Aufhören der Freude zugunsten der Freiheit von Affekten; gleichmütiges und achtsames Verweilen in körperlichem Wohlbefinden.
> *Stufe 4:* Aufhören von Wohlbefindens- und Leidensgefühlen; Entstehen freud- und leidfreien Gleichmuts in Achtsamkeit und Reinheit.

Als Siddhattha seinen Geist *(citta)* in dieser Weise »gesammelt und geläutert, ihn makellos, der Verunreinigungen ledig, sanft, gefügig, fest und ohne Wanken« (M 36 I p.247) gemacht hatte, richtete er ihn auf die Erinnerung und Erkenntnis seiner früheren Daseinsformen.

> Ich erinnerte mich an mancherlei Vorexistenzen, die ich durchlebt hatte, nämlich an eine Geburt, an zwei, drei, vier, fünf, zehn, zwanzig, dreißig, vierzig, fünfzig, hundert, tausend, hunderttausend Geburten, an mancherlei Weltperioden. (Ich erkannte:) ›Dort war ich, so war mein Name, so meine Familie, meine Kaste, mein Lebensunterhalt, dieses Glück und Leid habe ich durchgemacht, so war mein Lebensende; nachdem ich dort gestorben war, trat ich an jenem Ort wieder ins Leben, so war (dort) mein Name, von jener Art meine Familie, meine Kaste, mein Lebensunterhalt,

> dieses Glück und Leid habe ich durchgemacht, so war mein Lebensende.‹ – Auf diese Weise erinnerte ich mich an mancherlei Vorexistenzen mit den jeweils charakteristischen Zügen und Umständen. Dieses erste Wissen *(vijjā)* erlangte ich in der Ersten Nachtwache (d. h. zwischen 21 und 24 Uhr). (M 36 I p.248)

In der Mittleren Nachtwache ging Siddhattha das zweite Wissen auf: Das Naturgesetz der ethischen Kausalität *(kamma)*, das guten (= heilsamen) Taten gute, schlechten (= unheilsamen) Taten schlechte wiedergeburtliche Daseinsform folgen läßt.

> Mit dem Himmlischen Auge, dem klaren, über menschliche Grenzen hinausreichenden sah ich, wie die Wesen vergehen und (wieder) erstehen, sah ich hohe und niedrige, glänzende und unscheinbare, wie ihnen je nach ihren Taten *(kamma)* günstige oder schlechte Wiederverkörperung zuteil geworden war. Ich erkannte: ›Die Wesen, die von Körper, Rede und Denken schlechten Gebrauch machen, die erlangen nach dem Zerfall ihres Körpers, nach dem Tode schlechte Wiederverkörperung, sinken ab, verderben, (geraten in) die Hölle. Jene Wesen hingegen, die von Körper, Rede und Denken guten Gebrauch machen, die erlangen nach dem Zerfall ihres Körpers, nach dem Tode gute Wiedergeburt, (geraten in) den Himmel.‹ (M 36 I p.248)

Schließlich, während der Letzten Nachtwache, als der Horizont im Osten sich bereits als weiße Lichtlinie andeutete, stieß Siddhattha zum dritten Wissen durch, zur Erkenntnis vom Leiden und zu den »Vier Wahrheiten«, die das Gerüst seiner Lehre darstellen.

> Ich richtete meinen Geist auf die Erkenntnis der Vernichtung der Einflüsse *(āsava)* und erkannte wirklichkeitsgetreu: ›Dies ist das Leiden *(dukkha)*; dies seine Ursache; dies seine Aufhebung; dies der Weg zu seiner Aufhebung.‹ Und indem ich dies erkannte und einsah, wurde mein Geist von den Einflüssen Lust, Daseinsbegierde und Unwissenheit befreit. Das Wissen ging mir auf: ›Vernichtet ist (für mich) die Wiedergeburt, verwirklicht habe ich das religiöse Leben, was zu tun war, ist getan, diese Art (von leidhaftem) Leben gibt es nicht mehr für mich!‹ (M 36 I p.249)

Der Jubelruf brach aus ihm hervor:

> Gesichert ist meine Erlösung,
> dies ist meine letzte Geburt,
> ein Wiederentstehen gibt es nicht mehr! (M 26 I p. 167)

In dieser Nacht des Jahres 528 v. Chr. hatte Siddhattha Gotama, der fünfunddreißigjährige Sohn des Rāja von Kapilavatthu, die Erleuchtung *(bodhi)* erlangt, war er ein *Buddha,* ein »Erleuchteter« oder »Erwachter« geworden und damit aus dem Wiedergeburtenkreislauf erlöst. Die Tradition datiert das Ereignis (wie Gotamas Geburt) auf die erste Vollmondnacht im Monat Vesākha (April/Mai) und lokalisiert es bei Uruvelā (heute Bodh-Gayā) unter einen bestimmten Assattha-, einen Pappelfeigenbaum (ficus religiosa). Der Vesākha-Vollmond gilt daher als der höchste Feiertag, die Pappelfeige als der heilige Baum der buddhistischen Welt.

Als Initiationsereignis einer neuen Denkschule verdient die Erleuchtung des Buddha psychologische Betrachtung.

Unter zen-buddhistischem Einfluß haben jüngere Autoren die Erleuchtung als blitzartigen Vorgang dargestellt – zu unrecht. Aus Gotamas Erleuchtungsbericht (M 36) geht hervor, daß die Bodhi sich über drei Nachtwachen, also rund neun Stunden hinzog und somit ein allmählicher Prozeß war. Dem entspricht auch seine Äußerung, in seiner Lehre vollziehe sich der Fortschritt sanft und es gebe in ihr keine spontan-plötzliche Erkenntnis *(aññā)* – wie ja auch das Meeresufer nicht abrupt, sondern sacht in tiefes Wasser hineinführt (Ud 5,5 I p. 54). Überdies war der Erleuchtungsvorgang rational gelenkt, wie aus den dreifach wiederholten Worten: »Ich richtete meinen Geist auf die Erkenntnis von …« deutlich wird. Man muß sich Gotamas Erleuchtung deshalb als mehrstündigen glückhaften Zustand überlegener geistiger Klarheit vorstellen, der alle analytischen Fähigkeiten aktivierte und sie wie ein Brennglas auf jeweils *einen* Gegenstand sammelte. Der Bodhi haftet nichts Ekstatisches an, sie war kein Außer-sich-selbst-Sein, keine Trance.

Und keineswegs tappte Gotama als Sucher orientierungslos im Dunkeln. Er wußte vielmehr genau, auf welchen Gegenstand er seine Erkenntnisbemühungen zu richten hatte. Weil ihm aus seiner Zeit bei Uddaka die Wiedergeburtsvorstellungen der Upaniṣaden vertraut waren, konnte er seinen Geist auf die tiefere Durchdringung dieses Themas einstellen. Das gleiche gilt für das System der Vier Wahrheiten, das er aus der im 6. Jh. v. Chr. in Indien bereits weit ausgebildeten Medizin kannte, die zunächst nach der Krankheit, dann nach ihrer Ursache, schließlich nach der Möglichkeit ihrer Aufhebung und letztlich nach dem Heilmittel fragt. Gotamas Erleuchtung bestand großenteils in analytischem Verständnis vorgefundenen Gedankenmaterials.

Aber sie ging darüber hinaus, denn sie war zugleich synthetische, d. h. Wissensneuland erobernde Erkenntnis. Dem *Aha*-Erlebnis der analytischen Durchdringung beigesellt war das *Oh*-Erlebnis beglückender schöpferischer Intuition, in welchem sich übernommene und eigene Erkenntnisse in Gotamas Geist wie Kristalle zu einer neuen Wahrheit und Lehre *(dhamma)* zusammenfügten. In der beseligenden Hellsicht der Bodhi entstand aus alten und neuen Elementen ein Denksystem, das die Welt »wie sie ist« *(yathābhūtam)* erklärte, einen Weg vom Leiden zur Erlösung wies und darüber hinaus alle Einsichten zu *der* Wahrheit schlechthin transzendierte. Eben dieses überhöhende Element der Erleuchtung, das über das Greifbare hinausweist, gibt der Lehre des Buddha den Zauber, der noch heute die Menschen anrührt und zum Guten lenkt. Es ist kein Widerspruch, wenn Gotama behauptet, seine Lehre wie einen vom Urwald überwucherten Weg zu einer vergessenen Stadt wiederentdeckt zu haben (S 12,65,19ff.), und andererseits betont, sie sei etwas Neues, »nie zuvor Gehörtes« (MV 1,6,23).

Von dem rationalen, die Lehre *(dhamma)* des Buddha bildenden Inhalt der Erleuchtung zu unterscheiden ist ihre psychologische Wirkung auf seine Person. Seit je war es die Grundüberzeugung indischer Religionen, daß Erkenntnis, Wissen oder Weisheit die in das Leiden und die Wiedergeburt verstrickenden Faktoren aufhebe. Auch der Buddha hat dies nie bezweifelt. Wie hatte er den Abbruch seiner Askese begründet? –: Sie führe nicht zu jener »Weisheit, welche, wenn man sie hat, ... für den Betreffenden gänzliche Vernichtung des Leidens bewirkt« (M 12 I p.81). Unwissenheit *(avijjā)* bindet an den Wiedergeburtenkreislauf, Erkenntnis *(ñāṇa)*, Wissen *(vijjā)* oder Weisheit *(paññā)* befreien, sie sind die Heilmittel zur Erlösung. So stand es auch für den Buddha außer Frage, daß die Erleuchtung ihn endgültig entbürdet, ihn erlöst habe. »Ein Wiederentstehen gibt es (für mich) nicht mehr«, das war nach der Buddhaschaft sein Ausruf.

Mehr noch: Das Erleuchtungserlebnis gab ihm das Gefühl, als Buddha einer anderen Wesenskategorie anzugehören, mit den unerlösten Wesen nur noch die äußere Erscheinung gemein zu haben. Das Bewußtsein, daß Schmerz ihn zwar noch physisch tangieren, aber nicht mehr psychisch affizieren und daß nichts seine Erlöstheit rückgängig machen könne, verlieh ihm jene distanzierte Daseinsüberlegenheit, mit der er in den fünfundvierzig Jahren seiner Lehrtätigkeit Königen und Bettlern, Freunden und Gegnern gegenübertrat.
Die orthodoxe Tradition sieht die Erleuchtung als extensives Erkenntniserlebnis an, das dem Buddha alle Elemente seiner Lehre in absoluter Vollständigkeit und in der endgültigen Form offenbart habe; zugespitzt formuliert: Sie glaubt, daß die Buddhaschaft Siddhattha von einem Denker in einen Inhaber der Wahrheit verwandelte. Zum Glück läßt sich nachweisen, daß Gotamas kreatives Denken auch nach der Bodhi erhalten blieb. Für ihn als Person war die Erleuchtung das Ende der Heilssuche, für seine Lehre war sie der Anfang der Entfaltung. Dies zeigt sich daran, daß die fertige Lehre, wie wir sie aus den Reden des Meisters kennen, Elemente enthält, die noch nicht Inhalte der Urerleuchtung waren. Gerade der markanteste, der Upaniṣadenphilosophie konträre Zug seines Systems, die Lehre vom Nicht-Ich *(anatta)*, derzufolge eine beharrende Seele *(atta,* skt: *ātman)*, ein den Körpertod überdauerndes Ich in der empirischen Persönlichkeit nicht zu finden ist und die Wiedergeburt sich ohne hinüberwandernde Seele als konditionaler Prozeß vollzieht, – gerade sie gehört in die Periode *nach* der Erleuchtung, als der junge Buddha seine noch großmaschigen Einsichten präzisierte und inhaltlich anreicherte.

Der »heilige« Baum

In den Berichten des Buddha über seine Erleuchtung (M 26 und M 36) ist mit keinem Wort davon die Rede, daß ihm die Erkenntnis unter einem Baum gekommen sei. Einige Buddhismus-Forscher halten daher den Baum als Ort der Bodhi für ungeschichtlich und mutmaßen, daß vorbuddhistische Baumkulte in den Buddhismus Eingang gefunden hätten. Aber ist es nicht völlig natürlich, daß ein hausloser Wandermendikant, wo immer er sich niederläßt, dies unter einem Baum tut, der ihn nachts vor dem Tau und tags vor der subtropischen Sonne beschirmt? Daß Siddhattha seine zur Erleuchtung führenden Betrachtungen am Fuß eines Baumes anstellte, muß man als selbstverständlich ansehen, und daß er diesen Baum, der zufällig ein Assattha war, an seinen herzförmigen Blättern mit der langen, seitlich abgebogenen Spitze als Assattha oder Pippala erkannte und dies, zum Buddha geworden, vor seinen Mönchen beiläufig erwähnte, hat so hohe Wahrscheinlichkeit, daß man es getrost als historisch ansehen darf.

Der Bodhi-Baum hinter dem aus dem 1. Jh. n. Chr. stammenden, 51 m hohen Mahābodhi-Tempel von Bodh-Gayā, dem einstigen Uruvelā, wird täglich von einigen Dutzend Pilgern besucht. Nur sehr Gutgläubige halten aber für wahr, daß es sich noch um den originalen Assattha handelt, unter dem Siddhattha Gotama vor 2500 Jahren sein Erleuchtungserlebnis hatte. Es ist beweisbar, daß der Baum im Laufe der Zeit mehrfach ersetzt wurde, allerdings stets durch Abkömmlinge des Urbaumes, so daß der heutige Baum mit dem ursprünglichen Bodhi-Baum in direkter Linie verwandt ist.

Unter besonderen Schutz nahm den Bodhi-Baum der buddhistische Kaiser Asoka, der Indien von 265 bis 232 v. Chr. als Friedensherrscher regierte. Nicht nur ließ er um den Baum einen (nicht erhaltenen) Steinzaun ziehen und den heiligen Ort durch eine von einem Elefantenkapitell gekrönte (heute ebenfalls verschwundene) Ediktsäule markieren, er sorgte auch dafür, daß der (um 242 v. Chr.) zum Buddhismus übergetretene König Devānampiyatissa von Ceylon (Laṅkā) einen Ableger des Bodhi-Baumes zur Einpflanzung bei seiner Hauptstadt Anurādhapura erhielt. Der dort aus diesem Steckling erwachsene Baum sowie dessen Nachfolger haben wiederholt die Ableger oder Samen geliefert, um den indischen Bodhi-Baum nach Zerstörungen zu ersetzen.

Die Vernichtung des Bodhi-Urbaumes von Bodh-Gayā soll Tissarakkhā, die schöne Zweitgattin Asokas verursacht haben, die der Kaiser vier Jahre vor seinem Tod ehelichte. Da Seine Majestät dem Bodhi-Baum mehr Aufmerksamkeit bezeigte als seiner Gattin, so heißt es (Mhv 20,4 f.), stach sie den Baum, in welchem sie wohl eine Nymphe vermutete, aus Eifersucht mit einem Maṇḍu-Dorn. Vom Dorn des Maṇḍu glaubt man in Indien, er besitze die Fähigkeit, das Lebenszentrum von Pflanzen abzutöten und sie zum Verdorren zu bringen. Of-

Anhand seiner charakteristischen Blätter ist der Assattha- oder Pippala-Baum (ficus religiosa) leicht bestimmbar. Buddhistische Länder bezeichnen ihn meist als Bo(dhi)-Baum.

fenbar bezweckt der Bericht, für das Eingehen des Baumes gegen Ende der Regierungszeit Asokas eine Erklärung zu liefern.
Die Zerstörung des mittlerweile ersetzten Bodhi-Baumes aus religiösen Gründen wird dem Gauḍa- (Bengalen-) König Śaśāṅka angelastet. Śaśāṅka, ein fanatischer Śivait und Buddhistenfeind, berührte Bodh-Gayā Anfang des 7. Jh. n. Chr. auf einem Feldzug nach Kānyakubja (Kanauj). Haßerfüllt ließ er, so berichtet Hsüan-tsang, den heiligen Baum fällen, und um die Vernichtung komplett zu machen, seine Wurzeln ausgraben und verbrennen. Den Ersatzbaum pflanzte Pūrṇavarman, Asokas letzter Nachfolger auf dem Thron von Magadha.
1876 wurde der Bodhi-Baum von Bodh-Gayā durch einen Sturm entwurzelt. Ob es sich dabei noch um Pūrṇavarmans Baum oder bereits wieder um einen Ersatzbaum handelte, läßt sich nicht feststellen.
Die Angaben über den heute bei Bodh-Gayā grünenden Bodhi-Baum sind widersprüchlich. Einige Gewährsleute teilten mit, man habe ihn aus einem Steckling des Baumes von Anurādhapura gezogen; andere meinen, er sei aus den Wurzeln des vom Sturm gestürzten Vorgängerbaumes entstanden. Wie es auch sein mag: Der heutige Bodhi-Baum ist allenfalls ein Enkel, wahrscheinlicher ein Ur- oder Ur-Urenkel des originalen Assattha-Baumes, unter dem der Samaṇa Siddhattha Gotama in einer Nacht des Jahres 528 v. Chr. zum Buddha wurde.

528 v. Chr.

Ordensgründung und Missionsbeginn

Erste Predigten

Wie überliefert wird, brachte der junge Buddha nach seiner Erleuchtung sieben Tage am Fuß des Bodhi-Baumes zu, »die Wonne der Befreiung genießend« (Mv 1,1,1). Die Angabe ist ernstzunehmen, da das Rahmenwerk der Lehre noch der Ausfüllung durch Detailerkenntnisse bedurfte und eine teils freudige, teils sentimentale Stimmung den Erleuchteten an dem für ihn so bedeutsamen Ort festgehalten haben mag. Weniger glaubwürdig ist die Mitteilung, daß er nach sieben unter dem Bodhi-Baum verbrachten Tagen jeweils eine Woche auch unter anderen Bäumen bei Uruvelā geweilt habe. Am »Banyan-Baum (ficus indica) des Ziegenhirten« umriß er einem Brahmanen auf dessen Frage das wahre Brahmanentum, nämlich ein tugendhaftes und reines Leben und gute Kenntnisse im Veda (Mv 1,2). Fabulöser ist das Ereignis, das ihm in der dritten Woche nach der Erleuchtung unter einem Mucalinda-Baum (Barringtonia acutangula) widerfahren sein soll. Bei einem vormonsunischen Gewitter, so heißt es (Mv 1,3), habe ihn die im Wurzelwerk des Baumes wohnende Kobra mit ihrem Schlangenleib umwunden und ihn, indem sie ihre Halshaut über ihm spreizte, vor dem Regen geschützt. Der Kern der Legende könnte sein, daß das von der Regenflut aus seiner Höhle vertriebene Reptil sich vor dem Samaṇa aufgebläht, ihn aber unbeschadet gelassen hat.

Vom Mucalinda-Baum begab sich der Buddha zu einem Rājāyatana-

Baum (Buchannaia latifolia), unter dem er ebenfalls eine Woche verweilt haben soll. Hier geschah es, daß die Kaufleute Tapussa und Bhallika, die von Ukkalā (in Orissa?) vermutlich nach Rājagaha unterwegs waren, ihm, »damit es ihnen zu Glück und Heil gereiche«, Gerstengrütze und Honig als Almosenspeise darbrachten. Gotama aß, worauf die beiden Kaufleute »ihre Zuflucht nahmen zum Erleuchteten und seiner Lehre« – die er freilich noch gar nicht offenbart hatte. Tapussa und Bhallika wurden so des Buddha erste Laienanhänger (Mv 1,4).
Die folgende, die fünfte Woche nach der Erleuchtung, verbrachte er wiederum im Schatten des Ziegenhirten-Banyan. Vielleicht durch eine Bitte Tapussas und Bhallikas um Belehrung veranlaßt, machte er sich Gedanken darüber, ob er seine »tiefe, schwer durchschaubare, schwer zu begreifende, sachgerechte, ausgezeichnete, (bloßer) Logik unzugängliche, feinsinnige, (nur) Gebildeten verständliche« Lehre für sich behalten oder anderen Menschen darlegen solle. Die Pāli-Texte (Mv 1,5 und M 26) überliefern diese Zweifel in der Form eines Gesprächs zwischen dem Buddha und dem Gott Brahma Sahampati (»Herr über sich selbst«). Offenbar hat sich Gotama, um seinen inneren Zwiespalt bildhaft zu machen, bei der Schilderung seiner anfänglichen Unsicherheit dieser dem Volk vertrauten Göttergestalt als eines Gegenargumentators bedient. Daß er wie die Mehrheit seiner Zeitgenossen an die Existenz von (sterblichen, der Wiedergeburt unterworfenen) Göttern glaubte, steht außer Frage, daß er Brahma jedoch so leibhaft vor Augen sah wie die Textstelle behauptet, dürfte eine Interpretation späterer Mönche sein.
In dem nachfolgend auf seinen Kerngehalt reduzierten »Dialog« stehen persönliche und quietistische Gründe gegen altruistische. Die letzteren obsiegen.

Der Buddha: Diese Welt ist Sinnesfreuden hingegeben, meine Lehre *(dhamma)* aber zielt auf das Aufgeben aller Anhaftungen und die Zerstörung der Gier. Wenn ich die Lehre, die gegen den Strom angeht, darlegte und die Leute mich nicht verstünden, so wäre dies für mich ermüdend und schmerzlich.
Brahma: Zugrunde geht die Welt, wenn sich der Vollkommen Erleuchtete nicht zur Verkündigung der Lehre entschließt. Möge der Erhabene deshalb die Lehre darlegen! Es gibt Wesen, deren Augen

kaum mit Staub bedeckt sind; wenn sie die Lehre nicht hören, sind sie verloren. Wenn sie aber die Lehre vernehmen, werden sie (zur Erlösung) gelangen.

Brahmas Argument weckte Gotamas Mitleid für die Wesen, und mit dem Ausruf: »Geöffnet seien allen, die hören, die Tore zur Todlosigkeit!« willigte er ein, die Lehre zu offenbaren. Befriedigt verneigte sich Brahma vor dem Buddha, umschritt ihn nach indischer Etikette im Rechtskreis und verschwand. Auch Götter wissen, was sich einem Erleuchteten gegenüber geziemt.
Bei der Überlegung, wem zuerst er die Lehre aufzeigen solle, kamen dem Buddha seine einstigen Lehrer Āḷāra Kālāma und Uddaka Rāmaputta in den Sinn. Da er erfuhr, daß beide kurz zuvor gestorben waren, fielen ihm die fünf Kameraden seiner Askesezeit ein, die sich, wie er wußte, jetzt im Wildpark von Isipatana (»Seherrast«) bei Benares (Vārāṇasī) aufhielten: Sie würden die Lehre schnell begreifen. In dem triumphalen Bewußtsein, das Mittel zur Rettung der Menschheit in der Hand zu haben und entschlossen, sich der Mission zu widmen, machte er sich nach Benares auf den Weg. Berücksichtigt man, daß er jeden Morgen Almosenspeise erbetteln mußte und die heißen Mittagsstunden für das Wandern ausfielen, ist anzunehmen, daß er für die Strecke (210 km Luftlinie) mindestens vierzehn Tage benötigte.
Zwischen Uruvelā und Gayā, also schon kurz nach dem Aufbruch, begegnete ihm ein gewisser Upaka, ein nackter Samaṇa der Ājīvika-Sekte, die einen extremen Determinismus vertrat. Upaka fielen die innere Erhobenheit und das Strahlen des Buddha auf, und er fragte ihn, wer sein Lehrer und was seine Lehre sei. Mit stolzem Pathos erwiderte der Angesprochene, er sei erlöst durch die Vernichtung der Gier, sei ein Sieger, darum habe er keinen Lehrer, sondern sei selbst ein Lehrer. Unbeeindruckt nahm Upaka die Erklärung zur Kenntnis: »Möge es so sein, Bruder!«, und kopfschüttelnd schlug er seitwärts einen anderen Weg ein (Mv 1,6; M 26; M 85). – Für die Kompilatoren des Pāli-Kanons wäre es ein leichtes gewesen, diese dem Buddhabild abträgliche Episode nicht in die Texte zu übernehmen. Daß sie es doch taten, spricht für ihre Achtung vor der historischen Treue.
Kondañña, Bhaddiya, Vappa, Mahānāma und Assaji waren durchaus nicht angetan, als Gotama, ihr abtrünniger einstiger Gefährte, sich ih-

nen im Wildpark Isipatana bei Benares näherte. Im Gegenteil, sie nahmen sich vor, ihn nicht zu begrüßen und sich nicht für ihn zu erheben. Als er aber herangekommen war, empfanden sie seine Erlöstheitswürde als so respektgebietend, daß sie ihm alle Höflichkeiten zuteil werden ließen. Sie nahmen ihm Almosenschale und Obergewand ab, bereiteten ihm einen Sitz, wuschen ihm die Füße und sprachen ihn nach alter Gewohnheit mit »Bruder« *(āvuso)* an. Gotama verwahrte sich jedoch gegen diese Anredeform:

> Mönche, redet den So-Gekommenen *(tathāgata)* nicht mit dem Namen und der Bezeichnung ›Bruder‹ an (wie einen euresgleichen). Ein Heiliger *(arahant)*, Mönche, ist der So-Gekommene, ein Vollkommen Erwachter! (Mv 1,6,12 = M 26 I p. 171)

Ein Buddha ist eine Wesenkategorie für sich, die mit den Menschen zwar die äußere Erscheinung teilt und gleich ihnen physischer Anfälligkeit unterliegt (aufgrund eines Kamma-Restes), aber nicht mehr an den Kreislauf der Wiedergeburt gebunden ist. Bis zum nachtodlichen Verlöschen lebt er als Erlöster noch in der Welt, aber innerlich von ihr detachiert. Alle Bande, auch solche familiärer und sozialer Art, sind für ihn zerschnitten.

Dem Anspruch ihres vormaligen Kameraden, den Weg zur Todlosigkeit (= Erlösung) entdeckt, die Wahrheit und Lehre *(dhamma)* gefunden und verwirklicht zu haben, begegneten die fünf Asketen mit Zweifel. Wie kann es sein, fragten sie, daß jemand, der die Askese zugunsten eines Lebens im Überfluß verworfen hat, die Einsicht gewinnt? Der Buddha erläuterte ihnen darauf, er sei keineswegs der Üppigkeit verfallen, und hielt ihnen zur Klarstellung eine Lehrrede *(sutta)* – das berühmte »Sutta vom Andrehen des Dhamma-Rades«, mit dem seine Missionstätigkeit beginnt. Es stellt den Dhamma als einen Mittleren Weg dar und liefert durch das System der »Vier Wahrheiten« das logische Gerüst, in das man alle Einzelzüge einordnet.

> Diese beiden Extreme, ihr Mönche, sollte ein (in die Hauslosigkeit) Hinausgezogener nicht verfolgen. Welche beiden? (Einerseits:) Hingegebenheit an Lustvergnügung inmitten von Lustobjekten; sie ist gemein, dörfisch, banausisch, unedel und zwecklos. (Andererseits:) Hingegebenheit an Selbstquälerei; sie ist schmerzhaft, unedel und (gleichfalls) zwecklos. Diese beiden Extreme, ihr

Mönche, hat der Vollendete vermieden, (denn) er hat erkannt, daß es der Mittlere Weg ist, der sehend macht, Wissen erzeugt, zu Beruhigung (der Leidenschaften), (höherer) Erkenntnis, Erleuchtung und Verlöschen führt.

(1) Dies, Mönche, ist die Edle *Wahrheit vom Leiden (dukkha):* Geburt ist leidhaft, Alter ist leidhaft, Krankheit ist leidhaft, Tod ist leidhaft; Trauer, Jammer, Schmerz, Gram und Verzweiflung sind leidhaft; mit Unliebem vereint, von Liebem getrennt sein ist leidhaft; Begehrtes nicht erlangen ist leidhaft; kurz: Die ›Fünf Aneignungsgruppen‹ (welche die empirische Persönlichkeit ausmachen) sind leidhaft.

(2) Dies, Mönche, ist die Edle *Wahrheit von der Leidensentstehung:* Es ist die Wiedergeburt bewirkende, wohlgefällige, mit Leidenschaft verbundene Gier *(taṇhā),* die hier und dort Gefallen findet, nämlich: Die Gier nach Lust, die Gier nach Werden, die Gier nach Vernichtung.

(3) Dies, Mönche, ist die Edle *Wahrheit von der Aufhebung des Leidens:* Die restlose Aufhebung, Vernichtung, Aufgabe, Verwerfung, das Freigeben (und) Ablegen eben dieser Gier.

(4) Dies, Mönche, ist die Edle *Wahrheit von dem zur Leidensaufhebung führenden Wege,* es ist dieser *Achtfache Weg,* nämlich
Rechte Ansicht,
Rechter Entschluß,
Rechte Rede,
Rechtes Verhalten,
Rechter Lebensunterhalt,
Rechte Anstrengung,
Rechte Achtsamkeit,
Rechte Meditation. (Mv 1,6,17+19–22 = S 56,11,5–8)

Atemlos lauschten die Fünf seinen Ausführungen, und noch während er sprach, ging dem Kondañña die volle Erkennntnis der Lehre auf: »Was immer dem Gesetz des Entstehens unterworfen ist, das ist auch dem Gesetz des Vergehens unterworfen!« (Mv 1,6,29) Kurz darauf bat er den Buddha, ihn als Jünger anzuerkennen. Mit der Formel: »Komm, Mönch, gut erklärt ist die Lehre, führe ein Leben in Reinheit, um des Leidens Ende zu verwirklichen!« nahm Gotama den Bittenden als Mönch *(bhikkhu)* an (Mv 1,6,32). Kondañña war damit der erste Bhikkhu in der Geschichte des Buddhismus; seine Ordination markiert die Gründung des noch heute lebendigen Mönchsordens *(saṅgha)*. Das buddhistische Asien feiert das Andrehen des Dhamma-Rades alljährlich am Vollmond des Monats Āsāḷhā (Juni/Juli), nimmt also zwischen Gotamas Bodhi im Vesākha und der Predigt zu Isipatana zwei Mond-Monate, d. h. 56 Tage an.

Die Unterweisung durch den Buddha bewirkte, daß bald auch Vappa und Bhaddiya die Wahrheit = Lehre *(dhamma)* begriffen und als Mönche aufgenommen wurden. Wenn die Bhikkhus (wtl.: »Bettler«) Kondañña, Vappa und Bhaddiya ihre Almosenrunde machten, um die Gruppe mit Nahrung zu versorgen, erteilte der Meister Mahānāma und Assaji Privatunterricht. Binnen kurzem ging ihnen gleichfalls die Einsicht auf, so daß auch sie um Ordination baten (Mv 1,6,33–37). Es gab nun sechs Bhikkhus in der Welt, den Meister und seine fünf Jünger.

Einige Tage nach der Ordination der Fünf gab der Buddha ihnen eine Lehrunterweisung über das Nicht-Ich (Mv 1,6,38–46 = S 22,59). Sie ist bemerkenswert, weil sie einen Gedanken einführt, der weder in der Bodhi noch in der Isipatana-Predigt angedeutet war und in einem nicht-materialistischen System überrascht: Die Leugnung der Existenz einer Seele. Dies zeigt, daß der Buddha seine Lehre seit der Erleuchtung bereits philosophisch weiterentwickelt hatte.

Das »Sutta von den Kennzeichen des Nicht-Ich« geht davon aus, daß die empirische Persönlichkeit aus fünf – und *nur* fünf – »Gruppen« *(khandha)* von Konstituenten besteht, nämlich dem Körper, den (Sinnes-)Empfindungen, den Wahrnehmungen, den von diesen geweckten Geistesregungen *(saṅkhāra)* und dem Bewußtsein. Da unter einem Ich, einem Selbst, einer Seele *(atta,* skt: *ātman)* in Indien stets etwas den Tod Überdauerndes und Ewiges vorgestellt wird, keine der »Fünf Gruppen« aber Dauerhaftigkeit aufweist, wird gefolgert, daß keine von ihnen eine Seele darstellt. In den Fünf Gruppen, in denen sich die Persönlichkeit erschöpft, gibt es zwar ein »Seelenleben«, indes keine Seele im Sinne einer beharrenden Entität: Die Persönlichkeit ist Nicht-Ich *(anatta)*, sie ist seelen-los.

Ein zweites Argument stützt diese Beweisführung. Aus der Wandelhaftigkeit und Vergänglichkeit der Fünf Gruppen ergibt sich nämlich, daß jede von ihnen leidhaft *(dukkha)* ist. Etwas Leidhaftes aber kann keine Seele sein.

Als die fünf Bhikkhus diese Darlegung des Buddha hörten, wurde ihr Denken von allen zu Wiedergeburt führenden Einflüssen *(āsava)* frei. Damit waren sie zu Heiligen *(arahant)* geworden (Mv 1,6,47). An Umfang und Tiefe ihres Heilswissens dem Buddha gleich, unterschied sie von diesem lediglich die Herkunft ihrer Erkenntnis. Ein Buddha wird dogmatisch definiert als ein Selbstfinder der Erlösung, ein Heiliger verdankt seine Erlöstheit der Belehrung (S 22,58).

Die relative Leichtigkeit, mit der die Fünf wie auch viele spätere Mönche und Laien die Heiligkeit erreichten, hat manchen Leser der Texte folgern lassen, die Menschen des Buddha-Zeitalters seien zu spiritueller Einsicht besser prädisponiert gewesen als die Menschheit von heute. Das mag so sein, denn tatsächlich lassen sich in der Weltgeschichte Perioden großer und solche geringer religiöser Begabung erkennen. Ein weiterer Grund der häufigen Heiligerklärungen kam jedoch hinzu, nämlich die im alten Indien vorherrschende Überzeugung, daß Erkennen und Verwirklichen dasselbe sind. Auch der Buddha neigte zu dieser Einstellung: Wer die Vier Wahrheiten völlig versteht und, entsprechend der Zweiten Wahrheit, die Gier *(taṇhā)* als Ursache von Wiedergeburt und Leiden erkennt, hat sie mittels dieser Einsicht vernichtet und ist zum Heiligen geworden. Wir sind heute, was die Wirksamkeit der Erkenntnis angeht, weniger optimistisch.

Sārnāth – die archäologische Stätte

Nach dem Lärm der Autohupen und Rikschaklingeln in Benares empfindet man Sārnāth als Oase der Stille. Nur 8 km trennen die wimmelnde Hindustadt und den ruhigen Wildpark Isipatana, das heutige Sārnāth (Skt: Sāraṅganātha, »Herr der Tiere«), aber wie völlig anders, wie geordnet und feierlich bietet die Welt sich hier dar! Mächtige Mango- und Tamarindenbäume säumen den letzten Teil der asphaltierten Anfahrtstraße. Das durch einen Steinzaun begrenzte Ruinenareal wird vom Indischen Archäologischen Dienst tadellos gepflegt. Zwischen den Ruinenkomplexen erstrecken sich Rasenflächen, und an mehreren

Stellen leuchten die roten und violetten Blüten von Bougainvilleasträuchern.
Sārnāths auffälligstes Denkmal ist der 44 m hohe Dhamekh-Stūpa, ein auf einem Steinsockel ruhender, aus Ziegeln gemauerter, stellenweise noch mit ornamentiertem Werkstein verkleideter Rundturm von 27 m Durchmesser, der sich in halber Höhe auf zwei Drittel seines Bodendurchmessers verjüngt. Aus einem kleinen Ziegel- und Lehmstūpa der Asoka-Zeit (3. Jh. v. Chr.) ist er durch mehrfache Ummantelungen und Aufstockungen zu seiner gegenwärtigen Form gewachsen.
Der Name Dhamekh war in der Bedeutung umstritten bis der Fund einer Votivplakette aus gebranntem Ton die Lösung lieferte. Die Plakette bezeichnet den Stūpa als *dhamāka* = (skt.) *dharmacakra.* Damit wird klar, daß er die Stelle kennzeichnet, wo der Buddha vor den Fünf Asketen das »Rad der Lehre« (P: *dhammacakka)* in Gang setzte. Die Pilger verehren den Stūpa, der wie alle Stūpas innen solide, also nicht betretbar ist, durch Umwandeln im Rechtskreis, eine altindische Ehrfurchtsbezeigung, die hochgestellten Persönlichkeiten zukam.
An den Resten alter Klöster und zahlreichen Votivstūpas vorbei schreitet der Pilger vom Dhamekh-Stūpa auf den einstigen Haupttempel von Sārnāth zu, dessen Ziegelmauern 2 m dick und bis zu etwa 5 m Höhe erhalten sind. Nach der Tragfähigkeit des Mauerwerks und der Angabe Hsüan-tsangs ist die Höhe des einstigen Tempelturms mit etwa 60 m anzunehmen. Die Mauerreste umschließen eine Fläche von 13 x 13 m – den Boden der ehemaligen Innenhalle des Tempels, die, wie Hsüantsang im 7. Jh. n. Chr. beschreibt, eine Metallstatue des Buddha aufwies. Der Tempel dürfte aus dem 2. oder 3. Jh. n. Chr. datieren und steht auf der Stelle, wo die fünf Bhikkhus dem Meister eine Laubhütte errichtet hatten, in welcher er die Regenzeit des Jahres 528 v. Chr. zubrachte. Der Ort wird von Pilgern aus Śrī Laṅkā, Burma und Thailand gern zur Meditation benutzt. Oft auch sind dunkelrot gewandete tibetische Mönche hier zu sehen, die eine Pūjā (religiöse Zeremonie) vollziehen oder durch 108faches Niederwerfen und das Aufstellen von Öllämpchen des großen Lehrers gedenken.
Westlich an den Haupttempel angrenzend findet der Besucher eine monolithische Ediktsäule des Kaisers Asoka (3. Jh. v. Chr.). An der Basis 70 cm, oben 55 cm dick und im Originalzustand 16 m hoch, ist sie heute in mehrere Stücke zerbrochen, eine Folge der Zerstörung von Benares

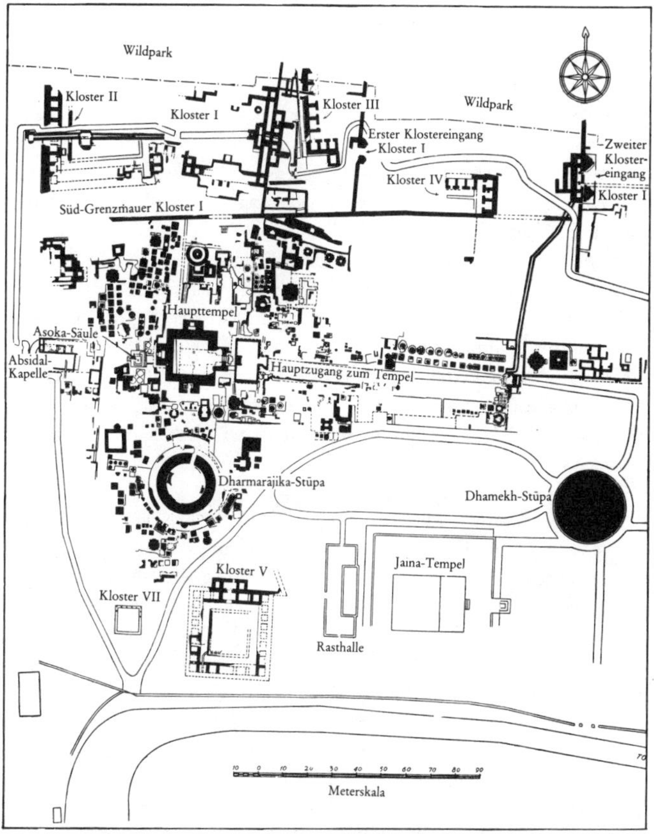

Sārnāth (Isipatana), Ort der ersten Lehrrede des Buddha und der Gründung des Mönchsordens (heutiger archäologischer Zustand).

und Sārnāth durch den General Qutb-ud-Din im Jahre 1194. Das Säulenkapitell, jetzt im Museum am Ort untergebracht, ist zu recht berühmt. Es stellt in vollendeter Steinmetzarbeit vier mit dem Rücken gegeneinandersitzende Löwen dar, denn wie der Löwe unter den Tieren die lauteste Stimme hat und sie in alle Richtungen erschallen läßt, so war der Buddha der vernehmlichste unter den Lehrern seiner

Zeit und verbreitete seinen Dhamma in alle Richtungen. Das Löwenkapitell ist heute das Staatswappen der Republik Indien, das im Kapitellsockel vierfach dargestellte 24speichige Rad – ein Symbol der Buddhalehre wie auch gerechter Herrschaft – ist in die indische Nationalflagge übernommen worden.
Dem ehrwürdigen Ort nicht angepaßt ist das in den noch stehenden Teil des Säulenschafts in Brāhmī-Schrift eingemeißelte kaiserliche Edikt. Es warnt Mönche und Nonnen vor Ordensspaltung und verfügt, daß der Schismatiker weiße Kleider (anstelle der gelben Ordensrobe) anzulegen und sich aus der Ordensgemeinschaft zu entfernen habe. Den Laienbekennern schärft es ein, an den Uposatha-Tagen (Neumond, Vollmond und die Tage in der Mitte dazwischen) besondere Observanzen einzuhalten. Aus der Tatsache, daß das Edikt keinen Bezug auf die Geschehnisse von Isipatana enthält, hat man gefolgert, daß die Säule von anderswo erst später nach Sārnāth gebracht wurde. Vom Inhalt des Edikts her gesehen könnte sie ursprünglich in Kosambī gestanden haben.
Wenige Meter südlich des Hauptschreins und der Asoka-Säule fällt dem Besucher eine kreisrunde Plattform auf, das Fundament des einst 30 m hohen, ehedem von einer steinernen Balustrade gekrönten Dharmarājika-Stūpa. Nur ein paar Lagen von Backsteinen sind von diesem, gleichfalls von Asoka errichteten Stūpa geblieben, alles andere hat Jagat Singh, der Diwan (Minister) des Rāja Chet Singh von Benares, im Jahre 1794 zur Gewinnung von Ziegeln abtragen lassen. Bei den Abrißarbeiten fand man 9 m unter dem Scheitelpunkt des Stūpa einen runden Steinbehälter, der ein Reliquiar aus grünem Marmor umschloß. Dieses enthielt jenen Teil der Aschenüberreste des Buddha, den Asoka vom ursprünglichen Beisetzungsort nach Sārnāth hatte bringen lassen, damit auch die Stätte der ersten Lehrrede und der Gründung des Saṅgha an den Reliquien Anteil habe. Jagat Singh verfuhr mit der Asche auf hinduistische Weise: Er ließ sie zeremoniell in die Gaṅgā streuen.
Immerhin zeitigte der Abriß des Dharmarājika-Stūpa und die Entdekkung der Buddhareliquien auch ein Gutes. Der vom damaligen britischen Ortsresidenten über den Fund veröffentlichte Bericht lenkte das Augenmerk der Öffentlichkeit auf Sārnāth und gab Anstoß zu seiner archäologischen Erforschung.

Die Gemeinde wächst

Gotamas Interesse, von Isipatana (Sārnāth) aus die Stadt Benares zu besuchen, war gering. Abgesehen davon, daß der Fußmarsch anderthalb Stunden dauerte, hatte man auf dem Weg einen Fluß, die Varuṇā (heute Barṇā) zu überqueren, was nur per Fähre gegen Entrichtung eines Fährgeldes möglich war, das ein Wandermendikant nicht besaß. Obendrein war die Bevölkerung von Benares gegen bettelnde Religiose so resistent, daß es in der Stadt höchst mühsam war, sich mit Almosenspeise zu versorgen.

Ein Kontakt nach Benares stellte sich für den Buddha jedoch ohne sein Zutun her, und zwar durch den Jüngling Yasa, den Sohn eines reichen benareser Kaufmanns und Gildenpräsidenten, vermutlich eines Bankiers oder Stoffgroßhändlers. Yasa war ein verwöhnter junger Mann, den das Leben übersättigt, aber innerlich leer gelassen hatte. Der Pāli-Kanon (Mv 1,7,1 f.) spricht von drei Häusern, die er, je nach der Jahreszeit wechselnd, bewohnte, von den Musikantinnen, die ihn umgaben, ihm aber gleichgültig waren, und von den goldenen – vermutlich mit Goldfäden bestickten – Schuhen, die er getragen habe.

Yasa also, von Ehe und Wohlleben gelangweilt und geistig unausgefüllt, besuchte eines frühen Morgens den Wildpark Isipatana, wo er den Buddha begrüßte und sich in schicklichem Abstand von ihm niedersetzte. Gotama, der den Weltüberdruß des jungen Mannes erkannte, erteilte ihm eine »Gestufte Unterweisung«. Die Methode, die sein didaktisches Geschick beweist und die er an Yasa erstmalig anwandte, bestand darin, daß er zunächst über leicht einleuchtende Gegenstände wie das Almosengeben, ethische Regeln, den Himmel und den Unwert der Sinnesfreuden sprach. War der Hörer weiter aufnahmewillig, fuhr er mit der Belehrung fort, indem er die Vier Wahrheiten, d. h. vom Leiden und seinem Ursprung, seiner Aufhebung und dem Weg dorthin darlegte. Das pädagogische Verfahren erwies sich an Yasa sogleich erfolgreich. Yasa »erlangte die staub- und makellose Einsicht der Lehre, nämlich daß alles, was dem Gesetz des Entstehens unterliegt, auch dem Gesetz des Vergehens unterworfen ist« (Mv 1,7,6).

Inzwischen machte sich Yasas Mutter Sorgen um ihren Jungen, und sie bat ihren Gatten, den Verschwundenen zu suchen. So kam Yasas Vater nach Isipatana, wo er den Buddha nach dem Verbleib seines Sohnes fragte. Statt unumwunden zu antworten, forderte der Angeredete ihn auf, Platz zu nehmen und erteilte auch ihm die bereits bewährte Gestufte Unterweisung – da der Sinn des beunruhigten Mannes wenig aufgeschlossen war, nur den ersten, leicht eingängigen Teil. Yasa-Senior nahm darauf »seine Zuflucht zum Buddha, zur Lehre und zur Mönchsgemeinde« und erklärte sich zu seinem Laienanhänger *(upāsaka)*. Nach Tapussa und Bhallika war er somit das dritte Laienmitglied der Buddhagemeinde, aber das erste, dessen Konversion durch die Anrufung der Dreiheit *Buddha/Dhamma/Saṅgha* erfolgte. Die Dreierformel ist noch heute in Gebrauch.

Schließlich entdeckte der Yasa-Vater seinen Sohn in der Menge der um den Buddha Versammelten und beschwor ihn, seiner sich grämenden Mutter zuliebe nach Hause zurückzukehren. Yasa indes blickte den Buddha so flehentlich an, daß dieser erklärte, für einen Menschen, der das Weltliche derart verachte wie Yasa, sei es ausgeschlossen, sein bürgerliches Leben wieder aufzunehmen. Yasa-Senior konnte nicht anders als sich dem Argument zu beugen, lud aber den Buddha mit Yasa als Begleiter für den Folgetag zu einer Mahlzeit ein. Durch Schweigen – die übliche Form der buddhistischen Zustimmung –, und vermutlich die noch heute übliche Einverständnisandeutung, bei der das Kinn das Zeichen ∞ in die Luft schreibt, stimmte Gotama zu. Kaum hatte Yasa-Senior sich verabschiedet, bat Yasa-Junior um die Ordination als Mönch. Gotama entsprach dem Wunsch, und wenig später erreichte der Bhikkhu Yasa die Heiligkeit. »Nun gab es sieben Heilige auf der Welt« (Mv 1,7,7–15).

Bei aller Erbaulichkeit ist der Bericht ein ergreifendes Zeitdokument. Nicht nur veranschaulicht er die religiöse Sehnsucht, die das Indien des 6. Jh. v. Chr. erfaßt hatte und ungezählte Menschen aus ihren Häusern und Hütten in das Abenteuer eines unsteten Bettler-Daseins trieb, er belegt auch die seelische Not, in welche die Eltern, in anderen Fällen auch die Ehefrau und die Kinder durch das Hinausziehen eines Sohnes, Mannes und Vaters gerieten.

Das Mahl, zu dem Yasa-Senior den Mentor seines Sohnes und diesen selbst eingeladen hatte, fand am nächsten Vormittag statt. Begleitet »vom ehrwürdigen (Bhikkhu) Yasa« begab sich der Meister zu Yasas Elternhaus, wo Yasas Mutter und »seine frühere Gattin« die Gäste begrüßten. Nachdem sie vom Buddha mit einer Gestuften Unterweisung

(in kompletter Fassung) geehrt worden waren, sprachen die beiden Damen die Dreifache Zuflucht und wurden damit Gotamas erste Laienbekennerinnen *(upāsikā)*. Sodann setzten sie, assistiert von Yasa-Senior, den Bhikkhus die Speisen vor (Mv 1,8).
Yasas Konversion machte Schule. Die Tatsache, daß eine spirituelle Lehre den saturierten Weltling dazu gebracht hatte, sein bequemes Leben aufzugeben und Samaṇa zu werden, bewies seinen Freunden, daß diese Lehre etwas Besonderes war und regte vier von ihnen an, es Yasa nachzutun. Vimala, Subāhu, Puṇṇaji und Gavampati, alle gleich Yasa Kaufmannssöhne und Vessas von Kaste, wurden unter Yasas Fürsprache Mönche des Buddha und verwirklichten die Heiligkeit (Mv 1,9). Wenig später traten fünfzig weitere von Yasas Freunden aus dem Umkreis von Benares in den Orden ein und wurden ebenfalls Heilige. Die Zahl der Heiligen stieg dadurch auf einundsechzig (Mv 1,10).

Benares-Orthodoxie contra Samaṇa-Bewegung

Im Ruf der Erlösungswirksamkeit stand Benares schon vor Lebzeiten des Buddha, wenn auch nicht ganz in dem Maße wie in späterer, hinduistischer Zeit. Der Glaube vieler Menschen, daß das rituelle Eintauchen in die Gaṅgā (den Ganges) bei Benares besonders heilbringend sei und die Einäscherung eines Toten an den Ghāṭs (Uferstellen) der Stadt den Verstorbenen direkt in den Himmel aufsteigen lasse, gab dem Ort den Nimbus der Heiligkeit.
Der Name Vārāṇasī oder Bānārasī, aus dem sich die Wortformen Banāras oder Benares ableiten, ist eine Ortsangabe, denn Benares liegt am linken (westlichen) Gaṅgā-Ufer zwischen den Einmündungen der Flüsse Var(u)ṇā (Barṇā) und Asi, der letztere in der Trockenzeit nicht mehr als ein Bach. Das rechte (östliche) Ufer der Gaṅgā, die bei Benares zunächst von Süden nach Norden fließt und dann nach Nordosten abbiegt, ist unbebaut, eine breite Fläche von grauem Sand, die in jedem Monsun tief unter Wasser steht. Wer Benares gegenüber auf dem Ostufer der Gaṅgā stirbt, so glaubt man in der Stadt, der wird als Esel wiedergeboren.

Daß Benares eine königliche Gründung sei, ist eine wenig überzeugende Überlieferung. Vielmehr scheint die Stadt aus einem Umschlaghafen erwachsen, der in dem Winkel zwischen Varuṇā und Gaṅgā, nordöstlich der heutigen Malavīya-Brücke gelegen war, wo die Schiffer die transportierten Güter von getreidelten und gestakten Varuṇā-Kähnen auf größere Gaṅgā-Segelschiffe umluden. Hier und am nahen Rāj-Ghāṭ haben Archäologen Reste der ältesten Steinbauten der Stadt freigelegt; sie weisen zeitlich bis ins 6. Jh. v. Chr., also just bis in die Buddha-Zeit zurück. Das merkantile Zentrum der Stadt lag einen Kilometer weiter nach Südwesten auf einem Hügel und entsprach dem heutigen Chauk (Chowk). Der Hügel steigt einige 40 m über das Flußniveau an und enthebt seine Bewohner der Bedrohung durch die Hochwasser, die alle Jahre erneut die am Ufer liegenden Stadtteile überfluten.

Bereits im Altertum war Benares für seine feinen Textilien bekannt. Benareser Baumwollstoffe, zarte Musseline sowohl wie schwere, oft golddurchwirkte Brokate, waren berühmt und fanden auf dem ganzen Subkontinent Abnehmer. Ein Mann mit unternehmerisch-kaufmännischer Initiative und einigem Investitionskapital, der den Webern die Garne vorfinanzierte, ihnen die marktgängigen Muster angab und für den Export und Vertrieb der Produkte sorgte, konnte ein Vermögen machen. Vielleicht war auch der Vater des Bhikkhu Yasa auf diese Weise reich geworden.

Einige andere Manufaktur- und Handelszweige standen in unmittelbarem Bezug zur religiösen Rolle der Stadt: Die Herstellung von Ton- und Kupfergefäßen für die Wasserkulte, der Verkauf von Duft- und Brennhölzern für die vedischen Feuerzeremonien und Leichenverbrennungen, der Opfertierhandel und der Vertrieb von Blumengirlanden. Ein erheblicher Teil der im 6. Jh. v. Chr. vielleicht 120000 Köpfe zählenden Einwohnerschaft von Benares lebte ferner von Dienstleistungen, die mit dem Pilgerwesen zusammenhingen, sei es als Opferzelebranten oder Einäscherungsritualisten, sei es als Pilgerführer, Diener in den Herbergen oder Bauernfänger. Im weiten Umkreis um Benares gab es überdies Schlepper und Anreißer, die für die heilige Stadt und ihren Erlösungswert wortgewandt Reklame machten.

Bot das Benares der Buddha-Zeit mit seinem regen Uferleben vom Fluß aus den Eindruck einer wimmelnden Stadt, so muß man es sich dennoch baulich als vergleichsweise bescheiden vorstellen. Die visuellen Elemente, die heute einem Menschen in den Sinn kommen, wenn er den Namen Benares hört, waren im 6. Jh. noch nicht vorhanden. Es gab weder Götterbilder noch Tempel, da sich das vedische Opfer unter freiem Himmel abspielte, keine ausgemauerten Treppen zur Gaṅgā sondern nur lehmige Ufer, keine imposante Stadtsilhouette, sondern nur profane Ziegel- und Lehmbauten, die zudem weit von dem Stil entfernt waren, den wir heute als indientypisch ansehen. Gleichfalls ärmer als heute war die geistige Landschaft. Man muß sich vorstellen: Indien noch ohne Rāmāyana, Mahābhārata und Bhagavadgītā, die klassische Mythologie noch in den Anfängen, Śiva, für den Benares später zur Hochburg wurde, ein noch unbedeutender Randgott, die Kuhverehrung noch nicht aufgekommen. Ebensowenig gab es eine ordnende Kultinstanz, denn alle religiösen Bräuche vollzog man, wie noch heute, nicht in der Gruppe oder Gemeinde, sondern individuell, indem jeder Gläubige die Observanzen und Riten, die er für wirksam hielt, selbst durchführte oder für sich durchführen ließ.

Was also war das Benares der Buddhazeit? Gewiß auch ein Ort der upaniṣadischen Weisheit, an dem man die noch jungen Ideen von Wiedergeburt und naturgesetzlicher Tatvergeltung diskutierte und weitergab, aber weit stärker ein Schauplatz der von einer Berufsbrahmanenzunft dirigierten vedischen Opferkulte, ein Schwerpunkt des Einäscherungsgewerbes, eine Stadt, in der himmlisches Jenseits feilgeboten wurde. Es lag auf der Hand, daß jeder, der an diesem Geschäft gewinnend teilhatte, auf die emanzipistische, Opferpraktiken verachtende Samaṇa-Bewegung schlecht zu sprechen war.

Ein Großteil der Bürger von Benares zeigte sich demzufolge gegenüber den Wandermendikanten, die vor der Stadt in so erschreckender Anzahl kampierten und ketzerische Reden führten, kalt und abweisend. Suchte einer die Stadtmitte auf, konnte es geschehen, daß seine Almosenschale leer blieb und man ihn mit Schmähworten traktierte. Die meisten Samaṇas beschieden sich deshalb mit dem Aufenthalt in den Randbezirken und vermieden es, den Stadt-Benaresern unter die Augen zu treten.

Der Buddha verhielt sich nicht anders und brachte in seinen fünfundvierzig Missionsjahren nur *eine* Regenzeit, die des Erleuchtungs- und Ordensgründungsjahres 528 v. Chr., bei Benares, eben im Wildpark

Isipatana (Sārnāth) zu. In Isipatana hat er später, vermutlich auf der Durchreise von und nach Kosambī, zwei oder drei weitere Male geweilt, seine Besuche in Benares aber auf das Notwendigste beschränkt. Sofern ihn nicht die Yasa-Familie versorgte, ging er zur Almosensuche nicht ins Stadtinnere, sondern auf den Viehmarkt am Stadtrand (A 3,129). Es trennte ihn zu viel von den orthodoxen Bürgern und ihrem Ritualismus.
Tatsächlich trat Gotama für alle jene Anschauungen ein, die den vedisch-brahmanistischen Benaresern zuwider waren. Er hielt (1.) rituelle Waschungen und (2.) Feueropfer für religiös wertlos, polemisierte (3.) gegen das Tieropfer und setzte (4.) den vedischen Kultbräuchen seine These von der Verzichtbarkeit jeglichen Kults entgegen.

(1.) Der Glaube, daß Wasser außer von Schmutz auch von den Folgen ritueller Unterlassungen und von Verstößen gegen den Verhaltenskodex der Kaste reinwasche, war in Benares allgemein, aber nicht nur dort zuhause. Außer der Gaṅgā gab es noch andere heilige Flüsse. In fließendem Wasser vermutete man die läuternde Eigenschaft stärker vorhanden als in Wasser aus Teichen und Reservoirs. Als ohne Läuterungswirkung, ja sogar gefährlich, da es der Aura schade, galt das Wasser des Ozeans.
Aufgeklärtere Brahmanisten vertrauten in die Seelenreinigung durch Wasser nicht ganz so naiv. Das Wasser annullierte für sie Verfehlungen nur dann, wenn der Badende beim vollständigen Untertauchen des rituellen Charakters seiner Waschung eingedenk war und den Vorgang mit der richtigen Einstellung verband; allein die innere Haltung unterschied das Ritualbad vom bloßen Reinigungsbad. Da diese Forderung indes meist mißachtet wurde, blieben die Waschungen bei der Mehrheit der Frommen inhaltslose, nur äußerliche Vollzüge.
Ein typischer Wassergläubiger war der Brahmane Sundarika-Bhāradvāja, der den Buddha bei einem Aufenthalt in Sāvatthi verwundert fragte, ob er denn nicht in der nahen Bāhukā bade, dieser Fluß bewirke doch Erlösung, schaffe religiöses Verdienst und reinige von böser Tat (M 7 I p.39). Der Buddha wies die Vorstellung als falsch zurück: Kein Bad könne den Täter verwerflicher Handlung rein waschen; allein in reinen Taten gelte es zu baden, um allen Wesen innere Ruhe zu geben. Analoge Belehrung erteilte er dem Brahmanen Saṅgārava, der morgens

und abends mit dem erklärten Ziel badete, die in der Nacht bzw. am Tag begangenen Verfehlungen abzuwaschen (S 7, 21). Gotama machte ihm klar, die *Lehre* sei der Teich, *sittliche Zucht* der Badeplatz: Ans andere Ufer, d. h. zur Erlösung gelange, wer *hier* bade. Einen ähnlichen Ausspruch tat er, als er bei Gayā anläßlich des Aṣṭaka-Festes eine Gruppe von Flechthaarasketen *(jaṭila)* beim rituellen Baden beobachtete: »Nicht durch Wasser werden sie rein, die vielen Leute, die hier baden: Derjenige, in dem Wahrheit und Recht zuhause sind, der ist rein, der ist ein Brahmane!« (Ud 1,9).

Auch Laien und Mönche gaben der buddhistischen Abwertung religiöser Waschungen gelegentlich Ausdruck. Als jemand den Licchavī-Minister Nandaka aus Vesāli während einer Lehransprache des Buddha an sein Abendbad erinnerte, wehrte Nandaka ab: »Genug, lieber Mann, lassen wir das äußere Bad. Mir genügt die innere Waschung, nämlich die Anhängerschaft beim Erhabenen!« (S 55,11,3,10).

In Versen variiert das Thema Puṇṇā, die Tochter einer Haussklavin des reichen Buddhagönners Anāthapiṇḍika. Letzterer hatte sie zur Freien erklärt, weil sie den Brahmanen Sotthiya für die Lehre des Buddha gewonnen hatte. Nonne geworden, faßte Puṇṇā die Argumente in Gedichtform zusammen, mit denen ihr Sotthiyas Bekehrung gelungen war: »Nur ein Unwissender kann dir Unwissendem erklärt haben, daß Bäder von (den Folgen) böser Taten befreien. Fische und Schildkröten, Frösche, Wasserschlangen und Krokodile, was immer im Wasser wohnt, müßte dann direkt zum Himmel auffahren. Alle, die böse Handlungen begehen (oder einen unreinen Beruf ausüben wie) Schaf- und Schweineschlächter, Jäger, Fischer, Diebe, Mörder, wären ja dann, wenn sie sich mit Wasser besprengen, von üblem Kamma frei! Zudem, wenn diese Flüsse abwüschen was du an Bösem getan hast, dann würden sie auch dein religiöses Verdienst mit wegwaschen und dich leer und hohl zurücklassen« (Thīg 240–243). Das Argument ist einprägsam, trifft aber nur den, der von der mechanischen Reinigungswirkung des Wasser überzeugt ist.

(2.) Nicht so breit belegt ist des Buddha Stellungnahme gegen den Feuerkult. Dem schon erwähnten Brahmanen Sundarika-Bhāradvāja, der außer an die Läuterungswirkung des Wassers auch an die des Feuers glaubte, machte er seine Einstellung folgendermaßen klar:

Denk nicht, o Brahmane, durch Legen von Brennholz
erlangtest du Reinheit. Nur äußerlich ist dies.
Wer Läuterung anstrebt mit äußeren Mitteln,
der wird nicht geläutert, so sagen die Weisen.

Verworfen (drum) hab' ich das Zünden von Scheiten;
die Glut, die ich zünde, ist nur in mir selbst.
Mein Feuer brennt immer: Stets glühend und strahlend
als Heiliger führe ich heiligen Wandel. (S 7,1,9)

Die Rhythmisierung dieser Äußerung stammt aus späterer Zeit, dürfte aber ihren Inhalt getreu wiedergeben.
Feuerrituale kannte das alte Indien in vielen Formen. Die wichtigste war das vedisch-brahmanistische Feueropfer, das von Berufsbrahmanen als Auftragsopfer unter Beachtung elaborierter Kultvorschriften vollzogen wurde, damit der Feuergott Agni die Opfergabe zu den Göttern emportrage. Andere Feuergläubige versuchten die eigene Seele zu läutern, indem sie ihre Unreinheiten in der heiligen Flamme verbrannten. Zu ihnen gehörten die Flechthaar-Asketen *(jaṭila)*, von denen mehrere Gruppen geschlossen zur Lehre des Buddha übertraten. Ein ehemaliges Jaṭila-Schulhaupt, Nadī-Kassapa (»Kassapa vom Fluß«), machte sich, nachdem er Bhikkhu geworden war, für seinen einstigen Glauben an die Wirksamkeit des Feuerkults selber Vorwürfe:

So manches Opfer habe ich vollzogen,
goß (Opferspenden) in die heilge Flamme.
›Dies ist die Läuterung‹, so glaubte ich –
welch ignoranter Weltling war ich doch! (Thag 341)

(3.) Zwar besaßen Waschungsrituale und Feueropfer in den Augen des Buddha keinen religiösen Wert, doch schadeten sie wenigstens niemandem. Anders war das mit den Blutopfern, die im alten Indien jährlich einige Menschen und zigtausend Tiere das Leben kosteten. Es muß als eine Kulturleistung des Buddhismus betrachtet werden, daß die rituelle Tötung von Lebewesen in Indien nicht mehr zu den Standardbräuchen gehört und Tieropfer heute nur noch in Bengalen anzutreffen sind, wo die Hindu-Göttin Kālī (»Die Schwarze«) sie angeblich verlangt.

Tiere galten dem Buddha als vollwertige Mitwesen, und seine Liebe *(mettā)* und sein Mitleid *(karuṇā)* richteten sich auf sie nicht minder als auf Menschen. Schon ihre Schlachtung zum Zweck der menschlichen Ernährung war ihm zuwider, jedoch war er Realist genug um einzusehen, daß genereller Vegetarismus sich nicht durchsetzen läßt. Ihre rituelle Tötung aber betrachtete er als geistige Verirrung, zumal die Meinung verbreitet war, daß die langsame Tötung des Opfertieres die Wirkung des Opfers verstärke. Manchmal wurden die Opfertiere – Rinder, Pferde oder Ziegen – erdrosselt. Eine Uferstelle am Ganges im Herzen von Benares heißt noch heute in Erinnerung an eine königliche Opferzeremonie Daśāśvamedhaghāṭ, »Zehnpferdeopfer-Ghāṭ«.
Daß unschuldige Tiere für die religiösen Ziele von Menschen ihr Leben lassen mußten, verletzte außer Gotamas Mitleid auch seinen Gerechtigkeitssinn. Er war überzeugt, daß jeder für seine Taten selbst einzustehen habe und daß weder Bestechung der Götter noch Übertragung der Rückwirkung böser Tat *(kamma)* auf einen anderen, d. h. stellvertretende Abgeltung der Tat durch ein Opfertier, möglich seien. Wo immer die Chance sich bot, trat er solchen Ideen entgegen, freilich nicht als mit Strafen drohender Prophet, sondern als emotionell detachierter Weiser, der lehrt und inspiriert, die Annahme seiner Lehren aber nicht zu erzwingen versucht. Er vermied es nach eigener Aussage, mit der Welt zu streiten (S 22,94). Es waren allein die Vernünftigkeit seiner Gedanken und die Magie seiner Persönlichkeit, die er in die Waagschale warf.
Den großen vedischen Blutopfern begegnete er mit der Feststellung ihrer Nutzlosigkeit. Als König Pasenadi von Kosala ein Opfer von je fünfhundert Stieren, Ochsen, Kühen, Ziegen und Schafsböcken vorbereitete und seine Sklaven und Diener zwang, die Tiere von ihren Besitzern, vermutlich ohne Bezahlung, zusammenzutreiben, kommentierte Gotama die Vorbereitungen mit der Erklärung, weder Pferde- noch Menschenopfer trügen Frucht. Von aufwendigen Opfern, bei denen Ziegen, Rinder und andere Lebewesen getötet werden, hielten sich die Weisen fern. Opfer ohne Tötungen und ohne großen Aufwand hingegen gereichten dem Opferer zum Nutzen und erfreuten die Götter (S 3,1,9).
Ein noch größeres Blutopfer von je siebenhundert Tieren verschiedener Gattung redete der Buddha dem reichen Brahmanen Kūṭadanta

(»Scharfzahn«) von Khānumata aus. Durch eine Erzählung im Stil der Jātaka-(Vorgeburts-) Geschichten überzeugte er Kūṭadanta, daß ständiges Almosengeben an die Samaṇas, der Bau von Klöstern, die Zufluchtnahme zur (Buddha-)Lehre, die Einhaltung der ethischen Regeln (d. h. Enthaltung vom Töten und Stehlen, von sexueller Ausschweifung, Lüge und Berauschung) und die Meditation nicht nur einfacher darzubringende, sondern auch wirksamere, ja überhaupt die segensreichsten Opfer seien (D 5,22–27).
Zusätzliche Argumente gegen das Blutopfer führte er ins Feld gegenüber einigen bejahrten Berufsbrahmanen aus Kosala, die ihn fragten, ob es noch heute (d. h. im 6. Jh. v. Chr.) Brahmanen gebe, die getreu den alten Satzungen leben. Gotama verneinte die Frage und schilderte die Brahmanen der Frühzeit als besitzlose, sich nur von Spenden erhaltende, keusche Männer, die keine Kühe zum Opfer töten ließen, weil sie diese als ihre besten Freunde ansahen, welche Salbe, Nahrung, Kraft, Schönheit und Glück geben (Snip 295 ff.). Später hätten sich die Brahmanen vom Vorbild des im Glanz lebenden Herrschers irreleiten lassen und diesen zu Pferde- und Menschenopfern aufgefordert, für deren Vollzug sie Honorare einstreichen konnten. Der König habe darauf »viele hunderttausend« Opferrinder mit dem Schwert erschlagen lassen, was selbst die Götter als Frevel ansahen. Mit dem Hinschlachten von unschuldigen Wesen seien die Opferpriester vom Recht abgefallen; aus gutem Grund tadelten die Kundigen und das Volk den Darbringer solch aufwendiger Opfer (Snip 299–313).

(4.) Was die vedisch-brahmanistischen Orthodoxen weiter gegen den Buddha einnahm, war seine antiritualistische Einstellung. Nicht daß er Regeln und Bräuche generell abgelehnt hätte, – auch innerhalb der buddhistischen Gemeinde gab es sie. Wogegen er Stellung nahm war der Glaube, daß Regeln und Riten heilswichtig seien, ja daß ihr Vollzug die Erlösung herbeizwinge. Ausdrücklich nahm er das »Haften an Regeln und Riten« als eine der zu überwindenden Zehn Fesseln *(samyojana)* und Vier Anhaftungen *(upādāna)* in sein eigenes System auf. Man kann sich vorstellen, mit welchen Gefühlen die Berufsbrahmanen, die ihren Lebensunterhalt als Ritualtechniker und Zeremonialexperten verdienten, diese ihren Interessen konträren Kodifizierungen zur Kenntnis nahmen.

Regenzeit in Isipatana

Ungeliebt von den Benaresern, soweit diese ihn überhaupt beachteten, und ohne die Erwartung, in Benares über die Yasa-Familie hinaus für seine Erkenntnisse Verständnis zu finden, verbrachten der Buddha und seine kleine Mönchsschar die Regenzeit des Jahres 528 v. Chr. im Wildpark Isipatana (Sārnāth). Noch gab es kein festes Kloster; als Unterkünfte dienten ein paar Laubhütten oder allenfalls Hütten aus Bambus und Schilfmatten, die die Bhikkhus für den Meister und sich selbst errichtet hatten.

Monsun, das ist mehr als nur eine Periode der Regenfälle. Es ist ein Ereignis, das man ab April, spätestens ab Mai herbeisehnt als klimatische Erlösung, die dann nur schrittweise und viel zu langsam eintritt. Ein dem Monsun vorangehendes Naturphänomen ist das Ausschlagen prachtvoller Blütenbäume, jedoch sind viele von jenen, die Indien heute verschönen, erst nach der Landung europäischer Seefahrer dort heimisch geworden. Die Zeit des Buddha war botanisch ärmer. Der orangefarben blühende Kadamba (Nauclea cordifolia), der Campaka (Michelia Champaka) mit seinen duftenden goldgelben Blüten, der strahlend rote Flame of the Forest (butea frondosa), der mit zartblauen Blütenkerzen besteckte Königinnenbaum (Lagerstroemia flos-reginae), der herrliche, in gelben Kaskaden hängende Goldregen (cassia fistula), der rot leuchtende Korallenbaum (Erythrina indica) und der Asoka (saraca indica) mit seinen zuerst orangenen, dann sich rot färbenden Blütenbällen, – sie alle aber dürften bereits die Inder des 6. Jh. v. Chr. erfreut haben.

Der Pracht der Blütenbäume im April/Mai folgt eine kurze Spanne der Blattlosigkeit; skelettartig und dürstend recken sich die Äste zum Himmel. Der Tau, der bisher Bäumen und Büschen sehr früh morgens noch ein wenig Feuchtigkeit gewährte, fällt nicht mehr. Grau liegen die Felder unter der gnadenlosen Sonne. Wie trockener Ton ist die Erde und zeigt ein Krakelee tiefer Risse. Stellenweise gerät die heiße Luft in Wirbel, die als Windhosen gleich spitzen Trichtern über den Feldern stehn und Staub in die Höhe reißen.

Tage später, angekündigt von Falken und Krähen, die ihm zu entkommen versuchen, bricht ein Sturm los. Hütten werden abgedeckt,

Bäume geknickt, aber so schnell er kam, ist der Sturm wieder vorbei. Und dann endlich, etwa Mitte Juni, setzt er ein, der ersehnte Monsunregen. Aus gewaltigen Wolken fallen dicke einzelne Tropfen, werden rasch dichter, und plötzlich stürzt mit Blitzen und röhrendem Donner ein Gewitter herab, das bald in einen Dauerregen übergeht. Nackt laufen jubelnde Kinder durch die Regenfahnen, und auch Erwachsene halten gern für ein paar Augenblicke das Gesicht in den erfrischenden Segen.

Nach einer Zeit konstanten Regenfalls schließen Wolken und Sonne einen Kompromiß: Jeder darf umschichtig die Szene einige Stunden beherrschen. In den Regenpausen dampft die Landschaft, drückende Schwüle hat die Hitze abgelöst.

Gewaltig ist der Wechsel, der sich in der Landschaft vollzieht. Die vorher müden Flüsse sind jetzt gurgelnde braune Ströme und bedrohen durch rasches Steigen die Ufersiedlungen; Wege und Straßen versinken im Morast und sind nicht mehr begehbar. Viele Lehmhütten weichen auf und lassen das ohnehin undichte Schilfdach auf ihre Bewohner herabsinken. Zugleich zeigt die Tierwelt sich von neuer Seite: Schlangen, Skorpione und Tausendfüßler, vom Wasser aus den Erdlöchern gedrängt, sind ein häufiger Anblick, lustige kleine Frösche hüpfen über den Weg, man hört das Muhen der Ochsenkröte. In den Häusern fressen sich die Geckos, die auf der Jagd nach Moskitos und Mottenfaltern an Wänden und Decken herumlaufen, pralle Bäuche an.

Die Stimmung des heraufziehenden, losbrechenden und alles verwandelnden Monsuns hat in späteren Jahren buddhistische Dichter wiederholt beschäftigt, und sicher haben auch der Meister und seine Jünger im Isipatana-Wildpark das Naturschauspiel verfolgt. Im wesentlichen war diese erste Regenzeit (528 v. Chr.) aber dem Unterricht der Mönche gewidmet. Außer dem »Sutta vom Andrehen des Dhamma-Rades« und dem über das Nicht-Ich (beide Mv 1,6) sind im Kanon drei weitere Lehrreden des Buddha aus jenen Wochen überliefert. In einer (Mv 1,13 = S 4,1,4) empfiehlt er den Mönchen – obwohl doch angeblich alle bereits Heilige waren – systematisches Nachdenken, das auch ihn selbst zur Erlösung geführt habe; in der zweiten (Mv 1,11 = S 4,1,5) erklärt er sich und die Mönche als befreit von himmlischen und irdischen Schlingen; in der dritten (A 3,15) trägt er ihnen das Gleichnis von einem Stellmacher vor, der für einen (legendären) König Pacetana zwei Räder für einen Streitwagen herzustellen hatte. Das in mehreren Monaten mit Sorgfalt gearbeitete Rad blieb nach der Laufprobe, als sein Schwung sich erschöpft hatte, aufrecht stehen, das andere, in sechs Tagen gefertigte Rad dagegen stürzte torkelnd zu Boden, da es an Felge, Speichen und Nabe Unebenheiten aufwies. Ebenso hätten die Mönche ihre Unebenheiten und Mängel in Taten, Worten und Gedanken zu beseitigen.

Der Pāli-Kanon enthält vier weitere Lehrreden des Buddha mit Isipatana als Schauplatz; sie alle stammen aus den zwei oder drei späteren Aufenthalten des Meisters an dieser Stätte. Erkennbar ist dies daran, daß die Zuhörerschaft aus Personen besteht, die erst nach dem Jahre 528 zum Buddhadhamma gestoßen sind.

Gegen Ende der Regenzeit erließ der Buddha zwei Weisungen, die für die Zukunft des Mönchsordens sehr bedeutsam werden sollten. Er entschloß sich, die Darlegung der Lehre nicht mehr allein zu tragen, sondern die Mönche in diese Aufgabe einzuschalten. Er rief daher seine Jünger zusammen und erteilte ihnen ein Dispersions- und Missionsgebot:

> Wandelt, ihr Mönche, euren (eigenen) Weg zum Segen und Glück für die Vielen, aus Mitleid mit der Welt, zum Nutzen, Segen und Glück für Götter und Menschen. Geht nicht zu zweit denselben Weg. Lehret, ihr Mönche, die Lehre *(dhamma)*, deren Anfang, Mitte und Ende gut ist, dem Sinne wie dem Buchstaben nach (und) propagiert den vollständigen, reinen Wandel der Heiligkeit. Es gibt Wesen, deren Augen kaum mit Staub bedeckt sind, wenn sie die Lehre nicht hören, sind sie verloren. Wenn sie aber die Lehre vernehmen, werden sie (zur Erlösung) gelangen. Ich selbst, Mönche, werde mich in die Garnisonsstadt Uruvelā begeben, um die Lehre (dort) darzulegen. (Mv 1,11,1)

Die Bhikkhus zogen hinaus, und schon binnen kurzem hatte ihre Missionsarbeit Erfolg. Aus allen Richtungen brachten sie ordinationswillige Männer nach Isipatana, murrten aber darüber, daß die Ordination dem Buddha vorbehalten war und erbaten von ihm das Ordinationsrecht. Der Meister machte sich den Entschluß nicht leicht. Er durchdachte ihn in Klausur und diskutierte ihn dann mit den Mönchen. Schließlich verfügte er:

> Ich erlaube euch, ihr Mönche, daß ihr selbst in den verschiedenen Gegenden und Landen (an jenen, die darum bitten) den Auszug in die Hauslosigkeit *(pabbajā)* und die Ordination *(upasampadā)* vollzieht. Und so soll (dies) geschehen: Nachdem (der Aufzunehmende) zuerst veranlaßt worden ist, sich Haar und Bart zu scheren, die gelben Gewänder anzulegen und das Obergewand über der (linken) Schulter zu raffen, und nachdem er dann die Füße des (ihn ordinierenden) Mönchs (als Zeichen der Schülerschaft) berührt, sich niedergehockt und mit aneinandergelegten Handflächen (dem Ordinator) Ehrerbietung bezeigt hat, soll er aufgefordert werden, so (nach)zusprechen:
> ›Ich nehme meine Zuflucht zum Buddha,
> ich nehme meine Zuflucht zur Lehre,
> ich nehme meine Zuflucht zur Mönchsgemeinde‹.
> Dies soll er noch ein zweites und drittes Mal sagen. – Ich erlaube euch, ihr Mönche, den Auszug in die Hauslosigkeit und die Ordination (eines neuen Bhikkhu) durch diese Dreifache Zuflucht vorzunehmen. (Mv 1,12,3–4)

Mit der Gewährung des Ordinationsrechts an die Mönche war der Saṅgha von seinem Stifter abgenabelt und imstande, ein Eigenleben zu führen. Das Ordinationsverfahren wurde später weiter formalisiert (Mv 1,28,3–5) und durch Einzelbestimmungen über den Ordinanden und das Ordinationskapitel ergänzt.

Das Jahr 528 v. Chr. war für Gotama erfolgreich gewesen und hatte ihn zum Haupt einer Schule innerhalb der Samaṇa-Bewegung werden lassen; jetzt war die Regenzeit und mit ihr die jährliche Periode der Seßhaftigkeit zuende. Wälder und Äcker glänzten sattgrün, der Mitte Juli ausgepflanzte Reis stand eine Handlänge über dem Wasserspiegel der Felder, Brunnen und Teiche waren voll, die Wege wieder passierbar und die Schwüle des Monsuns war mäßig warmen Tagen und milden Nächten gewichen. Wie er es angekündigt hatte, verließ der junge Buddha den Wildpark Isipatana und begab sich auf die Wanderung nach Uruvelā.

Zurück in Uruvelā

Gotamas Grund, den Ort seiner Erleuchtung erneut zu besuchen, lag in seinem Wunsch, den Haushabern, die ihn einst als Asketen mit Almosen versorgt hatten, den Dhamma zu bringen. Von dem Fußmarsch dorthin überliefern die Pāli-Texte (Mv 1,14) eine Episode, die sich in einem Hain mit Namen Kappāsiya zugetragen haben soll.

Während Gotama hier am Fuß eines Baumes rastete, kamen aufgeregt ein paar junge Männer, unverkennbar besserer Herkunft, zu ihm gelaufen und fragten ihn, ob er eine Frau habe vorbeieilen sehen. Auf seine Gegenfrage erläuterten sie ihm, sie seien dreißig Freunde und mit ihren Ehefrauen zur gemeinsamen Erlustigung in den Hain gekommen. Einer von ihnen sei unverheiratet und habe deshalb ein Freudenmädchen mitgebracht. Ihr gelte die Verfolgung, denn sie habe sie bestohlen und sich davongemacht.

> *Der Buddha:* Was meint ihr, Jünglinge, ist es besser die Frau oder euch selbst zu suchen?
> *Die Jünglinge:* Besser wäre es, Herr, wenn wir uns selbst suchten.
> *Der Buddha:* So setzt euch denn, ihr Jünglinge, ich werde euch die Lehre verkündigen.

Darauf gab er ihnen eine Gestufte Unterweisung und legte ihnen die Vier Wahrheiten dar. Für die Lehre des Buddha gewonnen, baten die dreißig Jünglinge um Aufnahme in den Mönchsorden, die ihnen sofort gewährt wurde.

Der Vorfall ist vermutlich historisch, lediglich sein Ausgang erscheint von den Redaktoren des Pāli-Kanon geschönt. Denn daß alle dreißig der lebensfrohen Jünglinge nicht etwa Laienbekenner, sondern gleich Mönche wurden und neunundzwanzig junge Frauen als »Mönchswitwen« in ihr Dorf zurückkehren mußten, ist kaum glaubhaft.

Ungeachtet der Historizität dieser Ordination ist die Aufnahmeformel zu beachten, die der Meister dabei verwendete. Es war nicht die für Ordinationen vorgeschriebene Dreifache Zuflucht, sondern der Satz: »Komm, Mönch …«, mit dem er seinerzeit Kondañña als ersten Bhikkhu aufgenommen hatte (Mv 1,6,32). Anscheinend war dies die Ordinationsformel, die zu benutzen allein dem Schulhaupt zustand.

Mit pedantischer Schwerfälligkeit und bemüht, alles ins Wunderbare hochzustilisieren, gibt der Mahāvagga des Pāli-Kanons die Ereignisse wieder, die dem Buddha nach Erreichung Uruvelās widerfuhren. Wir beschränken uns hier auf die Episoden, denen ein Funke geschichtlicher Information zu entnehmen ist.

Bei Uruvelā gab es drei Brüder mit dem Namen Kassapa, die das Leben von Flechthaarasketen *(jaṭila)* führten und den Feuer- und Wasserkult betrieben. Jeder von ihnen war das Haupt einer Schule. Uruvela-Kassapa hatte 500, Nadī-Kassapa (»Kassapa vom Fluß«) 300 und Gayā-Kassapa (»Kassapa aus Gayā«) 200 Jaṭilas als Schüler und Jünger hinter sich – Zahlen, die nicht wörtlich zu nehmen sind.

Da der indische Winter bereits angebrochen war und die Nachttemperaturen nur wenig über dem Nullpunkt lagen, ging der Buddha zur Einsiedelei des Uruvela-Kassapa und fragte ihn, ob er in der Kulthütte, in der das von den Jaṭilas unterhaltene Feuer brannte, übernachten dürfe. Uruvela-Kassapa, vom selbstbewußten Auftreten und der Ausstrahlung des fremden Samaṇa fasziniert, getraute sich nicht, die Bitte abzuschlagen und behauptete stattdessen, in der Kulthütte hause eine große Giftschlange. Der Buddha ließ sich jedoch nicht abschrecken und überstand die Nacht in der Hütte »aufgrund seiner magischen Fähigkeiten« unbeschadet (Mv 1,15).

Weitere Nächte verbrachte er unweit von Uruvela-Kassapas Klause im Wald, wo es dreimal geschah, daß der Wald um ihn herum erstrahlte. Kassapa, der den Buddha morgens zur Mahlzeit in die Einsiedelei einlud, war tief beeindruckt zu erfahren, daß Gotama von strahlenden Göttern, nämlich in der ersten Nacht von den »Vier Großkönigen«, in der zweiten von Sakka (Indra), in der dritten von Brahma Sahampati besucht worden sei (Mv 1,16–18). Der historische Gehalt dieser Legende könnte sein, daß der Buddha gegen die Kälte und wilde Tiere ein leuchtendes Nachtfeuer unterhielt.

Mittlerweile war in Uruvela-Kassapas Einsiedelei das große Jahresopfer fällig geworden, zu dem Besucher aus dem ganzen Magadha-Reich sowie aus dem sich östlich daran anschließenden Aṅga-Land erwartet wurden. Befürchtend, daß der Buddha durch ein imposantes Schau-Wunder Anhänger der Jaṭilas für sich gewinnen könne, wünschte sich Kassapa insgeheim, Gotama möge bei dem Opfer nicht zugegen sein. Der Buddha erahnte Kassapas Überlegungen, und taktvoll hielt er sich am Tag des Opfers von der Einsiedelei fern. Voller Bewunderung äu-

ßerte sich Kassapa darüber, daß Gotama seine Gedanken lesen konnte (Mv 1,19).
Nachdem der Buddha Uruvela-Kassapa und seine Schule einige Zeit beobachtet hatte, nahm er eine Hochmutsäußerung des alten Asketen zum Anlaß, ihn von seinem imaginierten Podest zu reißen. Ohne Umschweife redete er ihm ins Gewissen: »Kassapa, du bist weder ein Heiliger noch hast du den Weg zur Heiligkeit betreten. Dein Wandel ist nicht so geartet, daß du durch ihn heilig würdest oder (auch nur) den Weg zur Heiligkeit beträtest!« Kassapa, zu dem noch nie jemand so gesprochen hatte, war zutiefst erschüttert, ja brach seelisch zusammen. Er warf sich dem Buddha zu Füßen und bat darum, in seinen Orden aufgenommen zu werden (Mv 1,20,17).
Es spricht für Gotamas Gerechtigkeitssinn, daß er Kassapas Unterordnung nicht sofort akzeptierte, sondern ihn aufforderte, die Konsequenzen dieses Schrittes für seine Anhänger zu bedenken: »Du bist, Kassapa, das Schulhaupt für fünfhundert Flechthaarasketen. Sprich dich mit ihnen aus, damit sie tun können, was sie für richtig halten!« Kassapa folgte dem Rat mit dem Ergebnis, daß alle (?) seine Jünger mit ihm gemeinsam zur Schule des Buddha übertraten. Sie schoren ihr geflochtenes Haupthaar ab und warfen ihre Schultertragestangen und die zum Feuerkult erforderlichen Gerätschaften in die Nerañjarā. Darauf ordinierte der Buddha sie zu Mönchen seines Ordens (Mv 1,20,18 f.).
Als die Haarbüschel mit den Zöpfen und die hölzernen Kultutensilien die Nerañjarā hinunter an der Einsiedelei des Nadī-Kassapa vorbeitrieben, packte diesen die Furcht, daß seinem Bruder ein Unglück zugestoßen sei. Er machte sich darum zu dessen Einsiedelei auf, wo er von Uruvela-Kassapa über den Vorzug eines Wandels in der Gemeinschaft des Buddha aufgeklärt wurde und mit allen (?) seinen dreihundert Jüngern ebenfalls dem Saṅgha beitrat (Mv 1,20,20 f.).
Nicht anders handelte Gayā-Kassapa, den gleichfalls die auf dem Fluß vorbeischwimmenden Kultgerätschaften bewogen hatten, bei seinem Bruder Uruvela-Kassapa nach dem Rechten zu sehen. Von diesem für den Übertritt zum Orden des Buddha geworben, ließ auch er sich mit sämtlichen (?) zweihundert Anhängern von Gotama in den Orden aufnehmen (Mv 1,20,22 f.).
Mit der sicherlich nicht tausendköpfigen, aber gleichwohl beträchtlichen Gefolgschaft von ehemaligen Jaṭilas, die er in Uruvelā als Mönche

gewonnen hatte, wanderte der Buddha von dort zu dem nicht fernen Gayā, wo sich die Gruppe an einem Berg einen Kilometer südwestlich der Stadt, dem Gayā-Kopf (Gayāsīsa, heute Brahmayoni) niederließ. Hier hielt der Meister eine Lehrrede, die thematisch an die Jaṭila-Kultobservanzen anknüpft. Es ist das Sutta vom Feuer (Mv 1,21 = S 35,28), das mit den berühmten Worten beginnt: »Alles brennt!«
Das Sutta basiert auf der buddhistischen Wahrnehmungstheorie, derzufolge es nicht fünf, sondern sechs Wahrnehmungssinne gibt, nämlich außer Auge, Ohr, Nase, Zunge und Tastsinn auch den Geist *(manas)*, oder treffender: Das Denkorgan. Die Korrelate dieser Sechs Sinne sind die außerhalb der Person liegenden Sinnesbereiche Formen, Töne, Gerüche, Geschmäcke, Tastempfindungen und Sachverhalte *(dhamma)* oder Denkobjekte. Sobald ein Wahrnehmungsorgan (z. B. das Auge) und der ihm entsprechende Sinnesbereich (z. B. die Formen) sich »berühren«, entsteht ein Wahrnehmungsbewußtsein (z. B. das Sehbewußtsein). Das Objekt ist damit ins Bewußtsein auf- und von dem Menschen wahrgenommen. Alle Wirklichkeit wird uns durch die Sechs Sinne geliefert; die Sinne schaffen unsere individuelle Welt.
Hieraus folgert, daß die Art, in der wir die Welt sehen, davon abhängt, wie unsere Wahrnehmungssinne beschaffen sind und ob sie das Abbild der Objekte ohne Verzerrung und Verfärbung an das Bewußtsein weiterleiten. Wer seine Sinne von Gier, Haß und Verblendung beherrschen läßt, bei dem werden alle Wahrnehmungen zünden indem sie weitere Begierden und Abneigungen in ihm wecken: Für ihn steht die Welt in Flammen. Wer jedoch über die Sechs Wahrnehmungssinne Kontrolle ausübt, der wird von Lüsten und Leidenschaften frei und erreicht die Erlösung von der Wiedergeburt.
Es muß die Bhikkhus als ehemalige Anhänger des Feuerkultes sehr beeindruckt haben, vom Feuer in dieser philosophisch und ethisch vertieften Form zu hören.

528–508 v. Chr.

Die ersten zwanzig Missionsjahre

König Bimbisāra tritt zur Buddhalehre über

Der Buddha wußte sehr wohl, daß es für die Ausbreitung seiner Lehre von entscheidender Bedeutung war, wie sich die Könige zu ihr stellen würden. Rājagaha, die Residenzstadt des Königs Bimbisāra von Magadha, in dessen Reich er sich befand, wählte er darum als nächstes Ziel.

Anknüpfungspunkte für ein Gespräch mit Bimbisāra gab es. Nicht nur konnte er sich auf das erste, allerdings etwas kühle Treffen mit dem König zu Anfang seiner Erkenntnissuche (im Jahre 534 v. Chr.) beziehen, er durfte auch darauf bauen, daß Bimbisāra in dem Oberhaupt eines Ordens einen Meinungsmacher und somit latenten politischen Faktor erkennen werde, den näher kennenzulernen ihm wichtig sein mußte.

Rājagaha, 70 km südöstlich von Patna bei der heutigen Kleinstadt Rājgir gelegen, war neben Sāvatthi, der Hauptstadt des Kosala-Reiches, die machtvollste Königsstadt Nordindiens. Seine Bedeutung war jungen Datums, da erst Bimbisāra den älteren Ort Giribbaja (»Vielberg«) zur Hauptstadt Rājagaha (»Königshausen«) erhoben und ihren Ausbau veranlaßt hatte.

Für die Wahl des verkehrsungünstigen Ortes als Hauptstadt des Magadha-Reiches waren zwei Gesichtpunkte ausschlaggebend gewesen. Südlich von Rājagaha gab es Eisenerz, das, als Eisenoxyd im Tagebau gewonnen, großenteils in Rājagaha zu Waffen und Werkzeugen verschmiedet wurde. Südöstlich von Rājagaha wurde außerdem Kupfererz gefördert. Reichtum und Macht Magadhas basierten auf diesen Bodenschätzen und der mit ihrer Verarbeitung beschäftigten Kleinindustrie.

Der zweite Gesichtspunkt für die Gründung der Magadha-Hauptstadt an dieser Stelle war strategischer Art. Die Stadt lag zwischen langgestreckten Bergen, die dem Tal den Grundriß eines Z geben und guten Schutz gegen Angriffe bieten. Der Verteidigungswert dieser Lage wurde weiter erhöht durch eine sich damals noch im Bau befindliche, über die Bergkämme verlaufende zyklopische Mauer, die nach Fertigstellung 40 km Gesamtlänge erreichen sollte. Der Stadtkern von Rājagaha, das alte Giribbaja, war zusätzlich durch einen älteren inneren Festungswall geschützt. Aus der Umklammerung der Berge, die jegliche Brise fernhalten und das Klima in dem Talkessel im Sommer extrem drückend machen, führen vier Paßstraßen hinaus, die einst durch befestigte Stadttore kontrolliert wurden. Nachts blieben die Tore geschlossen.

Das Stadtzentrum Rājagahas füllte nicht das gesamte Tal aus, sondern nur den Schrägbalken des Z, nämlich den vom Innenwall umgrenzten Giribbaja-Bezirk. Hier lagen Bimbisāras Palast, die Häuser des Dienstadels und der vermögenden Bürger, der Basar und die königlichen Eisenschmieden. Der Königsbau ruhte auf Rohsteinfundamenten (die von den Archäologen freigelegt und heute zu sehen sind), ansonsten war er aus Holz errichtet. Die zwischen Innen- und Außenwall liegenden, recht weiträumigen Teile des Tals wiesen stellenweise spärliche Bebauung mit Lehmhütten auf, bestanden im wesentlichen aber aus Feldern, Mangohainen und Viehweiden.

Kaum hatte der Buddha mit einem Gefolge von Mönchen, darunter die drei Kassapa-Brüder und die übrigen ehemaligen Flechthaar-Asketen, Rājagaha erreicht und im Laṭṭhivana (»Knüppelwald«) im Südwesten der Stadt Lager gemacht, als Bimbisāra schon von der Ankunft des »Samaṇa Gotama, des Sohnes der Sakiyas« erfuhr und sich mit einem Troß von Brahmanen, Haushabern, Höflingen, Ordonnanzen und Leibwächtern in den Wald begab, um den Besucher zu begrüßen. Es war im alten Indien üblich, daß die Könige gleich anderen Bürgern die Religiosen aufsuchten und nicht etwa zu sich baten. Sie bekundeten

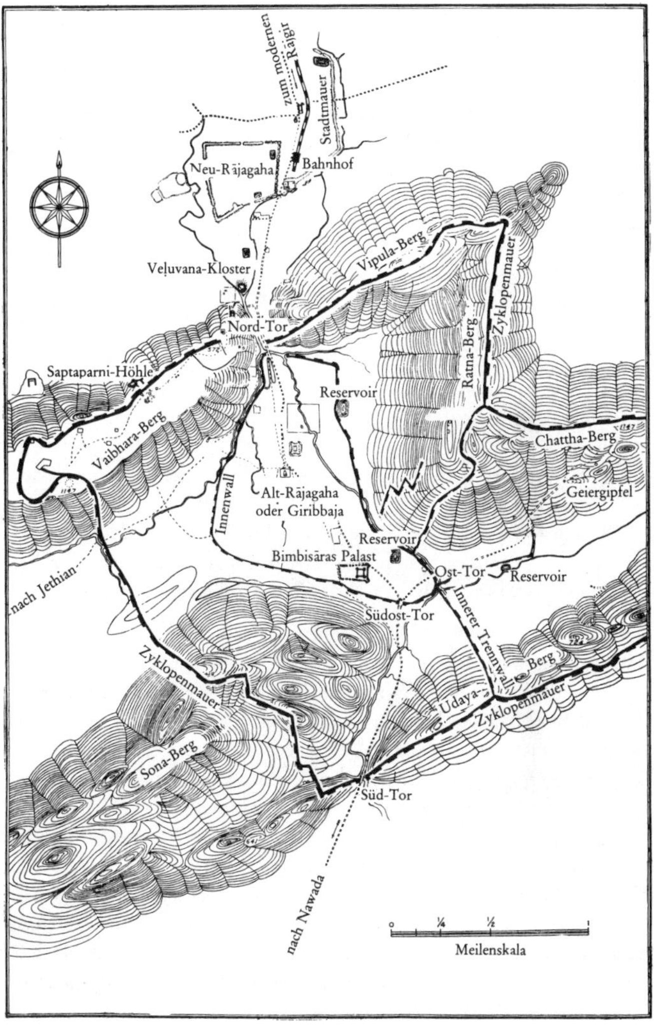

Rājagaha, Hauptstadt des Magadha-Reiches

damit, daß sie die Weltentsagung respektierten und darauf verzichteten, über des Freiheitssuchers Freiheit verfügen zu wollen.
Da die den König begleitende Menge nicht genau wußte, wer wessen Meister war, Gotama Uruvela-Kassapas oder umgekehrt, unterzog der Buddha den Kassapa einer Art Vernehmung. Die Wechselrede mag zwischen den beiden abgesprochen gewesen sein; sie wirkt, zumal der Pāli-Kanon sie in Versen wiedergibt, wie eine für den König bestimmte Inszenierung.

> *Der Buddha:* Du hast, Kassapa, bis vor kurzem in Uruvelā den Feuerkult betrieben. Ich frage dich: Warum hast du ihn aufgegeben?
> *Kassapa:* Der Lohn, den die Opfer versprechen, ist sinnlicher Art, sind Vergnügungen und Frauen. Weil ich einsah, daß weltliche Dinge unrein sind, habe ich den Gefallen am Darbringen von Opfern verloren.
> *Der Buddha:* Wenn dein Geist nicht daran mehr Freude findet, woran entzückt er sich jetzt?
> *Kassapa:* Ich habe den Zustand des Friedens (d. h. Nibbāna) erkannt, der von nichts abhängt und den jeder allein verwirklichen muß. Seinetwegen habe ich das Feueropfer verworfen.
> (M 1,22,4–5 paraphrasiert)

Nach diesen Worten warf sich Uruvela-Kassapa vor dem Buddha nieder und erklärte: »Der Erhabene ist mein Lehrer, ich bin sein Schüler; der Erhabene ist mein Lehrer, ich bin sein Schüler!« (Mv 1,22,6). Man kann sich ausmalen, daß die zeremonielle Unterwerfung des greisen Kassapa unter die geistliche Leitung des noch kaum bekannten Samaṇa Gotama auf Bimbisāra und seine Begleiter Eindruck machte. Daß Kassapa die Unterwerfungsworte doppelt gesprochen hatte, wodurch sie Gelübde-Charakter erhielten, verstärkte den Effekt der Szene.
Von der ihm nun ungeteilt zufließenden Aufmerksamkeit machte der Buddha sofort pädagogischen Gebrauch: Er erteilte der Versammlung eine Gestufte Unterweisung, und sämtliche (?) Anwesenden, der König eingeschlossen, bekannten sich als Laienbekenner zu seiner Gemeinde (Mv 1,22,8).
Der Bericht schildert die Konversion des Monarchen noch einmal gesondert. Als Seniya Bimbisāra, König von Magadha, so heißt es, die

Lehre erkannt, durchschaut und Vertrauen in sie gefaßt hatte, sprach er zu Gotama: »Als Prinz hatte ich fünf Wünsche, die jetzt erfüllt sind. Ich wünschte mir, König zu werden und in meinem Reich von einem Voll-Erleuchteten besucht zu werden; ich wünschte mir ferner, daß ich diesen Voll-Erleuchteten ehrenvoll aufnehmen könne, daß er mir seine Lehre verkünde und daß ich diese verstehen möge: Alle diese Wünsche sind nun verwirklicht. Wie wenn man Umgestürztes aufrichtet oder Verborgenes enthüllt, wie wenn man einem Verirrten den Weg zeigt oder eine Lampe in die Finsternis hält, damit, wer Augen hat, die Gegenstände sehe, so hast du auf vielerlei Weise die Lehre dargelegt. Ich nehme, Herr, meine Zuflucht zum Erhabenen, zur Lehre und zur Mönchsgemeinde: Möge der Erhabene mich als Laienmitglied aufnehmen bis zu meinem Lebensende!« (Mv 1,22,9–11 gerafft). Darauf lud er den Buddha und die Bhikkhus für den Folgetag zum Essen ein. Durch Schweigen drückte der Meister sein Einverständnis aus.

Am nächsten Morgen bewirtete Bimbisāra den Buddha und seine Mönche mit eigener Hand – eine hohe Ehre, die selten jemandem zuteil wurde. Indes hielt der König eine noch größere Überraschung bereit: Er schenkte – so die Widmungsbestimmung – »dem Mönchsorden mit dem Buddha an der Spitze« seinen vor dem Nordtor Rājagahas liegenden Erholungspark Veḷuvana (»Bambuswald«), damit der Meister sich dort, unweit der Stadt, aber in der Stille, zugängig für Besucher, aber dennoch zurückgezogen niederlassen könne. Mit dem üblichen Schenkungszeremoniell, dem Ausgießen von Wasser durch den Schenker über den Händen des Beschenkten und über einer (in diesem Fall natürlich goldenen) Schale, wurde die Abtretung rechtsverbindlich gemacht. Der Buddha sprach keinen ausdrücklichen Dank, denn dies hätte das religiöse Verdienst, das der Schenker sich erworben hatte, ausgeglichen und damit annulliert, sondern bezeugte seine Befriedigung, indem er Bimbisāra durch eine Lehrrede erfreute (Mv 1,22,15–18).

Die Konversion des Magadha-Königs ist in den letzten Monat des Jahres 528 oder die ersten beiden Monate des Jahres 527 v. Chr. zu datieren. Der zweite Zeitansatz ist wahrscheinlicher. Bimbisāra, fünf Jahre jünger als der Buddha, war damals einunddreißig Jahre alt und seit sechzehn Jahren Herrscher.

Die Frage, ob sein Übertritt zu Gotamas Lehre den Neid anderer religiöser Schulen wecke, stellte sich für den König nicht. Nach indischen Toleranzbegriffen war (und ist) es möglich, einer Richtung anzugehören ohne die anderen abzulehnen, – keine indische Denkschule hat je einen Ausschließlichkeitsanspruch erhoben. Zwischen den Schulen gab es zwar Streitgespräche, aber keine Handgreiflichkeiten. Auch die Lehre des Buddha ist auf Verträglichkeit mit anderen Religionen angelegt. Es ist mehrfach überliefert, daß Gotama Neubekennern einschärfte, die Mönche der von ihnen aufgegebenen Schule weiter mit Almosen zu versorgen (z. B. Mv 6,31,10 f.).

Mancherlei Anzeichen, nicht zuletzt die jahrzehntelange Treue, die Bimbisāra bis zu seiner Ermordung dem Buddha hielt, sprechen dafür, daß er von der religiösen Botschaft des Sakiya-Sohns echt ergriffen war. Die charismatische Ausstrahlung des Buddha, die Überzeugungskraft seiner bloßen Präsenz, seine Noblesse und elegante Beredsamkeit, ferner die Ausgewogenheit seiner Ansichten, die sich im »Mittleren Weg« bekundet, der hohe Standard seiner Ethik und schließlich der mystische Zauber seines Erlösungsziels – alles das faszinierte den König und vermittelte ihm jenes Erlebnis der Begegnung mit dem Numinosen, das einen Menschen durch sein ganzes Leben beseligt und zu innerem Leuchten bringt. Mit seinen einundreißig Jahren war Bimbisāra jung genug, sich religiös zu entflammen, aber alt genug, um die rationale Kontrolle über seine Begeisterung nicht zu verlieren.

Für den Missionserfolg des Buddha ist die Bedeutung der Konversion des Magadha-Königs kaum zu überschätzen. Tausende von Bürgern des Magadha-Reiches nahmen nach dem Vorbild des Herrschers den Dhamma als Richtschnur für ihr Leben an, manche sicherlich um sich bei Bimbisāra beliebt zu machen, die Mehrheit jedoch aus Überzeugung. In der Tat hatte die neue Lehre jedem einzelnen und jeder Kaste etwas zu bieten. Den Kriegeradel sprach sie an durch vornehme Denkweise und ihre Vereinbarkeit mit den Pflichten des Staatsdienstes, die Brahmanen durch Rationalität und philosophische Präzision. Den Kaufleuten imponierte ihre Ablehnung kostspieliger, angeblich den Geschäftserfolg sichernder Opfer und ihr Verständnis für merkantiles Denken; den Suddas und Kastenlosen gefiel ihre Abwertung der Geburtsherkunft. Ungeachtet ihres negativen Werturteils über die Welt wurde sie als Hoffnungsreligion empfunden, die jedem zeigte, wie er sich durch Ausnutzung des Kamma-Gesetzes innerhalb der vorgegebenen sozialen Hierarchie emporarbeiten und schließlich erlösen kann. Mit dem Übertritt König Bimbisāras von Magadha war die Lehre des Buddha gesellschaftsfähig und ein Gesprächsthema geworden. Die Tore für ihre Ausbreitung über ganz Indien hatten sich aufgetan.

Sāriputta und Moggallāna werden Buddhajünger

Natürlich war Gotama nicht der einzige heterodoxe Lehrer in Rājagaha – ein anderes prominentes Schulhaupt in Bimbisāras Hauptstadt war Sañjaya.

Zu Sañjayas Gefolgschaft, die auf 250 Samaṇas beziffert wird (Mv 1,23,1), gehörten als besonders talentierte Meisterschüler zwei Freunde namens Sāriputta und Moggallāna. Sāriputta war unweit von Rājagaha in dem Dorf Nālaka (heutiges Sarichak?) zu Hause und stammte aus der Brahmanenfamilie der Upatissa. Er hatte drei jüngere Brüder (Cunda, Upasena und Revata) und drei Schwestern. Sein Vater hieß Vaṅganta, seine Mutter Rūpasārī, und nach ihr rief man ihn Sāriputta, »Sohn der Sārī«.

Moggallāna, oft Kolita genannt, weil er in Kolitagāma (heutiges Kul?), dem Nachbardorf von Nālaka lebte, war mit Sāriputta gleichaltrig und von Kind auf dessen Spielkamerad gewesen. Seine Mutter Moggallānī, nach der er getauft war, stammte aus der Brahmanen-, sein Vater, der Dorfhauptmann von Kolitagāma, aus der Kriegerkaste, die damals noch als höchste Kaste galt. Es heißt, daß die beiden Freunde beim jährlich in Rājagaha stattfindenden »Bergspitzentreffen« – vielleicht eine Art Kirmes – beschlossen hatten, sich als Wandermendikanten dem Samaṇa Sañjaya anzuschließen, was sie bald darauf in die Tat umsetzten. Sie hatten einander versprochen, sich gegenseitig zu unterrichten, falls einem von ihnen eine Einsicht zuteil werden sollte.

Es war während seiner Schülerschaft bei Sañjaya, daß Sāriputta beim Almosengang in Rājagaha dem Bhikkhu Assaji begegnete, der einst zu Gotamas Askesegefährten gehört hatte und später im Wildpark Isipatana als einer der ersten fünf Bhikkhus ordiniert worden war. Sāriputta, dem das würdige und gebändigte Benehmen des fremden Mönchs auffiel, wartete bis Assaji seine Almosenrunde beendet hatte und fragte ihn dann, wer sein Meister sei. Der Bhikkhu erwiderte, er sei ein Schüler des Samaṇa aus dem Sakiya-Geschlecht, worauf Sāriputta weiter fragte, was denn die Lehre dieses Meisters besage. Obwohl (nach Mv 1,6,47) ein Heiliger, war Assaji außerstande, eine ausführliche Darstellung zu geben. Er sei noch ein Neuling, sei erst kürzlich zur Lehre des Buddha übergetreten, erklärte er, aber er könne ihren Inhalt in Kurzform umreißen. Und er sprach die berühmte Strophe, die seitdem als Credo aller buddhistischen Denominationen verwendet wird:

Bei *Dhammas**, die aus Ursachen entspringen,
hat der Vollendete die Ursache erklärt.
Und auch wie sie zur Aufhebung zu bringen
wird von dem großen Samaṇa gelehrt. (Mv 1,23,5)

Sāriputta, dessen analytisch-philosophische Intelligenz in den Quellen oft gerühmt wird, begriff sofort den Sinn dieses Ausspruchs: »Alles was dem Gesetz des Entstehens unterworfen ist (wie u. a. die empirische Person und ihr Leiden), unterliegt auch dem Gesetz des Vergehens«, d. h. läßt sich, indem man keine Ursache für neuerliche Wiedergeburt mehr schafft, aufheben in den Zustand des Verlöschens: Nibbāna. – Aufgerüttelt von dieser Erkenntnis eilte Sāriputta zu seinem Freund Moggallāna, um ihm die neue Wahrheit mitzuteilen (Mv 1,23,5–6).

Moggallāna, ein vor allem meditativ begabter Mann, durchschaute den Sinn der Strophe nicht minder schnell als Sāriputta und schlug vor, sie beide sollten sich sogleich dem Buddha als dessen Schüler unterstellen. Sāriputta winkte ab: Zuerst seien die Samaṇa-Brüder und Sañjaya zu befragen. So geschah es. Die Samaṇas erklärten sich zum Wechsel der Schule bereit, Sañjaya hingegen versprach den beiden, falls sie bei ihm blieben, die Mitleitung seiner Schule. Als Sāriputta und Moggallāna das Angebot ausschlugen und sich mit allen (?) 250 Samaṇas in den Veḷuvana-Park aufmachten, um den Buddha um Aufnahme in seine Gemeinde zu bitten, erlitt Sañjaya vor Enttäuschung einen Blutsturz. Die beiden Freunde wurden indessen vom Buddha ordiniert (Mv 1,24) und erlangten bald die Heiligkeit, Moggallāna in acht Tagen, Sāriputta ein wenig später. Rasch avancierten sie zu Gotamas Hauptjüngerpaar und blieben es über vierzig Jahre lang.

---

* hier: *Daseinsfaktoren.*

Nicht lange nachdem Sāriputta und Moggallāna seine Mönche geworden waren, erhielt der Buddha Besuch aus seiner Heimatstadt Kapilavatthu. Es war Kāḷudāyin, »der dunkle Udāyin« wie er wegen seiner Hautfarbe genannt wurde, ein Jugendfreund des Buddha, den der Rāja Suddhodana ausgesandt hatte, damit er nach seinem Sohn schauen und ihn zu einem Besuch Kapilavatthus bewegen solle.
Kāḷudāyin entledigte sich seines Auftrags äußerst geschickt. Er ließ sich in den Saṅgha aufnehmen, wodurch er jederzeit zum Buddha Zutritt hatte, und setzte dem Meister durch farbige Schilderungen Heimweh nach dem Sakiya-Land ins Herz. Mit lyrischer Begeisterung malte der Schöngeist ihm die Pracht der Blütenbäume aus, die sich dem Wanderer am Wegesrand darbieten:

Dort gibt es Bäume, leuchtend voller Glut.
Auf Früchte hoffend warfen sie ihr Grün,
allein die Blüten blieben, rot wie Blut:
Dies ist die Zeit, Herr, um davonzuziehn.

Denn Bäume in der Blüte freu'n den Geist
wenn ihre Düfte wehen in die Runde,
der Fall des grünen Laubwerks Frucht verheißt:
Dies ist zum Aufbruch, Herr, die rechte Stunde.

Auf diese Jahreszeit kann man vertraun,
sie ist zu kalt nicht und auch nicht zu heiß.
Laß Sakiyas und Koliyas dich schaun,
wenn du die Rohinī nach Westen kreuzt! (Thag 527–529)

Tatsächlich ließ Gotama sich rühren und versprach Kāḷudāyin, Kapilavatthu zu besuchen, zwar nicht sofort, aber nach der nächsten Regenzeit, die er in Rājagaha zuzubringen gedachte. Kāḷudāyin nahm die Zusage mit innerem Jubel zur Kenntnis und machte sich eilends auf den Rückweg nach Kapilavatthu, um sie dem Rāja Suddhodana mitzuteilen. Er dürfte auch dies in blumenreicher Sprache getan haben, denn er war ein Meister des schmeichelnden Kompliments – wie die Verse (Thag 533–535) beweisen, mit denen er Suddhodana als den Vater des erhabenen Buddha besingt und der verstorbenen Buddha-Mutter gedenkt.

Regenzeit in Rājagaha

Wie beabsichtigt verbrachte der Buddha die Regenzeit des Jahres 527 v. Chr. in Rājagaha, wo im Veḷuvana-Park inzwischen Hütten für die Bhikkhus errichtet worden waren – Anfänge eines Klosters. Seit Beginn von Gotamas Mission war dies die zweite Regenzeit, und sie war nicht problemlos. Das ständige Wachsen des Saṅgha stellte das Schulhaupt vor ungeahnte Aufgaben.

Die Konzentration so vieler Wandermendikanten, die jeden Morgen mit ihren Almosengefäßen – keineswegs Schalen, sondern veritable Töpfe – durch Rājagaha streiften und schweigend vor den Türen warteten ob ihnen Nahrung gereicht würde, bewirkte, daß viele von Rājagahas vielleicht 60000 Einwohnern des Anblicks von Almosensuchern überdrüssig wurden und die »kahlen Bettelpfaffen« und »Schnorrer«, gleichgültig welcher Schule sie angehörten, als Belästigung empfanden. Dazu kam der negative soziale Effekt des Mendikantentums. Männer, die bisher ihr Brot selbst verdient und mit Frau und Kindern ein normales Hausleben geführt hatten, fanden plötzlich am Samaṇa-Dasein Gefallen, schlossen sich dem Saṅgha an und ließen ihre Familien in Not zurück. Die Klage war zu hören: »Der Samaṇa Gotama lebt davon, (uns) kinderlos, (Frauen zu Mönchs-)Witwen und Familien auseinanderbrechen zu machen. Tausend Flechthaar-Asketen und die zweihundertfünfzig Samaṇas des Sañjaya hat er zu seinen Jüngern gemacht; (sogar) kultivierte junge Leute aus den besten Familien Magadhas führen unter seiner Leitung den Reinheitswandel!«

Öfter wurden die Bhikkhus, besonders wohl von Kindern, die den Spruch von den Älteren aufgeschnappt hatten, geneckt:

> Der Samaṇa, der große, nach Giribbaja kam,
> des Sañjaya Gefolgschaft er leitend übernahm:
> Wen wird er jetzt entführen, wer ist als nächster dran?

Der Buddha, der diese Äußerungen durch seine Mönche erfuhr, zeigte sich gelassen. Nur kurz werde der Lärm andauern, meinte er. Aber als Menschenkenner und schlauer Taktiker ergriff er doch eine Gegenmaßnahme. Er lieferte einen Gegenspruch, den die Mönche prompt und mit Erfolg in Umlauf setzten:

Die großen Helden, Wahrheitsfinder,
sie führ'n durch wahre Lehre an.
Wer ist wohl neidisch auf den Weisen,
der mittels Wahrheit führen kann?

Was der Meister vorausgesehen hatte, trat ein: Nach einigen Tagen verstummte die Kritik (Mv 1,24,5–7). Vielleicht hatte auch König Bimbisāra etwas unternommen, um den Volksunmut gegen die gelben Samaṇas nicht ausufern zu lassen.

Gleichzeitig mit den Bemühungen des Buddha, dem Saṅgha bei der Bevölkerung Ansehen zu verschaffen, liefen seine Anstrengungen nach innen, nämlich zur Erziehung der Bhikkhus. Es hatte sich gezeigt, daß durch die Pauschalordination von Flechthaar-Asketen und Jüngern des Sañjaya auch Männer in den Orden gelangt waren, denen es an elementarem Anstand mangelte und die durch liederliches Äußeres und dreistes Auftreten beim Almosengang Anstoß erregten. Um ihnen gesittetes Benehmen beizubringen, erließ der Meister eine Serie von Weisungen. Er schrieb den Bhikkhus vor, sich nach Mönchsart korrekt zu kleiden, bei den Almosengebern Bescheidenheit zu zeigen und das Essen schweigend einzunehmen (Mv 1,25,5). Fälle von Despektierlichkeit gegenüber den Präzeptoren, welche die neuen Mönche unterwiesen, gaben ihm Anlaß, auch zu diesem Thema Regeln zu erlassen. So schärfte er den Bhikkhus ein, den Präzeptoren gegenüber dienstfertig zu sein (Mv 1,25,8 ff.), des Präzeptors Robe zu pflegen (Mv 1,25,10+23), seine Almosenschale auszuwaschen (Mv 1,25,11) und sein Quartier zu reinigen (Mv 1,25,19).

Wie wir aus den Umstandsbeschreibungen vieler Lehrreden sehen, erwartete der Buddha diese Dienste auch selbst. Fast immer begleitete ihn ein Mönch vom Dienst *(upatthāka)*, zu dessen Obliegenheiten es u. a. gehörte, dem Meister, wenn er in der heißen Zeit predigte, Kühlung zu fächeln (M 12 I p.83); war kein junger Mönch zugegen, waren auch prominente Bhikkhus wie Sāriputta sich hierfür nicht zu schade. Die Dienermönche wechselten häufig, bis im zwanzigsten Jahr der Lehrtätigkeit des Buddha sein Vetter Ānanda dieses Amt übernahm und bis zum Lebensende des Meisters hingebungsvoll versah.

Der Buddha besucht seine Heimatstadt

Getreu seinem Kāḷudāyin gegebenen Versprechen brach der Buddha nach Kapilavatthu auf sobald der Monsun vorüber war. Er reiste nicht allein, Sāriputta und einige weitere Mönche begleiteten ihn. Die Wanderstrecke betrug 60 »Ochsentouren« *(yojana)*, worunter man die Strecke versteht, die ein Ochse im Geschirr zu gehen in der Lage ist, nämlich rund 10 km. Für die 600 km zwischen Rājagaha und Kapilavatthu nahm sich Gotama 60 Tage Zeit. Nach dem ersten Viertel der Wegstrecke, die nach Nordwesten verlief, war die Gaṅgā zu überqueren.

Eine Vorstellung, wie solche Wanderungen aussahen, vermitteln in unserem Jahrhundert die Fußmärsche von Mahātma Gāndhi und Vinobha Bhāve. Der Meister geht gewöhnlich für sich, zuweilen im Gespräch mit einem seiner Anhänger; ihm fünf Schritte voraus einige resolute Jünger, die ihm den Weg freimachen und ihn gegen aufdringliche Gaffer abschirmen, hinter ihm der Troß, teils in der Haltung dienstfertiger Beflissenheit oder geistiger Sammlung, teils abgestumpft und müde. Drei Äußerlichkeiten lediglich unterschieden den Buddha von dem Mahātma und Vinobha: Sein Gewand war nicht weiß, sondern mit Kāṣāya-Lehm gelbbraun gefärbt, er ging barfuß, und er benutzte keinen Wanderstab. Das alte Indien sah im Stock eine Waffe, und Waffen hielt Gotama von sich fern.

Die Begebenheiten nach Erreichung Kapilavatthus teilt uns der Pāli-Kanon bruchstückweise, chronologisch ungeordnet und mit vielen Detailwidersprüchen mit. Immerhin reicht das Überlieferte aus, um uns ein Bild von den Ereignissen zu ermöglichen.

Da die Sitte verbot, daß der Buddha als Wandermendikant unaufgefordert beim Rāja Suddhodana Gotama vorsprach, nahm er nach Ankunft in Kapilavatthu Aufenthalt im Nigrodha-Hain, einem von Asketen und Samaṇas frequentierten Platz vor der Stadt, wo alte Nigrodha- (= Banyan-) Bäume (ficus bengalensis), die mit ihren aus Luftwurzeln erwachsenen Nebenstämmen einen regelrechten Wald bilden, angenehmen Schatten boten. Das Eintreffen seines Sohnes wurde dem Rāja nicht sofort gemeldet. Erst am nächsten Morgen, nachdem Siddhattha mit dem Almosentopf durch Kapilavatthu ziehend gesehen worden war, erhielt Suddhodana von seiner Anwesenheit Kenntnis.

Das erste Gespräch zwischen Gotama-Vater und Gotama-Sohn verlief alles andere als harmonisch. Suddhodana machte seinem Sohn Vorwürfe, sich in seiner Heimatstadt vor allen Leuten als Bettler zu degradieren. Siddhattha, gescholten wie ein Kind, verteidigte sich damit, daß es bei den Samaṇas nun einmal Sitte sei, sich durch Almosen zu ernähren; auch die Buddhas früherer Zeiten hätten nicht anders gelebt.
Eine Demonstration ihres Zorns hatte sich des Buddha ehemalige Gattin Bhaddakaccānā (Yasodharā) ausgedacht, die nun schon seit acht Jahren als Mönchswitwe lebte und über dieses Schicksal erbittert war. Bei einem weiteren Besuch des Buddha im Haus seines Vaters, etwa eine Woche nach dem ersten, schickte sie Siddhattha seinen Sohn Rāhula, jetzt acht Jahre alt, entgegen: »Das, Rāhula, ist dein Vater. Geh zu ihm und frage ihn nach deinem Erbteil!« Artig tat der kleine Rāhula, wie ihm geheißen. Er grüßte den Buddha höflich und wartete, bis er das Haus verließ. Dann folgte er ihm mit den Worten: »Gib mir mein Erbteil, Samaṇa, gib mir mein Erbteil!« Der Buddha reagierte ebenso würdevoll wie wirksam. Er wies Sāriputta an, den Knaben auf der Stelle als Novizen aufzunehmen. Sāriputta wurde damit Rāhulas Präzeptor.
Suddhodana war untröstlich als er hörte, daß nun auch sein Enkel der Familie entzogen war und beschwor seinen Sohn, niemandem ohne Zustimmung seiner Eltern die Pabbajā zu gewähren. Hatte er gehofft, daß der Buddha Rāhulas Noviziat rückgängig machen würde, so wurde er enttäuscht. Der Meister versprach lediglich, der geäußerten Bitte in zukünftigen Fällen zu entsprechen (Mv 1,54).
Trotz der Bemühung der Texte, des Buddha ersten Kapilavatthu-Besuch als missionarisch erfolgreich darzustellen, ist erkennbar, daß der Erfolg sich in engen Grenzen hielt. Lediglich Einzelne nahmen den Dhamma an. Zu deutlich noch hatten die Bürger von Kapilavatthu den Rāja-Sohn als verwöhnten Jüngling in Erinnerung, als daß sie ihm die Rolle eines Buddha, eines »Erleuchteten« geglaubt hätten. Auch politische Vorsicht war im Spiel: Noch war offen, wie der in Sāvatthi residierende König Pasenadi von Kosala, der Oberherrscher über die Sakiya-Republik, die neue Schule beurteilen würde.
Ein Sakiya, der – vielleicht noch vor der Aufnahme Rāhulas als Novize – zum Bhikkhu ordiniert wurde, war Nanda Gotama, Siddhatthas Halbbruder, der Sohn Suddhodanas mit Siddhatthas Tante und Stief-

mutter Mahāpajāpatī. Der Kanon überliefert, Siddhattha habe Nanda zum Mönchwerden überredet, und Nanda habe dem Drängen seines Halbbruders widerwillig nachgegeben, weil er dem einige Tage Älteren Respekt schuldete.

Daß Nanda, zumindest anfänglich, nicht mit ganzem Herzen Bhikkhu war, ist bezeugt (Jāt 182). Vielleicht als Entgegnung auf die Zweifel von Mitmönchen, ob Nanda zu einem zölibatären Leben überhaupt fähig sei, pries der Meister Nandas Qualitäten, jedoch in so diplomatischer Formulierung, daß er in dem Lob zugleich einen Übungsweg für Nanda skizzierte, nämlich Bewachung der Sinnestore, Maßhalten beim Essen, Wachsamkeit über Geist und Körper sowie Abweisung aller irritierenden Gefühle und Regungen (A 8,9). Die Ermahnung war nötig, denn der gutaussehende Nanda sehnte sich nach Liebesfreuden und trug sich mit dem Gedanken, die gelbe Robe wieder abzulegen und ins Weltleben zurückzukehren. Erst als der Meister ihm die vergleichsweise geringe Schönheit seiner Ex-Gattin oder Ex-Braut Janapadakalyāṇī vor Augen führte, begann er ernsthaft, mönchische Selbstdisziplin zu üben und erlangte angeblich sogar die Heiligkeit (Ud 3,2).

Sieben weitere Sakiyas ordinierte der Buddha nicht in Kapilavatthu, sondern in Anupiyā, einem Ort in der Republik der Malla, den er auf dem Rückweg von Kapilavatthu streifte. Die sieben hatten die Sakiya-Hauptstadt verlassen, um auf eigene Faust das Wandermendikantenleben aufzunehmen. Als sie den Buddha dann in Anupiyā trafen, schien es ihnen aber sinnvoller, sich seiner Leitung zu unterstellen als selbst zu experimentieren.

Als ersten der Gruppe nahm der Meister den ehemaligen Barbier Upāli auf (Cv 7,1,1–4), einen bescheidenen Mann, dem niemand zugetraut hätte, daß er sich einmal zu einem Fachmann für Ordensrecht und mönchische Etikette entwickeln würde. Anuruddha und Ānanda waren Vettern des Buddha, nämlich Söhne von dessen Vaterbruder Amitodana mit verschiedenen Frauen. Beide zeichneten sich durch besondere Hinneigung zum Buddha aus. Des weiteren gehörten zu der Gruppe Bhagu, Kimbila und Devadatta, letzterer wiederum ein Buddha-Vetter, nämlich Sohn von Siddhatthas Mutterbruder Suppabuddha und somit Bruder von Siddhatthas Ex-Gattin Bhaddakaccānā.

Der prominenteste der sieben war Bhaddiya, der Sohn der Matrone

Kāḷigodhā, »der dunklen Godhā«, die als älteste Dame der Sakiyas das Ansehen einer Matriarchin genoß. Möglicherweise war sie die Witwe eines Rāja, der vor Suddhodana oder in dessen Vertretung die Sakiya-Republik zeitweilig verwaltet hatte. Dies würde in etwa verständlich machen, warum Bhaddiya als über die Sakiyas regierender Rāja bezeichnet wird (Cv 7,1,3) – eine Verwechslung Bhaddiyas mit seinem Vater.
Von Anupiyā ging, wie der Kanon mitteilt (Cv 7,2,1), die Wanderung weiter nach Kosambī, der Hauptstadt des Vaṃsā-Reichs, wo der Meister und seine Begleiter im Hain des Kaufmanns und Bankiers Ghosita Aufenthalt nahmen. Dieser Hain stand den Samaṇas aller Schulrichtungen offen. Zum Geschenk machte ihn Ghosita dem Buddha einige Zeit später, nachdem er auf einer Geschäftsreise nach Sāvatthi den Meister dort gehört hatte und sein Anhänger geworden war.

Wieder in Rājagaha

Das Jahr 526 v. Chr. sah den Buddha wieder in Rājagaha, wo er die Regenzeit wie im Jahr zuvor im Veḷuvana-»Kloster« verbrachte. Eins seiner häufigsten Besuchsziele war der Geiergipfel *(gijjhakūṭa)*, eine natürliche Plattform am Südhang des Chatha-Bergs, die einen schönen Blick in den südlichen Teil des Rājagaha-Tals gewährt und es erlaubt, die Brise zu genießen, die im Talgrund selten zu spüren ist. Der Geiergipfel wurde bald zu einem Lieblingsaufenthalt des Meisters, den er sogar im Regen und gelegentlich nachts aufsuchte. Hier konnte er ungestört Gespräche führen und sich der Unterrichtung der Mönche widmen; einige Dutzend Suttas wurden hier gehalten. Zwei natürliche Höhlen auf der Nordseite des Bergs, die größere die sogenannte »Eberhöhle«, boten Schutz gegen Gewitter und ließen sich als Notquartier für die Nacht benutzen.
In die zweite Rājagaha-Regenzeit fielen zwei Begegnungen, die sich für den Buddha und seinen Orden als folgenreich und nützlich erweisen sollten. Es handelt sich um die Bekanntschaften mit Jīvaka und Anāthapiṇḍika.
Der Kontakt mit Jīvaka kam folgendermaßen zustande. Von längerem Umherlaufen ermüdet, hatte Gotama den engeren Stadtbereich von

Rājagaha in Richtung Geiergipfel verlassen und sich vor dem Osttor des Innenwalls im Schatten eines Mangohains niedergesetzt. Der Hain gehörte dem Arzt des Königs, Jīvaka Komārabhacca, von dem es hieß, er sei der Sohn der Stadtkurtisane von Rājagaha, die ihn nach der Geburt ausgesetzt habe. Ein Prinz, so erzählte man weiter, habe den Knaben gefunden und aufgezogen (Mv 8,1,3–4). Tatsache war jedenfalls, daß Jīvaka an der berühmten Universität Takkasīla (skt: Takṣaśīla, Taxila in Pakistan) sieben Jahre lang Medizin studiert hatte (Mv 8,1,6) und durch spektakuläre Heilerfolge berühmt geworden war. Kürzlich hatte er König Bimbisāra von einer Fistel kuriert, worauf seine Majestät ihn zu seinem Leibarzt und zum Vertrauensarzt für die königlichen Frauen und den Orden des Buddha ernannt hatte (Mv 8,1,13–15). Dieser Arzt Jīvaka also nutzte die Gelegenheit von Gotamas Aufenthalt in seinem Mangohain, um mit dem großen Samaṇa, für den er ja auf königliches Geheiß ärztlich verantwortlich war, einige Worte zu wechseln. Durch seinen Beruf der Erhaltung des Lebens verpflichtet, sprach er den Buddha auf das Thema Tierschlachtung und Vegetarismus an:

– Ich habe gehört, daß deinetwegen Tiere getötet werden und daß du Fleisch zu dir nimmst, das speziell für dich bereitet worden ist. Trifft das zu?
– Jīvaka, wer das behauptet, spricht die Unwahrheit. Vielmehr sage ich, daß Fleisch in drei Fällen nicht (als Almosenspeise) anzunehmen ist: Wenn man gesehen, gehört oder geargwöhnt hat (daß das Tier speziell für den Mönch getötet wurde). Ist das aber nicht der Fall, kann (der Mönch) das Fleisch annehmen.
  Wenn ein Mönch in einem Dorf oder Marktflecken mit der inneren Einstellung der Güte *(mettā)* zu allen Wesen die Almosenrunde macht und ein Haushaber ihn für den Folgetag einlädt, darf er die Einladung annehmen. Aber wenn er dann am nächsten Tage in jenem Hause ißt, soll ihm nicht die Idee kommen, daß er auch weiterhin zu so delikatem Essen eingeladen werden möchte. Vielmehr ißt er die Almosenspeise ohne sich durch sie gefangennehmen zu lassen. Meinst du, Jīvaka, daß ein Mönch, der so handelt, sich damit selbst oder einem anderen Wesen schadet?
– Nein, Herr.

– (Wenn du von absichtlicher Vernichtung durch mich sprichst, Jīvaka, dann trifft das nur in *einem* Sinne zu:) Gier, Haß und Verblendung habe ich (in mir) vernichtet und entwurzelt, so daß sie nicht wieder aufkeimen können. Wer meinetwegen oder für einen meiner Jünger tötet, begeht fünffaches Unrecht: Weil er das Tier heranführt, ihm Qual zufügt, es töten läßt, es dabei wiederum quält und letztlich mich oder einen meiner Jünger in unangemessener Weise behandelt. (M 55 paraphrasiert)

Durch Gotamas Worte gewonnen, erklärte Jīvaka seinen Beitritt zur Laiengemeinde. Als der Buddha ein weiteres Mal in seinem Mangohain rastete, ließ er sich von ihm über die Pflichten eines Laienbekenners belehren (A 8, 26).

Der Aufgabe der ärztlichen Betreuung des Saṅgha kam Jīvaka freudig nach, obwohl sie ihm viel Arbeit und kein Honorar einbrachte. Der Buddha konsultierte ihn einmal bei einer »Disharmonie der Körpersäfte«, die Jīvaka durch Ölmassagen, Abführmittel, warme Bäder (in den bei Rājagaha entspringenden warmen Quellen) und Fruchtsäfte kurierte (Mv 8,1,30–33). Mönchen, die ihm durch bleiches Aussehen auffielen, empfahl er körperliche Bewegung und eine heizbare Badehütte (Cv 5,14,1) – zweifelsohne eine vorzügliche Verordnung.

Die Ernennung Jīvakas zum Fürsorgearzt des Saṅgha hatte in der Folgezeit einen unerwünschten Nebeneffekt insofern, als Menschen mit verschiedensten Gebrechen sich als Bhikkhus in den Orden aufnehmen ließen, um zu kostenloser Behandlung durch den berühmten Arzt zu gelangen. Jīvaka bat den Buddha deshalb, kranke Menschen von der Ordination auszuschließen. Der Meister entsprach diesem Vorschlag und erließ entsprechende Weisung (Mv 1,39,5–7).

Da Jīvaka aus Gotamas wiederholtem Aufenthalt in seinem Mangohain schloß, daß der Meister den Platz schätze, macht er ihm den Hain (Jīvakāmbavana) zum Geschenk. Von dem einst dort existenten Kloster, bestehend aus vier Langhallen und kleineren Nebenbauten, sind die Fundamentsteine, die den tonnenförmigen Oberbau trugen, noch in unseren Tagen zu besichtigen.

Der zweite besonders prominente Laienbekenner, der sich in jenem Jahr 526 v. Chr. zum Gefolgsmann und Freund des Buddha erklärte, war Sudatta »Anāthapiṇḍika«, der »Beköstiger der Armen« wie man

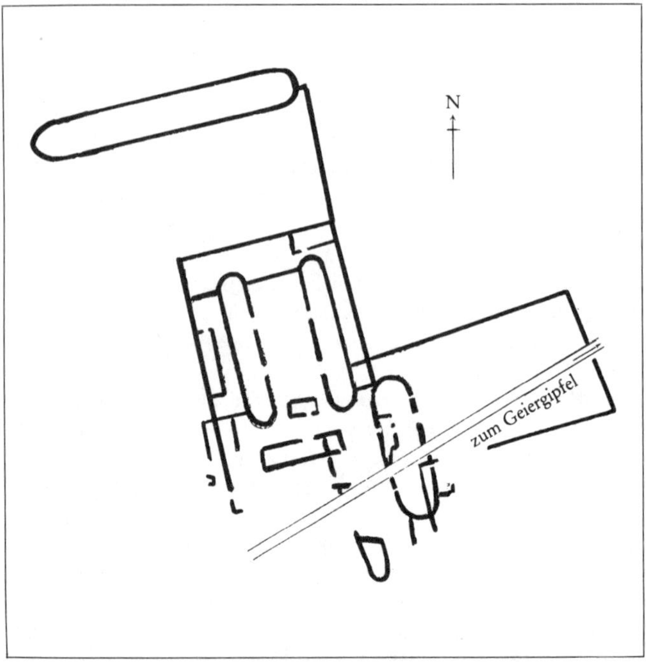

Jīvakas Mangohain (Jīvakāmbavana) bei Rājagaha, das vom Leibarzt des Königs Bimbisāra dem Buddha geschenkte Kloster. Die Schmalheit der vier apsidialen Hallen war durch das tonnenförmige Spantendach bedingt.

ihn dank seiner Freigebigkeit nannte. Anāthapiṇḍika war in Sāvatthi zu Hause und mit der Schwester eines Kaufmanns aus Rājagaha verheiratet. Von Beruf Goldhändler und Bankier und als der in Sāvatthi führende Kaufmann der Branche deren Gildenpräsident, war er nach Rājagaha gekommen, um mit seinem Schwager Geschäfte abzuschließen. Verwundert beobachtete Anāthapiṇḍika die ausgedehnten Vorbereitungen, die im Haus seines Schwagers für die Beköstigung des Buddha und seiner Mönche für den nächsten Tag getroffen wurden, und neugierig auf den Mann, der den Ehrentitel eines Buddha, eines »Erwachten« trug, erhob er sich nach ruhelos verbrachter Nacht vor Morgengrauen, um den Buddha aufzusuchen. Der Meister hatte am Leichenacker, am Sītavana (»Kühler Hain«) kampiert und war bereits aufgestanden; in der Morgenkühle schritt er auf und ab, um die Frische zu genießen. Bald entspann sich ein Gespräch, in dessen Verlauf der Buddha Anāthapiṇḍika eine Gestufte Unterweisung gab. Durch Aussprechen der Dreifachen Zuflucht nahm der Belehrte als Laienbekenner den Dhamma an und lud den Meister für den nächsten Tag zur Morgenmahlzeit ein (Cv 6,4,1–5).

Auch dieses Gastmahl fand im Haus von Anāthapiṇḍikas Schwager in Rājagaha statt. Es endete damit, daß Anāthapiṇḍika dem Buddha und dem Saṅgha eine Regenunterkunft in Sāvatthi anbot. Gotama äußerte lediglich, daß eine solche Unterkunft an einem einsamen Ort liegen müsse (Cv 6,4,7).

Nach Sāvatthi zurückgekehrt hielt Anāthapiṇḍika sogleich nach einem geeigneten Grundstück Ausschau. Was er fand, war ein Park des Prinzen Jeta, eines Sohns des Kosala-Königs Pasenadi, jedoch war Jeta nicht gewillt, sein Besitzrecht aufzugeben. Nicht einmal für 100000 Kahāpaṇa sei ihm der Park feil, erklärte er, eine Äußerung, die der in Rechtsgeschäften versierte Anāthapiṇḍika unverzüglich dem königlichen Schiedsgericht vortrug. Dieses befand, daß die Nennung eines Betrages, auch im ablehnenden Sinne, zum Verkauf verpflichte (denn wer nicht verkaufen wolle, nenne keinen Preis). Der Park ging damit in Anāthapiṇḍikas Hand über, der, so behauptete der Volksmund, mit dem Kaufpreis in Münzen nahezu die ganze Parkfläche bedecken konnte (Cv 6,4,9–10).

König Pasenadi wird Laienbekenner

Anāthapiṇḍikas Versprechen, dem Orden in Sāvatthi (110 km nordöstlich von Lucknow) eine Bleibe zu schaffen, bewog den Buddha, nicht lange nach dem Gespräch mit dem Bankier in die Kosala-Hauptstadt aufzubrechen. Sein Marsch folgte der üblichen Karawanenroute über Vesāli (Cv 6,5,1), die Hauptstadt der Licchavī-Republik, und führte wohl auch über Kapilavatthu, wo er indes, eingedenk der Erfahrung, daß ein Weiser in seiner Heimat nichts gilt, diesmal nicht Station machte. In Sāvatthi angekommen, ließ er sich in dem von Anāthapiṇḍika

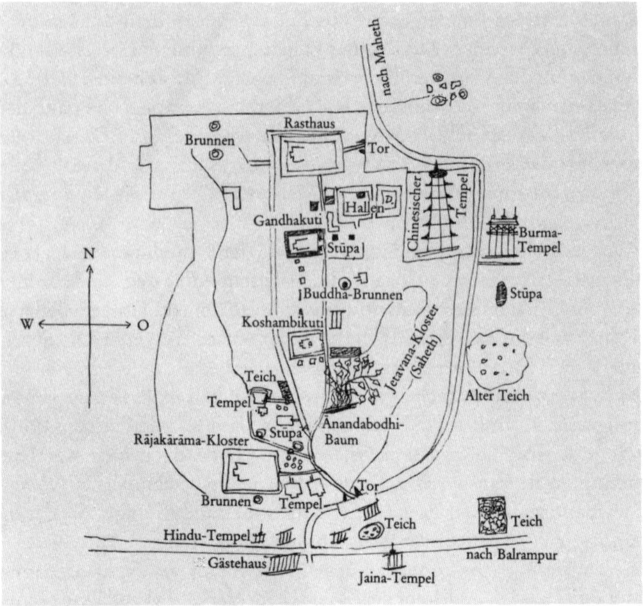

Der Komplex des Jetavana, südwestlich von Sāvatthi mit dem von Anāthapiṇḍika gestifteten Jetavana-Kloster und dem Rājakārāma-Kloster des Königs Pasenadi. Den Ānanda-Bodhibaum soll Ānanda auf Bitten der Bürger von Sāvatthi angepflanzt haben, indem er einen Sproß des Erleuchtungsbaums von Bodh-Gayā nach Sāvatthi brachte. – Improvisierte Karte eines örtlichen Fremdenführers.

erworbenen »Park des Prinzen Jeta« *(jetavana)* nieder, der offenbar allen Religiosen geöffnet war. Am nächsten Morgen fand in Anāthapiṇḍikas Haus eine Mönchsspeisung statt, an die sich das folgende Gespräch anschloß:

> *Anāthapiṇḍika:* Wie soll ich, Herr, in der Angelegenheit des Jetavana verfahren?
> *Der Buddha:* Laß ihn herrichten für den Orden der Vier Himmelsrichtungen, den gegenwärtigen und zukünftigen.
> *Anāthapiṇḍika:* So sei es, Herr. (Cv 6,9)

Kein Wasserzeremoniell zur formellen Eigentumsübertragung, sondern lediglich die Einräumung des Nutzungsrechts an den Saṅgha, allerdings, dank der klugen Antwort des Buddha, über dessen Lebenszeit hinaus bis in die ferne Zukunft. Rechtlich blieb Anāthapiṇḍika Eigentümer des Parks, den er dem Buddhaorden als Dauerleihgabe zur Verfügung stellte.

Obschon überliefert wird, daß Anāthapiṇḍika den Park sofort nach dem Kauf zum Kloster ausbauen ließ (Cv 6,4,10), und obwohl von dem Ausbau ein zweites Mal die Rede ist nachdem Anāthapiṇḍika dem Saṅgha das Nutzungsrecht eingeräumt hatte (Cv 6,9,1), scheinen regenfeste Gebäude nur sehr schleppend, im Laufe von Jahren errichtet worden zu sein. Erst elf Jahre später (d. h. 515 v. Chr.) verbrachte Gotama – nach vielen kurzen Aufenthalten zu anderen Jahreszeiten – eine Regenperiode im Jetavana. Vom Jahr 508 an schließlich erhob er Sāvatthi zum alljährlichen Regenzeitquartier und nahm in der Folgezeit achtzehn Monsune hindurch im Jetavana Aufenthalt. Weitere sechs Monsune verbrachte er im »Osthain-Kloster« *(pubbārāma)* zu Sāvatthi, einer Stiftung der großherzigen Laienbekennerin Visākhā Migāramāta.

Der Jetavana lag etwa 500 m südwestlich von Sāvatthi (heute Maheth) und trägt jetzt den Namen Saheth. Die alten Bücher beschreiben ihn als dicht mit schattenspendenden Bäumen, zum Teil Mangos bestanden. Unweit des Parks pflegten Kinder zu spielen, die manchmal in den Park kamen, um dort in dem Teich zu plantschen, den auch der Buddha zum Baden benutzte. Der Teich, sehr verfallen, liegt heute außerhalb (östlich) des Areals, das dem Besucher von Saheth als Jetavana gezeigt wird. Von den Baulichkeiten der Buddhazeit ist nichts mehr zu erkennen.

Zu den Einwohnern von Sāvatthi, die den Weg zum Jetavana nicht scheuten, um den Buddha zu hören und seinen *darśan* (Anblick) zu genießen, gehörte auch der mit Gotama ungefähr gleichaltrige König Pasenadi von Kosala. Er näherte sich dem Buddha mit durchaus skeptischer Einstellung:

> *Pasenadi:* Erhebst etwa auch du, Gotama, den Anspruch, ein Vollkommener Buddha, durch höchste Erleuchtung erleuchtet zu sein?

Der Buddha: In der Tat erhebe ich diesen Anspruch.

Pasenadi: Die mir als Schulhäupter bekannten Samaṇas und Brahmanen haben alle auf meine Frage behauptet, sie seien Vollkommen Erleuchtete. Wie kannst du wohl ein solcher sein, der du noch jung bist nach Jahren und nach dem Ordinationsalter?

Der Buddha: Vier Wesen (und Dinge), Mahārāja, dürfen nicht geringgeschätzt werden nur weil sie jung sind: Ein Krieger, eine Schlange, ein Feuer und ein Bhikkhu. (S 3,1 paraphrasiert)

Der König, der die Anspielung auf sein eigenes geringes Alter verstanden hatte, war von der schlagfertigen Antwort beeindruckt und bekannte sich durch Aussprechen der Zufluchtsformel als Gotamas Laienbekenner.

Daß die Konversion Pasenadis gleich nach dem ersten Gespräch mit dem Buddha erfolgte, mag man glauben oder nicht, Tatsache ist, daß zwischen Pasenadi und dem großen Samaṇa schnell Vertrauen und Freundschaft entstanden. Allein der Saṃyutta-Nikāya enthält (im 3. Saṃyutta) 25 sich über die Jahre verteilende Dialoge zwischen den beiden, in denen Pasenadi seine Gedanken, Beobachtungen und Erlebnisse vorträgt und der Buddha jeweils dazu Stellung nimmt. Einige Unterredungen haben Seelsorgecharakter, so wenn der Buddha des Königs Mißmut besänftigt, als seine Hauptgattin Mallikā ihm statt des erhofften Sohns eine Tochter gebar (S 3,16), wenn er ihn über den Tod seiner Großmutter tröstet (S 3,22) und ihm mittels Ausführungen zur Unvermeidlichkeit des Todes über das Ableben der geliebten Mallikā hinweghilft (A 5,49). Bei anderen Unterredungen zeigt Gotama sich als mahnender Freund. Zum Beispiel wird berichtet, daß Pasenadi, der ein Vielesser war und einen stattlichen Bauch vor sich hertrug, eines Tages dermaßen unter seiner Fülle schnaufte, daß Gotama ihm ins Gewissen redete:

Ein Mensch, der stets besonnen lebt,
beim Essen übet Mäßigung,
der mindert seine Sinnlichkeit,
wahrt Lebenskraft, bleibt länger jung.

Auf der Stelle beauftragte Pasenadi den jungen Mann, der ihm gerade Kühlung fächelte, ihm die Strophe vor jeder Mahlzeit in Erinnerung zu rufen (S 3,13).

Wie die Annahme des Dhamma durch König Bimbisāra den Missionsdurchbruch des Buddha im Magadha-Reich eingeleitet hatte, so eröffnete Pasenadis Übertritt Gotamas Missionserfolg im Reich Kosala. Die Nachricht von der Zufluchtnahme des Königs zur Lehre des Samaṇa Gotama reiste schnell und erreichte binnen kurzem auch die ihm untertanen Republiken, darunter die der Sakiyas.

Pasenadi und das Kosala-Reich

Kosalas dicker König wird aus den Beschreibungen des Pāli-Kanons sehr lebendig: Eine ungemein menschliche Mischung aus Wohlleben, Bonhomie, philosophischer Reflexion und politischer Schläue.
Er war der Sohn des Königs Mahākosala, der ihm die Herrschaft übergeben hatte kurz nachdem er, Pasenadi, von seinen Studien aus Takkasīla heimgekehrt war und sich als Gouverneur von Kāsi (Vārāṇasī) bewährt hatte. Die Universität von Takkasīla, der Hauptstadt des Gandhāra-Landes, war die beste Bildungsstätte Südasiens und bot einen attraktiven Studienkatalog. Neben philosophisch-theologischen Fächern (Vedistik, Philosophie, Ritualkunde, Magie, vedische Grammatik) und den säkularen Geisteswissenschaften (Recht, Politische Theorie) wurden auch praktisch-physische Fertigkeiten (Medizin, Elefantenbändigen, Fechten, Bogenschießen) gelehrt. Die Universität stand jedem Krieger und Brahmanen offen, der die erforderliche Vorbildung besaß. Die Studiengebühren waren erheblich, jedoch konnten ärmere Studenten gegen Dienstverdingung bei ihren Lehrern von Gebühren befreit werden (Jāt 252). Alle Studenten lebten im Universitätskampus unter strikter Disziplin. Verletzungen der Ordnung wurden durch körperliche Züchtigung bestraft.
Sowohl Pasenadis Freude an gutem Essen als auch sein Nachholbedarf in der Liebe könnten aus der spartanischen Studienzeit in Takkasīla herrühren. Die Vielzahl seiner Frauen wird mehrfach erwähnt. Sich über soziale und Kastenkonventionen hinwegsetzend hatte er zur Hauptgattin die Tochter eines Girlandenfädlers erkoren, die schöne Mallikā, die ihn nach einer verlorenen Feldschlacht mit ihren Reizen wirkungsvoll getröstet hatte. Der König schätzte ihren gesunden Menschenverstand und konsultierte sie oft vor politischen Entscheidungen.

Vier weitere seiner Frauen sind mit Namen bekannt: Die Schwestern Somā und Sakulā, ferner Ubbirī und Vāsabhakkhatiyā. Letztere war eine gebürtige Sakiyā, die man Pasenadi, als er auch eine Sakiyā zur Gattin wünschte, auf seine Bitte aus Kapilavatthu gesandt hatte. Sie wurde die Mutter des Kronprinzen Viḍūḍabha.

Die Studienjahre in Takkasīla hatten Pasenadi feinsinnig, ihn für seine politischen Aufgaben aber kaum tauglicher gemacht. Philosophische Reflexionen lähmten zuweilen seine Entschlußkraft und überfielen ihn sogar mitten in den Regierungsgeschäften, die ihn dann langweilten. Dem Buddha erzählte er, daß die vielen Lügen, die er als Gerichtsvorsitzender zu hören bekam, ihn manchmal derart anwiderten, daß er die Fortsetzung der Verhandlung einem anderen übertrug (S 3,7,2). Mehrfach benutzte er Gotama gegenüber die Wendung: »Als ich in der Stille in Betrachtungen vertieft war, da kam mir (der und der) Gedanke« (S 3,4,2 u.ö.) – eine Formulierung, die seine kontemplative Neigung deutlich macht.

Hätte die Staatsräson es zugelassen, würde Pasenadi sich vermutlich seinen philosophisch-religiösen Interessen stärker gewidmet haben. Innenpolitische Rücksichtnahme zwang ihn jedoch, sich Grenzen zu setzen und seine Sympathiebeweise auf die religiösen Schulen, soweit diese die Volksstimmung beeinflussen konnten, gleichmäßig zu verteilen. Seine Stiftungen für den Saṅgha des Buddha – am augenfälligsten eine auf dem Gelände des Jetavana gelegene Klosterhalle und das Königshainkloster *(rājakārama)* – balancierte er aus, indem er drei für ihre Veda-Gelehrsamkeit berühmten Berufsbrahmanen die Steuereinkünfte aus drei Dörfern überschrieb. Überhaupt gab er die vedische Opferreligion nicht auf und veranstaltete, ohne sich um den Abscheu des Buddha zu kümmern, ein großes Blutopfer (S 3,9).

Die Förderung der Religionen verschlang viel Geld. In einem Fall, als der König zugunsten des Buddhaordens tief in den Staatssäckel greifen wollte, fiel ihm sein Minister Kāla bremsend in den Arm. Solcher Mut kam Kāla teuer zu stehen. Der Buddha drückte durch sein Verhalten Mißbilligung über Kāla aus, worauf Pasenadi den Minister seines Amtes enthob. Der Vorfall demonstriert Gotamas Einfluß beim König und zeigt, daß er seine Interessen zu verteidigen wußte.

Pasenadis Kosala-Reich erstreckte sich von West nach Ost über 350, von Nord nach Süd über 270 km. Sein westlichster Punkt lag 70 km westlich des heutigen Lucknow. Von dort schwang sich die Reichsgrenze nach Norden und Nordosten, wo sie den mittleren Tarai einschloß, bog dann nach Osten ab bis zum Gandak- (= Sadānīra-)Fluß, dem sie ein Stück in Südrichtung folgte, führte dann weiter nach Süden bis zur Gaṅgā, zu deren Flußbett sie stromaufwärts parallel lief um sich nordöstlich von Benares wieder von ihm zu trennen und nach Nordwesten zum Anfangspunkt zurückzuführen. Ein Drittel des durch diese Grenzlinie umrissenen Ovals, der ganze Nordost- und Ostteil, war nicht Kosala-Kernland, sondern bestand aus Territorien unter der Verwaltung örtlich gewählter Rājas, nämlich Republiken und Stammesgebieten, über die Pasenadi die Oberherrschaft ausübte.

Der Staatsapparat, den Pasenadi von seinem Vater zur Verwaltung dieses ausgedehnten Reichs übernommen hatte, war wenig effektiv und machte die Aufgabe nicht leicht. Abgesehen von den beiden zuverlässigen Spitzenministern Ugga und Ārohanta, ohne deren Rat der König selten eine politische Frage entschied, herrschte unter den Ministern gewöhnlich Uneinigkeit; ihr Gezänk war mehr als einmal Stadtgespräch. Diese Minister waren es auch, die durch ihre Einflüsterung, der General Bandhula strebe nach der Krone, den König veranlaßten, Bandhula töten zu lassen. Von den Folgen wird noch die Rede sein.

Die Zerstrittenheit des Ministerrats und Pasenadis stets wacher Zweifel an der Loyalität seiner Minister machen es verständlich, daß er sich den Umgang mit den unter seiner Suzeränität stehenden Republiken und Stämmen selbst vorbehielt. In Angelegenheiten der Vasallenstaaten hatten die Minister nicht mitzureden; der König ging mit den Rājas unmittelbar um und erzwang ihre Gefügigkeit dadurch, daß er »ihre« Generäle seiner eigenen Befehlsgewalt unterstellt hatte. Der Berichterstattung der Rājas dienten gelegentliche Rāja-Konferenzen, die unter Pasenadis Vorsitz in Sāvatthi stattfanden. Ein Sutta des Saṃyuttanikāya (3,12) gibt uns Kenntnis von einer Rāja-Fünferkonferenz, versäumt aber zu sagen, wer die um den Mahārāja Pasenadi versammelten vier Rājas waren. Wahrscheinlich handelte es sich um

- den Rāja der Sakiya-Republik aus Kapilavatthu,
- den Rāja des Koliya-Stamms aus Rāmagāma,
- den Rāja des Moriya-Stamms aus Pipphalivana, und
- einen der beiden Rājas der Malla-Republik, sei es den aus Kusināra oder den aus Pāvā.

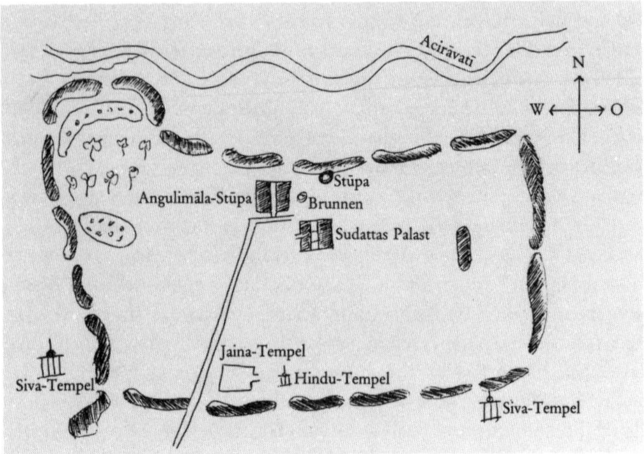

Sāvatthi, Skt: Śravasti, die Hauptstadt des Kosala-Reichs (heutiger archäologischer Befund). Improvisierte Karte eines örtlichen Fremdenführers.

Statt des einen oder anderen Genannten könnte jedoch auch der Rāja des Kalāma-Stamms aus Kesaputta zugegen gewesen sein.
Den politischen Inhalt der Konferenz teilt uns das Sutta nicht mit; es verrät lediglich, daß unter den Königen bisweilen auch Philosophisches diskutiert wurde, im vorliegenden Fall die Frage, welches Wahrnehmungsorgan – Auge, Ohr, Nase, Zunge oder Tastsinn – die höchsten Genüsse vermittle. Auf Pasenadis Vorschlag legte man das Problem dem Buddha vor, der erklärte, jedes Sinnesorgan sei Träger wohlgefälliger als auch weniger wohlgefälliger Empfindungen. Man könne kein Sinnesorgan höher bewerten als die anderen, sondern müsse bei konkurrierenden Sinnesgenüssen den Vorrang dem stärkeren Genuß zuerkennen, ungeachtet welches Organ diesen Genuß liefere. – Wir dürfen annehmen, daß die von Pasenadi angeregte Konsultation das Ansehen des Buddha hob und seiner Lehre in den Herkunftsländern der Rājas weiter den Boden ebnete.

Die Größe der Kosala-Hauptstadt sollte man nicht überschätzen. Die Stadtmauer von Sāvatthi (skt: Śravasti, jetzt Maheth) ist noch erkennbar. Sie bildet ein Rechteck, das im Norden ans Ufer der Acirāvatī (Rāpti) angrenzt und eine Fläche von schätzungsweise 3 qkm umschließt. Eine Bodensenke im Süden der Stadt scheint anzudeuten, daß die Stadt früher von einem Wassergraben umzogen war.
Seinen Reichtum verdankte Sāvatthi weniger seiner Funktion als Regierungssitz als seiner verkehrsgünstigen Lage. Die Acirāvatī verband Pasenadis Hauptstadt mit dem Schiffsverkehr auf der Gaṅgā. Die von Westen aus Takkasīla herbeiführende Karawanenstraße gabelte sich in Sāvatthi. In Südost-Richtung führte sie nach Rājagaha, in Südrichtung nach Kosambī. Sāvatthi lag an einer der wichtigsten altindischen Handelsadern.
Das brachte zwar Geld ins Land, schuf aber erhöhte Sicherheitsprobleme. Unablässig hatte Pasenadi einen Kampf gegen das Räuber- und Bandenunwesen in seinem Reich zu führen und manchmal die Verhaftung »großer Mengen von Leuten« anzuordnen (S 3,10). Durch Wegelagerer besonders gefährdet war der sich südlich von Sāvatthi erstreckende Blindenwald *(andhavana)*, wo Räuber einst einen Bhikkhu geblendet hatten. Nicht einmal der König selbst konnte sich hier sicher fühlen. Als Pasenadi sich einmal anschickte, den Wald mit kleinem Gefolge zu durchqueren, brachten ihm seine Späher die Kunde, daß Räuber ihm auflauern wollten. Sofort ließ er den Wald von Soldaten umstellen. Die Räuber wurden gefaßt und durch Pfählung hingerichtet.

Regenzeiten in Rājagaha und Vesāli

Das Nächstliegende wäre für Gotama gewesen, die Regenzeit 525 v. Chr. in Sāvatthi zuzubringen, wo ihm Anāthapiṇḍikas Jetavana zur Verfügung gestanden hätte. Aber sei es, daß die Unterkünfte im Jetavana ihm noch allzu provisorisch erschienen, sei es, daß er dem König Bimbisāra versprochen hatte, den Monsun auch dieses Jahr in Rājagaha zu verbringen – allen Überlieferungen zufolge nahm er während der nassen Monate des Jahres 525 wieder in Rājagaha Aufenthalt. Dies war der dritte Monsun, vor dem er in der Magadha-Hauptstadt Schutz suchte.

Auch den Monsun des folgenden Jahres verlebte er in Rājagaha, allerdings gestört durch unvorhergesehene Ereignisse.
In jenem Jahr (524 v. Chr.) hatte der große Regen südlich der Gaṅgā bereits eingesetzt, und der Buddha war auf ruhige drei Monate im Veḷuvana mit stiller Meditation und systematischer Unterweisung der Bhikkhus eingestellt, als aus Vesāli, der Hauptstadt der Licchavī-Republik, ein Bote in Rājagaha eintraf. Es war Mahāli, ein Freund des Königs Bimbisāra, und er berichtete, in Vesāli (heute Vaishali) herrsche große Not, der Regen sei dort noch nicht in Sicht, man fürchte, er werde die Licchavī-Republik diesmal übergehen. Eine Hungersnot sei ausgebrochen, der viele Menschen bereits erlegen seien. Außerdem grassiere eine Magen-Darm-Krankheit (Cholera aus faulig gewordenen Brunnen), die weitere Opfer fordere. Bimbisāra, so bat Mahāli, möge deshalb den Buddha bewegen, sich nach Vesāli zu begeben, um der Stadt und der Republik Abhilfe zu schaffen.
Falls dieser (in Kommentarwerken tradierte) Bericht Mahālis Argumente zutreffend darstellt, deutet er ein neuartiges Buddhaverständnis an. Denn Gotama wird hier nicht mehr als Erlösungslehrer gesehen, der einen Weg zur Befreiung von der Wiedergeburt weist, sondern als ein Mann, der die Natur beeinflussen, den Regen herbeizwingen kann. Fünf Jahre nach seiner Erleuchtung war der Buddha in den Augen des Volkes ein Übermensch *(mahāpurisa)* geworden.
Der Text verschweigt, ob Gotama dieser Auffassung seiner Person widersprach oder sie hinnahm. Er folgte Mahālis von Bimbisāra befürworteter Bitte, brach mit einiger Begleitung in Richtung Vesāli auf und überquerte am fünften Tag die Gaṅgā. Kaum an deren Nordufer in der Licchavī-Republik gelandet, öffneten sich die Schleusen des Himmels und der ersehnte Regen brach auch über diesem Landstrich aus.
Die Bekämpfung der Cholera überließ der Meister seinem Jünger Ānanda, dem er, wie es heißt, zu diesem Zweck das »Edelstein-Sutta« *(ratanasutta)* an die Hand gab. Daß dieses Sutta (Snip 222–238) vom Buddha selbst stammt, muß der Indologe bezweifeln, indes ist bezeichnend, daß gerade ihm Heilwirkung zugeschrieben wird. Es ist einer jener buddhistischen Texte, die auf der schon erwähnten vorbuddhistischen Vorstellung basieren, daß jede Wahrheit, ungeachtet ihres inhaltlichen Gewichts, zauberkräftig sei; durch das Aussprechen der Wahrheit, ihre »Betätigung« *(saccakiriyā)*, sei jede gewünschte Wir-

kung zu erzeugen, selbst wenn es sich bei der verwendeten Wahrheit um einen Glaubenssatz handelt:

> Was da an Schätzen mag vorhanden sein
> und an Juwelen, selbst in Himmelsreichen:
> Mit dem Erhabnen kann sich's nicht vergleichen!
>
> ›Der Buddha ist der höchste Edelstein‹:
> *Durch diese Wahrheit* mögt ihr glücklich sein!

(Ratanasutta, Snip 224)

Binnen kurzem hatte Ānanda mit diesem Wahrheitszauber die Cholera besiegt. Der moderne Interpret schreibt den Erfolg freilich eher dem frischen Wasser zu, das durch den Monsunausbruch wieder reichlich vorhanden war.

Die Licchavī-Republik (Hauptstadt Vesāli), die sich mit der Republik Videha (Hauptstadt Mithilā) und einigen Stämmen zur sogenannten Vajjī-Föderation zusammengeschlossen hatte, wird im Pāli-Kanon sympathisch geschildert. Der rund 14000 Personen starke Kriegeradel der Licchavī, der im Namen der schätzungsweise 250000 Einwohner der Republik die Regierungsgeschäfte führte und die Rājas stellte, findet wegen seines politischen Verantwortungsgefühls mehrfaches Lob. Die öffentlichen Ratsversammlungen in Vesāli, zu denen durch Trommelsignal gerufen wurde und die unter Vorsitz jeweils eines der drei Licchavī-Rājas standen, waren gut besucht, und die im Konsensus beschlossenen Maßnahmen wurden mit Nachdruck in die Tat umgesetzt. Die Rechtsprechung erfolgte zügig und objektiv.

Trotz relativen Wohlstands lebte der Licchavī-Adel bescheiden. Viele der jungen Krieger schliefen auf Strohlagern und übten sich eifrig im Kriegshandwerk (S 20,8), zu dem sie auch scharfe Hunde abrichteten. Besonders gefürchtet waren sie als Bogenschützen. Gelegentlich schlugen sie allerdings über die Stränge, rauften, stibitzten von den in die Stadt kommenden Waren wie Zuckerrohr, Kandis, Kuchen und anderen Süßigkeiten und klopften – vielleicht als Mutprobe? – Frauen und Mädchen aufs Hinterteil (A 5,58).

Wenngleich sich die Vesālier Mühe gaben, dem Buddha den Aufenthalt in ihrer Stadt angenehm zu machen und er in der Spitzdachhalle im Großwald *(mahāvana)* gut untergebracht war, fühlte sich Gotama bei diesem Besuch in Vesāli nicht recht zuhause. Wir kennen nicht den

Grund. Überliefert ist jedenfalls, daß er, obwohl herbeigerufen und als Unglücksabwender gefeiert, der Stadt schon nach sieben, in anderer Version nach vierzehn Tagen den Rücken kehrte und nach Rājagaha zurückwanderte, um den Rest der angebrochenen Regenzeit lieber dort zu verbringen.

Der Nonnenorden entsteht

Angeblich noch in Vesāli erreichte den Buddha die Nachricht, daß sein Vater Suddhodana in Kapilavatthu im Sterben liege. Um seinen Vater noch lebend anzutreffen, flog der Meister deshalb durch die Luft nach Kapilavatthu, wo er Suddhodana gerade noch durch eine Lehrrede zur Erleuchtung führen konnte. Im Besitz der Heiligkeit ging der alte Rāja ins Nibbāna ein.– Soweit der legendenhafte Bericht eines Kommentars.

Historisch an der Erzählung ist der Tod Suddhodanas, der in die zweite Jahreshälfte 524 v. Chr. fällt, und der erneute Besuch Siddhatthas in seiner Heimatstadt, der auf 523 anzusetzen ist. Suddhodana war zu diesem Zeitpunkt wahrscheinlich längst eingeäschert und ein neuer Rāja gewählt. Nirgendwo im Kanon lesen wir, daß dieser Nachfolger ein Angehöriger der Gotama-Familie gewesen sei.

Wahrscheinlich war es bei diesem zweiten Kapilavatthu-Besuch, daß dem Buddha bei einem Streit um die Wasserverteilung der Rohinī eine Schlichterrolle zufiel.

Der Rohinī-Fluß (heute Rowaī) bildete die Grenze zwischen der Sakiya-Republik und dem Stammesgebiet der Koliya und war durch einen von Sakiyas und Koliyas gemeinsam gebauten Damm gestaut, oberhalb dessen sie Wasser für ihre Felder ableiteten. Als im Mai/Juni 523 der Wasservorrat so gering war, daß er nur zur Bewässerung der einen oder der anderen Seite ausreichte, entbrannte zwischen Sakiya- und Koliya-Feldarbeitern ein Streit. Beleidigungen flogen hin und her, ein Kampf, der Text spricht von Krieg, schien unvermeidlich. Da trat der Buddha zwischen die Fronten, um zu vermitteln, und tatsächlich wirkten sein Ruhm als ein »Erwachter«, sein Ruf als Intimus des Königs Pasenadi, dem Koliyas und Sakiyas untertan waren, und seine Wortgewalt das kaum noch erwartete Wunder. Mit dem Argument, daß Wasser weniger wert sei als Menschenleben, gelang es ihm, Blutvergießen zu verhindern und die Wütenden zu beschwichtigen (Jāt 536).

Ein dem Buddha außerordentlich unbequemes, ja lästiges Ansinnen trug bei diesem Aufenthalt in Kapilavatthu seine Pflegemutter Mahāpajāpatī an ihn heran. Durch die Weltabkehr Siddhatthas, Rāhulas und ihres Sohnes Nanda in ihrer fürsorgerischen Liebe auf ihre Tochter Sundarīnandā beschränkt und durch den Tod ihres Gatten Suddhodana von häuslichen Pflichten frei, hatte sie in vorgerücktem Alter ihr Interesse religiösen Fragen zugewandt. Eines Tages suchte sie den Buddha im Nigrodha-Hain vor der Stadt auf und bat ihn: »Es wäre gut, wenn auch Frauen in dem von dir verkündeten Dhamma (als Nonnen) in die Hauslosigkeit ziehen könnten!« Der Buddha reagierte ausweichend-negativ und blieb bei seiner Weigerung auch, als Mahāpajāpatī ihre Bitte zweimal wiederholte. Weinend über diese Ablehnung, die sie als krasse Undankbarkeit empfand, kehrte Mahāpajāpatī nach Kapilavatthu zurück (Cv 10,1,1).

Wenig später verließ der Buddha seine Heimatstadt und erreichte in gemächlichen Tagesmärschen die Licchavī-Hauptstadt Vesāli, wo er wie im Jahr zuvor in der Spitzdachhalle Aufenthalt nahm. Inzwischen hatte Mahāpajāpatī neue Zuversicht gefaßt, sich kurzerhand das Haar geschoren, nach Mönchsart gelbe Gewänder angelegt und war in Begleitung einiger Sakiya-Frauen dem Buddha nachgewandert. Mit geschwollenen Füßen und staubbedeckt kam sie nach Vesāli, wo Ānanda sie am Zuweg zur Spitzdachhalle entdeckte. Mit Tränen in den Augen trug sie Ānanda ihren Wunsch vor, der Meister möge die Gründung eines Nonnenordens erlauben (Cv 10,1,2).

Sie hätte keinen geschickteren Unterhändler finden können. Vom Mitleid gerührt gab Ānanda Mahāpajāpatīs Sehnsuchtswunsch an den Buddha weiter, der die Bitte wiederum ablehnte. Ānanda verlegte sich daher auf Argumente:

– Herr, wären Frauen, die in deinem Dhamma und deiner Disziplin in die Hauslosigkeit hinausziehen, imstande, die Vollkommenheit (= Erlösung) zu verwirklichen?
– So ist es, Ānanda.
– Da sie dazu imstande sind, Herr, und da Mahāpajāpatī Gotamī dir von großem Dienst war sowohl als des Erhabenen Tante als auch

nach dem Tode deiner (leiblichen) Mutter als Pflegemutter, Hüterin und Milchgeberin, eben darum wäre es gut (wenn du erlauben würdest), daß auch Frauen in deinem Dhamma und deiner Ordensdisziplin in die Hauslosigkeit ziehen können.

– Ānanda, wenn Mahāpajāpatī verspricht, acht zusätzliche Regeln einzuhalten, möge dies als ihre Ordination gelten.

(Cv 10,1,3–4 gerafft)

Und er nannte Ānanda die acht Punkte, die alle darauf abzielen, die Unterordnung der Nonnen *(bhikkhunī)* gegenüber den Mönchen festzulegen; eine Nonne sogar hohen Ordinationsalters sei selbst dem jüngsten Mönch nachrangig und habe ihn ehrerbietig zu begrüßen. – Von Ānanda über die acht Punkte unterrichtet, stimmte Mahāpajāpatī den Bedingungen zu (Cv 10,1,2–5) und war damit als erste Bhikkhunī des buddhistischen Saṅgha ordiniert (Cv 10,2,2).

Der Buddha hatte der Gründung des Nonnenordens nicht freiwillig zugestimmt; nur der moralische Zwang, den Herzenswunsch seiner Stiefmutter erfüllen zu müssen, hatte ihn veranlaßt, seine ursprüngliche Ablehnung aufzugeben. Was er von dem Nonnenorden hielt, bemerkte er gegenüber Ānanda, als dieser ihm die Meldung von Mahāpajāpatīs Annahme der acht Punkte brachte:

Ānanda, hätten Frauen das (Recht des) Hinausziehens in die Hauslosigkeit in diesem Dhamma und dieser Disziplin nicht erhalten, wäre der Tugendwandel von langer Dauer gewesen, tausend Jahre hätte die Wahre Lehre *(dhamma)* existiert. Nun aber, Ānanda, da auch Frauen das (Recht auf das) Hinausziehen in die Hauslosigkeit erlangt haben, wird der Tugendwandel nicht von langer Dauer sein, nur fünfhundert Jahre wird die Wahre Lehre existieren.

Haushalte mit vielen Frauen und wenigen Männern werden leicht zur Beute für Räuber und Diebe des Hausschatzes (und ebenso ergeht es einem Orden, zu dem Frauen zugelassen sind). Wie ein Reisfeld von der Fruchtfäule und ein Zuckerrohrfeld vom Roten Rost befallen werden und dadurch zugrundegehen (so ein Orden, in dem es auch Nonnen gibt). Gleich einem Mann, der zur Errichtung eines Wasserreservoirs einen Deich baut, damit das Wasser nicht überläuft, so habe ich die acht Regeln für Nonnen festgelegt, Ānanda. (Cv 10,1,6 gerafft)

Es sollte besser kommen, als der Meister vorausgesagt hatte. Der buddhistische Nonnenorden starb zwar im 12. Jahrhundert aus, die Lehre und der Mönchsorden aber überlebten die geweissagten fünfhundert Jahre um ein Vielfaches und sind noch heute voll innerer Kraft lebendig.

Probleme mit Kosambī

Die größten indischen Monarchen der Epoche, die Könige von Magadha und Kosala, waren Gotamas Freunde, die Zahl seiner Anhänger belief sich auf mehrere Tausend – es erschien an der Zeit, daß er auch mit dem in Kosambī residierenden Rāja Udena, dem Herrscher über das von den Flüssen Gaṅgā und Yamunā eingerahmte Vaṃsā-Königreich, eine Beziehung herstellte.

Aus zweiter Hand war der Buddha über den König unterrichtet, denn die Regenzeit 521 v. Chr. hatte er in Suṃsumāragiri (»Krokodilberg«), dem Sitz des zu Udenas Reich gehörigen Bhagga-Stamms zugebracht, und die Vaṃsā-Hauptstadt Kosambī (55 km südwestlich vom heutigen Allāhabād) war ihm von wiederholten Besuchen vertraut. Dank der Großzügigkeit einiger Kosambier Kaufleute, die den Meister in Sāvatthi predigen gehört und ihm in ihrer Heimatstadt Parks zur Verfügung gestellt hatten, besaß der Orden in Kosambī feste Zufluchten und beträchtliche Gefolgschaft. Vor allem der Klosterhain des Bankiers Ghosita, der als Kosambīs reichster Mann zugleich Gildenpräsident und königlicher Schatzmeister war, hatte sich zu einem lebendigen Mönchszentrum entwickelt. Der Boden für eine ausgedehntere Missionsreise schien deshalb bereitet, und so wanderte der Buddha im Jahr 520 v. Chr. erneut nach Kosambī, um die dortigen Mönche während der Regenzeit in der Lehre zu unterweisen und diesmal vielleicht den Vaṃsā-König Udena für den Dhamma zu gewinnen.

Der Versuch schlug fehl. Der König war ein weltlicher Geist, Fragen, die über das Hier und Heute hinausgehen, lagen ihm fern, und einer Begegnung mit dem großen Samaṇa wich er aus. Er hatte genug von den religiösen Streitgesprächen, die seine Frauen Sāmāvatī und die jüngst dazugeheiratete Māgandiyā miteinander führten. Sāmāvatī bekannte sich zum Dhamma des Buddha, während Māgandiyā gegen ihn eingenommen war. Jedes Mittel war ihr recht, die buddhistische Rivalin beim König anzuschwärzen. Durch den Hinweis, Sāmāvatī beobachte von ihren Gemächern aus den Buddha beim Almosengang, träufelte sie Udena Eifersucht ins Herz, so daß er Sāmāvatīs Fenster zumauern ließ. Später versuchte Māgandiyā durch Intrigen, Sāmāvatī als des Königs geheime, ihm nach dem Leben trachtende Feindin darzustellen. Von ihren bösen Absichten nicht überzeugt, aber gleichwohl argwöhnisch gemacht, scheint der König Sāmāvatī einem Ordal unterworfen zu haben: Aus einiger Entfernung schoß er einen Pfeil auf sie ab, der jedoch nicht traf. Geraume Zeit später kam sie bei einem Brand im Frauentrakt des Palastes zu Tode. Der König fand heraus, daß Māgandiyā die Brandstifterin war und ließ erst ihre intrigante Verwandtschaft und dann sie selbst auf qualvolle Weise hinrichten.

Die Abneigung des Königs gegen Glaubensfragen schmälerte das religiöse Interesse der Damen des Vaṃsā-Hofes keineswegs. Als Udena bei einem gemeinsamen Ausflug in den Udaka-Wald von Kosambī während einer Rast einschlief, nutzten seine Frauen die Chance, einem Lehrvortrag des Bhikkhu Piṇḍola zu lauschen. Wütend drohte der Monarch nach dem Aufwachen, Piṇḍola in ein Nest Roter Ameisen werfen zu lassen (Jāt 497). Vielleicht hätte er die Drohung wahr gemacht, wäre Piṇḍola nicht der Sohn des Hofbrahmanen Bhāradvāja gewesen, dessen Loyalität der König nicht verlieren wollte.

Mit zunehmendem Alter wurde Udena gegenüber der Buddhalehre toleranter – vielleicht aus Gründen der Staatsvernunft, denn der Dhamma hatte sich mittlerweile auch im Vaṃsā-Reich zu einem politischen Faktor gemausert, vielleicht auch, weil sein eigener Sohn Bodhi(rāja) Anhänger des Buddha geworden war. Die Frage, welche Motive einen lebenskräftigen Mann bewegen, sich der Selbstdisziplinierung zu verschreiben, veranlaßte ihn sogar einmal, den Bhikkhu Piṇḍola aufzusuchen, der dem König die Unreinheit der Lüste, des Körpers und der Sinneswahrnehmungen und den Vorzug der Geisteskontrolle erläuterte (S 35, 127). Lange später, der Buddha war schon tot, gab Udena seinen Konkubinen die Erlaubnis, sich von dem greisen Ānanda im Udaka-Park durch eine Lehrdarlegung erbauen zu lassen. Der Bericht der Frauen, wie viele Robentücher sie Ānanda geschenkt hätten, weckte allerdings seinen Unmut. Ob Ānanda mit den Stoffen wohl einen Handel aufziehen wollte, meinte er, und scheute trotz seines Alters nicht die Mühe, sich zu dem Bhikkhu hinauszubegeben, um ihn zur Rede zu stellen (Cv 11,1,12–14).

Als Gotama im Jahre 520 v. Chr. in Kosambī anlangte, lagen die zuletzt berichteten Geschehnisse noch in der Zukunft. Das Desinteresse des Königs am Saṅgha war allenthalben deutlich und spiegelte sich in der niedrigen örtlichen Mönchsmoral. Wie peinlich für den Buddha, am Stadttor von Kosambī den Bhikkhu Sāgata liegen zu finden: Total betrunken, denn bei der Almosenrunde hatte er an jeder Haustür einen Becher Palmwein zu sich genommen. Es war nicht gerade ein Triumphzug, mit dem die Bhikkhus den bezechten Konfrater ins Kloster trugen, und Kosambīs Bürger werden die Szene mit allerlei Witzeleien kommentiert haben. Der Vorfall gab dem Buddha Anlaß, für die Mönche ein Alkoholverbot zu erlassen (Sv 51,1). Später verfügte er, daß Novizen, die sich als Trinker entpuppen, die Vollordination zu verweigern sei (Mv 1,60).

Wenn man dem Kommentar trauen darf, war es ein Latrinengefäß mit Wasser – in Asien zu dem Zweck benutzt, für den moderne Zeiten Papier bevorzugen –, das beinahe eine Ordensspaltung ausgelöst hätte. Ein Mönch des Ghosita-Klosters von Kosambī hatte es auf dem stillen Örtchen stehenlassen ohne den Wasserrest auszugießen – ein Verstoß gegen die Reinlichkeit. Der Vinayapiṭaka (Mv 10) überliefert die weitere Geschichte.

Der vergeßliche Bhikkhu, von einem Mitmönch getadelt, erklärte, er sehe seine Nachlässigkeit nicht als eine disziplinäre Verfehlung an. Die Kapitelversammlung, die den Fall behandelte, befand ihn darauf der Uneinsichtigkeit für schuldig und suspendierte ihn.

Der gemaßregelte Bhikkhu besaß aber unter den Mitmönchen der Gegend Schüler und Freunde, die zu ihm hielten. So formierten sich zwei Gruppen von Mönchen, die über die Rechtmäßigkeit der Suspendierung konträre Meinungen vertraten. Bei diesem Stand der Dinge wurde der Fall dem Buddha zur Kenntnis gebracht.

Unterdessen waren die beiden Mönchsgruppen zu offenem Streit übergegangen und prügelten sich sogar vor den Augen von Laienbekennern. Eindringlich appellierte der Meister an die Bhikkhus: »Mönche, wenn ein Orden (in seiner Meinung) geteilt ist, sich nicht nach den Ordensregeln benimmt, wenn es Unfreundlichkeit gibt, dann solltet ihr euch hinsetzen und denken: ›Zumindest wollen wir uns untereinander nicht tätlich oder mit Worten ungebührlich benehmen; wir wollen uns nicht schlagen!‹« (Mv 10,2,1). Die Ermahnung fruchtete nur soweit, daß die Handgreiflichkeiten aufhörten; die Wortgefechte gingen weiter.

Einige Zeit darauf wurde Gotama von einem der gemäßigten Mönche gebeten, beschwichtigend auf eine Schar von Bhikkhus einzuwirken, die wiederum jene Frage des Ordensrechts in wildester Weise diskutierte. Angesichts der Unmöglichkeit, die Streitenden zur Vernunft zu bringen, schnitt der Buddha ihnen das Wort ab: »Genug jetzt, Mönche, keinen Zank mehr, keinen Streit, keinen Wortkampf, keinen Disput!« Aber die Opponenten waren so sehr in Zorn, daß selbst das Machtwort des Buddha versagte. Frech schleuderte ein Bhikkhu dem Schulhaupt entgegen: »Möge der Herr Dhamma-Meister sich gedulden und sich unbekümmert und bequem jetzt hier niederlassen: Dieser Zank, Streit, Wortkampf und Disput ist allein unsere Sache!« (Mv 10,2,2). Auf die Ungezogenheit nicht eingehend erzählte der Buddha den Bhikkhus eine lange paradigmatische Geschichte, auch dies ohne Erfolg. Angewidert und traurig verließ er die Versammlung (Mv 10,2,20).

Gegen Ende der Regenzeit (520 v. Chr.) ging er wieder auf die Wanderschaft und traf hinter Bālakaloṇakāra im Östlichen Bambushain die aus dem Sakiya-Land stammenden Bhikkhus Anuruddha, Kimbila und Nandiya, die ein Bild herzlicher Freundschaft boten. »Ich habe meinen eigenen Willen abgelegt und lebe nach dem Willen der beiden anderen; wir haben verschiedene Körper, aber sind eines Geistes!« erklärte Anuruddha dem Meister, und seine Gefährten pflichteten ihm bei (Mv 10,4 = M 128).

Den Monsun des zehnten Missionsjahres (519) verbrachte der Buddha unweit von Kosambī im Wald von Pārileyya, wo es wilde Elefanten gab. In Gesellschaft einiger vertrauter Jünger widmete er sich hier vor allem der Meditation. Es war ihm ein Bedürfnis, einmal wieder mit sich allein zu sein (Mv 10,4,6) und in aller Ruhe eine Lösung für den die Ordenseinheit bedrohenden Konflikt von Kosambī zu suchen.

Sie fand sich infolge neu eingetretener Umstände, als Gotama um die Jahreswende 519/518 im Jetavana-Kloster zu Sāvatthi weilte. Die Mönche von Kosambī hatten sich nämlich in den knapp anderthalb Jahren seit seinem Weggang aus der Stadt so verbissen weiter gestritten, daß die Laienbekenner, die dem Saṅgha durch ihre Almosen den Lebensunterhalt boten, die Geduld verloren hatten. Sie hatten beschlossen, die Bhikkhus nicht mehr zu grüßen noch ihnen Spenden zu geben, so daß im Saṅgha von Kosambī akute Versorgungsnot entstanden war. Abordnungen beider Faktionen waren deshalb zum Meister nach Sāvatthi geeilt, damit er dem Streit durch seine Entscheidung ein Ende mache.

Gotamas Vorgehen beweist sein Einfühlungsvermögen und sein Geschick. Nachdem die Freunde des suspendierten Bhikkhu ihm erklärt hatten, daß der Ex-Bhikkhu seine Verfehlung jetzt einsehe, wies Gotama sie an, ihn wieder in seinen geistlichen Stand einzusetzen. Sobald dies geschehen war, sprach er mit der anderen Gruppe von Mönchen, die seinerzeit die Suspendierung vorgenommen hatte. Er erläuterte ihnen den Grund der Wiedereinsetzung und machte ihnen klar, daß das Schuldbekenntnis des Bhikkhu nachträglich die Rechtmäßigkeit des Suspendierungsaktes beweise. Sodann ersuchte er sie, die Wiedereinsetzung anzuerkennen. Auch dies geschah: Durch Schweigen, d. h. Nichterhebung eines Einspruchs, bestätigten die Versammelten die Reordinierung. Die äußere Eintracht war wiederhergestellt (Mv 10,5,11–14), jede Faktion hatte in dem Punkt, der ihr am wichtigsten schien, gesiegt, keine ihr Gesicht verloren.

Zanksüchtig blieben die Kosambier Bhikkhus allerdings auch weiterhin. In den ihm noch vergönnten fünfunddreißig Missionsjahren hat der Buddha nie wieder einen Monsun in Kosambī oder einem anderen Ort in König Udenas Vaṃsā-Reich zugebracht.

Das zweite Missionsjahrzehnt

Nach der ersten Missionsdekade des Buddha wird das historische Material des Pāli-Kanons spärlicher. Nicht daß es an allgemeinen Informationen mangelte – die drei Dutzend Bände des Kanons und die Kommentarwerke enthalten Stoff in Fülle –, aber es handelt sich überwiegend um Berichte erbaulicher Art und Lehrreden, die Punkte des Dhamma erläutern, hingegen kaum historische Angaben enthalten. Dazu kommt, daß das erste Missionsjahrzehnt den Wirkensbereich des

Buddha abgesteckt hatte; von nun an werden immer wieder die gleichen Plätze berührt, so daß die Spuren des Meisters sich überschneiden und verwirren.

Ein Beispiel für eine historisch unergiebige, gleichwohl Gotamas Leben und sein Selbstbewußtsein illustrierende Episode ist die folgende, die in das elfte Missionsjahr (518) einzuordnen ist.

Auf einem Almosengang hatte Gotama den Rand des südlich von Rājagaha gelegenen Dorfes Ekanāla erreicht, wo er gerade dazukam, als der reiche Brahmane Bhāradvāja an seine Lohnpflüger Milchreis als Frühstück austeilte. Schweigend stellte sich der Buddha in die Reihe und wartete, ob ihm eine Speisegabe gereicht würde.

> *Bhāradvāja:* Ich pflüge und säe, und nach getaner Arbeit esse ich. Auch du, Samaṇa, solltest pflügen und säen, dann hättest du zu essen.
> *Der Buddha:* Auch ich, Brahmane, pflüge und säe, und habe ich das getan, esse ich.
> *Bhāradvāja:* Wir sehen bei Herrn Gotama weder Joch noch Pflug, und doch spricht er so?
> *Der Buddha:* Ich säe Glaubensvertrauen, mein Pflug ist die Weisheit, die Willenskraft ist mein Gespann. Die Frucht meiner Arbeit ist Todlosigkeit. Wer solche Feldarbeit vollbringt, der ist von allem Leid befreit.

Als Bhāradvāja dem Buddha darauf eine Schale Milchreis anbot, lehnte Gotama die Annahme ab: Eine durch rhetorischen Sieg gewonnene Gabe war kein Almosen und brachte dem Geber kein religiöses Verdienst. Bhāradvāja seinerseits nahm den Reis aber nicht zurück; es war unter seiner Würde, Zurückgewiesenes selbst zu essen oder seinen Pflügern anzubieten. Er goß die Speise in den nahe vorbeifließenden Bach.

Wie sehr das Sämannsgleichnis auf den Fall Bhāradvājas zutraf, erwies sich schon wenig später. Die Wortsamen, die Gotama in das Herz des Brahmanen gesenkt hatte, gingen auf. Bhāradvāja bekannte sich zum Dhamma und wurde Bhikkhu (S 7,2,1).

Das Jahr 517 v. Chr. war ein Hungerjahr. Auf Einladung eines brahmanischen Laienbekenners verbrachten der Buddha und einige Begleitmönche die Regenzeit bei Verañja, einem Ort im Süden von Sāvatthi (Sv Par 1,1,9). Der Dorfrat hatte an die hungernde Bevölkerung Rationierungsmarken ausgegeben, und Almosen waren so schwer zu erhalten, daß die Bhikkhus oft mit leeren Sammeltöpfen heimkehrten. Zum Glück hatten sich bei Verañja auch einige Pferdehändler aus dem Norden Indiens mit ihren Tieren einquartiert, die den Mönchen etwas Kleie abgaben. Mit dieser Speise versorgte Ānanda den Buddha, der gelassen feststellte, es würden auch wieder bessere Zeiten kommen (Sv Par 1,2,1).

Im Jahr 515 v. Chr. erreichte Rāhula, der Sohn des Meisters, das zwanzigste Lebensjahr (von der Zeugung an gerechnet) und wurde, nun im Besitz des Mindestalters, vom Novizen zum Bhikkhu ordiniert. Nachdem der Buddha die Regenzeit über im Jetavana-Kloster bei Sāvatthi geweilt hatte, bat er Rāhula eines Tages, ihn auf einem Ausflug in den Blindenwald zu begleiten. Willig stimmte Rāhula zu (M 147).

Wie oft die Söhne großer Väter war Rāhula eine blasse Persönlichkeit. Ein gewisses jugendliches Flunkern und Phantasieren, das vielleicht ein Erzähltalent andeutete, hatte der Buddha dem Knaben, als er fünfzehn war, als »Lügen« ausgetrieben (M 61), und ebenso dem Achtzehnjährigen das Selbstbewußtsein verleihende Gefallen an der eigenen Wohlgestalt (M 62). Von der Urbanität, politischen Klugheit und Überzeugungskraft seines Vaters besaß Rāhula nichts, ganz zu schweigen von charismatischer Ausstrahlung. Aber wie hätte er diese Qualitäten, die in der Konfrontation mit der Welt erwachsen, wohl entwikkeln können? Seit dem neunten Lebensjahr nur in der Männergesellschaft des Saṅgha zuhause, von Sāriputta und dem Buddha unter der Leitidee der Erlösung erzogen und im Verhaltensideal mönchischer Selbstdisziplin aufgewachsen, durfte er seine Jugend niemals spielerisch genießen. An der Entfaltung seiner Anlagen gehindert und in eine schmale Entwicklungsbahn eingeengt, war er zu einem zwar verständnisbegabten, aber rezeptiven, auf Gehorsam ausgerichteten Menschen geworden; nur *diese* Eigenschaften: Lerneifer und Striktheit in der Einhaltung monastischer Observanzen, hatte er kultivieren dürfen. Er war, wie jeder anerkannte, ein kluger und liebenswerter Junge, aber keineswegs mehr.

Das Verhältnis zwischen dem Buddha und Rāhula war vertrauensvoll und freundschaftlich, jedoch nicht herzlich oder gar innig, da dies nach der Überzeugung des Meisters eine innere Bindung bedeutet hätte, aus der nur Leid hervorgehen kann. Wirklich private Gespräche zwischen Vater und Sohn gibt der Kanon verständlicherweise nicht wieder; die an Rāhula gerichteten Lehrreden unterscheiden sich in nichts von jenen, die der Meister anderen Mönchen gab. So auch die Unterweisung, die er Rāhula erteilte, als sie im Blindenwald zusammen unter einem Baum saßen. Sie behandelt die Methode, wie man sich von Affekten aus Sinneswahrnehmungen frei hält.

– Was meinst du wohl, Rāhula, ist das Auge, sind die Formen (= Sehobjekte), ist das Sehbewußtsein (= Gewahrwerden des Gesehenen) etwas Beständiges oder Unbeständiges?
– Etwas Unbeständiges, Herr.
– Sind das Ohr, die Nase, die Zunge, der Tastsinn und der Geist (= das Denkorgan) sowie die ihnen entsprechenden Objekte und Gewahrwerdungen etwas Beständiges oder Unbeständiges?
– Etwas Unbeständiges, Herr.
– Ist aber etwas, das unbeständig ist, leidhaft oder freudhaft?
– Leidhaft, Herr.
– Wäre es recht, das, was unbeständig, leidhaft, dem Gesetz der Veränderung unterworfen ist, anzusehen (in dem Gedanken): ›Dies ist mein, das bin ich, das ist mein Selbst‹?
– Nein, Herr.
– Indem, Rāhula, ein aufmerksamer Jünger das einsieht, wendet er sich von den (sechs Wahrnehmungs-) Sinnen, ihren Objekten und den Gewahrwerdungen ab (d. h., er läßt sich von den Sinneseindrücken nicht mehr reizen). Auf diese Weise wird er leidenschaftslos und frei und verwirklicht die Aufhebung der (Wieder-)Geburt.

(M 147 gerafft)

Noch während sein Vater sprach begriff Rāhula den tieferen Sinn dieser Belehrung, und die zu Wiedergeburt und Leiden führenden Einflüsse *(āsava)* fielen von seinem Geist ab. Auch er war damit zum Heiligen geworden.

Vielleicht in jenem Jahr 515 als der Buddha die Regenzeit im Jetavana bei Sāvatthi verbrachte, vielleicht bei einem seiner vielen anderen Aufenthalte in der Kosala-Hauptstadt stellte sich ein Vertrauensverhältnis zwischen ihm und der reichen Laienbekennerin Visākhā her. Erstmalig begegnet waren sie sich mehr als ein Jahrzehnt zuvor, als Visākhā, damals sieben Jahre alt, noch in ihrem Elternhaus in Bhaddiya (im Aṅga-Land) lebte. Seitdem war in Visākhās Leben viel geschehen. Ihr Vater Dhanañjaya war mit der Familie nach Sāketa gezogen, und hier war seine hübsche Tochter den Brautwerbern des Kaufmanns Migāra aufgefallen, der eine Frau für seinen Sohn Puṇṇavaddhana suchte. Die Ehe kam zustande und Visākhā lebte seither in Sāvatthi bei ihrem Mann, dem sie zahlreiche Kinder schenkte.

Von allen weiblichen Wohltätern des Saṅgha hält Visākhā die Spitze. Sie spendete den Bhikkhus Regenkleidung, versorgte fortwandernde und ankommende Mönche mit Essen und kümmerte sich um Kranke, indem sie ihnen Nahrung und Medizin sandte (Mv 8,15,7). Ein Monument ihres Großmuts setzte sie sich durch die Stiftung des später berühmten »Osthain-Klosters« *(pubbārāma)* vor dem östlichen Stadttor von Sāvatthi.

Während der Buddha sich in ihrem Kloster aufhielt, holte sich Visākhā nach Enttäuschungen mehrfach bei ihm Zuspruch. Einmal hatte sie einen Rechtsstreit verloren: König Pasenadi von Kosala hatte als Gerichtsvorsitzender gegen sie entschieden. Zur heißen Zeit des Tages, einer für Vorsprachen ungebräuchlichen Stunde, suchte sie den Meister auf und schilderte ihm ihr Problem. Der Buddha, zu klug Partei zu ergreifen, gab ihr den philosophischen Trost:

> Leid ist es, unterlegen sein,
> Glück ist die Überlegenheit.
> Es quält, wenn man gebunden ist,
> schwer wird von Banden man befreit. (Ud 2,9)

Bei anderer Gelegenheit viele Jahre später kam sie, wieder zu unziemlicher Stunde, mit nasser Sāṛī und nassem Haar zu Gotama. Ihr sei eine liebe Enkeltochter gestorben, berichtete sie weinend, daher sei (von dem rituellen Reinigungsbad nach der Beisetzung) alles an ihr noch naß. Der Meister erwiderte:

– Visākhā, würdest du dir so viele Söhne und Enkel wünschen wie es Menschen in Sāvatthi gibt?
– Freilich, Herr.
– Wieviele Menschen sterben wohl täglich in Sāvatthi?
– Herr, es mögen zehn sterben oder neun oder acht, mindestens *ein*

Mensch stirbt jeden Tag. An Todesfällen gibt es in Sāvatthi keinen Mangel.

– Was meinst du, Visākhā, würdest du wohl zu irgendeinem Zeitpunkt ohne nasses Gewand und nasses Haar sein?

– Gewiß nicht, Herr, ich habe (schon) genug (Sorgen) mit so vielen Söhnen und Enkelkindern!

– Visākhā, wer hundert liebe Dinge hat, hat hundert Leiden(sanlässe), wer neunzig, achtzig, fünfzig, zwanzig, zehn, fünf, drei, zwei liebe Dinge hat, hat (ebensoviele) Leiden: Wer nichts Liebes hat, der hat kein Leiden. Ich sage (dir): Die sind frei von Trauer, frei von Staub, frei von Verzweiflung.

Was immer es in dieser Welt
an Trauer, Kummer, Leiden gibt:
Bedingt durch etwas Liebes ist's
und schwindet, wenn man nichts mehr liebt.

Von Trauer frei und glücklich lebt,
wer nichts mehr lieb hat in der Welt.
Wer frei sein will von Leid und Staub,
von Liebem (besser) Abstand hält. (Ud 8,8 gerafft)

Aus der dem Jahr 515 direkt folgenden Periode, in welcher der Buddha Regenzeitzuflucht in Kapilavatthu (514), dem nördlich von Benares gelegenen Āḷavī (513), ferner in Rājagaha (512 und 509) und an dem nicht lokalisierbaren Cālika-Berg (511 und 510) nahm, ist nichts von historischem Belang tradiert. Erst das Jahr 508, von dem ab er die Klöster von Sāvatthi zu ständigen Regenzeitquartieren erkor, sticht durch überlieferte Ereignisse wieder aus der Tiefe der Vergangenheit hervor. Eine aufsehenerregende Begebenheit jenes Jahres war die Bekehrung des gefürchteten Räubers Aṅgulimāla (»Fingerkranz«), der angeblich so hieß, weil er sich aus den Fingerknöcheln der von ihm Ermordeten eine Halskette angefertigt hatte. Er war der Sohn des Brahmanen Gagga, der am Hof des Kosala-Königs eine Rolle spielte, und hatte an der Universität Takkasīla eine akademische Ausbildung erhalten. Durch seine geschulte Intelligenz entging er jeder Verhaftung, so daß alle Polizeistreifen, die Pasenadi ausgesandt hatte, erfolglos zurückgekehrt waren. Eine Verbündete hatte Angulimāla in seiner Mutter, die ihn über Polizeiaktionen informierte.

Als gewalttätiger Räuber und Wegelagerer, der, wahrscheinlich als Anführer einer Bande, Reisenden und Karawanen auflauerte, gehörte Aṅgulimāla zur größten Gruppe altindischer Krimineller. In den Dörfern Indiens, in denen man im 6. Jh. v. Chr. sprichwörtlich »mit offenen Türen« lebte, waren Verbrechen selten; häufiger waren sie in den Städten. Einbrüche kamen nur dann und wann vor, da die Besitzenden, bei denen der Einbruch sich lohnte, Tag und Nacht von Dienern umgeben waren. Öfter schon passierte es, daß ein Diener mit Wertgegenständen der Herrschaft verschwand, aber auch dies hielt sich in Grenzen, da die meisten von ihnen samt Familie im oder am Haus ihrer Dienstherren lebten, was eine Flucht kaum möglich machte. Wegelagerei war die aussichtsreichste Methode, sich schnell zu bereichern, und deshalb die häufigste, obwohl dieses den Handel und die Staatseinkünfte schädigende Verbrechen mit Strafen wie Verstümmeln, Blendung, Pfählen, Erdrosseln oder Enthaupten bedroht war.

Der Buddha verwarf alle Warnungen, als er sich aus Sāvatthi in die von Aṅgulimāla verunsicherte Gegend begab. Wenig später traf er mit dem Räuber zusammen, der über den Mut des einsamen Wandermendikanten erstaunt war. Das Gespräch zwischen den beiden, wie es der Kanon (M 86) überliefert, ist sicherlich spätere Erfindung, zumal es in Versen wiedergegeben wird. Faktum aber ist, daß Aṅgulimāla den Buddha am Ende bat, ihn in den Orden aufzunehmen, und daß Gotama diesem Wunsch auf der Stelle entsprach. Als Meister und Schüler kehrten sie nach Sāvatthi zurück, wo sie in Anāthapiṇḍikas Jetavana-Kloster Aufenthalt nahmen.

Bei allem Respekt vor der Überzeugungskraft des Buddha erscheint Aṅgulimālas Sinneswandel etwas zu plötzlich, um als rein religiöse Konversion glaubhaft zu sein. Logischer wird sein jähes Umschwenken auf den Pfad der Tugend, wenn man annimmt, daß Aṅgulimāla sich durch den Eintritt in den Saṅgha Freisetzung von der Strafverfolgung sichern wollte, da die religiösen Orden außerhalb der weltlichen Gerichtsbarkeit standen. Übrigens schaute sich König Pasenadi den so lange erfolglos gesuchten Ex-Verbrecher neugierig an. Bei einem Besuch im Jetavana-Kloster führte er mit dem inzwischen kahlgeschorenen und gelb gewandeten Aṅgulimāla ein Gespräch.

War Pasenadi dem bekehrten Räuber gegenüber nachsichtig, so kümmerte dies Sāvatthis Bürger, die ihre Rache haben wollten, wenig. Bei einem Almosengang, den der Bhikkhu Aṅgulimāla in die Stadt unternahm, bewarfen sie ihn mit Steinen und verletzten ihn erheblich. Blutend, mit zerrissenem Obergewand und zerschmettertem Almosentopf, kam er im Jetavana dem Buddha vor Augen, der erklärte: »Ertrage es, Brahmane, hier und jetzt (schon) erfährst du die Reifung der (bösen) Taten, deretwegen du sonst lange Höllenqualen durchzumachen hättest!« (M 86 II p. 104). Viele Jahre waren Aṅgulimāla im Orden nicht beschieden. Er starb bald, möglicherweise an den Folgen einer weiteren Lynchung.

Die Konversion Aṅgulimālas sprach sich herum und trug dem Buddha weiteren Prestigegewinn ein. Dies machte andere Samaṇa-Gruppen, die mit Almosen dürftiger versorgt wurden, neidisch und ließ sie darüber nachdenken, wie sie Gotama diskreditieren könnten.

Ein Werkzeug fanden sie in der Wandermendikantin Sundarī, die sie aufforderten, so oft wie möglich zum Jetavana-Kloster zu gehen und sich dabei von vielen Leuten sehen zu lassen. Sundarī tat wie ihr aufgetragen und wurde nach einiger Zeit von ihren Auftraggebern ermordet und im Jetavana verscharrt. Kurz darauf meldeten die verbrecherischen Samaṇas, Sundarī werde vermißt und sei vermutlich im Jetavana zu finden.

Die Leiche, nach kurzer Suche in einer Brunnengrube des Jetavana entdeckt, wurde nach Sāvatthi geschafft, wo die Mörder ein gewaltiges Lamento anstimmten: »Seht, Leute, die Tat der Anhänger des Sakiya-Sohnes! Schamlos sind sie, sittenlos, böse, verlogen und unkeusch! Wie kann ein Mann, wenn er den Geschlechtsakt vollzogen hat, nur die Frau umbringen!« Die Verleumdung tat ihre Wirkung; sie wurde nachgeplappert, und die Bhikkhus auf dem Almosengang hatten eine karge Zeit.

Der Buddha reagierte wie seinerzeit in Rājagaha, als man ihn als »Witwenmacher« und »Söhne-Entführer« beschimpft hatte. Er gab seinen Mönchen einen Vers, den sie ihren Schmähern entgegenhalten konnten:

> Zur Hölle geht, wer Unwahrheiten redet,
> und ebenso, wer leugnet, was er tat.
> Für beide Sünder hält, wenn sie gestorben,
> die andre Welt ein übles Los parat. (Ud 4,8 = Dhp 306)

Zu einem Unschuldsbeweis und einer öffentlichen Rehabilitierung des Saṅgha kam es nicht, jedoch setzte sich allmählich die Überzeugung durch, daß der Buddha-Orden an dem Mord unbeteiligt war.
Eine Erleichterung für den Buddha brachte das 21. Missionsjahr (508 v. Chr.) dadurch, daß sein Vetter, der Bhikkhu Ānanda, das Amt seines ständigen Adjutanten und Leibdieners *(upatthāka)* übernahm. Der Meister, jetzt im 56. Lebensjahr stehend, war den häufigen Personenwechsel in seiner Nähe leid, zumal von den bisher je eine Zeitlang dienenden Adjutanten, den Bhikkhus bzw. Novizen Nāgasamāla, Nāgita, Upavāna, Sunakkhata, Cunda, Sāgata, Rādha und Meghiya, nur einige ihre Pflichten umsichtig wahrgenommen hatten. Auf seine Bitte an die dienstälteren Mönche, einer von ihnen möge die Aufgabe übernehmen, war es der gutherzige Ānanda, der sich bereiterklärte. Um dem Verdacht vorzubeugen, er habe das Amt um irgendwelcher Vorteile willen übernommen, bat Ānanda den Meister, ihm niemals Speisen oder Gewänder abzugeben, die dem Schulhaupt gespendet worden waren, noch ihn zu Einladungen mitzunehmen, ihm aber den Inhalt der Lehrreden mitzuteilen, die er in seiner, Ānandas Abwesenheit hielt. Allen diesen Punkten stimmte der Buddha zu. Fünfundzwanzig Jahre lang blieb Ānanda des Meisters hingebungsvoller und treuer Schatten (Thag 1039–45). Er bereitete ihm das Nachtlager, brachte ihm Wasser, spülte sein Almosengefäß, beschützte ihn vor lästigen Neugierigen, führte würdige Besucher zu ihm und unterrichtete ihn über die Tagesgeschehnisse, bis der Tod des Meisters (483 v. Chr.) solche Dienste überflüssig machte.

Lehre, Orden, Laienschaft

Die Lehre

Angenommen wir führten, zweieinhalbtausend Jahre zurückspringend, mit dem Buddha ein Gespräch, in welchem wir ihn einen »Philosophen« nennen: Sicher würde er den Titel nur mit Vorbehalt auf sich bezogen wissen wollen. Gutheißen würde er ihn insofern, als ein Philosoph dem Wortsinn nach ein »Freund der Weisheit« ist, würde aber einschränkend bemerken, ihm als Pragmatiker sei nur solche Weisheit wertvoll, die der Befreiung vom Leiden dient. Gutheißen würde er den Philosophen-Titel fernerhin, soweit wir damit einen Sucher nach dem Wesen der Welt und der in ihr waltenden Prinzipien bezeichnen. Falls wir einen Philosophen jedoch als Schöpfer eines spekulativen Gedankengebäudes ansehen, würde er den Titel als für seine Person unpassend ablehnen.

Denn er verstand sich nicht als Urheber einer Ideenkonstruktion, sondern als Offenbarer vorgefundener Gesetzlichkeiten. Daß er eine Theorie ersonnen, ein selbst erdachtes Dogma verkündet habe, wie der aus dem Saṅgha ausgetretene Licchavī-Noble Sunakkhata behauptete (M 12 I p.68), bestritt er entschieden. Er war überzeugt, mit dem Kamma-Gesetz, d. h. der Wiedergeburt nach der Qualität der Taten, einen objektiven Sachverhalt beschrieben und mit dem Achtfachen Weg die erlösungsrelevante Schlußfolgerung daraus gezogen zu haben.

Dem Naturgesetz der von den Taten bedingten Wiedergeburt unterliegt dem Buddha zufolge jeder, auch wenn er die Lehre ablehnt. Daß Teilaspekte der von ihm erhellten Wahrheit schon von anderen erkannt worden waren, kümmerte Gotama nicht im geringsten; was immer an erlösungsdienlichem Wissen von Mund zu Mund ging, war ihm willkommen. Dennoch empfanden seine Zeitgenossen seine Lehre als neuartig. Niemand vor dem Buddha hatte je die Leugnung einer Seele mit der anscheinend inkompatiblen Vorstellung der Wiedergeburt gekoppelt, niemand die Leidhaftigkeit allen Daseins so deutlich formuliert und mit so bildhafter Eloquenz vorgetragen. In Gotamas Dhamma verbanden sich alte und neue Einsichten zu einem harmonischen System, das leicht verständlich und doch, da es über die Sinnenwelt hinauswies, tief und geheimnisvoll war.
Seine Grundzüge lassen sich in wenigen Sätzen umreißen:

- Das Dasein in allen Existenzformen ist Leiden *(dukkha)*, denn alles, was lebt, ist den Leidensphänomenen Schmerz, Vergänglichkeit, Verlust, Trennung und Versagung unterworfen.
- Alle unerlösten Wesen unterliegen der Wiedergeburt, wodurch das Leiden mit dem Tod nicht endet, sondern sich in der nächsten Existenzform fortsetzt.
- Die Wiedergeburt wird gesteuert von dem Naturgesetz des ethischen Konditionismus, demzufolge gute Taten *(kamma)* – oder genauer: Tatabsichten *(saṅkhāra)* – Wiedergeburt in besserer, schlechte Taten Wiedergeburt in schlechterer Daseinsform bedingen. Gute Taten sind heilsam, schlechte unheilsam.
- Da es keine den Körper überdauernde Seele gibt, vollzieht sich die Wiedergeburt nicht als Seelenwanderung, sondern über eine Kette von Konditionalitäten.
- Die Triebkräfte, die den Kreislauf der Wiedergeburt in Gang halten, sind Gier *(taṇhā)* und Unwissenheit *(avijjā)*, deren Vernichtung jeder in sich selbst durch Selbstkontrolle bewirken kann.
- Die Erlösung liegt in der Beendigung des Wiedergeburtenkreislaufs und im Verlöschen *(nibbāna)* der leidhaften empirischen Persönlichkeit.

Aus der Überzeugung, mit diesen Erkenntnissen den Schlüssel zur Erlösung vom Leiden geliefert zu haben, rührt das Selbstbewußtsein des

Buddha, aus der Gewißheit, daß jeder, der sich um Erlösung bemüht, sie auch erreicht, der Heilsoptimismus seiner Anhänger. Obwohl sie das Dasein als leidhaft ansieht, ist die Lehre des Buddha nicht pessimistisch, sondern begründet in ihren Anhängern Zuversicht und innere Gelöstheit. Der Bekenner des Dhamma gleicht einem Menschen, dem der Arzt seine Krankheit erklärt, aber zugleich versichert hat, Heilung sei ohne äußeren Eingriff durch Eigenmaßnahmen des Patienten möglich.

1. Dukkha, das Leiden

Daß Siddhattha, dem hohe Geburt und günstige Lebensumstände in die Wiege gelegt waren, gerade infolge seiner sozialen Geborgenheit besondere Sensibilität gegenüber dem Leiden entwickelte, ist psychologisch verständlich. Man muß indes fragen: Wie kam es, daß alle die Glücksgüter, über die er von Haus aus verfügte, ihn nicht glücklich machten?

Es wäre töricht, anzunehmen, der Sohn des Rāja Suddhodana von Kapilavatthu sei sich seiner angenehmen Lebensumstände nicht bewußt gewesen. Nur: Er sah tiefer und forderte mehr. Er hatte vom Glück *(sukha)* eine philosophische Vorstellung, die er in seinem Leben nicht verwirklicht fand, ja, die nirgendwo verwirklicht war. Gewiß hatte er es in der Welt gut getroffen, aber war dieser ständig bedrohte Zustand etwa Glück? Und was waren erst die kleinen »Glücke« wert: Die Minuten-Seligkeiten eines rhetorischen Erfolgs, die Geistesbeflügelungen beim Gespräch mit Freunden, die Verströmungen in den Armen einer Frau, die Gaumengenüsse bei einem guten Mahl? Was waren sie wert, diese Freuden, die nur so kurz andauerten, um sofort wieder dem Normalzustand der Langeweile, Unbefriedigtheit und Zukunftsangst, kurz: dem Leiden *(dukkha)* Raum zu geben? Episodische Phänomene waren sie nur, Glücke der Entrückung, nicht des Seins. Ein Glück, das diesen Namen verdient, muß ein stabiles Glück jenseits aller Gefährdung, muß dauerhafte Freiheit vom Leiden sein, das war Siddhatthas Überzeugung, als er mit neunundzwanzig Jahren Familie, Heimat und Besitz aufgab, um sich der Suche nach diesem Glück zu widmen.

Zunächst hatte er sich über das Leiden, dem es zu entrinnen galt, denkerisch klarzuwerden. Von den *Vier Wahrheiten,* mit denen er im Jahr 528 v. Chr. den fünf ehemaligen Askese-Gefährten im Wildpark Isipatana seine Lehre umriß, stellt denn auch die erste die Definition des Leidens *(dukkha)* dar:

> Dies, Mönche, ist die Edle *Wahrheit vom Leiden:*
> (a) Geburt, Alter, Krankheit, Tod sind leidhaft;
> (b) Trauer, Jammer, Schmerz, Gram und Verzweiflung sind leidhaft;
> (c) mit Unliebem vereint, von Liebem getrennt sein ist leidhaft;
> (d) Begehrtes nicht erlangen ist leidhaft;
> (e) kurz: Die Fünf Aneignungsgruppen sind leidhaft.
>
> (Mv 1,6,19)

Die Kernaussage dieser Leidensdefinition wird uns nicht in die Hand gelegt, sondern ist durch Analyse der einzelnen Sätze und Addition der Einzelfolgerungen zu erschließen.

(a) Geburt, Alter, Krankheit und Tod sind Eigenheiten des Lebens und vom Dasein des Individuums untrennbar. Mit der Feststellung ihrer Leidhaftigkeit macht Gotama klar, daß keine Daseinsform vom Leiden frei sein *kann.*

(b) Trauer, Jammer, Schmerz, Gram und Verzweiflung sind Reaktionen auf den Verlust geliebter Dinge. Am Ende muß alles, was uns ans Herz gewachsen ist, zum bitteren Schmerz des Abschieds führen: Jede innere Bindung erzeugt Leiden.

(c) Zu den genannten Leidensformen, die aus der Kategorie *Zeit* (= Vergänglichkeit) erwachsen, kommen jene, die aus der Kategorie *Raum* (= Nähe oder Trennung) entstehen, nämlich mit Ungeliebtem zusammen und von Geliebtem fern zu sein.

(d) Zum Leiden tragen des weiteren unsere Wünsche bei, die sich meist nur zum Teil erfüllen lassen. Ersehntes, das nicht erlangt wird, schlägt in Schmerz um: Unerfülltes Wollen, sei es Sein-, Tun- oder Haben-Wollen, wird zu Leiden.

(e) Mit den „Fünf Aneignungsgruppen« *(pañcupādānakkhandhā)* des letzten Satzes von Gotamas Leidenswahrheit sind die Konstituenten der empirischen Person gemeint. Das Individuum, aus den Fünf Gruppen und *nur* aus ihnen bestehend, ist der Sammelpunkt aller Leidenserfahrungen und muß deshalb auch pauschal als leidhaft bewertet werden. Die Fünf Gruppen sind folgende:

– Der Körper *(rūpa)* mit seinen Sechs Sinnesorganen Auge, Ohr,

Nase, Zunge, Tastsinn und Denkorgan *(manas).* Durch den Kontakt der Sinne mit den Objekten der Umwelt entstehen

- Empfindungen *(vedanā),* d. h. Sinnesreize oder Eindrücke, die zu
- Wahrnehmungen *(saññā)* werden, zu Widerspiegelungen der Objekte im Geist des Betrachters. Solche Wahrnehmungen lassen
- Geistesregungen *(saṅkhāra)* erwachsen, nämlich Vorstellungen, Sehnsüchte, Wollungen, Willensakte oder (Tat-)Absichten.
- Das Bewußtsein *(viññāna)* schließlich entsteht aus den Wahrnehmungen als ein Gewahrwerden des aufgefaßten Gegenstands bzw. Denkobjekts *(dhamma).*

Wie man erkennt, sind die Fünf Gruppen nicht nur die Konstituenten der empirischen Person, sondern erklären in ihrem funktionalen Hintereinander auch den Prozeß der Wahrnehmung. *Aneignungs*gruppen heißen sie, weil man sie sich im Prozeß der Wiedergeburt infolge kammischer Determiniertheit als neue Persönlichkeit aneignet.

Fassen wir zusammen. Was ist die zentrale Botschaft von Gotamas Wahrheit vom Leiden?

Ausgehend von der Feststellung, daß jedes individuelle Dasein Leiden *mit sich bringt,* indem (a) gewisse Leidensformen mit der physischen Existenz untrennbar verbunden sind, (b) andere durch unsere emotionalen Bindungen an Vergängliches und (c) Fernes sowie (d) durch unsere Wünsche entstehen, kommt sie zu dem Schluß, daß (e) individuelles Dasein Leiden *ist.* »Leiden«, *dukkha,* ist in der Lehre des Buddha ein philosophischer Ausdruck für die Grundbefindlichkeit der Existenz: den Zustand des unerlösten In-der-Welt-Seins.

Dies einzusehen bedarf es geistiger Reife; der Durchschnittsmensch läßt sich durch die gelegentlichen freudigen Zustände und Augenblicksglücke von der Erkenntnis der *generellen* Leidhaftigkeit abhalten. »Wäre der Körper (und wären die weiteren die Person bildenden *Gruppen*) ausschließlich leidhaft, (nur) mit Leiden verbunden und nicht auch mit Wohlgefühl, dann würde es die Wesen nach dem Körper (d. h. physischer Existenz) nicht so gelüsten«, erklärte der Buddha bei einem Besuch in Vesāli dem Mahāli (S 22,60,6). Um es einmal modern auszudrücken: Die Glücksmomente sind die Gewinngroschen, die aus dem Spielautomaten des Lebens fallen; sie veranlassen den Spieler weiterzumachen, obwohl er wissen sollte, daß er aufs Ganze gesehen nur verlieren kann.

2. *Saṃsāra, die Wiedergeburt und ihre Gesetzlichkeit*

Die Vergänglichkeit aller Wesen und Dinge, Grund für so viel Schmerz und Betrübnis in der Welt, wäre aber letztlich doch ein Segen, wenn das Leiden mit dem Sterben ein Ende hätte. Der Tod als Erlöser von den Übeln des Daseins – so simpel stellt sich die Lösung des Leidensproblems für den Buddha jedoch nicht dar. Seine Erkenntnis war eine andere: Daß die Wesen an den Kreislauf *(saṃsāra)* der Wiedergeburt gebunden sind und jedes nach dem Tod entsprechend seinen Taten neu ersteht.

Wiedergeburt, der Zwang, das Leiden immer wieder aufs neue ertragen zu müssen, den Plagen Geburt, Krankheit, Schmerz, Verlust, Trennung, Enttäuschung und Tod immer wieder ausgeliefert zu sein, hat für den Inder etwas zutiefst Beängstigendes. Freilich bietet die Wiedergeburt die Chance, sich zu einer besseren Existenzform emporzuarbeiten, aber selbst die höchste Daseinsform, die als ein Gott, ist von Leiden und Vergänglichkeit nicht frei und daher keine Erlösung. Gotama unterschied (M 12 I p.73; A 9,68) Fünf Existenzebenen *(gati)*, in denen man wiedergeboren werden kann:

- Die Himmelswelt, deren Bewohner, die Götter *(deva)*, zwar ein angenehmes und langes, aber gleichwohl nicht ewiges Leben haben und wie alle Wesen saṃsārischer Wandlung unterworfen sind;
- die Welt der Menschen, die die besten Erlösungsmöglichkeiten bietet, da man in ihr der Lehre des Buddha am leichtesten begegnen und zudem Bhikkhu werden kann;
- die Sphäre der Tiere,
- die der Gespenster oder Geister *(peṭa)*, und letztlich
- die Hölle, in welcher, bis zur Abgeltung ihres bösen Kamma jene Wesen Qualen leiden müssen, deren Taten in anderen Welten nicht abgeltbar sind.

In keiner dieser Welten ist der Aufenthalt ewig. Wenn die Taten, deretwegen man ein Gott oder ein Wesen in der Hölle wurde, sich in ihren Auswirkungen erschöpft haben, gilt es wieder abzutreten zu einer neuen Existenzform. Die Götter mögen dies beklagen, für die Wesen in der Hölle ist die Befristung der Silberstreifen am Horizont.

Der Blick in die Vergangenheit eröffnet atembeklemmende Zeitperspektiven. Jeder hat zahllose Existenzen in verschiedensten Lebensformen hinter sich, seit Äonen ist er von Dasein zu Dasein gelaufen: unwissend, daß die Freuden ephemer, die Leiden konstant sind, und daher stets begierig auf neue Existenz. Nur wer höhere Geisteskräfte entwickelt hat ist in der Lage, sich seiner Präexistenzen im einzelnen zu erinnern.

Da jede Existenz durch die ihr vorangegangene bedingt ist, erhebt sich die Frage nach dem Uranfang dieses Wiedergeburtenkreislaufs. In einem Gespräch mit Bhikkhus in Sāvatthi tut Gotama sie als nicht beantwortbar ab:

> Aus dem Anfanglosen, Mönche, kommt die Wanderung (der Wesen im Wiedergeburtenkreislauf). Kein Anfang läßt sich absehen, von welchem an die Wesen, im Nichtwissen befangen, von der Gier gefesselt (im Saṃsāra) umherirren und wandern. Was meint ihr, Mönche, ist mehr: Das Wasser in den Vier großen Meeren oder die Tränen, die ihr vergossen habt, als ihr auf diesem weiten Wege umherirrtet und wandertet und jammertet und weintet, weil euch zuteil wurde, was ihr haßtet, und nicht zuteil wurde, was ihr liebtet? (S 15,1,7)

Von der Vergangenheit richtet sich der Blick in die Zukunft. Sind weitere Existenzen zu vermeiden? Gibt es eine Chance, sich von dem unerbittlichen, das Leiden verewigenden Wiedergeburtenrad loszubinden?

Es gibt sie, antwortet der Buddha – und hier setzt seine Erlösungslehre an –, denn der Vorgang der Wiedergeburt verläuft nach Gesetzlichkeiten, die man erkennen und nutzen kann, um sich, wenn schon zur Wiedergeburt gezwungen, wenigstens eine solche in besserer (freilich auch nicht leidfreier) Existenzform zu verschaffen. Das Naturgesetz des ethischen Konditionismus, das *Kamma-Gesetz*, bedingt, daß guten Taten *(kamma)* Wiedergeburt in eine bessere Daseinsform, schlechten Taten Wiedergeburt in eine schlechtere Daseinsform folgt: Gute Taten sind heilsam *(puñña, kusala)*, schlechte sind unheilsam *(apuñña, akusala)*. Für das, was einer heute ist, kann er nur sich selbst Vorwürfe machen; das, was er in diesem Leben an Taten tut, wird er als entsprechend höhere oder niedere Wiedergeburt ernten. »Die Tat sondert die Wesen in geringe und hohe« (M 135 III p.203). Wie eine oft zitierte Strophe es formuliert:

Ist jemand heimgekehrt von langer Reise
wird jubelnd er begrüßt im Freundeskreise.
Genau so wird, wer Gutes hier begangen,
im Jenseits von der guten Tat empfangen. (Dhp 219 f.)

Die Wiedergeburt in guter oder schlechter Verkörperung ist nicht eine Belohnung für gute oder Strafe für schlechte Taten, sie ist vielmehr deren natürliche Folge. Es bedarf keines Richters, der über die Gerechtigkeit zu wachen und Lohn oder Strafe zuzumessen hätte – das Kamma-Gesetz wirkt mechanisch und unausweichlich. Den Folgen der eigenen Tat kann man nicht entgehen (A 10,206). Wie alle Naturgesetze wird es vom Menschen dadurch dienstbar gemacht, daß er sich ihm anpaßt.

Die Erkenntnis von der Wiedergeburt und von der Lenkfunktion der Taten im saṃsārischen Kreislauf hatte Gotama in den Brāhmaṇas und Upaniṣaden formuliert vorgefunden, am klarsten in der Bṛhadāraṇyaka- (4,4,5) und der Chāndogya-Upaniṣad (5,10,7). Die Vertiefung und Ausarbeitung der Kamma-Lehre ist sein eigenes Werk und zeigt ihn als originären Denker mit feinem Gespür für psychologische Zusammenhänge.

Wenn *jede* Tat, so waren seine Überlegungen, dazu beitrüge, eine Wiedergeburtsexistenz vorzubereiten, die in allen Fällen leidhaft ist, dann gäbe es keine Möglichkeit, dem Dasein und seinem Leiden zu entrinnen. Denn kein Mensch kann auf Taten verzichten, jedes Wort, das man äußert, jede Handbewegung ist eine Tat. Der die individuelle Zukunft erzeugende und qualitativ bestimmende Faktor darf also nicht in der Tat an sich, sondern muß in ihren Motiven gesucht werden. Die kammischen Wirkungen werden geschaffen von den guten oder bösen Wollungen *(cetanā)*, von den Willensakten *(chanda)*, von den mit der Tat bezweckten Absichten *(saṅkhāra)*. Hegt jemand eine böse Absicht, wird aber durch äußere Umstände an deren Ausführung gehindert, dann genügt bereits die Tat*absicht*, das Tun*wollen*, um die entsprechenden kammischen Wirkungen zu zeitigen. Ausschlaggebend für die Zukunft jedes Wesens ist in erster Linie seine geistige Einstellung.

Dies war eine Erkenntnis mit erheblichen Konsequenzen. Erstens verlegte sie das kammische Wirkensprinzip von der äußerlichen Tat in den

Geist des Täters und lieferte damit die Möglichkeit, den Vorgang der Wiedergeburt psychologisch zu verstehen, zweitens zeigte sie den Weg, ohne kammische Verstrickung zu agieren. Wie der Buddha erklärte, sind alle Taten, die von Begehren *(lobha)*, Haß *(dosa)* und Verblendung *(moha)* motiviert sind, für den Täter kammisch bindend; was man hingegen ohne diese unheilsamen Antriebe und frei von innerer Bindung tut, das bleibt ohne kammische Auswirkung.

> Welche Tat, Mönche, ohne Begehren, ohne Haß und ohne Verblendung getan worden ist, nachdem man (jene drei Affekte) vernichtet hat, diese Tat ist aufgehoben, an der Wurzel abgeschnitten, einer entwurzelten Palme gleichgemacht, am Werden (d. h. kammischen Reifen) gehindert, zukünftig nicht dem Gesetz des Werdens unterworfen. (A 3,33,2)

Hiermit ist die Grundlinie des buddhistischen Erlösungsweges angedeutet: Handeln ohne Begier nach Erfolg, wohlwollend gegen jedermann und mit klarem Geist. In der Disziplinierung seines Denkens besitzt jeder das Instrument, sich eine bessere Wiedergeburt zu verschaffen und sich vom Zwang zur Wiedergeburt zu befreien.

In Europa hat man die Kamma-Lehre gelegentlich deterministisch verstanden, derart, daß dem durch sein altes Kamma festgelegten Wesen auch das Denken vorbestimmt, ihm also keine Willens- und Handlungsfreiheit eingeräumt sei. Zahlreiche Äußerungen des Buddha implizieren, daß diese Auffassung irrig ist. Die Taten, oder genauer Tatabsichten, legen die Sphäre der Wiedergeburt, das Lebensmilieu, die physische Erscheinung und die mentalen Anlagen des Wiedergeburtswesens fest, nicht aber dessen Denken und Tun. Im Rahmen seines Charakters hat jeder die Freiheit, die seine kammische Zukunft festlegenden Tatabsichten selbst zu wählen. Über seine Zukunft herrscht jeder selbst, wobei freilich der Entscheidungsspielraum je nach der Daseinssphäre, in der man lebt, weiter oder enger ist. Die besten Chancen, sich bewußt zum Positiven und in Richtung auf Erlösung zu wenden, hat von allen Wesen der Mensch, weshalb eine Wiedergeburt in menschlicher Daseinsform als günstig gilt. Götter galten dem Buddha als zu glücksberauscht, um die Notwendigkeit der Erlösungsbemühung einzusehen.

3. Anatta, Nicht-Ich

Unvermeidlich warf die Wiedergeburtslehre die Frage nach dem Subjekt der Wiedergeburt auf: Wer oder was ist es, das wiedergeboren wird? Welcher Teil der Person bleibt in dem Kreislauf der Wiedergeburten konstant, so daß man von einer *Wieder*geburt sprechen kann? Die Seelensucher der upaniṣadischen Tradition meldeten sich zu Wort und wollten von Gotama wissen, worin denn die Seele (skt: *ātman)*, die sich die wiedergeburtlichen Daseinsformen wie immer neue Kleider »anlegt«, zu sehen sei.

Seine Antwort versetzte sie in Bestürzung. Die (upaniṣadische) Behauptung einer Seele, so erklärte er, sei eine Narrenlehre. Die Seele muß kraft Definition etwas Ewiges sein: Keine der Fünf Gruppen *(khandha),* welche kombiniert die empirische Person darstellen, weist aber Ewigkeit auf. Keine von ihnen überdauert den Tod, folglich kann keine als eine in die nächste Existenzform übergehende Entität, eben als Seele angesehen werden. Es gibt zwar Wiedergeburt, aber in Ermanglung einer Seele keine Seelenwanderung. Und so belehrte er seine Mönche:

- Was denkt ihr, Mönche, ist der Körper (die erste der Fünf *Gruppen*) beständig oder unbeständig?
- Unbeständig, Herr.
- Sind (die weiteren vier *Gruppen:)* Empfindungen, Wahrnehmungen, Geistesregungen, Bewußtsein beständig oder unbeständig?
- Unbeständig, Herr.
- Was aber unbeständig ist, ist das leidhaft oder freudvoll?
- Leidhaft, Herr.
- Was aber unbeständig, leidhaft, dem Gesetz des Vergehens unterworfen ist, ist es recht, das anzusehen als ›Dies ist mein, dies bin ich, dies ist mein Selbst‹?
- Gewiß nicht, Herr. (M 22 I p.138)

Wiedergeburt ohne Seelenwanderung, das schien ein Widerspruch in sich, aber Gotama legte dar, daß ein Widerspruch nur so lange besteht, wie man sich beim Denken der gewohnten Begriffe der Substanz bedient. Wer unterstellt, daß es einen fortdauernden Träger oder Erleider der Wiedergeburt geben müsse, wer annimmt, daß Wiedergeburt

*Voll*identität der wiedergeborenen Person durch die verschiedenen Daseinsformen hindurch bedeute, dem erscheinen Kamma- und Nicht-ich-*(anatta-)*Lehre unvereinbar. Wer hingegen das Denken in Substanzbegriffen durch ein Denken in Funktionalitäten ersetzt, dem wird die Wiedergeburt ohne Seelenwanderung durchschaubar. Die Wiedergeburtsexistenzen einer Wiedergeburtenfolge sind nicht wie die Perlen eines Perlenhalsbands durch eine Schnur, die »Seele«, verbunden, die sich durch alle Perlen hindurchzieht, sondern sind eher aufeinandergetürmten Würfeln ähnlich: Jeder Würfel ist separat, aber trägt den nächsthöheren und ist mit ihm funktionell verbunden. Zwischen den Würfeln besteht keine Identität, sondern Bedingtheit.
Verursachte die Frage der Wesensidentität in der Wiedergeburt schon den Jüngern des Buddha Kopfzerbrechen, so noch mehr den Bekennern anderer Schulen. Während eines Almosenganges des Buddha durch die Stadt Rājagaha sprach ihn der Nacktasket Kassapa auf das Problem an: »Ist das Leiden, Herr Goṭama, selbst verursacht oder ist es von einem anderen verursacht?« – d. h.: Sind der Täter der Tat und der spätere Erleider des durch sie geschaffenen Kamma identisch oder sind sie verschieden? Der Buddha verneinte beide Alternativen und führte aus:

> Indem man sagt: ›*Er* handelt, *er* (selbst) genießt (die Frucht seines Handelns)‹ gelangt man zur Einschätzung des (Menschen) als ewig (weil man dann eine unsterbliche Seele als Identitätsband annehmen muß). Indem man sagt: ›*Ein anderer* handelt, *ein anderer* genießt (die Frucht des Handelns)‹ gelangt man zur Einschätzung des (Menschen) als auflöslich (weil man dann ein Ende des Individuums im Tode annimmt). Diesen beiden Extremen nicht verfallend hat der Vollendete *in der Mitte* die Lehre aufgezeigt (nämlich das ›Entstehen in Abhängigkeit‹). (S 12,17,14)

Zwischen voller Identität der Wiedergeburtspersonen einerseits und völliger Separiertheit dieser Personen andererseits liegt die Wahrheit in der Mitte: Jeder *bedingt* durch seine Taten oder Tatabsichten »seine« Wiedergeburt, ist mit dem dadurch entstandenen Wesen aber nicht voll identisch. Man hat nicht zu denken: »*Ich* werde wiedergeboren«, sondern: »Diese Kette von Wiedergeburten *vollzieht sich* aufgrund des Kamma. Alle ihre empirischen Individuen haben aufs neue das Erlebnis der Ichheit, ohne daß dieses empirische Ich ein dauerhaftes Etwas, eine Seele und mit der Vor- und Nach-Existenz identisch wäre«. Das Ich oder Selbst ist ein Erlebnisphänomen, nichts Substantielles, keine Entität.

Wie die Wiedergeburt ohne Seele sich im einzelnen vollzieht, darüber hatte der Buddha sehr präzise Vorstellungen. Es sind, wie wir schon wissen, nicht die eigentlichen Taten *(kamma)* als vielmehr die Tatabsichten, von denen die nächste Daseinsform bedingt wird:

> Wenn, Mönche, ein (im Sinne der Lehre) unwissender Mensch eine gute Tatabsicht *(saṅkhāra)* erzeugt, wird sein Bewußtsein *(viññāna)* dem Guten zugeneigt. Wenn er eine schlechte (oder) neutrale Tatabsicht erzeugt, wird sein Bewußtsein dem Schlechten (bzw.) Neutralen zugeneigt. (S 12,51,12)

Die Tatabsichten, so wird hiermit gesagt, geben ihre Qualität an das Bewußtsein weiter.

Das auf diese Weise qualitativ eingefärbte Bewußtsein ist nun der Faktor, der den konditionalen Kontakt zur nächsten Daseinsform herstellt, indem er im Schoß einer Frau die Entstehung eines Embryo, d.h. neuen Wesens in Gang setzt, ohne in diesen Embryo hinüberzuwechseln. Der terminus technicus für das neue Wesen ist »Name und Körper«, wobei »Name« die unphysischen, »Körper« die physischen Komponenten bezeichnet:

- Aus der Voraussetzung Bewußtsein entsteht ›Name und Körper‹ (d. h. die neue empirische Person), so habe ich gesagt. Das ist so zu verstehen: Wenn nämlich das Bewußtsein (eines Verstorbenen) nicht in einen Mutterschoß hinabstiege, würde dann in diesem Mutterschoß ›Name und Körper‹ (die neue Person) entstehen?
- Gewiß nicht, Herr, (erwidert der angesprochene Bhikkhu Ānanda). (D 15,21)

Freilich ist das Bewußtsein nicht der einzige das neue Lebewesen bedingende Faktor. Zur Entstehung eines Kindes gehören außer dem einen Mutterschoß suchenden Bewußtsein – im Kanon zuweilen »Genius« *(gandhabba)* genannt – eine empfängnisbereite Frau sowie ein Mann als Erzeuger. Nur wenn diese drei zusammenkommen: Mutter, Zeugung und Genius (= Bewußtsein), entsteht neues Leben (M 38 I p.265). Das Bewußtsein des Verstorbenen wirkt im Schoß der zukünftigen Mutter als der das Leben zündende Funke: Es zündet die Voraussetzungen (Mutter und Zeugung) zur Flamme (dem Kind), aber der Funke ist in der Flamme, die er bedingte, nicht substantiell, sondern nur als conditio enthalten. Im Lauf seines Werdens entwickelt das Kind sein eigenes Bewußtsein, das mit dem Urheber-Bewußtsein nicht identisch ist. Als der Mönch Sāti die Auffassung vertrat, das Bewußtsein durchwandere die Kette der Wiedergeburten (stelle also eine Art Seele dar), maßregelte ihn der Buddha mit aller Schärfe (M 38 I p.258). Man kann sich den Vorgang der Wiedergeburt ohne Seele graphisch veranschaulichen:

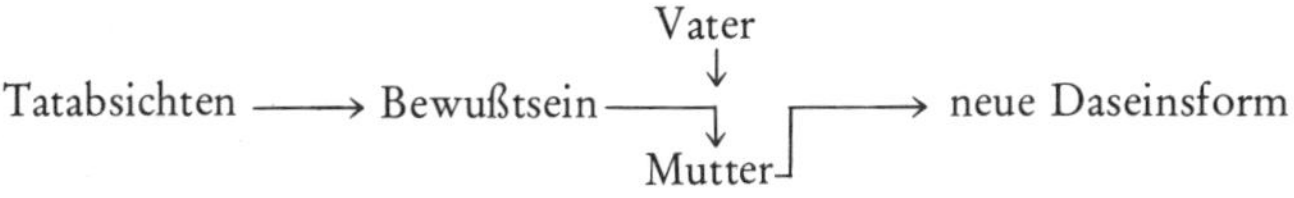

Die Vorstellung erklärt nicht nur das Zustandekommen der Wiedergeburt, sie beschreibt zugleich, auf welche Weise das Kamma in die wiedergeburtliche Daseinsform hinüberwirkt. Denn das Bewußtsein, das einen Mutterschoß sucht, wählt nicht irgendeinen beliebigen, sondern einen solchen, der seiner eigenen kammischen Qualität entspricht. Ein kammisch gutes Bewußtsein wird das Werden eines Embryo in einer Mutter in Gang setzen, die ihrem Kind gute Erbanlagen und gute Lebensumstände garantiert. Kamma wirkt sich nicht *in* der neuen Daseinsform, es wirkt sich *als* die neue Daseinsform aus. Der Körper ist »alte Tat, durch Tatabsichten geschaffen« (S 12,37).

Praktische Erfordernisse legten es nahe, die Wiedergeburt ohne Seele in eine griffige, leicht auswendig zu lernende Form zu bringen. Das vom Buddha entdeckte *Prinzip* des Entstehens in Abhängigkeit *(paṭiccasamuppāda)* verhärtete sich daher zur *Formel* vom Entstehen in Abhängigkeit. Daß es Gotama selber war, der diesen aus 12 Gliedern bestehenden *Konditionalnexus* kompilierte, ist wenig wahrscheinlich; mehr spricht dafür, daß er das Werk früher Mönche darstellt. Als Material benutzten sie drei separate, vom Meister in Predigten verwendete kurze Konditionalketten, die sie aneinanderhakten – ungeachtet des Umstands, daß die so entstandene zwölfgliedrige Kette drei Existenzformen einer Wiedergeburtenfolge umreißt, aber jede dieser Existenzformen mit anderen Stichworten beschreibt. Nichtsdestoweniger hielten die frühen Mönche die Formel für eine so große Erkenntnis, daß sie sie bei der Zusammenstellung des Pāli-Kanons dem Buddha in den Mund legten.

Den Konditionalnexus zu verstehen setzt Klarheit über dessen innere Bezugsverhältnisse voraus. Der Nexus ist keine Kausalkette, denn eine causa ist eine Ursache, die allein, also ohne weiteren beitragenden Faktor eine Wirkung hervorbringt. Jedes Glied des Nexus fungiert vielmehr als conditio: Es ist für das Zustandekommen des jeweils nächsten Gliedes eine Bedingung *(nidāna)* unter anderen, jedoch bleiben diese anderen in der Nexusformel ungenannt.

Der Konditionalnexus (nach M 38 I p.26 u. ö.) setzt ein mit der

(1) UNWISSENHEIT *(avijjā)*, nämlich der Unkenntnis der Tatsache, daß alles Dasein leidhaft *(dukkha)* und deshalb nicht erstrebenswert ist. Die Unwissenheit ist daran schuld, daß der Mensch
(2) TATABSICHTEN *(saṅkhāra)* entwickelt: Er schafft Kamma, das sich als Wiedergeburt und Neuexistenz auswirken muß. Wie beschrieben färbt die Qualität der Tatabsichten ab auf das
(3) BEWUSSTSEIN *(viññāna)*, das nach dem Tod des Menschen in einem ihm qualitativ entsprechenden Mutterschoß die Entstehung von
(4) NAME UND KÖRPER *(nāmarūpa)*, d. h. einer neuen empirischen Person in Gang setzt (ohne in diese überzugehen). Damit beginnt die zweite Existenzform.

Da die neue Wiedergeburtsperson (wie jedes Wesen) mit sechs Wahrnehmungssinnen – Sehen, Hören, Riechen, Schmecken, Tasten und Denken – ausgestattet ist, bietet sich ihr die Umwelt als sechsfaches Sinnenkorrelat dar, als

(5) SECHSSINNENGEBIET *(saḷāyatana)*. So kommen mittels der Sinnesorgane mit den Objekten der Welt
(6) BERÜHRUNGEN *(phassa)* zustande, aus denen dem Menschen
(7) EMPFINDUNGEN *(vedanā)* erwachsen. Infolge seiner fortdauernden Unwissenheit geneigt, die unangenehmen Empfindungen zu verdrängen, sich von den angenehmen aber verführen zu lassen, entwickelt er darauf

(8) GIER *(taṇhā)*, nämlich Haben-Wollen, Genießen-Wollen, Sein-Wollen. Sie ist der Grund, daß er nicht zur Erlösung gelangt, sondern seine saṃsārische Existenz durch das
(9) ERGREIFEN *(upādāna)* einer neuen empirischen Person fortsetzt. Damit tritt er in eine weitere, im Rahmen des Konditionalnexus dritte Existenzform.

Diese wird im Nexus nur summarisch angedeutet. Sie beginnt mit dem

(10) WERDEN *(bhava)* des neuen Wesens im Mutterleib, dem bald die
(11) GEBURT *(jāti)* folgt. Das Ende, wie immer, ist
(12) ALTER UND TOD *(jarāmaraṇa)*. So setzt sich die Wiedergeburt fort: Ein Kreislauf, der sich durch der Wesen Unwissenheit über die wahre Natur des Daseins und ihre Gier nach Existenz verewigt.

Soweit der Konditionalnexus. Er ist gewiß kein luzides Werk, bringt aber das vom Buddha entdeckte Prinzip der Konditionalität deutlich zum Ausdruck.

4. Exkurs: Das Weltbild des Buddha

Gotama erkannte in der Konditionalität, derzufolge alles Bestehende von *mehreren* bedingenden Faktoren abhängt, ein universales Prinzip, das für die Annahme eines unveränderlichen Absoluten keinen Raum läßt. Konsequent kam er daher zu einer pluralistischen Weltauffassung und stand auch in dieser Hinsicht zur Philosophie der Upaniṣaden in diametralem Gegensatz.
Die Upaniṣadendenker nahmen in allen Wesen eine unsterbliche Seele (skt: *ātman)* an und waren überzeugt, daß diese Seelen miteinander und zugleich mit der Weltseele (skt: *brahman)* identisch sind. Sie propagierten die All-Einheit, einen Monismus, demgemäß im Weltengrund Ununterschiedenheit, »Nicht-Zweiheit« herrscht. Wer erkennt, daß du und ich wesenhaft eins und wir alle im Kern mit dem Absoluten identisch sind, wer die vordergründig-empirische Verschiedenheit und Vielheitlichkeit der Wesen als Täuschung (skt: *māyā)* durchschaut, der ist erlöst.
Der Buddha widersprach diesen Vorstellungen in allen Punkten. We-

der gibt es, so verkündete er, eine den Körper überdauernde Seele noch ein in oder hinter allem wesendes Absolutes. Man kann daher die Vielheit der Welt nicht aus einem Absoluten ableiten oder die Erlösung im Aufgehen in diesem Absoluten erblicken. Es ist irrig, zwischen den Phänomenen, die unsere Welt ausmachen, und einem Absoluten eine Dichotomie zu unterstellen. Hinter den Wesen verbirgt sich kein Wesenhaftes, hinter den Dingen kein »Ding an sich«. Die Phänomene allein bilden die Wesen und Dinge, und diese sind alles andere als unwirklich. Sie sind, wie wir jeden Tag hautnah erfahren, real, sie stellen die Wirklichkeit dar, und als Realitäten haben wir sie darum zu behandeln. Der leidhafte Prozeß der Wiedergeburt vollzieht sich in der einzig existenten Welt, nämlich der Welt sich dauernd wandelnder Erscheinungen. Eben diese Wandlung macht das Leben aus, denn Leben ist kein Sein, sondern ein stetes Werden zu etwas Anderem.
Wegen des Fehlens eines Absoluten oder Wesenhaften hinter den Erscheinungen gibt es kein Einheitsband, das alles durchzieht. Unzählige seelenlose Phänomene laufen gleichzeitig ab, modifizieren einander, wenn sie kollidieren, kombinieren sich mit anderen und bedingen dadurch neue Phänomene, die dann an die Stelle der alten treten. Die Welt ist pluralistisch, und das einzig Konstante in dem Fluß der Erscheinungen ist das Gesetz, nach welchem sich der Fluktuationsvorgang vollzieht: Der Konditionismus *(paṭiccasamuppāda).*
Über die Natur der Elemente, die den Erscheinungen zugrundeliegen und deren Bestandstücke darstellen, scheint Gotama keine Ausführungen gemacht zu haben. Er nannte sie *dhamma,* hier am besten mit »Daseinsfaktoren« zu übersetzen, verzichtete aber als Erlösungspragmatiker darauf, eine detaillierte Theorie von den Dhammas zu entwikkeln. Mit Eifer indes griffen nach seinem Tode einige Bhikkhus den Gegenstand auf, die in scholastischer Weise die Dhammas zählten, in Listen zusammenstellten und eine Dhamma-Theorie ausarbeiteten. Sie schufen damit einen Buddhismus, in dem der Mensch kaum noch als fühlendes und leidendes Wesen, sondern lediglich als ein Dhamma-Konglomerat erscheint – sie sprachen, falls ein moderner Vergleich erlaubt ist, nicht mehr von einem Teich, sondern von einer Ansammlung von soundsovielen Kubikmetern H_2O. Der berühmte Scholastiker Buddhaghosa (5. J. n. Chr.) explizierte diese entpersönlichte Auffassungsweise in Versen:

Nur Leid gibt's, doch keinen Leider,
keinen Täter gibt's, doch die Tat,
Verlöschen gibt's, keinen Verloschnen,
keinen Geher gibt's, doch den Pfad. (Vism 16,19)

Nicht gibt's einen Täter des Kamma
und keinen, an dem es reift:
Es bewegen sich reine *Dhammas:*
So (weiß, wer es) richtig begreift. (Vism 19,20)

5. Die saṃsārischen Triebkräfte

Vor unserem Exkurs war die Rede gewesen von der Wiedergeburt ohne hinüberwandernde Seele und der Art und Weise, wie das Kamma die nächste Wiedergeburtsexistenz determiniert. Damit drängt sich die Frage auf, welche Triebkräfte es sind, die die saṃsārische Rotation in Gang halten. Offenbar muß es sich um sehr vitale Kräfte handeln. In der zweiten seiner Vier Wahrheiten gibt der Buddha die Antwort:

> Dies, Mönche, ist die Edle *Wahrheit von der Leidensentstehung:* Es ist die Wiedergeburt bewirkende, wohlgefällige, mit Leidenschaft verbundene Gier, die hier und dort Gefallen findet, nämlich: Die Gier nach Lust, die Gier nach Werden, die Gier nach Vernichtung. (Mv 1,6,20)

Die Gier *(taṇhā)* – nach anderer Übersetzung der »Durst« – also ist es, die uns zum Verbleiben im Saṃsāra verführt. Sie ist der Grund, daß die Wesen wider alle Vernunft um kurzer Freuden willen das lange Leiden in Kauf nehmen.

Es kennzeichnet den Buddha als profunden Menschenkenner, daß er der Gier nach Lust (d. h. Genuß, Besitz und sexueller Befriedigung) und der Gier nach Werden (d. h. zu neuer Wiedergeburt) die Gier nach Vernichtung, nämlich zur Selbstzerstörung an die Seite stellt. Auch der Wunsch, nicht mehr existent sein zu wollen, ist eine Gier, die an den Wiedergeburtenkreislauf bindet. Ein unerlöster Mensch, der sich selbst tötet, bleibt dem Wiedergeburtenkreislauf verhaftet und bewirkt nichts mehr als einen Wechsel seiner Existenzform.

Die Gier kann ihre Rolle als Verführerin zum Verbleib im Saṃsāra aber nur spielen, solange der Mensch über die Leidhaftigkeit *allen* Daseins, über die essentielle Leidhaftigkeit auch der Freuden, im unklaren bleibt. Wissen, Erkenntnis, Einsicht sind der Gier schlimmste Feinde. Folgerichtig zeigt Gotama deshalb neben der Gier *(taṇhā)* auch die Unwissenheit *(avijjā)*, d. h. das Nichtkennen der wahren Natur der Dinge als saṃsārische Triebkraft auf. Viele seiner Lehrreden führen Gier und Unwissenheit gemeinsam als Leidensursachen an. Später systematisierte er die Leidensfaktoren zu einer Dreiergruppe: Begehren *(lobha)*, Haß *(dosa)* und Verblendung *(moha)*. Oft verwendete er für sie die Sammelbegriffe »Einflüsse« *(āsava)* und »Verunreinigungen« *(kilesa)*.

Die dritte der Vier Wahrheiten des Buddha konstatiert lediglich, daß zur Erlösung die Vernichtung der Gier erforderlich sei:

> Dies, Mönche, ist die Edle *Wahrheit von der Aufhebung des Leidens:* Die restlose Aufhebung, Vernichtung, Aufgabe, Verwerfung, das Freigeben und Ablegen eben dieser Gier.
>
> (Mv 1,6,21)

Da diese Äußerung zur ältesten Textmasse des Pāli-Kanons gehört, ist in ihr von den gleichfalls auszurottenden Leidensfaktoren Unwissenheit und Haß noch nicht die Rede.

6. *Der Weg zur Erlösung*

Nach der philosophischen Bergwanderung der ersten drei *Wahrheiten* tritt man mit der vierten auf das weite Feld der Ethik hinaus. Sie umreißt, durch welche Verhaltensweisen das Ende der »Verunreinigungen« und des durch sie bedingten Leidens individuell verwirklicht werden kann. Sie zieht aus der Durchschauung der Welt die praktische Nutzanwendung.

> Dies, Mönche, ist die Edle *Wahrheit von dem zur Leidensaufhebung führenden Wege,* es ist dieser Achtfache Weg, nämlich
>
> (1) Rechte Ansicht,
> (2) Rechter Entschluß,
> (3) Rechte Rede,
> (4) Rechtes Verhalten,
> (5) Rechter Lebensunterhalt,
> (6) Rechte Anstrengung,
> (7) Rechte Achtsamkeit,
> (8) Rechte Meditation.
>
> (Mv 1,6,22)

Die Regeln *(sīla)* sind nicht »Gebote«, sondern eher Vorschläge für heilsame Verhaltensweisen. Indem der Mensch sich durch ihre Anwendung der ethischen Selbstkontrolle unterwirft, verbessert er seine Existenzform mit jeder Wiedergeburt. Zugleich drosselt er Gier und Unwissenheit in sich immer mehr, bis es ihm gelingt, sie völlig zum Versiegen zu bringen und die Befreiung aus dem Saṃsāra zu verwirklichen. Ob und wie weit er die Regeln einhält, ist ganz allein seine Sache. Das Naturgesetz des Kamma sorgt mechanisch und unbestechlich dafür, daß jedem die Frucht der Einhaltung oder Mißachtung der Regeln zuteil wird.

Wie nach innen auf das Individuum, so wirken die Regeln auch nach außen, denn wenn jeder sich selbst diszipliniert, hat auch die Gesellschaft davon Nutzen. Das Wechselverhältnis gleicht dem zwischen zwei Akrobaten, von denen einer eine Bambusstange auf der Schulter balanciert, an deren Spitze der andere Kunststücke vollführt. Wenn jeder der beiden auf sich selber achtet, schützt er den anderen, und wenn er auf den anderen achtet, schützt er sich selbst (S 48,19).

Bei den Regeln fällt auf, daß keine von ihnen eine ritualistische Forderung erhebt. Rituale und Kultobservanzen lehnte der Buddha ab, sie waren nach seiner Meinung nur dazu geeignet, sich weiter in den Saṃsāra zu verstricken. Und wem hätte ein Kult innerhalb des Dhamma auch gelten sollen? Die Aufhebung des Leidens ist im Buddhismus kein numinoser Vorgang. Alle im Achtweg empfohlenen Verhaltensweisen stehen zu der durch sie angestrebten Erlösungswirkung in einem durchschaubaren Zusammenhang.

In den viereinhalb Jahrzehnten seiner Missionsaktivität gab der Buddha zum Achtweg zahlreiche Einzelerläuterungen, mit denen er präzisierte, was bei jeder Regel als »recht« zu verstehen ist. Vor der Laiengemeinde ging er manchmal auf den Beruf des Fragers ein und legte die Regeln im Hinblick auf dessen Erwerbstätigkeit und Sozialstatus aus. Den Mönchen gegenüber definierte er (D 22,21) bei einem Aufenthalt in Kammāsadhamma, der Provinzhauptstadt des Kuru-Stammes, den Achtweg folgendermaßen:

(1) *Rechte Ansicht (sammā-diṭṭhi)* besteht in der Kenntnis des Leidens, seiner Ursache, seiner Aufhebung und des Weges zu seiner Aufhebung, mit anderen Worten: im Vertrautsein mit den Vier Wahrheiten.

(2) *Rechter Entschluß (sammā-saṅkappa)* ist die Entscheidung zur Entsagung (d. h. Abkehr vom übertrieben genießenden Leben), zum Wohlwollen allen Wesen gegenüber und zur Nicht-Schädigung.

(3) Unter *Rechter Rede (sammā-vācā)* ist die Vermeidung von Lüge, übler Nachrede, Beleidigung und Geschwätz zu verstehen.

(4) *Rechtes Verhalten (sammā-kammanta)* bedeutet, abzustehen vom Töten, vom Nehmen dessen, was nicht gegeben wurde (also vom Stehlen) und von sinnlichen Ausschweifungen.

(5) Auf die Art des Broterwerbs zielt die Regel *Rechter Lebensunterhalt (sammā-ājīva)*. Falsche Arten des Geldverdienens, nämlich durch Tätigkeiten, die andere Wesen schädigen oder quälen, hat der Anhänger des Buddha aufzugeben.

(6) Die *Rechte Anstrengung (sammā-vāyāma)* ist nach innen gerichtet. Der Mönch – Gotama spricht hier ausdrücklich vom Bhikkhu – kämpft darum, daß ihm neue unheilsame Regungen nicht entstehen und die vorhandenen absterben. Ebenso ist er bemüht, heilsame Regungen in sich zu erzeugen und die bestehenden zu erhalten.

(7) Vorrangig, jedoch nicht ausschließlich eine Mönchsdisziplin ist die *Rechte Achtsamkeit (sammā-sati)*. Nachdem der Bhikkhu weltliches Sinnen und Trachten verworfen hat, weilt er in geistiger Klarheit in Betrachtung seines Körpers, seiner Empfindungen, seines Denkorgans und der Denkobjekte. Zweck dieser Übung ist es, alle an der eigenen Person festzustellenden Abläufe und Funktionen unter die Kontrolle des Geistes zu bringen.

(8) Der Zeit von Gotamas Askese entstammt die Regel der *Rechten Meditation (sammā-samādhi)*. Es handelt sich um die vier Versenkungsstufen *(jhāna)*, die seinerzeit (M 36 I p.247) den Geist des jungen Asketen zur Erleuchtung fähig gemacht hatten. Zweck dieser Versenkungen ist es, den Meditanden von der Welt wegzuwenden, ihm das Erlebnis der Inneren Stille zu vermitteln und seinen Geist für höhere Einsichten zu präparieren.

So weit der Achtweg zur Leidenserlösung. Den frühen Bekennern galt er als der wichtigste, weil praktische Teil des Dhamma, hinter dem der philosophische Teil an Bedeutung zurücktrat. Ohne auch nur einen Hinweis auf Gotamas viel umfassendere Erkenntnisse definierten sie:

> Von allem Bösen abzustehn,
> das Heilsame zu mehren,
> auf Läuterung des Geist's zu sehn:
> Das ist's, was Buddhas lehren. (Dhp 183)

Ein Mensch, der sich selbst diszipliniert, wird irgendwann erlöst, mögen seine theoretischen Kenntnisse der Buddhalehre auch lückenhaft sein.

Die Bedürfnisse der frühen Gemeinde machten es notwendig, den Achtweg durch einen Katalog der zu vermeidenden Verhaltensweisen zu ergänzen. Die so entstandene Liste der kammischen Abstieg bewirkenden Taten besteht aus zehn Negativ-Regeln, von denen die ersten fünf für die Laienbekenner, alle zehn für Novizen und Mönche verbindlich sind:

(1) Vermeidung des Zerstörens von Leben;
(2) Abstehen von Diebstahl;
(3) Enthaltung von unkeuschem Wandel (Laien sind damit zur Beachtung der sexuellen Konventionen, Mönche zu absoluter Keuschheit angehalten);
(4) Vermeidung von Lüge;
(5) Enthaltung vom Genuß berauschender Getränke.

Die weiteren, für Novizen und Mönche bestimmten Negativ-Regeln sind disziplinärer Art und sollen die Distanz des Bhikkhu von den Eitelkeiten der Welt und seine Bescheidenheit und Geisteskontrolle sichern:

(6) Enthaltung vom Essen nach Mittag;
(7) Sich-Fernhalten von Tanz, Musik und Schaustellungen;
(8) Vermeidung von Blumenzierat, Parfüm, Schminke und Schmuck;
(9) Nichtbenutzung hoher und üppiger Betten;
(10) Nichtannahme von Gold und Silber.

7. Nibbāna

Das Heilsziel, das der Buddha seinen Anhängern als Ergebnis der Vernichtung von Gier, Haß und Verblendung in Aussicht stellte, hängt mit der Nicht-Ich-Lehre *(anatta)* logisch eng zusammen. Jede Religion, die eine unsterbliche Seele lehrt, muß annehmen, daß diese nach der Erlösung fortbesteht und muß sie in einem Erlösungsbereich, einer Heilssphäre unterbringen. Die Seele (skt: *ātman)* kann in der All-Seele *(brahman)* aufgehen wie in der Upaniṣad-Philosophie, sie kann sich mit der Gottheit vereinigen wie im theistischen Hinduismus, oder sie kann in ein Paradies eingehen wie im Christentum und Islam. Dank seiner Leugnung einer Seele war Gotama allen diesen der Ratio schwer eingängigen Endvorstellungen enthoben. Er brauchte sich um das Schicksal einer Seele nicht zu kümmern und sah die Erlösung in der endgültigen Auflösung der leidhaften Individualität und im Abbruch der Wiedergeburtenkette: Im Verlöschen *(nibbāna)* der empirischen Person. Den Vorwurf einiger Brahmanen, er sei ein Nihilist *(venayika),* denn er lehre die Vernichtung des seienden Wesens, wies er von sich. Er vernichte nur eins: Das Leiden, erwiderte er (M 22 I p. 140). Da die sogenannte Person nur ein Bündel von Phänomenen ist und es in ihr keine Seele gibt, da sich zudem mit ihrem Dasein notwendig Leiden verbindet, ist es um ihr Ende nicht schade. Im Gegenteil: Ihr Zerfall, wenn ihm keine Wiedergeburt mehr folgt, ist als Erlösung vom Leiden zu begrüßen.

Angesichts des Umstandes, daß Nibbāna ein Freiwerden ist, darf es nicht überraschen, daß viele Stellen des Pāli-Kanons den Heilszustand durch Negationen definieren. Nibbāna ist die Zerstörung der zu Wiedergeburt treibenden Gier (D 14,3,1), die Erlöstheit von Begehren, Haß und Verblendung (D 16,4,43) und das Zurruhekommen der Tatabsichten *(saṅkhāra* – D 14,3,1), die ja stets Kamma schaffen und dadurch den Grund zu weiterer Wiedergeburt legen. Während alle wiedergeburtlichen Daseinsformen durch Tatabsichten bedingt *(saṅkhata)* sind, ist Nibbāna nicht-bedingt *(asaṅkhata* – A 3,47). Es läßt sich nicht durch heilsame Taten allein verwirklichen, ist nicht die Endstation eines kammischen Weges, sondern liegt jenseits der Konditionalität. Es ist außersaṃsārisch, dennoch aber kein Absolutes.

Daß Nibbāna nur durch Ausrottung aller Gier zu realisieren ist, hat zur Folge, daß eben das Gieren nach Nibbāna das Nibbāna nicht eintreten läßt: Erlösungseifer steht sich selbst im Weg. Als der Buddha einmal gefragt wurde, wie er die Überquerung der Flut des Leidens geschafft habe, erklärte er: »Ohne Innehalten *(appatiṭṭham)* und ohne Ereiferung *(anāyūham)* habe ich die Flut überquert ... Als ich innehielt, versank ich, als ich (nach Erlösung) eiferte, wurde ich (von der Flut) herumgewirbelt. (Erst) als ich nicht (mehr) innehielt und nicht (mehr) eiferte, überquerte ich die Flut« (S 1,1). Zur Verwirklichung des Heils bedarf es einer Gelassenheit, die das Ziel ständig verfolgt, sich ihm aber ohne Hast und Fanatismus nähert. Die richtige Haltung ist Absichtslosigkeit.

Neben negierenden Definitionen des Nibbāna enthält der Kanon auch positive Bestimmungen des Heilsziels. Es ist das höchste Glück, Friede, die stille Stätte, Sicherheit, Segen, Todlosigkeit, Reinheit, Wahrheit, das Höchste, Ewige, Ungeschaffene, Unendliche usw. Einige dieser Bezeichnungen haben emotionalen Charakter und sind aus der Begeisterung der frühen Buddhagemeinde zu verstehen, die in der Idee des Nibbāna dem Numinosen begegnete und, vom Heilsoptimismus beflügelt, in lyrischen Schwung geriet. Von dem Bhikkhu Udāyin ist überliefert, daß er sich über den gefühlsbezogenen Ausdruck »Glück« *(sukha)* wunderte, den Sāriputta auf das Nibbāna angewandt hatte, und zurückfragte, wie denn das Nibbāna, in dem es doch kein Empfundenes mehr gibt, als Glück bezeichnet werden könne. Sāriputta erwiderte: »Gerade das ist ja das Glück, daß es dort kein Empfundenes mehr gibt!« (A 9,34).

Die vom Heilsziel handelnden Abschnitte der Pāli-Bücher sprechen vom Nibbāna auf zweierlei Weise. Die eine Gruppe von Stellen sieht Nibbāna als den *Zustand,* der in dem Erlösten nach Vernichtung der Leidensfaktoren *eintritt.* Ihr zufolge ist das Nibbāna eine Befindlichkeit des Geistes, die in dem Erlösten entsteht, dann aber irreversibel ist und daher als sicher *(dhuva),* dauerhaft *(nicca)* und beständig *(accuta)* bezeichnet wird. Auf diese Auffassung weist auch der Ausdruck *nibbāna,* der vom Wortsinn her den Vorgang des Verlöschens einer Flamme und das Resultat des Verlöschens, das Verloschensein, bezeichnet.

Die zweite Sprechweise betrachtet das Nibbāna als etwas Ungeborenes *(ajāta)* und Ungewordenes *(abhūta),* mithin als eine Gegebenheit, die längst vor dem Erlösten existierte und zu der er durch die Erlösung *Zu-*

gang findet. Zwangsläufig nahm Nibbāna damit den Charakter einer Örtlichkeit an:

> Es gibt, Mönche, einen *Bereich (āyatana)*, wo weder Erde noch Wasser, nicht Feuer noch Luft sind. ... Eben dies ist das Ende des Leidens. (Ud 8,1)

Der Eintritt *des* Nibbāna wird hier als Eintreten *ins* Nibbāna interpretiert.

Weiteren Aufschluß über den Erlösungszustand liefern die Textstellen, die vom Erlösten handeln.

Da mit dem Nibbāna nicht notwendig auch der Tod des Erlösten eintritt, der Erlöste vielmehr wie Gotama selbst noch Jahre und Jahrzehnte leben kann, hat man Vortodliches und Nachtodliches Nibbāna auseinanderzuhalten (Itiv 44). Im Vortodlichen Nibbāna ist der Erlöste weiterhin im Besitz der Fünf Gruppen *(khandha)*, die »seine« empirische Person ausmachen – mit anderen Worten, er existiert noch als wahrnehmbares Wesen. Den Leiden des physischen Daseins, dem Altern, der Krankheit, Unglücksfällen und Schmerzen ist er nicht entrückt; sie werden als Reste alten Kammas interpretiert, das sich an dem Erlösten noch auswirkt. Neues Kamma indes, das eine Wiedergeburt zur Folge haben würde, kann er dank seiner Freiheit von kammazeugenden Verunreinigungen nicht mehr produzieren. Voller Mitleid *(karuṇā, anukampā)* und Güte *(mettā)* für alles Lebende, jedoch gleichmütig in allem, das ihn selbst angeht, lebt er dem Nachtodlichen Nibbāna entgegen.

Das Nachtodliche Nibbāna, in dem auch die Fünf Gruppen von dem Erlösten abgefallen sind und er als Person nicht mehr faßbar ist, wird meist Parinibbāna, »Rundum-Erlöschen« genannt. Mehrfach schneidet der Kanon die Frage an, ob ein Nachtodlich-Erlöster noch existiere oder nicht. Die Antwort ist: Weder ja noch nein, der Erloschene ist in eine außersaṃsārische Seinsweise übergegangen, die sich unseren Denkkategorien und Beschreibungen entzieht. In einem Gespräch mit einem Wandermendikanten aus der Vaccha-Familie (Vacchagotta) erklärte der Buddha, mit dem Vollkommen-Erlösten verhalte es sich wie mit einem Feuer. Solange es brennt, wisse man, von welchem Brennmaterial es zehrt, wenn es aber erloschen ist, könne niemand sagen, in welche Richtung die Flamme entschwand. Beim Rundum-Erlösten sei

in gleicher Weise das Brennmaterial (d. h. die Fünf *Gruppen)* vernichtet, er sei tief, unermeßlich, unauslotbar wie der Große Ozean (M 72 I p. 486 f.).
Das Udāna schreibt dem Buddha die Strophe zu:

Wer oben, unten, rundherum befreit ist,
vermag nicht mehr, sich als ›ich bin‹ zu sehn.
Was ihm zuvor versagt, befreit gelingt's ihm:
Die Flut zu queren, nie mehr zu entstehn. (Ud 7,1)

Und im Suttanipāta belehrt der Meister den Upasīva:

Wie eine Flamme, ausgeweht vom Winde,
verweht ist und Begriffe nicht mehr passen,
so der von Geist und Leib befreite Weise:
Er ist nicht mehr begrifflich zu erfassen.

Kein Maß gibt's mehr für ihn, der hingeschieden,
es gibt kein Wort, mit dem man ihn begreift;
wenn alle Dinge völlig abgelegt sind,
sind auch Bezeichnungsweisen abgestreift. (Snip 1074 + 76)

Der Orden

1. Rechtsgrundlagen

Als Sohn eines Rāja war Siddhattha in einem Haus aufgewachsen, in dem politische und juristische Fragen den täglichen Gesprächsstoff bildeten. Bei Dutzenden von Sitzungen in der Ratshalle, bei zahlreichen Gerichtsverhandlungen war er zugegen gewesen und hatte sich mit der Zeit erhebliches Rechtswissen angeeignet. Obwohl Politik und Rechtskunde nicht im Zentrum seines Denkens standen, das im wesentlichen um philosophisch-religiöse Themen kreiste, so besaß er doch mehr juristische Kenntnisse als die anderen Schulhäupter seiner Zeit.
Zur Konsolidierung seines Ordens kamen ihm diese Kenntnisse sehr zustatten. Vornehmlich zwei Rechtskomplexe galt es zu regeln: Das Verhältnis des Saṅgha zu Staat und Gesellschaft sowie das interne Ordensrecht, das einen Verhaltenskodex für die Mönche und Nonnen und die Strafen für Verstöße festlegte.

Die Könige respektierten die Orden *(gaṇa, saṅgha)* als autonome Körperschaften eigenständigen Rechts jenseits der weltlichen Gerichtsbarkeit. Bimbisāra von Magadha hatte seinen Verwaltungsbeamten ausdrücklich Weisung erteilt, bei Rechtsverstößen nichts gegen die Wandermendikanten des Buddhaordens zu unternehmen (Mv 1,42,1). Zwei im Pāli-Kanon überlieferte Fälle machen die Exemtion vom weltlichen Recht deutlich.

Eine Frau aus dem Licchavī-Stamm hatte Ehebruch begangen. Da ihr Mann, der das herausfand, vom Stammesrat die Erlaubnis erhalten hatte, sie zu töten, floh sie unter Mitnahme von Wertgegenständen nach Sāvatthi, wo es ihr durch Bestechung gelang, als Novizin in den buddhistischen Nonnenorden aufgenommen zu werden. Ihr Mann wandte sich darauf an König Pasenadi und erhob Klage. Pasenadi aber entschied, daß gegen die Frau, da sie nun einmal Nonne geworden war, nichts mehr unternommen werden könne (Sv Vin IV p.225).

Der zweite Fall ist der des Bhikkhu Dhaniya, der, um sich eine Hütte zu bauen, vom Bauholzlager des Magadha-Königs Bimbisāra Balken weggeholt und sich gegenüber dem Materialverwalter auf eine Sondergenehmigung des Königs berufen hatte. Der Fall kam in Rājagaha vor Bimbisāras Gericht. Der König erklärte, die den Mönchen seinerzeit erteilte Erlaubnis habe sich unmißverständlich auf unbearbeitetes, im Wald liegendes Holz bezogen. Dhaniya wisse das sehr wohl und habe für seinen Betrug Auspeitschung, Gefängnis oder Verbannung verdient. Unter Rücksicht auf den geistlichen Stand des Angeklagten sehe er, Bimbisāra, jedoch von einer Bestrafung ab und lasse es bei einer Verwarnung bewenden.

Wenig später wurde der Fall noch einmal vor dem Buddha verhandelt. Dieser verurteilte Dhaniya zu der auf Diebstahl stehenden Ordensstrafe, nämlich Ausstoßung aus dem Saṅgha (Sv Vin III p.42–45).

Die den Saṅghas gewährte Freistellung vom weltlichen Recht hatte ihr Ende, wo die Sicherheitsinteressen des Staates tangiert waren. Zum Beispiel duldeten die Könige nicht, daß die Orden zu Refugien jener wurden, die sich zum Staatsdienst verpflichtet hatten. So ersuchte König Bimbisāra den Buddha um ein Ordinationsverbot für Soldaten, weil Krieger seiner Armee, als er sie zur Niederschlagung eines Grenzstreites einsetzen wollte, in den Saṅgha geflohen waren. Er trug sein Ansinnen, dem der Buddha sofort entsprach, sehr freundlich vor, gleichwohl nicht ohne Nachdruck. Seine Rechtsberater hatten ihn zuvor unterrichtet, daß ein Einzelmönch oder ein Mönchskapitel, das Wehrpflichtige ordiniert und dadurch ihrer Dienstpflicht entzieht, durch Enthauptung, Herausschneiden der Zunge oder Brechen der Rippen zu bestrafen sei (Mv 1,40). Wehrkraftminderung galt als so schweres Delikt, daß auch sein geistlicher Stand den Ordinator nicht vor Strafe schützte.

Aufmerksamer Beobachtung unterlagen die Orden, was ihre Staatskonformität anging. Polemik oder gar Aktivitäten gegen den Staat zu dulden waren die altindischen Könige und Rājas nicht bereit. Sie unterhielten weitverzweigte Spitzel- und Spionagesysteme, die auch die religiösen Orden durchdrangen und jede Regung, die dem Staat schädlich sein konnte, nach oben meldeten. König Pasenadi gab dem Buddha sogar einmal eine Schilderung, wie dieser Spitzeldienst funktionierte (S 3,2,1). Im Fall des buddhistischen Saṅgha ist von Gegensätzen zwischen dem Orden und dem Staat nichts bekannt.

Im Gegenteil, der Buddha erfüllte, nicht zuletzt aufgrund seiner eigenen Kaste und Erziehung, die Erwartungen der Könige von Magadha und Kosala voll und ganz. Die Mönche wies er an, den Königen zu gehorchen (Mv 3,4,3) und sich politischer Betätigung zu enthalten. Auch soweit sie von Khattiya-Herkunft waren, war es nicht zulässig, daß sie in der Ratshalle das Wort ergriffen. Die Laienschaft ermahnte er zur Erfüllung ihrer Staats- und Bürgerpflichten und zum friedlichen Zusammenleben, sah aber darüber hinaus keinen Grund, ihr gegenüber eine Funktion als sozialer Anreger und Reformer zu übernehmen. Die Anhebung der Lebensumstände war eine Sache des Königs und der lokalen Behörden, ein Bhikkhu hatte sich um seine eigene Erlösung zu kümmern. Sozialhelferische Betätigung war als Einmischung in weltliche Affären seinem Heilsstreben schädlich.

Dank Gotamas klarer Abgrenzung der Wirkensbereiche stellte sich zwischen dem König, dem Saṅgha und der Laienschaft ziemlich schnell ein Dreiecksbezug her: Die Bevölkerung ernährte die Mönche durch Almosenspenden und den König durch Steuerabgaben; der Buddha und der Saṅgha ermahnten den König zu gerechter Regierung und die Bevölkerung zu Friedfertigkeit und Disziplin; der König sorgte für den Schutz des Landes, für unparteiische Justiz und für die ausreichende Existenzgrundlage seiner Untertanen, die jeden instand-

setzte, Almosen zu spenden. Ihm war die besondere Chance gegeben, durch das Anlegen von Parks, Staudämmen, Zisternen, Brunnen und Heimen überdurchschnittliches religiöses Verdienst zu erwerben (S 1,47). Obschon Machtmißbräuche durch den Herrscher und seine Beamtenschaft vorkamen und einzelne Bhikkhus beim Almosengang allzu fordernd auftraten, betrachtete die Mehrheit der Bevölkerung die Leistungen des Königs und des Saṅgha als überzeugend genug, um nicht gegen Obrigkeit und Religion aufzubegehren. Sie fühlte sich, soweit wir wissen, weder ausgebeutet noch empfand sie das System als ungerecht. Stimmen gegen die »trägen Schnorrer« und »faulen Pfaffen« waren zwar vereinzelt zu hören, entsprangen aber mehr momentaner Verärgerung als genereller Mißbilligung des Mönchswesens.
Zum Muster für die Verwaltungsstruktur des Saṅgha dienten dem Buddha die nördlich der Gaṅgā gelegenen Republiken. In der Leitzentrale einer solchen Republik aufgewachsen, war er mit dem Verfahren der Ratsdebatte von Jugend an vertraut und übernahm es für den Saṅgha mit Selbstverständlichkeit. Er selbst entsprach als Gesetzgeber und Leiter des Ordens dem Vorbild eines republikanischen Rāja, mit dem Unterschied freilich, daß er nicht gewählt, sondern als Ordensgründer in seine Führungsrolle hineingewachsen war.
Leitfunktionen im Saṅgha übten neben dem Meister vor allem seine Hauptjünger Sāriputta und Moggallāna aus. Sie dankten ihren Einfluß auf die Mönche nicht einer Einsetzung, sondern ihren geistigen Qualitäten. Weisungsbefugt gegenüber den Bhikkhus waren sie nicht, jedoch ist kein Fall bekannt, daß ein Mönch ihren Anregungen nicht gefolgt wäre. Eine Führungsschicht entstand im Saṅgha mit der Zeit in den Bhikkhus hohen Ordinationsalters und jenen, denen nachgesagt wurde, die Heiligkeit verwirklicht zu haben. Dieser Vollendungsgrad mußte stets durch andere festgestellt werden, denn über die erreichte Erlösungsstufe zu sprechen gehörte sich nicht. Nur in der Versdichtung war es zulässig, die Wonne der eigenen Befreitheit zu besingen.
Größere Entscheidungen innerhalb des Ordens wurden in der Frühzeit von der Vollversammlung, als der Saṅgha zu groß wurde von den örtlichen Kapitelversammlungen gefaßt. War in den Ratshallen der Republiken nur der Kriegeradel mitspracheberechtigt, so durfte bei den Kapitelversammlungen *jeder* Bhikkhu und Novize seine Argumente vortragen. Abgestimmt wurde nicht, der Gegenstand wurde so

lange diskutiert, bis Konsensus erreicht war. Sobald sich, sei es aufgrund eines Meinungswandels, sei es aufgrund physischer Erschöpfung, keine Gegenstimme mehr erhob, galt der Fall als entschieden; Schweigen in der Runde wurde als Zustimmung gewertet. Daß das Konsensusprinzip sich nicht immer bewährte, zeigt der Ordensstreit von Kosambī, bei dem das Kapitel wiederholt ohne Einmütigkeit auseinanderging.

Für wie wichtig für den Fortbestand des Saṅgha der Buddha die Mönchsversammlungen und die Führungsfunktion der älteren Bhikkhus hielt, wird deutlich aus seinen Ausführungen vor dem Ordenskapitel von Rājagaha. Nachdem Ānanda auf sein Geheiß alle Bhikkhus des Ordens zusammengerufen hatte, sprach der Buddha sie an:

> Bhikkhus, sieben (dem Saṅgha) zum Gedeihen gereichende Bedingungen will ich euch aufzeigen. Hört zu und überdenkt sie:
> – Solange die Mönche häufig Versammlungen abhalten und diese zahlreich besuchen, solange gibt es für sie (den Saṅgha) keinen Niedergang, sondern Gedeihen;
> – solange sie sich in Eintracht versammeln, in Eintracht (d. h. im Konsensus) Beschlüsse fassen und die Ordensaufgaben in Eintracht erledigen;
> – solange sie weder Neuerungen einführen noch Geltendes aufheben, sondern vielmehr nach den geltenden Regeln der Disziplin leben;
> – solange sie die Altmönche, die an Erfahrung reichen und seit langem ordinierten Bhikkhus, die die Ordensväter und Ordensunterweiser sind, wertschätzen und achten und es als ihre Pflicht ansehen, auf sie zu hören;
> – solange sie sich der zur Wiedergeburt führenden Gier nicht unterwerfen;
> – solange sie Waldbehausungen bevorzugen;
> – solange sie es schätzen, daß gleichgesinnte Mitmönche von fernher kommen und die hier bereits lebenden sich wohlfühlen:
> Solange diese sieben Bedingungen erfüllt sind, gibt es für sie (den Saṅgha) keinen Niedergang, sondern Gedeihen.
>
> (D 16,1,6 gerafft)

Der Kodex, der die im Orden geltenden Regeln und die für ihre Nichtbeachtung zu verhängenden Strafen festschrieb, ist der Vinayapiṭaka, der »Korb der Disziplin«. Seine heute vorliegende, fünf Bücher umfassende Form ist das Werk späterer Zeit, indes besteht kaum Zweifel, daß sein Material sehr alt ist und die in ihm tradierten Entscheidungen und Weisungen mehrheitlich auf den Buddha selbst zurückgehen. Jede Regel des Vinaya stellt Gotamas Fazit aus einem bestimmten Vorfall dar. Der Korb der Disziplin ist also nicht ein systematisch entworfenes Gesetzbuch, sondern das Resultat eines gewachsenen Fallrechts. Der Buddhajünger Upāli war es, der sich darauf spezialisiert hatte, die Rechtsverfügungen des Meisters zu memorieren, wobei er freilich auch manches nur für den Tag Bestimmte verewigte.
Der unsystematische Ursprung ist dem Vinaya anzumerken. Sein aus dem Suttavibhaṅga-Teil abstrahierter Pātimokkha stellt das Strafgesetzbuch des Ordens dar und behandelt vier Rechtsbereiche: Das Verhalten des Mönchs bzw. der Nonne gegenüber Personen, Sachen, dem Orden und der Religion. Es ordnet die Regeln aber nicht nach diesem System, sondern nach der Schwere der Strafe oder Maßregelung, die auf die Nichtbeachtung der Regel steht. So kommen sieben in sich sehr bunte Kategorien von Regeln zusammen; eine achte Kategorie gibt Methoden zur Streitschlichtung an.

- 1. *Pārājika*-Regeln sind solche, gegen die zu verstoßen ein Verbrechen darstellt, das mit Ausstoßung aus dem Orden bestraft wird. Für Mönche gibt es 4 Pārājika-Verstöße (Geschlechtsverkehr, Diebstahl, Mord, Anmaßung des Besitzes höherer Geisteszustände, z. B. magischer Fähigkeiten), für Nonnen 8.
- 2. *Saṅghādisesa,* Vergehen, die der Schuldige vor der Ordensversammlung zu bekennen hat und deren Ahndung, sobald erfolgt, von der Ordensversammlung bestätigt werden muß. Die Ahndung geschieht meist durch zeitweilige Außerkraftsetzung der Rechte des Schuldigen. Für den Bhikkhu gelten 13, für die Bhikkhunī 17 Regeln dieser Gruppe.
- 3. *Aniyatā,* Verbrechen, Vergehen und Übertretungen, bei denen durch Prüfung der Einzelumstände zu entscheiden ist, ob sie unter die Regeln 1, 2 oder 5 fallen; entsprechend unterschiedlich fällt die Bestrafung aus. Für den Bhikkhu gibt es 2 Delikte dieser Art.

– 4. *Nissaggiya-Pācittiya*-Regeln. Ihre Nichtbeachtung ist eine Verfehlung, die vor der Vollversammlung, dem Ortskapitel oder einem Einzelmönch zu bekennen und damit geahndet ist. Alle Regeln dieser Gruppe betreffen Besitzsachen des Mönchs oder der Nonne (Robe, Almosentopf o. ä.), der oder die den jeweiligen Streitgegenstand aufzugeben hat. Für Mönche wie für Nonnen gelten 30 Nissaggiya-Regeln.
– 5. *Pācittiya,* ecclesiastische Regeln, die zu übertreten verunreinigt. Getilgt werden sie durch ein Bekenntnis vor dem Kapitel oder einem Einzelbhikkhu. 92 Regeln dieser Art gelten für den Bhikkhu, 166 für die Bhikkhunī.
– 6. *Pāṭidesanīya*-Regeln: Ihre Übertretung ist vor dem Kapitel reuig zu bekennen. Es gibt für den Mönch 4, für die Nonne 8 Regeln dieser Gruppe.
– 7. *Sekhiyā,* Etikette- und Anstandsregeln zu den Themen Bekleidung, Benehmen beim Almosengang, Essen, persönliche Hygiene. Eine formale Sanktion für Verstöße gegen sie ist nicht vorgeschrieben. Für Mönche und Nonnen sind je 75 Sekhiyā-Regeln bindend.
– 8. *Adhikaraṇa*-Regeln beziehen sich auf das Vorgehen bei der Beilegung von Rechtsstreitigkeiten und der Behebung von Auslegungsdifferenzen. 7 Arten der Schlichtung solcher Fragen werden unterschieden.

Die Prüfung der Regeln im einzelnen erweist, daß viele davon Gemeingut des Brahmanismus und der Samaṇa-Bewegung sind, die der Buddha-Saṅgha übernommen hat. Aus der asketischen Tradition Altindiens und der Zielsetzung des Ordens verständlich, trotzdem durch ihre Vielzahl und Akribie auffällig sind die Regeln zur sexuellen Disziplin und die hohen Strafen, die für sexuelle Vergehen angedroht sind. Ins Auge fällt ferner die Breite der Etikette- und Anstandsregeln. Sie belegt nicht nur, daß der Buddha der Öffentlichkeit seinen Orden durch gutes Benehmen sympathisch zu machen suchte, sie beweist auch, daß ein Teil der Bhikkhus, was Gesittung und Auftreten angeht, elementarer Erziehung bedurfte.
Den Anstoß, die 227 Mönchs- und 311 Nonnen-Regeln des Suttavibhaṅgha-Teils des Vinayapiṭaka als Beichtformel zu verwenden, gab indirekt der Magadha-König Bimbisāra. Dieser hatte beobachtet, daß

sich nicht-buddhistische Wandermendikanten regelmäßig versammelten, um ihre Lehre zu rezitieren, und daß sie dabei erheblichen Zulauf hatten. Er schlug dem Buddha vor, ähnliche periodische Versammlungen abzuhalten, was der Meister seinen Mönchen sofort auftrug (Mv 2,1). Die Bhikkhus trafen sich fortan am 14. oder 15. Tag des Mondmonats, d. h. bei Vollmond, und am je achten Tag des zunehmenden und des abnehmenden Mondes, verweilten aber in Schweigen. Bissig kommentierte die Bevölkerung, sie säßen zusammen »wie tumbe Schweine«. Gotama verfügte daher, daß bei den Treffen die Lehre zu diskutieren sei (Mv 2,2). Später präzisierte er dies dahingehend, die Mönche sollten bei ihren Versammlungen die ihnen aufgegebenen Regeln aufsagen (Mv 2,3,1 f.), aber nicht öfter als zweimal monatlich (Mv 2,4,2). Man darf vermuten, daß der Kanon von Regeln, da noch inkomplett, damals kleiner war als heute.
Wie solche Rezitationen durchzuführen seien, darüber gab der Buddha genaue Anweisungen:

> Der Saṅgha soll von einem erfahrenen, kenntnisreichen Bhikkhu unterwiesen werden, der (folgendes) sagt: ›Ehrwürdige Versammlung *(saṅgha)*, möget ihr mir zuhören. Heute ist der Fünfzehnte (des Mondmonats) und daher ein Observanz-Tag *(uposatha)*. Wenn es dem Saṅgha recht ist, möge er den Uposatha-Tag begehen und die Beichtformel *(pātimokkha)* rezitieren.
> Was ist des Saṅgha erste Pflicht? –: Zuerst möge der Saṅgha feststellen, daß er (d. h. die Versammlung) völlig rein ist (daß kein nicht Dazugehöriger sich eingeschlichen hat).
> Ich werde nun die Beichtformel aufsagen, wobei alle Anwesenden aufmerksam zuzuhören und achtzugeben haben. Sollte irgendwer einen Verstoß begangen haben, soll er ihn (sobald der Verstoß in der Beichtformel aufgerufen wird) offenbaren. Wer keinen Verstoß begangen hat, möge schweigen. Aus dem Schweigen werde ich erkennen, daß die Ehrwürdigen rein (schuldfrei) sind. Wie jemand, der individuell gefragt wird, eine Antwort gibt, so möge jeder (schuldige) Mönch, wenn die Beichtformel in dieser Versammlung dreimal aufgesagt wird, (eine Antwort geben); wer es versäumt, einen von ihm begangenen Verstoß zu offenbaren, ist der vorsätzlichen Lüge schuldig. Vorsätzliches Lügen, ihr Ehr-

würdigen, hat der Erhabene einen (die Erlösung) hindernden Faktor genannt. Wer also eines noch nicht offenbarten Verstoßes schuldig ist und sich davon zu reinigen wünscht, der soll es offenbaren. Wenn er es offenbart hat, gereicht ihm das zur Entbürdung‹. (Mv 2,3,3)

Nach dieser Einleitung wird das Beichtformular rezitiert und jedem Anwesenden Gelegenheit gegeben, seine Verfehlung zu bekennen. Der Brauch der Pātimokkha-Rezitation wird heute noch in allen buddhistischen Klöstern gepflegt.
Die periodischen Beichtformel-Rezitationen sind nicht dasselbe wie die Kapitelversammlungen, die der Beratung von Einzelmaßnahmen dienen. Letztere werden nach Bedarf einberufen und haben lediglich administrativen Charakter. Die Pātimokkha-Feiern an den Uposatha-Tagen hingegen sind Zeremonien der feierlichen Exkulpation und rechtlich-disziplinären Läuterung.

2. Das Leben des Bhikkhu

Da der buddhistische Saṅgha zur Samaṇa-Bewegung gehörte, die sich im 6. Jh. v. Chr. als Alternative zur brahmanistischen Opferreligion etabliert hatte, verstand sich von selbst, daß er auch die Lebensweise der Samaṇas übernahm: Zölibat, Besitzlosigkeit, hausloses Umherziehen und Ernährung durch Almosen. Durch Regeln festzulegen blieben indes die Punkte, die bei den älteren Samaṇa-Schulen nicht eindeutig geordnet schienen oder in denen der Saṅgha von den Standardbräuchen abwich.
Weisungen des Buddha für das Verhalten der Mönche enthält nicht nur der Vinayapiṭaka, sondern der gesamte Pāli-Kanon. Unablässig bis ins hohe Alter war Gotama bemüht, die Mönche und Nonnen zur Bekämpfung der Leiden zeugenden Gier anzuhalten und sie zu korrektem Auftreten in der Öffentlichkeit zu erziehen. Überzeugt, daß günstige öffentliche Meinung für den Dhamma wichtig sei, war er immer bereit, Regeln, die dem Gerede der Leute Nahrung gaben, abzuwandeln oder aufzuheben. Ein Beispiel dafür ist seine Weisung zur Etikette beim Niesen. Als er einmal bei einer Lehrdarlegung nieste, störte es ihn, daß die Mönche mit dem üblichen Segenszuruf: »Lange möget Ihr leben!« seine Rede unterbrachen, und er verbot ihnen, diesen Spruch fortan zu

verwenden oder auf ihn zu reagieren. Bald indes stellte sich heraus, daß die Laienbekenner, die einem niesenden Bhikkhu Segen wünschten, es ungehobelt fanden, wenn er darauf nicht antwortete. Der Buddha widerrief deshalb seine Weisung und gestattete den Bhikkhus, den Segen wie früher mit der Dankformel: »Langes Leben (auch Euch)!« zu quittieren (Cv 5,33,3). – Vorschlägen für neue Regeln war er immer aufgeschlossen, von welcher Seite sie auch kamen. Tatsächlich haben außer den Mönchen auch Laienbekenner, darunter Bimbisāra, Jīvaka, Anāthapiṇḍika und Visākhā, durch vernünftige Anregungen an der Gestaltung buddhistischer Ordensbräuche mitgewirkt.

Auf einen Vorschlag des Arztes Jīvaka, dem König Bimbisāra die ärztliche Betreuung des Saṅgha aufgetragen hatte, ging es zurück, daß Menschen, die an Lepra, Furunkulose, Ausschlägen, Tuberkulose oder Epilepsie litten, von der Aufnahme in den Orden ausgeschlossen blieben (Mv 1,39). Damit wurde verhindert, daß Personen mit diesen Krankheiten in den Orden eintraten, um von Jīvaka kostenlos behandelt zu werden. Hinderungsgründe für die Ordination lagen auch vor, wenn es sich bei den Applikanten um Eunuchen handelte (Mv 1,61), um Hermaphroditen (Mv 1,68), Menschen, denen Glieder fehlten, die entstellt, lahm, bucklig, zwergwüchsig, mit Kropf behaftet, schiefgewachsen, altersschwach, blind oder taub waren oder unter Elephantiasis – der in Reisbaugebieten endemischen, von Moskitos übertragenen Filaria – litten (Mv 1,71). Alle diese Regeln bezweckten, daß der Saṅgha nicht zu einer Versorgungsoase für anderweitig Untaugliche wurde.

Ausgeschlossen von der Aufnahme waren des weiteren Soldaten im aktiven Dienst des Königs, flüchtige Verbrecher, steckbrieflich Gesuchte, öffentlich Gezüchtigte und Gebranntmarkte, Verschuldete und Sklaven (Mv 1,40–47). Nicht gerade verboten, aber nicht erwünscht war es überdies, daß ein Mann in hohem Alter dem Saṅgha beitrat. Alt-Ordinierte besaßen nur selten die für einen Bhikkhu erforderlichen Eigenschaften (A 5,59-60).

Keine Rücksicht nahm Gotama bei Ordinationen auf das Schicksal der zurückbleibenden Familie, selbst wenn es sich bei dem Ordinanden um den Ernährer handelte. Er rechnete darauf, daß die Großfamilie die Mönchswitwe und ihre Kinder mit durchbringen werde. War dies nicht der Fall, hatte die Familie die materielle Not eben in Kauf zu nehmen. Seiner Einschätzung nach fielen die ephemeren Nöte der Familie neben dem Ewigkeitswert der Erlösung nicht ins Gewicht. Kennzeichnend für seine kompromißlose Haltung in dieser Frage ist die Anerkennung, die er dem Bhikkhu Sangāmaji zollte (und die spätere Mönche in Verse gossen). Sangāmaji war nach Sāvatthi gekommen, um den Erhabenen zu sehen, und auf diese Nachricht hin war auch Sangāmajis ehemalige Frau mit ihrem Söhnchen nach Sāvatthi geeilt. Als der Bhikkhu im Jetavana am Fuß eines Baumes sitzend Mittagsruhe hielt, trat sie vor ihn hin: »Ernähre mich, Samaṇa, und unseren kleinen Sohn!« Sangāmaji aber rührte sich nicht. Ein zweites und drittes Mal sprach sie ihn an, ohne Erfolg. Zornig legte die Frau dem Mönch das Kind zu Füßen: »Dies ist dein Sohn, Samaṇa, ernähre (wenigstens) ihn!« Darauf entfernte sie sich. Als sie sich jedoch aus einigem Abstand umschaute und erkannte, daß der Bhikkhu sein Söhnchen weder angeblickt noch angesprochen hatte, holte sie den kleinen Jungen zurück und ging traurig davon. Der Buddha aber, der von dem Vorfall und »dem ungebührlichen Betragen« der Frau hörte, bemerkte dazu:

Sie kam, und er freute sich nicht,
sie ging, und es reute ihn nicht,
ein Sieger, die Fesseln zertrennt:
Ihn wahrlich *›Brahmanen‹* man nennt! (Ud 1,8)

Mehr Rücksicht als auf Frau und Kinder hatte der Mann, der Bhikkhu werden wollte, auf seine Eltern zu nehmen. Dies war die Konzession, die der Rāja Suddhodana seinem zum Ordenshaupt gewordenen Sohn nach der Noviziierung Rāhulas abgerungen hatte: Daß niemand ohne elterliche Zustimmung in den Saṅgha aufgenommen werde (Mv 1,54,6). Die Regel galt für Männer (Mv 1,76,1) und für Frauen. Letztere hatten, falls verheiratet, zusätzlich die Erlaubnis ihres Gatten beizubringen (Cv 10,17,1).

Während der Buddha in der Frühzeit des Ordens jeden Applikanten mit der Formel: »Komm, Mönch, gut erklärt ist die Lehre, führe ein Leben in Reinheit, um des Leidens Ende zu verwirklichen« sofort als Vollmönch ordinierte (z. B. Sāriputta und Moggallāna in Mv 1,24,5), setzte er später fest, daß der Weg in den Orden sich in zwei Etappen zu vollziehen habe: Durch das zeremonielle »Hinausziehen« *(pabbajā)*, d. h. Weltverzicht wurde man in den Kreis der Samaṇas aufgenommen und erwarb im Buddhaorden den Rang eines Novizen *(sāmaṇera);* durch die eigentliche Ordination, wörtlich »das Hinzutreten« *(upasampadā),* erhielt man die Rechte eines Vollmönchs *(bhikkhu).* Für die Pabbajā war ein Mindestalter von fünfzehn Jahren (Mv 1,50), für die Upasampadā von zwanzig Jahren erforderlich (Mv 1,49,6); gerechnet wurde das Alter von der Zeugung an (Mv 1,75).

Einen bestimmten Zeitabstand zwischen der Noviziierung und der Ordination schreiben die Quellen nicht vor, ausgenommen wenn der Bewerber vorher Mitglied einer anderen Samaṇa-Schule gewesen war. Da angenommen wurde, daß ein solcher Ordenswechsler einige Zeit benötigen werde, seine bisherigen religiösen Ideen und Gepflogenheiten abzulegen, war für ihn eine Probezeit von vier Monaten obligatorisch (Mv 1,38), in der er von den Mitgliedern des Saṅgha auf seine Tauglichkeit beobachtet wurde. Die Probezeit entfiel, wenn der Applikant zuvor Flechthaarasket *(jaṭila)* gewesen war oder dem Sakiya-Stamm angehörte (Mv 1,38,11). Die Begünstigung der Flechthaarasketen mag ihren Grund darin haben, daß Gotama einst ihre besondere Gastfreundschaft genossen hatte und dem Jaṭila-Oberhaupt Uruvela-Kassapa zu Dank verpflichtet war.

Das Verfahren der Noviziierung ist einfach und wird im Vinayapiṭaka (Mv 1,54,3) wie folgt beschrieben: Der Bewerber schert sich Haar und Bart ab und legt die gelben Roben an, die ihm zumeist gestiftet werden. Nachdem er sich zu Füßen eines Mönchs niedergehockt hat, legt er die Handflächen grüßend aneinander und spricht die Formel:

»Ich nehme meine Zuflucht zum Buddha,
Ich nehme meine Zuflucht zur Lehre,
Ich nehme meine Zuflucht zur Mönchsgemeinde.«

Diese Sätze wiederholt er dreimal. Eine Erwiderung seitens des älteren Mönchs erübrigt sich, da Schweigen Zustimmung bedeutet. Als ethische Richtschnur für den Novizen galt noch nicht der ganze, 227 Punkte umfassende Katalog der Pātimokkha-Beichtformel, sondern lediglich der Block der 10 Negativ-Regeln. Bald wurde es üblich, daß der Novize die Übernahme dieser Regeln vor dem Kapitel formell bestätigte.

Zeremoniell aufwendiger als die Pabbajā ist die Upasampadā, die Vollordination. Sie setzt die Anwesenheit von mindestens zehn Mönchen voraus (Mv 1,31,2), die alle »Ältere« *(thera)* sein, d. h. zehn Ordinationsjahre hinter sich haben sollen. Außerhalb des Mittleren Landes, wo es schwer war, ein Kapitel von zehn Bhikkhus zusammenzurufen, genügten fünf Mönche als Ordinationszeugen.

Voraussetzung für die Vollordination ist, daß der Novize einen »Älteren« als Präzeptor *(upajjhāya)* gefunden hat (Mv 1,25,7), der ihn dem Kapitel zur Ordination vorschlägt. Hat dieses durch Schweigen zugestimmt, tritt der Ordinand vor die Kapitelversammlung hin und spricht, niedergehockt und die Hände aneinandergelegt, folgendes:

> »Ehrwürdige Herren, ich bitte den Saṅgha um Ordination. Möge der Saṅgha mich zu sich erheben aus Mitleid!«

Regt sich bei dreimaligem Sprechen dieser Formel kein Widerspruch, ergreift einer der anwesenden Älteren das Wort:

> »Ehrwürdige Herren, möge die Versammlung mich anhören. Dieser So-und-so erbittet von dem ehrwürdigen (Kapitelvorsitzenden) So-und-so die Ordination, und zwar durch den Präzeptor So-und-so. Wenn es der Versammlung recht ist, möge sie den (Novizen) So-und-so durch den Präzeptor So-und-so ordinieren. Dies ist mein Antrag.« (Mv 1,29,2 f.)

In der Frühzeit des Saṅgha scheint die Ordination, wenn der Antrag dreimal ohne Protesteinwurf wiederholt worden war, vollzogen gewesen zu sein. Später wurde die Aufnahmezeremonie dadurch erweitert, daß der Novize, der vorher schon unter vier Augen befragt worden war (Mv 1,76,3), durch öffentliche Antworten seine Tauglichkeit bestätigen mußte. Der Kapitelvorsitzende fragte ihn:

> »Leidest du unter Krankheiten wie Lepra, Furunkulose, Ausschlägen, Schwindsucht, Epilepsie?
> Bist du ein Mann (d. h. kein Eunuch, und ein *Mensch,* d. h. kein Nāga [Schlangenwesen] in Menschengestalt)?
> Bist du ein freier Mann?
> Bist du ohne Schulden?
> Stehst du nicht in den Diensten des Königs?
> Bist du volle zwanzig Jahre alt?
> Bist du im Besitz von Almosentopf und Mönchsroben?
> Wie heißt du?
> Wie heißt dein Präzeptor?« (Mv 1,76,1)

Gab der Novize auf alle Fragen befriedigende Antworten, war seine Ordensaufnahme als Vollmönch rechtsgültig. Nach dem gleichen Zeremoniell wird der buddhistische Mönch noch in unseren Tagen ordiniert.

Für den jungen Bhikkhu war es von großer Bedeutung, einen guten Präzeptor zu haben, denn er unterstand dessen geistlicher Leitung mindestens fünf (Mv 1,53,4,) im Regelfall zehn Jahre (Mv 1,53,3). Wenig lernfähige Bhikkhus blieben ihr ganzes Leben einem Präzeptor unterstellt (Mv 1,53,4 ff.). Zwischen dem Präzeptor und seinem Schüler bestand ein Verhältnis wie zwischen Vater und Sohn; ihr Umgang miteinander war höflich und rücksichtsvoll (Mv 1,32,1). Solange sie in einem Kloster lebten, teilte der junge Bhikkhu mit dem Präzeptor die Zelle und fungierte für ihn als eine Art Dienermönch (Mv 1,25,8–24). Zehn Jahre nach seiner Ordination wurde er ein Älterer *(thera)* und konnte nun selbst als Präzeptor Jungmönche ausbilden (Mv 1,32,1) und als Mitglied eines Ordinationskapitels fungieren. Nach zwanzig Ordensjahren wurde er ein Groß-Älterer *(mahāthera)*.

Im Gegensatz zum Eintritt in den Saṅgha, der mit den beschriebenen Formeln geschah, vollzog sich der Austritt aus dem Orden formlos. Es genügte, die gelbe Robe abzulegen. Manchmal tat einer den Schritt aus Protest, so z. B. Sarabha, der mit dem Dhamma unzufrieden war (A 3,64), und Sunakkhata, der dem Buddha vorwarf, er besitze kein übermenschliches Wissen, seine Lehre sei (keine Aufdeckung bestehender Sachverhalte, sondern) ein bloßes Verstandesprodukt und frei erfunden (M 12 I p.68). Meist indes hatte der ins Weltleben Zurückkehrende persönliche Gründe. Einen gesellschaftlichen Makel erzeugte der Ordensaustritt nicht. Auch stand dem Ex-Bhikkhu der Wiedereintritt in den Saṅgha offen, machte aber eine neue reguläre Ordination erforderlich. Von dem Mönch Citta heißt es, daß er viermal in den Orden ein-, also dreimal ausgetreten sei; trotzdem erreichte er als Heiliger das Erlösungsziel (A 6,60 + D 9,56). Nicht möglich war der Wiedereintritt in den Saṅgha allerdings für jene, die vom Buddhasaṅgha zu einer anderen Samaṇa-Schule übergewechselt waren und versuchten, diesen Schritt rückgängig zu machen (Mv 1,62,3).

Nach der Ordination spielte die Kastenherkunft des Bhikkhu keine Rolle mehr, denn wie die großen Flüsse Gaṅgā, Yamunā, Aciravati, Sarabhū und Mahī Namen und Identität verlieren, sobald sie ins Meer münden, so verlieren auch die Angehörigen der Vier Kasten ihre Identität im Saṅgha des Buddha und gelten nunmehr als Sakiya-Söhne (A 8,19). Der Mönch war Mitglied einer kastenlosen monastischen Gesellschaft.

Dennoch wurde seine soziale Abstammung nicht immer vergessen. Der Pāli-Kanon überliefert viele Mönchsnamen, denen ein Hinweis auf den Beruf des Vaters oder die einstige Erwerbstätigkeit des Namensträgers anhängt: Citta, Sohn des Mahaut; Sāti, der Fischersohn; Tissa, Sohn des Türhüters; Dhaniya, der Töpfer; Ariṭṭha, der Geierabrichter; Suppiya, der Leichenträger; Sunīta, der Straßenfeger – man kann eine lange Liste solcher Namen zusammenstellen. Oft, aber nicht immer, dienten die Zusatzangaben zur Unterscheidung von anderen Bhikkhus gleichen Namens. In keinem Fall hinderte die Herkunft aus einfacher Familie einen Mönch daran, zur Ordensprominenz aufzusteigen; der Rechtsexperte Upāli zum Beispiel war Barbier gewesen. Die Heiligkeit erreichten Bhikkhus aus sozial schlechter gestellten Kreisen ebenso leicht oder schwer wie Bhikkhus aus vermögenderen Familien, denn zur Abtötung von Gier, Haß und Verblendung gehören andere Qualitäten als solche, die man in der Schule erwirbt.

Maßgebend für die protokollarische Rangfolge der Mönche untereinander war das Ordinationsalter, das nach den im Saṅgha zugebrachten Regenzeiten *(vassa)* gezählt wurde. Die dienstjüngeren Bhikkhus hatten die Bhikkhus höherer Anciennität zu grüßen, ihnen den besten Sitz und die beste Almosenspeise anzubieten (Cv 6,6,4). Rangordnungsrücksichten entfielen beim Warten vor der Latrine, weil ein junger Bhikkhu, der Dienstälteren dort den Vortritt gelassen hatte, infolge seines verkniffenen Drangs in Ohnmacht gefallen war (Cv 8,10,1). Gegenüber der Laienschaft war die Seniorität bedeutungslos, nach außen galten alle Mönche als gleichrangig.

Ein für alle Samaṇas elementares Gebot war das der Armut, jedoch machte der Buddha für seinen Orden im Laufe der Jahre diesbezüglich mehrere Zugeständnisse. Als persönlicher Besitz waren dem Bhikkhu ursprünglich nur Acht Utensilien erlaubt: Drei Roben, ferner Almosentopf, Schermesser, Nadel, Gürtelband und Wasserfilter. Die Roben – Hüfttuch, Schultertoga und Mantelrobe – hatten anfänglich aus Lumpenfetzen zu bestehen, die der Mönch aus Abfallhaufen und auf Leichenstätten zusammensuchte; zuweilen waren Hautinfektionen

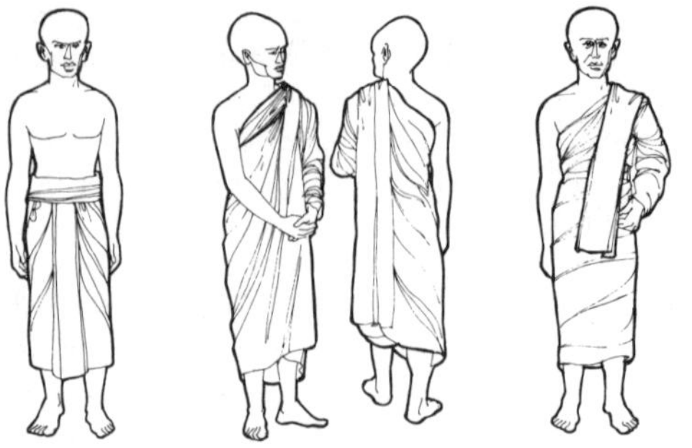

Die drei Roben des buddhistischen Mönchs.

das Ergebnis (Thag 207). Später erlaubte Gotama, daß auch gestiftete Gewänder getragen werden durften (Mv 8,1,35). Noch die Bhikkhus der Gegenwart tragen Tücher, die zur Minderung ihres Materialwerts aus rechteckigen Stofflappen zusammengestückelt sind.

Fußbekleidung gehörte in der Anfangszeit des Ordens nicht zur Ausstattung des Mönchs, der Buddha ging zumindest in den frühen Jahren seiner Mission barfuß. In der Folgezeit wurden einfache Sandalen toleriert (Mv 5,1,30). Auch ein wollenes Schultertuch und eine Zudecke (Mv 8,1,36), ferner ein Moskitofächer und, solange er sich auf dem Klostergelände aufhielt, ein Sonnenschirm wurden dem Mönch zugestanden (Cv 5,23).

Regeln erließ der Buddha des weiteren für die persönliche Hygiene. Von einigen Asketengruppen, die sich durch starrenden Schmutz auszeichneten und in der Unterlassung jeglicher Körperpflege eine religiöse Observanz und einen Ausdruck ihrer Weltverachtung sahen, stachen die Bhikkhus wohltuend ab. Sie wuschen sich, nicht anders als die Bürger im Weltleben, täglich durch Übergießen mit Wasser. Bäder in Teichen waren ihnen seltener gestattet, vermutlich wegen der schwer zügelbaren Ausgelassenheit, die sich beim gemeinsamen Tauchbad unter jungen Mönchen entwickeln konnte. Zum Zähneputzen diente ein Stück Zweig des Nimba- (H: Nīm-) Baums (Azadirachta indica, Margosa), das man an der Spitze zu einem kleinen Pinsel zerkaute, mit dem man die Zähne abrieb (Cv 5,31). Das bitter schmeckende Nimba-Holz hat einen adstringierenden Effekt.

Elaboriert und doch im Grunde liberal waren die Regeln für das Einholen und den Verzehr der Almosenspeise. Der Almosengang fand stets morgens statt. Einzeln oder in kleinen Gruppen schritten die Bhikkhus mit niedergeschlagenem Blick von Haus zu Haus und warteten schweigend vor jeder Tür, ob ihnen Nahrung in den Almosentopf gefüllt würde. Nur zubereitete Speisen durften angenommen werden, keine Lebensmittel im Rohzustand. War die Gabe nicht ausreichend, ging es im Gänsemarsch weiter zum nächsten Haus. Häuser auszulassen oder Straßenzüge in besseren Wohngegenden zu bevorzugen, war nicht zulässig, da armen und reichen Haushabern gleichermaßen die Möglichkeit zum Erwerb kammischen Verdienstes geboten werden mußte. Zudem sollte der Eindruck vermieden werden, die Mönche bevorzugten die Häuser der Reichen wegen ihrer besseren Küche. Die sich zunehmend durchsetzende Vorstellung, daß nicht der empfangende Mönch, sondern der durch das Geben Verdienst *(puñña)* erwerbende Spender der eigentlich profitierende Teil sei, bewirkte, daß es an Spenden nicht mangelte und der Orden selten Hunger zu leiden hatte. Sie gab den Mönchen zugleich die Handhabe, einen Laienbekenner, der eine Verfehlung gegen den Saṅgha begangen hatte, durch das »Umkehren des Almosentopfes«, d. h. Nichtannahme seiner Spende, zu maßregeln. Der Saṅgha entzog damit dem zu Bestrafenden die Chance, sich durch Geben gutes Kamma zu erwerben.

Es zeugt für Gotamas praktische Vernunft, daß er von den Mönchen nicht verlangte, strikt vegetarisch zu leben. Abzulehnen hatten sie Fleisch und Fisch nur, wenn sie vermuten mußten, das Tier sei speziell für sie geschlachtet bzw. gefangen worden (Mv 6,31,14). Schon das Mitleid, das jeder Bekenner der Buddhalehre den Wesen entgegenzubringen hat, erfordert, daß er seinen Fleischkonsum gering hält. Andererseits wäre ein totales Fleischverbot für den Mönch schwer durchzuhalten gewesen, denn da er nicht für sich selbst kochte und die Klöster keine eigene Küche unterhielten, war er auf das angewiesen, was ein

Spender ihm bot. Er hatte zu essen, was in seinen Almosentopf kam. Der Kanon überliefert den Fall des Bhikkhu Mahākassapa, der sogar den abgefaulten Daumen eines Leprakranken mitaß, der in sein Bettelgefäß gelangt war (Thag 1054–56). Selbst wenn mehrere Spender ihm ganz verschiedenartige Speisen einfüllten, hatte der Bhikkhu die Spende anzunehmen. Daß Magenverstimmungen und Dysenterien im Saṅgha häufig, ja fast eine Berufskrankheit waren, liegt auf der Hand. Auch das plötzliche Überladen des Magens war der Gesundheit nicht zuträglich.

Als Erleichterung des Bhikkhulebens ist es anzusehen, daß Gotama Einladungen ins Haus eines Gönners annahm und seinen Mönchen erlaubte, das gleiche zu tun. Auch im Haus wurde aus dem Almosentopf gegessen. Die Mahlzeit, die stets vor Sonnenhöchststand beendet sein mußte, da den Mönchen späteres Essen nicht erlaubt war, schloß gewöhnlich mit einer Lehrrede an den Gastgeber. Im Almosentopf Übriggebliebenes wurde als Futter für Tiere auf eine Sandfläche geschüttet und der Topf in fließendem Wasser gespült.

Der Tagesablauf des Bhikkhu ließ wenig Variation zu. Der Morgentoilette folgte der Almosengang, wobei oft mit der Laienschaft vorbesprochen war, an welchen Häusern gebettelt werden sollte. Die Almosentour brachte die jüngeren Mönche gelegentlich in Gefühlsverwirrung, da die Austeiler der Spenden überwiegend Frauen und Mädchen waren. Für die Sammelrunde bedurfte es daher verstärkter Selbstkontrolle, wie der Meister seinen Bhikkhus einschärfte:

> Da hat sich ein Bhikkhu am Morgen angekleidet, hat Obergewand und Almosentopf genommen und geht nun in ein Dorf um Almosenspeise. Aber sein Körper, seine Rede, sein Denken sind ungezügelt. Dort (in dem Dorf) sieht er eine Frau, dürftig bekleidet, kaum verhüllt, und so verunreinigt Begierde sein Herz. Darum, Mönche, solltet ihr euch üben: ›Nur mit gezügeltem Körper, gezügelter Rede, gezügeltem Denken, Achtsamkeit übend und mit kontrollierten Sinnen wollen wir um Almosenspeise in ein Dorf gehen!‹ (S 20,10 gerafft)

Von der Almosenrunde zurückgekehrt, nahmen die Mönche am Dorfrand im Schatten eines Baumes ihre Mahlzeit ein, die einzige des Tages. Danach brachen sie zu einem neuen Ort auf, denn der frühe Saṅgha nahm die Samaṇa-Tradition des Umherwanderns ernst. Machte dann die Mittagshitze ein Weiterziehen unmöglich, wurde eine Rast eingelegt, die mit Schlaf oder Meditation verbracht werden durfte. Nachmittags ging die Wanderung weiter bis zu einem Platz unweit einer Ansiedlung, wo sich die kleine Schar für die Nacht niederließ. Der Spätnachmittag diente dem Gespräch über den Dhamma und der Unterweisung der Mönche, der Abend der Meditation.

Ortsgebunden lebten die Bhikkhus während des Monsuns (Juni bis September). Nach einem Gebot des Buddha, das einen Samaṇa-Brauch bestätigte, hatten sie »Regenzeit *(vassa)* zu halten« (Mv 3,1) und sich zu diesem Zweck unter ein Dach zu begeben (Mv 3,12,6). Es stand ihnen zur Wahl, sich selbst eine Regenhütte zu bauen oder ein bereits bestehendes Kloster aufzusuchen.

Der Vassa-Aufenthalt, der drei von den vier Monsun-Monaten umfaßte, begann in der Regel mit dem Vollmond des Āsāḷha (Juni/Juli), aber es war jedem Bhikkhu anheimgestellt, ihn erst einen Monat später, also am Juli/August-Vollmond anzutreten (Mv 3,2,2). Das Wanderverbot endete mit dem drittfolgenden Vollmond, dem des Āssina (September/Oktober) bzw. für den Vassa-Spätbeginner dem des Kattikā (Oktober/November). Besonders feierliche Uposatha-Beichtversammlungen *(pavāraṇā)* schlossen die monastische Regenzeit formal ab. Sofort danach nahmen die für entpflichtet erklärten Mönche ihre Wandertätigkeit wieder auf.

Natürlich hatte der Brauch des Vassa-Haltens nicht nur traditionelle, sondern auch praktische Gründe. Wenn der Himmel platzt wie ein Wassersack, die Flüsse als gurgelnde braune Ströme über die Ufer treten, die Wege im Schlamm versinken und Schlangen und Skorpione sich auf den von der Flut verschonten Stellen sammeln, dann sind das Wandern und das Kampieren im Freien so gut wie ausgeschlossen. Zudem brachte die dampfende Nässe des Monsuns erhöhte Gefahren für die Gesundheit. Falls der Mönch krank wurde, war es leichter, ihn im Kloster als auf der Wanderung zu pflegen.

Die Pflicht, Regenzeit zu halten, war für den Saṅgha in mehrfacher Hinsicht ein Segen. Während der Monate des Umherziehens konnte es geschehen, daß der eine oder andere Mönch sich allzu legere Umgangsformen angewöhnte. Der Regenzeitaufenthalt unter dem kritischen Blick älterer Mitmönche zwang dazu, sich wieder auf die Ordensetikette zu besinnen und brachte lax gewordene Mönche neuerlich an die disziplinäre Kandare. Zugleich stärkte der Vassa unter den Bhikkhus das Bewußtsein, einer großen Bruderschaft anzugehören. Das ortsfeste Zusammenleben, das gemeinsame Lernen der Worte des Meisters, der Austausch von Erfahrungen und Wissen schufen Freundschaften, deren erzieherischen Wert Gotama hoch einschätzte:

> Wahrlich, dieses gesamte religiöse Leben (im Saṅgha) besteht in der Freundschaft derer, die das Gute lieben, in ihrer Gefährtenschaft, ihrer Kameradschaft. Ein Mönch, der ein Freund des Guten, ein Gefährte und Kamerad ist, von dem ist zu erwarten, daß er diesen Edlen Achtfachen Weg (zur Erlösung auch bei seinen Gefährten) entwickelt und pflegt. (S 3,18)

Nicht das halbe, nein das ganze disziplinäre Leben des Bhikkhu bestehe in der Freundschaft mit einem in der gleichen Richtung strebenden Mitmönch, erklärte der Meister dem Ānanda (S 45,1,2). Auch nach der Lösung ihrer weltlichen Bindungen waren die Bhikkhus nicht ohne mitmenschlichen Bezug: Ihre Welt war der Saṅgha, ihre Nächsten waren die anderen Mönche. Als Gotama einmal einen von der Ruhr befallenen Bhikkhu fand, der hilflos in seinem Schmutz lag, ohne daß jemand für ihn sorgte, übernahm er zusammen mit Ānanda seine Pflege. Dann rief er den örtlichen Saṅgha zusammen und redete den Bhikkhus ins Gewissen:

> Mönche, ihr habt keine Mutter und keinen Vater, die sich um euch kümmern. Wenn ihr euch nicht selbst um einander kümmert, wer sonst, so frage ich euch, wird es tun? Mönche, wer immer sich (falls ich krank werde) um mich kümmern würde, der soll den kranken Mitmönch pflegen. (Mv 8,26,3)

Bedeutsam war der Regenzeitaufenthalt des weiteren für die Dhamma-Kenntnis der Bhikkhus. In ihrer klösterlichen Gemeinschaft rezitierten sie die Suttas (Lehrreden) des Buddha und lernten neue Äußerungen des Meisters hinzu. Der Wissensaustausch nach der Methode des »Audierens« war zwar nicht auf die Regenzeit beschränkt, wurde aber durch das Zusammenleben einer größeren Gruppe von Bhikkhus und durch die zeitweilige Seßhaftigkeit begünstigt. Der Dhamma wäre uns weniger präzise überliefert, wenn die Bhikkhus nicht im jährlichen

Vassa die Chance gehabt hätten, die Reden des Meisters zu rekapitulieren und an die jüngeren Mönche weiterzugeben.
Selbstverständlich hielt auch der Buddha den Brauch des Regenzeithaltens ein. Ein Kommentar (die Manorathapūraṇī 2,4,5 II p. 124) liefert eine Liste der Stätten seiner Monsunaufenthalte durch die ganze Zeit seiner Mission.

Jahr v. Chr.	Missionsjahr	Regenzeitaufenthalt in	Erläuterung
528	1.	Isipatana	Sārnāth bei Benares
527	2.		
bis	bis		
525	4.	Rājagaha (Veḷuvana)	
524	5.	Vesāli (nur 8 Tage, Restzeit in Rājagaha)	
523	6.	Maṅkula-Berg	nicht lokalisierbar
522	7.	»Himmel der Dreiunddreißig Götter«	legendär
521	8.	Suṃsumāragiri	Stadt des Bhagga-Stamms im Vaṃsa-Königreich
520	9.	Kosambī	
519	10.	Pārileyya	Dorf bei Kosambī
518	11.	Nālā	Dorf im Königreich Magadha bei Gayā
517	12.	Verañja	Ort südlich von Sāvatthi
516	13.	Cālika-Berg	nicht lokalisierbar
515	14.	Sāvatthi (Jetavana)	
514	15.	Kapilavatthu	
513	16.	Āḷavī	Ort 85 km nördlich von Benares, nicht identifizierbar
512	17.	Rājagaha	
511	18.		
und	und		
510	19.	Cālika-Berg	
509	20.	Rājagaha	
508	21.		
bis	bis		
485	44.	Sāvatthi	
484	45.	Vesāli.	

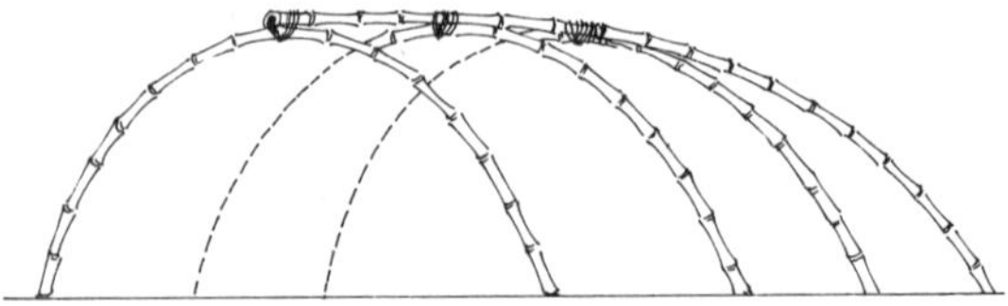

Ein paar mit beiden Enden in den Boden gesteckte, durch Längsstreben verbundene Stäbe bildeten das Skelett der frühen Mönchshütte, die jeder Bhikkhu sich für die Monsunzeit selbst errichtete und danach wieder abriß. Später bauten Laienbekenner aus dem gleichen Material für

Die Liste mag nicht durchweg verläßlich sein und füllt in einem Fall (im 7. Missionsjahr) eine Wissenslücke durch eine legendäre Angabe, – für den Buddhahistoriker ist sie dennoch ein wichtiges Hilfsmittel, das die chronologische Einordnung sonst undatierter Ereignisse möglich macht.

3. Klöster

Bei den Klöstern der Frühzeit des Ordens sind zwei Typen zu unterscheiden: Von den Mönchen selbst angelegte Ansiedlungen *(āvāsa)*, die nach der Regenzeit wieder abgerissen wurden, und gestiftete Klosterhaine *(ārāma)*, die den Bhikkhus ganzjährig zur Verfügung standen.

Die Āvāsa-Bezirke wurden zu Beginn des Monsuns festgelegt. Dies geschah, indem die Bhikkhus markante Punkte der Landschaft: Hügel, Felsen, auffällige Bäume, Straßen, Flüsse usw. durch eine gedachte Linie verbanden und sich einigten, den von dieser Grenze *(sīmā)* umschlossenen Bezirk als ihren (temporären) Āvāsa anzusehen (Mv 2,6). Der Umkreis des Geländes durfte drei Ochsentouren (30 km) nicht

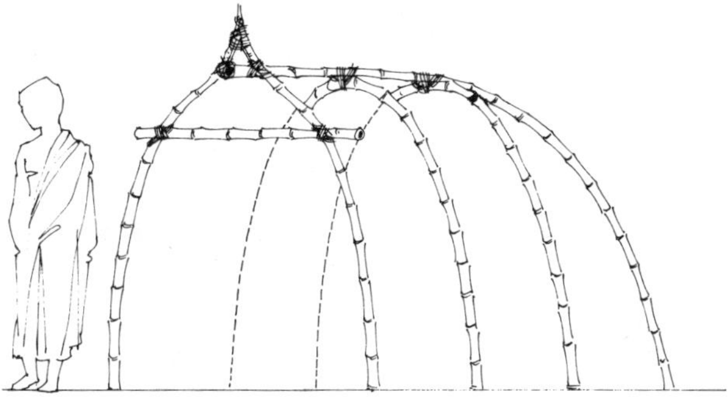

den Saṅgha größere Hütten, die das aufrechte Stehen zuließen. Sie schufen damit den durch Spitzgiebeltor, Tonnendach und Rundapsis charakterisierten buddhistischen Baustil, der in der Folgezeit auch mit Holzbalken ausgeführt wurde.

überschreiten (Mv 2,7,1). Die Bhikkhus, die in diesem Areal ihre Hütten bauten, bildeten für die Regenzeit ein Mönchskapitel *(saṅgha)* und hielten ihre Uposatha- und Beratungsversammlungen gemeinsam ab. Als Platz für die Saisonklöster wählten die Mönche flutsichere Örtlichkeiten, nicht zu fern von einem Dorf in dem man Almosen sammeln konnte. Die von ihnen mit eigener Hand errichteten Hütten waren eben hoch genug, um das Hocken, lang genug, um das Liegen zu erlauben. Ein paar biegsame Stangen wurden in einer Reihe mit beiden Enden in den Boden gesteckt, die Spantenbögen durch Längsstäbe miteinander verbunden und das tonnenförmige Geflecht mit Blättern, Gras oder Matten abgedeckt, das war alles. Als der Bhikkhu Dhaniya, durch seinen ehemaligen Töpferberuf mit dem Werkstoff Ton vertraut, sich eine halbkugelförmige Lehmhütte baute und diese durch Entzünden eines Feuers im Inneren zu einem soliden Backsteiniglu brannte, mißbilligte der Buddha dies und ordnete die Zerstörung der Behausung an (Sv 2,1–2). Nicht nur wollte er die Praxis des Brennens, die viele kleine Tiere tötete, für die Zukunft unterbinden, wahrscheinlich lag ihm auch daran, den Bhikkhu Dhaniya, der schon fast ein Jahr an dem Ort gewohnt hatte, davon abzuhalten, ein Dauerwohnrecht zu beanspruchen. Richtiger als Dhaniya machten es die Mönche, die sich an einem Hang des Isigili (bei Rājagaha) Hütten bauten und diese nach Ablauf der Regenzeit wieder abbrachen (Sv 2,1). Man scheut sich fast, für die Ansammlung von kümmerlichen Blätter- und Mattenhütten das Wort »Kloster« *(vihāra)* zu verwenden, doch ist genau dies das in den Pāli-Texten dafür übliche Wort.

Eher verdienen den Namen Kloster die Haine *(ārāma)*, die reiche Gönner dem Saṅgha durch öffentliche Widmung als Wohnsiedlungen stifteten. Die Begrenzung dieser Klosterparks, bisweilen Blütenbaum-, vorwiegend aber Mango-Haine, war durch einen Bambuszaun, eine Dornenhecke oder einen Graben markiert.

Anfänglich scheinen die Stifter von Ārāmas sich auf die Schenkung des Geländes beschränkt und es den Bhikkhus überlassen zu haben, sich dort Regenhütten zu errichten. Später ließen die Stifter auch die Unterkünfte und Versammlungshallen bauen. Vor allem bei letzteren gingen sie mit den Jahren zu stabilerer Konstruktion über, indem sie statt Bambus Balken benutzten, aber das Tonnendach beibehielten. Wie solche Hallen aussahen, wissen wir durch die westindischen Höhlen von Ajanta, Nāsik, Kaṇheri, Junnar, Kārla und Bhaja, die die Spantenkonstruktionen der Anfangszeit kopieren und das Innengebälk der heute verschwundenen Holzbauten minutiös in Stein nachbilden. Die Höhlen von Nāsik und Kārla geben in Stein sogar die Tongefäße wieder, in die man einst die Füße der hölzernen Tragsäulen stellte, um sie gegen den Befall durch Weiße Ameisen zu schützen.

Daß die Stifter von Klosterhainen zunehmend auch solide Baulichkeiten lieferten, hatte zur Folge, daß manche Mönche über die Regenzeit hinaus im Kloster blieben. Der Buddha erließ kein Verbot dagegen, obschon er solche Abweichung von den Samaṇa-Gepflogenheiten ungern sah. Eine weitere sich einbürgernde Sitte machte auch er sich zu eigen, nämlich die Regenzeit meist am selben Ort, vorzugsweise im selben Kloster zu verbringen. Ausgenommen das Jahr 484 v. Chr., dessen Monsunmonate er bei Vesāli zubrachte, nahm er ab 508 v. Chr. stets Regenzuflucht in den Vihāras von Sāvatthi.

Ein Problem warfen die Stiftungsklöster insofern auf, als Mönche und Saṅgha zur Armut verpflichtet waren. Das erste Kloster, das der Orden erhielt, der Veḷuvana bei Rājagaha, war »dem Mönchsorden mit

Die westindischen Felsenhöhlen kopieren in Stein die Spantenbauweise der frühen Klosterbauten. Die Scheitelspitze des Frontbogens erinnert an die Bambuskonstruktion der buddhistischen Anfangszeit. Die Höhle von Bhaja, westlich von Poona, wurde im 2. Jh. v. Chr. ausgemeißelt und war bis zum 6. Jh. n. Chr. in Gebrauch.

dem Buddha an der Spitze« durch König Bimbisāra in feierlicher Schenkungszeremonie übereignet worden (Mv 1,22,18). Durch die Besitzerpflichten belästigt und aus der Erfahrung klüger geworden zog Gotama es im Fall des Jetavana bei Sāvatthi vor, daß Anāthapiṇḍika das Kloster »dem Orden der Vier Himmelsrichtungen, dem gegenwärtigen und zukünftigen« widmete – ohne zeremonielle Eigentumsübertragung (Cv 6,9). Der Jetavana und auch andere Klöster waren also Dauerleihgaben, für die der Orden das Nutzungsrecht besaß, während der Stifter die Instandhaltungskosten trug. Einige der Spender beschäftigten Scharen von Gärtnern und Handwerkern, denen speziell die Pflege des Klostergeländes und der Bauten oblag (Mv 6,15,4).

Vielleicht hatte der eine oder andere Stifter gehofft, die Bhikkhus würden sich an der Gestaltung und Pflege des Klosterparks zumindest beteiligen, doch Gotama ließ dies nicht zu. Ein Parkpfleger muß unerwünschte Pflanzen bekämpfen; einem Bhikkhu stand das Beschneiden und Vernichten von Pflanzen nicht an. Zudem setzt jegliche Gartenarbeit eine Erfolgshoffnung voraus, die den Geist an die Welt bindet. Der Bhikkhu aber hat sich seiner Erlösung zu widmen und darf sich durch nichts ablenken lassen, auch nicht durch die Freude am gedeihenden Werk seiner Hände.

Nur annähernd beantworten läßt sich die Frage nach der Zahl der Klöster zur Buddhazeit. Die Angabe eines Kommentars, zum Lebensende des Meisters habe es allein um Rājagaha achtzehn Vihāras gegeben, ist nicht verifizierbar. Mit Sicherheit als ständige Stiftungsklöster ausgewiesen sind im Mittleren Land zehn; alle liegen in oder bei den Hauptstädten und tragen fast durchweg den Namen ihres Stifters.

Königreich Magadha

Rājagaha:

- Veḷuvana (»Bambuswald«), ein Geschenk des Königs Bimbisāra;
- Jīvakāmbavana (»Jīvakas Mangowald«), eine Stiftung des Jīvaka, Leibarzt des Königs und Fürsorgearzt des Buddha-Ordens.

Königreich Kosala

Sāvatthi:

- Jetavana (»Wald des [Prinzen] Jeta«) oder Anāthapiṇḍikārāma (»Hain des A.«), durch den Kaufmanns-Bankier Anāthapiṇḍika

vom Prinzen Jeta zu überhöhtem Preis erworben und dem Saṅgha zur Verfügung gestellt, das Lieblingskloster des Buddha;
- Pubbārāma (»Osthain-Kloster«), eine Stiftung der treuen Laienanhängerin Visākhā;
- Rājakārāma (»Königshain«), ein Nonnenkloster, das König Pasenadi zur Unterbringung seiner Bhikkhunī gewordenen Schwester Sumanā eingerichtet hatte.

Königreich Vaṃsā
Kosambī:
- Ghositārāma (»Hain des Ghosita«), eine Stiftung des genannten Kaufmanns;
- Kukkuṭārāma (»Hain des Kukkuṭa«), vom Kaufmann dieses Namens gestiftet, vom Buddha selten, von Ānanda öfter besucht;
- Pāvārikāmbavana (»Pāvārikas Mangowald«), der Spender war ebenfalls Kaufmann, ein Freund von Ghosita und Kukkuṭa;
- Badarikārāma (»Badarikas Hain«), knapp 5 km von Kosambī entfernt gelegen, vom Buddha wohl nur einmal besucht.

Republiken
Vesāli:
- Ambapālivana (»Ambapāli-Wald«), eine Spende der gleichnamigen Kurtisane kurz vor dem Tod des Buddha. Vesāli war die einzige Republiken-Hauptstadt, die ein buddhistisches Dauerkloster ihr eigen nennen konnte.

An Hand der Hinweise der örtlichen, längst wieder hinduistischen Bevölkerung und der Arbeit von Archäologen sind die wichtigsten dieser Klöster lokalisiert worden. In Rājagaha (Rājgir) kann man den Veḷuvana und die Fundamente des Jīvaka-Klosters, bei Sāvatthi (Maheth) den Jetavana, bei Kosambī (Kosam) den Hain des Ghosita besuchen – eine bewegende Erfahrung der Vergänglichkeit. Denn wo einst der Buddha weilte und predigte, wo Könige dem großen Samaṇa Besuche abstatteten, wo jahrhundertelang reges Klosterleben blühte, herrschen heute Schweigen und Einsamkeit. Vom Archäologischen Dienst der Republik Indien gepflegt, aber ohne religiöses Leben liegen die Klosterstätten der Buddhazeit menschenverlassen unter der Sonne.

4. Der Geist des Saṅgha

Es war in Gotamas Dhamma angelegt, daß sich im Saṅgha ein rationalistischer und ein intuitiver Flügel herausbilden würden. Eine Lehre, die eine der Ursachen des Leidens in der Unwissenheit *(avijjā)* sieht, muß folgerichtig Wissen und Erkenntnis *(vijjā, ñāna)* als Heilmittel gegen das Leiden empfehlen. Wissen, davon war der Buddha überzeugt, bedeutet Erlösung. Kein Wunder, daß sich rational begabte Mönche auf den Erwerb von Wissen, Erkenntnis und Weisheit *(paññā)* spezialisierten und das Heilsziel vor allem durch intellektuelle Bemühung zu realisieren suchten.

Andererseits hatte Gotama seinen Anhängern zur Vernichtung der Gier Selbstzügelung durch sittliche Zucht *(sīla)* ans Herz gelegt und die instrumentale Nützlichkeit der Meditation betont. Zahlreiche Mönche und Nonnen hatten sich deshalb auf Übungen zur Selbstkontrolle und auf Versenkungen verlegt. Zu eigener Gedankenarbeit fühlten sie sich nicht gefordert, da der Buddha ja alles heilswichtige Wissen offenbart habe und es zur Erlösung nur darauf ankomme, nach seinen Weisungen zu leben.

Der Abstand zwischen den beiden Auffassungen war nie so groß, daß er die Einheit des Ordens gefährdet hätte; er war aber störend genug, daß der Bhikkhu (Mahā)cunda, der jüngere Bruder des Sāriputta, sich darüber Gedanken machte. Bei einem Aufenthalt in Sahajāti erklärte er, es sei bedauerlich, daß einige Bhikkhus, die sich um die Lehre, d. h. deren rationale Inhalte bemühten *(dhammayogā bhikkhū)*, sich über jene Mönche mokierten, die vornehmlich meditative Versenkung betrieben *(jhāyanti)*. Vielmehr sollten die Rationalisten die Kontemplativen preisen, »die da weilen, nachdem sie den ›Zustand der Todlosigkeit‹ (= Nibbāna) mit dem Körper berührt (d. h. in der Meditation vorerlebt) haben«, und ebenso die Kontemplativen die Rationalisten, »die einen Ausspruch tiefer Bedeutung mit Weisheit durchdringen und (mit Klarheit) durchschauen« (A 6,46). Denker und Erleber, so machte Cunda damit deutlich, gehören zusammen; keiner hat Grund, sich dem anderen überlegen zu fühlen.

Je mehr Bhikkhus ordiniert wurden, desto mehr Leute fanden zum Saṅgha Zugang, die das Mönchsleben weniger aus Berufung denn als Beruf und Versorgungsbasis wählten. Relativ geringen Schaden verursachten Bhikkhus, die den Dhamma mißinterpretierten wie Ariṭṭha und Sāti. Bei ihnen genügte es, daß der Meister ihnen ins Gewissen redete (M 22 I p.132; M 38 I p.258) oder daß der Saṅgha, wenn sie sich wie Ariṭṭha unbelehrbar zeigten, über sie eine Ordensstrafe verhängte. Schwerer fertigzuwerden war mit Charakteren wie dem Bhikkhu Ujjhānasaññin, der immerfort seine Mitmönche bekrittelte, dem disziplinlosen Bhikkhu Udāyin, der mit Wissen prahlte, das er nicht besaß, oder der zänkischen Bhikkhunī Candakālī. Auch die Nonne Thullanandā ist hier zu nennen, die eine beredsame Exponentin der Lehre, aber von rastlos-intriganter Betriebsamkeit war, dazu geltungsbedürftig und Männern allzusehr gewogen. Ihre positiven Qualitäten, die außer dem König Pasenadi auch jüngeren Nonnen imponierten, machten sie als schlechtes disziplinäres Vorbild umso wirksamer.

Bedrohlich für die Einheit des Saṅgha war es, wenn ganze Ortskapitel, wie das von Kosambī, sich zerstritten oder wenn Bhikkhus sich zu Indoktrinierungszellen zusammenschlossen mit der Absicht, junge Mönche nach eigenen Maßstäben heranzubilden. In Kīṭāgiri, einem Ort zwischen Sāvatthi und Āḷavi, waren es die Bhikkhus Assaji und Punabbasu, in Sāvatthi Paṇḍuka und Lohitaka, in Rājagaha Mettiya und Bhumaja, die den Vinaya auf diese Weise zu untergraben versuchten. Von einer Disziplinarstrafe bedroht traten Assaji und Punabbasu, die aktivsten Oppositionisten, schließlich aus dem Saṅgha aus, wodurch das Problem sich entschärfte. Der Indoktrination junger Mönche mit abweichlerischen Ideen bediente sich auch der Bhikkhu Devadatta, der den Orden spalten und sich an die Spitze des Teilsaṅgha setzen wollte.

In einem Fall brachte ein Mönchskapitel sich durch Überreaktion und Psychose selber in Gefahr. Gotama hatte bei den Bhikkhus von Vesāli über die Unreinheit des Körpers gepredigt und ihnen die Meditation über das Thema seiner Anfälligkeit und Widerwärtigkeit empfohlen. Danach hatte er sich in die Einsamkeit zurückgezogen um selbst zu meditieren. Als er aus der Klausur zurückkehrte, war er erstaunt, den örtlichen Saṅgha vermindert zu finden. Ānanda gab ihm die Erklärung: Mehrere Bhikkhus hatten sich, durch die Ausführungen des Meisters ihrer Leiber überdrüssig geworden, selbst den Tod gegeben. Sofort ließ der Buddha die Mönche zusammenrufen und empfahl ihnen als Alternativübung die Meditation über das Atmen (S 54,9). Ein Parallelbericht (Sv 3,1) spricht sogar von einem »unechten Samaṇa« namens Migalaṇḍika, der sich darauf spezialisiert hatte, Suizidwilligen auf Wunsch den Kopf abzuschlagen.

Selbstmord widerspricht Gotamas Lehre in doppelter Hinsicht: Die der Selbsttötung zugrundeliegende Vernichtungsgier verhindert, so war er überzeugt, in jedem Fall, daß der Täter die Erlösung (= Gierfreiheit) erreicht. Überdies ist Selbstmord die Vergeudung einer Chance, denn Wiedergeburt als menschliches Wesen ist selten (M 129 III p. 169), und nur der Mensch besitzt die geistige und ethische Kraft, die Befreiung vom Leiden rasch zu verwirklichen. Entschuldbar ist Selbstvernichtung allenfalls bei einem unheilbar kranken Heiligen, der Gier, Haß und Verblendung vernichtet hat, so daß ihm keine Wiedergeburt mehr droht. Der Pāli-Kanon kennt drei solcher Fälle: Die Bhikkhus Godhika, Vakkali und Channa.

Es beweist das Geschick des Buddha, daß es ihm gelang, allen Subversionsversuchen und Abirrungen erfolgreich entgegenzutreten. Zugleich erkennt man den gesunden Geist des Saṅgha, dessen Mitglieder zum größten Teil ernsthaft nach dem Heil strebten und sich durch einzelne schwarze Schafe nicht vom Mittleren Weg abbringen ließen.

Einen Eindruck von der Stimmung im frühen Orden geben die »Lieder der Mönche« *(theragāthā)* und die »Lieder der Nonnen« *(therīgāthā)*. Der Enthusiasmus, mit dem der Buddha seine Jünger erfüllte, der Heilsoptimismus seiner Gemeinde, der Zauber des geahnten oder erlebten Numinosums und der Jubel der Befreiung sind in ihnen blutvoll festgehalten. 264 Gedichte von Bhikkhus (1279 Strophen) und 73 von Bhikkhunīs (522 Strophen) sind tradiert und werden je einer bestimmten Persönlichkeit des Ordens zugeschrieben. Niemand behauptet, sie stammten in jedem Fall von dem Autor, dessen Namen sie tragen, oder datierten ausnahmslos in die Lebenszeit des Buddha; gleichwohl belegen sie, daß Mönche und Nonnen von ihrem Heilsjubel so erfüllt waren, daß es sie drängte, ihren Erkenntnisstand *(aññā)* lyrisch zu formulieren. Die hier vorgelegten Verdeutschungen versuchen nicht, die Versmaße und Stabreime der indischen Originale nachzubilden. Sie wollen mit den Formelementen westlicher Dichtung, aber zeilentreu, nur die Inhalte der Pāli-Vorlagen vermitteln. Die Worte in Klammern wurden aus Gründen des Metrums oder des Reims ergänzt.

Zwischen dem Leben als Haushaber oder als Wandermendikant hin- und hergerissen war der Bhikkhu Jenta, der Sohn eines Rāja. Die Einsicht in die Unbeständigkeit aller Dinge ist es, die ihn schließlich der Lebensweise eines Bhikkhu den Vorzug geben läßt:

Hauslos zu sein ist schwer,
so auch das Häusnerleben,
tief ist (des Buddha) Lehr',
schwer ist's, nach Gut zu streben.
So sind die Lebensweisen
beschwerlich alle beid':
Stets soll das Denken kreisen
um die Vergänglichkeit. (Thag 111)

Als vollzeitliche Heilssucher sahen manche Mönche auf die Laienbekenner, die noch weltliche Wünsche hegten, herab. Dies kommt zum Ausdruck in zwei Strophen des Bhikkhu Isidinna:

Ich kenne Laien, die die Lehre ehren:
›Vergänglich sind die Freuden‹, wie sie sagen,
doch ist's Juwelenschmuck, den sie begehren,
und Söhnen nur und Frauen gilt ihr Jagen.

Der Lehre (Tiefe) können sie nicht kennen,
daß Freude flüchtig sei, bleibt Rede bloß;
sie sind zu schwach, sich von der Gier zu trennen,
drum lassen Söhne, Frauen, Reichtum sie nicht los.
(Thag 187–88)

Breiten Raum in den Liedern der Mönche und Nonnen nimmt die Beschreibung des Wechsels vom weltlichen zum Ordensleben ein. Die Abkehr vollzog sich äußerlich und innerlich: Als Aufgeben des beruflichen und häuslichen Lebens und als Abwendung von der saṃsārischen Welt. Der aus Sāvatthi stammende Bhikkhu Sumaṅgala sieht den Vorzug des Mönchslebens vor allem in der Erlösung von der schweren Arbeit auf dem Feld; er gibt nicht vor, der Erlösung vom Leiden bereits nahe zu sein, sondern ermahnt sich selbst zu Eifer:

Erlöst, erlöst, fürwahr erlöst bin ich
von den drei krummen Pflichten und Geräten!
Ich brauch' nicht mehr zu pflügen und zu graben,
nicht mehr mich beugen, wenn wir sichelnd mähten.

Obwohl die Pflichten uns für immer bleiben,
so sag' für *mein* Teil ich: Genug! Genug!
Üb' in Versenkung dich, Sumaṅgala,
üb' in Versenkung dich, sei eifrig(-klug)! (Thag 43)

Ebenfalls durch den Ordenseintritt von drei »krummen« Dingen frei geworden fühlte sich die Bhikkhunī Mettā, die als junges Mädchen einem buckligen Brahmanen angetraut worden war. Außer der Befreiung von ihrer Ehe und der Hausfrauenarbeit, insbesondere dem Gewürzemahlen, hat sie auch die Erlösung von der zur Wiedergeburt treibenden Gier erlangt:

Von drei gekrümmten Dingen
die Freiheit ich gewann:
Vom Mahlbrett und der Walze
und von dem Buckelmann;
frei auch von Tod und Werden:
Die Gier ist tot fortan. (Thīg 11)

Einen Freudenruf über die Erlösung von Gier und Nichtwissen stellt die Strophe der Nonne Saṅghā dar. Das kleine Gedicht ist ein weiterer Beweis, daß es Mönchen und Nonnen in poetischen Äußerungen gestattet war, die eigene Befreitheit auszusprechen:

Auf gab ich Haus und lieben Sohn,
ich hab' mich losgerissen,
auf gab ich Gier, auf gab ich Haß,
auf gab ich das Nichtwissen:
Ich bin von Grund auf gierbefreit,
erlöst (vom Werdenmüssen). (Thīg 18)

In Jubel über seine Erlöstheit bricht auch der Bhikkhu Surādha aus:

Erschöpft ist die Geburt für mich,
erfüllt des Siegers (Lehr-)Gebot,
das Daseinsnetz ist abgestreift,
die Gier (nach Werden in mir) tot.

Der Zweck, zu dem hinaus ich zog,
zu dem auf Heimat ich verzichtet,

den Zweck hab' ich nun voll erreicht:
Die Fesseln alle sind vernichtet. (Thag 135–36)

Ähnlicher Befreitheitstriumph klingt aus Dutzenden anderer Gedichte und Äußerungen des Kanons. Verständlich: Denn was kann einen Menschen noch bedrücken, der alle gesellschaftlichen und geistigen Bindungen zerschnitten hat, dem nichts fehlt, weil er nichts braucht, und der überzeugt ist, daß, was immer ihm widerfährt, »ihn« nicht trifft. Wer eine solche Einstellung hegt, ist jenseits aller Gefährdung und hat guten Grund, seinen Zustand als Beglückung zu werten.
Der Kontrast des Lebens im Saṅgha zum einstigen Weltleben ließ Mönche und Nonnen öfter an die Zeit ihres bürgerlichen Lebens zurückdenken. Die Gruppe der Vorher-Nachher-Gedichte ist daher in den »Liedern« besonders umfangreich. Im folgenden Beispiel gedenkt die ehemalige Prostituierte Vimalā ihres früheren Lebens. Ihrer Schilderung nach scheint sie nicht dem Typ der gebildeten Stadtkurtisane, sondern dem der Straßendirne angehört zu haben.

Wie war ich einst berauscht von meinem Teint,
von meinem Wuchs, dem Ruhm, der Eleganz;
in meine Jugend hatte ich Vertraun,
ich war voll Übermut – und Ignoranz.

Mit diesem Leib, geschmückt und gut geschminkt,
betörte ich (galante) junge Leute.
Vor dem Bordell stand wie ein Fänger ich,
der seine Schlinge legt (für neue Beute).

Beim Schmuckanlegen ließ ich gern mich sehn
und ließ dabei verborgne Reize spielen,
ich nutzte vielerlei Verführungstricks:
So trieb ich meine Späße mit gar Vielen.

Jetzt bin ich kahl geschoren, trag' die Kutte.
Wenn ich die Bettelrunde hab' beendet,
setz' ich am Fuße eines Baums mich nieder,
vom Denken frei, der Sammlung zugewendet.

Die Fesseln all, die Mensch und Götter binden,
die hab' zerschnitten ich (für alle Zeit):

Nachdem ich alle *āsavas* vernichtet,
bin ich zur Ruh' gekommen, bin befreit. (Thīg 72–76)

Vimalā spricht von ihrem Dirnenleben so genüßlich, daß dem Hörer ihres Gedichts bezüglich ihrer Zerstörung der »Einflüsse« *(āsava)* Zweifel kommen. Der Gedanke, sich mit dem Eintritt in den Bhikkhunīsaṅgha eine Altersversorgung zu verschaffen, dürfte bei ihrem Wunsch nach Ordination zumindest mitgespielt haben.

Menschlich ergreifend und glaubhafter klingt der Eigenbericht des Rājagaher Straßenfegers Sunīta, den der Buddha durch Aufnahme in den Saṅgha aus seinem elenden Hungerdasein befreite. Wie so viele seiner Zeitgenossen war Sunīta von der Persönlichkeit des Buddha und seiner Freundlichkeit tief beeindruckt, fast sah er in ihm einen Heiland:

Von niederer Familie stamm' ich ab,
war arm, und dürftig hab' ich mich ernährt,
niedrige Arbeit war mein Lebenslos:
Die welken Blumen hab' ich weggekehrt.

Von allen Leuten wurde ich verachtet,
geringgeschätzt und stets hintan gestellt,
des Selbstvertrauens hatt' ich mich begeben
und neigte mich servil vor aller Welt.

Da sah ich eines Tages den Erwachten
wie, von der Bhikkhu-Schar umringt, er naht',
des Großen Helden wurde ich gewärtig
als er die Hauptstadt Magadhas betrat.

Nachdem das Trageholz ich abgeworfen,
trat, zu verneigen mich, ich (scheu) heran.
Und durch sein Mitgefühl mit mir bewogen
hielt er, der höchste aller Menschen, an.

Ich warf mich nieder zu des Meisters Füßen.
Sodann, zu seiner Seite stehend, da
bat ich den Besten aller Menschen (sehnlich),
daß er gewähre mir die *pabbajā*.

Und er, der Meister, voller Mitgefühl,
in seinem Mitleid jedermann gewogen,

er sprach zu mir: ›Komm, Bhikkhu!‹ – Damit war
die *upasampadā* für mich vollzogen.

Alleine weilte ich (fortan) im Walde,
war unermüdlich stets in dem Bestreben,
das Wort des Meisters (treulich) zu befolgen,
wie er, der Sieger, es mir aufgegeben.

Und in der ersten Wache einer Nacht
die alten Daseinsformen mir aufgingen,
dann in der zweiten, (die ich durchgewacht),
kam mir Erkenntnis von verborgnen Dingen.
Und in der letzten hab ich es vollbracht,
die Finsternis (des Geistes) zu durchdringen. (Thag 620–27)

In vier weiteren (vielleicht unechten) Strophen schildert Sunīta, wie zur Stunde des Sonnenaufgangs die Götter Indra und Brahma ihm, dem zum Heiligen Gewordenen, huldigten, und der Buddha in einer Strophe den Ausspruch tat, Tugendwandel und Selbstzügelung machten den wahren Brahmanen aus (nicht brahmanische Geburt).
Die Schilderung seines Erweckungserlebnisses überliefert uns mit einem Gedicht der Bhikkhu Nāgasamāla. Eine Zufallsbegegnung war für ihn der Anstoß zur Heiligkeit geworden:

Mit Schmuck geziert und Kleidern, hübsch fürwahr,
mit Sandelschminke und im Blütenkranze
wiegt mitten auf des Dorfes Hauptbasar
ein Mädchen, jung, sich zur Musik im Tanze.

Ich war ins Dorf gekommen um Almosen
als im Vorübergehn mein Blick sie fand:
Mit ihren Tanzgewändern und Pretiosen
ein Fallstrick, vom Versucher ausgespannt!

Da (war mir, was zu tun ist, plötzlich klar):
Als ich (das Dasein) gründlich überdachte,
ward mir (der Lüste) Elend offenbar,
und tiefe Abneigung in mir erwachte.

So ward mein Denken frei (und unbefangen).
O seht, der Lehre Wahrheit (ist enthüllt)!
Dreifaches Wissen ist mir aufgegangen –
des Buddha Weisung habe ich erfüllt. (Thag 267–270)

Da es sich bei den »Liedern der Mönche und Nonnen« um religiöse Poesie handelt, die den Hörer anregen soll, den Weg zur Leidenserlösung einzuschlagen, ist ihr Hauptthema der Mensch – von der Natur ist selten die Rede. Häufiger erwähnt wird jedoch der jährliche große Regen, der den Bhikkhu zwang, sich eine Hütte zu bauen oder in ein festes Kloster zurückzuziehen um »Regenzeit zu halten«. Die Erwartungsungeduld vor dem Monsunausbruch schildert der Bhikkhu Subhūti, der Bruder des Kaufherrn Anāthapiṇḍika. Die kleine Laubhütte, die er sich errichtet hat, ist bereit, er selbst innerlich gefestigt. Keck fordert er den (vedischen) Regengott Parjanya auf, endlich die Schleusen des Himmels zu öffnen:

Die Hütte ist gedeckt, ist windfest und bereit:
  wenn's dir beliebt, o Regengott, dann regne.
Mein Geist ist recht gesammelt, ist befreit,
  in hoher Stimmung bin ich. – Gott, nun regne! (Thag 1)

Naturthemen sind in den »Liedern«, wie erwähnt, selten. Umso mehr sticht ein von tiefem Naturempfinden getragenes Gedicht des Bhikkhu Sabbaka hervor, welches das Glück der Abgeschiedenheit ahnen läßt, das der Bhikkhu in seiner Einsiedelei am Ajakaraṇī-Fluß genoß. Sabbakas Mitgefühl gilt den von den großen Stelzvögeln bedrohten Gefährten seines Alleinseins, den Fröschen:

Sobald der Kranich breitet seine Schwingen
und, daß der schwarzen Wolke er entflieh',
angstvoll entschwebt, sich unter Schutz zu bringen:
Dann freut sie mich, die Ajakaraṇī.

Sobald der Kranich seinen Hals aufreckt
und, daß der schwarzen Wolke er entflieh',
angstvoll in einer Nische sich versteckt:
Dann freut sie mich, die Ajakaraṇī.

Wen freut es nicht, an beiden Ufersäumen
die Pracht zu sehn von Rosenapfelbäumen,
just hinter meiner großen Höhle dort?

Horch auf der plumpen Frösche Quakgeschrei
wenn von der gieren Vogelschar sie frei:
›Wir brauchen heute nicht vom Bergfluß fort,
die Ajakaraṇī ist gut, ein sichrer Ort!‹ (Thag 307–10)

Alle angeführten Gedichte sind in der Ich-Form, keins ist in der Wir-Form gehalten – eine für die Grundeinstellung des Saṅgha bezeichnende Tatsache. Da jeder seine eigene Erlösung verwirklichen muß, ist der Buddhismus im Kern individualistisch. Der Saṅgha ist keine Kultgemeinschaft und kein sakraler Bund, sondern ein Zusammenschluß von Einzelgängern, die mit der gleichen Methode dasselbe Heilsziel anstreben. Wenn der Buddha den Wert der Freundschaft der Bhikkhus untereinander so stark betonte (S 3,18), dann sicher auch, um eine innere Isolation der Mönche zu verhindern.
Hinter dem Individualismus im Saṅgha trat das Gruppengefühl zurück, gleichwohl war (und ist) es vorhanden. Ein Beleg für den monastischen Kameradschaftsgeist ist das folgende Gedicht des Bhikkhu Kimbila. Dem Sakiya-Geschlecht angehörig und in des Buddha Heimatstadt Kapilavatthu zuhause, verwendet Kimbila den Ausdruck »Sakiya-Söhne«, der alle ordinierten Anhänger des Buddha bezeichnet, in doppelter Bedeutung:

Als Sakiya-Söhne und als Kameraden
sind hier im Bambus-Osthain wir zu Haus;
nachdem gar viel wir aufgegeben haben,
reicht jetzt Almosenspeise für uns aus.

Mit Energie und voll Entschlossenheit
ziehn wir (dem Heil) entgegen unverzagt:
Die Lehre lieben gibt uns Heiterkeit,
weltlicher Liebe haben wir entsagt. (Thag 155–56)

Obwohl jeder Mönch den Sieg über Gier, Haß und Verblendung allein erkämpfen muß, sind sie als Sakiya-Söhne Brüder. Die Parallelität des Strebens stellt zwischen ihnen Gemeinsamkeit und Vertrauen her.

Orden und Laienschaft in ihrer soziologischen Struktur

Der Eintritt in den Saṅgha hob für den Bhikkhu alle Kastenunterschiede auf: Wie Flüsse ihre Identität verlieren sobald sie sich ins Meer ergießen (A 8,19). Man könnte daher vermuten, daß speziell die unteren Kasten und die Kastenlosen die Ordination benutzt hätten, der Enge ihres Milieus zu entkommen, und daß der Orden ein Refugium für Menschen bescheidener sozialer Herkunft dargestellt hätte. Mitnichten: Der Orden des Buddha zog weniger die unteren als die gehobenen Bevölkerungsschichten an.

Der Pāli-Kanon nennt 457 historische, mit dem Buddha zeitgenössische Personen, die sich zum Dhamma bekannten, nämlich 291 Mönche, 61 Nonnen, 74 Laienbekenner und 31 Laienbekennerinnen. Nicht bei jedem von ihnen ist die Kastenzugehörigkeit erkennbar. Bei den Mönchen in 92, bei den Nonnen in 22 Fällen bleibt die soziale Herkunft ungewiß, sie scheiden deshalb für die soziologische Analyse aus. Die übrigen Bhikkhus und Bhikkhunīs verteilen sich über die Kasten wie folgt:

	Mönche	Nonnen
Brahmanen	96 = 48,2 %	15 = 38,4 %
Khattiyas	57 = 28,6 %	13 = 33,2 %
Vessas	27 = 13,5 %	10 = 25,8 %
Kastenlose	13 = 6,6 %	1 = 2,6 %
Suddas	6 = 3,1 %	– = 0 %
Gesamt	199 = 100 %	39 = 100 %

Da es von mancherlei Zufällen abhing, ob ein Name im Pāli-Kanon konserviert wurde oder nicht, darf man der absoluten Zahl der Bhikkhus und Bhikkhunīs nur wenig Bedeutung beimessen. Signifikant ist hingegen der Kastenproporz, der für Mönche und Nonnen einen Überhang an Brahmanen ausweist. Die Kaste derer, die dazu erzogen waren, religiösen Fragen besondere Aufmerksamkeit zu widmen, nahm auch an der Lehre des Buddha den regsten Anteil, ungeachtet des Umstandes, daß diese Lehre den Interessen der *Berufs*brahmanen, die den Ritualvollzug als Lebensunterhalt betrieben, abträglich war. Brahmanen waren am ehesten imstande, die Originalität des Dhamma zu begreifen, und am schnellsten bereit, Haus und Familie seinetwegen zu verlassen. Eine kanonische Liste der »Spitzen der Jüngerschaft« (A 1,24) führt 41 prominente Bhikkhus auf; 17 (= 41,5 %) davon waren brahmanischer Herkunft. Ähnlich verhält es sich bei den 259 Mönchen, deren Strophen in den Theragāthā überliefert sind. Von ihnen waren 113 (= 44 %) aus brahmanischem Stamm. Die Vergleichszahlen für brahmanische Nonnen liegen allerdings erheblich niedriger.

Während Khattiyas (skt: *kṣatriya,* Dienst- und Kriegeradel) und Vessas (skt: *vaiśya,* Bankiers- und Kaufmannsstand) im Saṅgha, wie zu erwarten, die zweite und dritte Stelle hielten, ist man überrascht, daß die Zahl der ordinierten Kastenlosen vor jener der Suddas rangiert. Offenbar versuchten manche Kastenlose in der Tat, der Existenznot und den sozial bedingten Beschwerlichkeiten ihres Lebens durch die Ordination zu entfliehen. Daß ihr Anteil im Saṅgha nicht größer war, mag zwei Gründe gehabt haben: Die besondere Häufigkeit ordinationsausschließender Krankheiten in den ärmeren Schichten sowie deren Scheu vor den ihnen ungewohnten geistigen Anstrengungen, die mit dem Mönchsdasein verbunden sind. Kastenlose, die dem Orden beitraten, hatten aufgrund ihrer geringen Elementarbildung zumeist einige Not, die Lehre des Buddha zu begreifen. Bezeichnenderweise waren es immer Bhikkhus kastenloser Herkunft, die der Meister wegen Fehlinterpretation des Dhamma tadeln mußte. Damit ist nicht gesagt, daß schlichte Herkunft unbedingt ein Hindernis für die Erlösung ist, denn Selbstdisziplin setzt keine Formalbildung voraus.

Das geringste Kontingent an Ordinierten stellten die Suddas (skt: *śūdra),* der Stand der abhängigen Handwerker und Diener. Das hatte besondere Gründe. Suddas wurden wegen ihres handwerklichen Könnens zum Frondienst für den König und das öffentliche Wohl *(rājakariya)* bei spezialisierteren Arbeiten wie dem Bau von Brunnen, Stauwerken und Regierungshäusern bevorzugt herangezogen. Zur Erhaltung dieses Arbeitspotentials versuchten die Beamten des Königs, Angehörige der Sudda-Kaste vom Eintritt in den Saṅgha abzuhalten und mögen diese zuweilen sogar mit der Androhung von Repressalien gegen die Familie am Hinausziehen in die Hauslosigkeit gehindert haben. Soweit Suddas ihren Lebensunterhalt als Diener erwarben, stan-

den sie in festen Dienstverhältnissen, aus denen gleichfalls schwer freizukommen war. Zudem waren sie ihren Dienstherren oft durch Vorschußnahme auf den Dienstlohn verschuldet und fielen somit unter die Kategorie derer, denen der Ordensbeitritt verwehrt wurde.
Auf schmaler Basis ruht die Sozialstatistik der buddhistischen Laienbekenner. Naturgemäß sind viel weniger Namen von Laien in den Kanon gelangt als Namen von Ordinierten, so daß die Zahlen, mit denen hier gearbeitet werden kann, zu klein sind für ein verläßliches Ergebnis. Von den im Pāli-Kanon genannten, mit dem Buddha zeitgenössischen 74 Laienbekennern und 31 Laienbekennerinnen liegen bei 22 bzw. 15 Personen keine Angaben über die Kastenzugehörigkeit vor. Der Kastenproporz bei den verbleibenden 52 bzw. 16 Personen ist bei Männern und Frauen verschieden, wodurch getrennte Tabellen erforderlich werden:

	Laienbekenner
Brahmanen	18 = 34,5 %
Vessas	15 = 29 %
Khattiyas	11 = 21 %
Suddas	5 = 9,6 %
Kastenlose	3 = 5,9 %
Gesamt	52 = 100 %

	Laienbekennerinnen
Khattiyas	8 = 50 %
Vessas	3 = 18,8 %
Brahmanen	2 = 12,5 %
Kastenlose	2 = 12,5 %
Suddas	1 = 6,2 %
Gesamt	16 = 100 %

Aus dieser schmalfüßigen Statistik läßt sich lediglich eins klar ablesen: Daß der Kaufmannsstand *(vessa)* unter der Laienschaft prozentual stärker vertreten war als im Saṅgha und nicht wie dort die dritte, sondern die zweite Stelle einnahm.
Seit altersher waren die Handeltreibenden daran gewöhnt gewesen, zur Sicherung ihres Geschäftserfolges aufwendige vedische Opferzeremonien vollziehen zu lassen, und die Berufsbrahmanen hatten als Ritualtechniker diese Einnahmequelle weidlich ausgenutzt. Die Lehre des Buddha ermöglichte es, merkantilen Erfolg auf billigere Weise herbeizubeschwören. Wenn Almosenspenden an die buddhistischen Mönche religiöses Verdienst schaffen, so dachten sich die Kaufleute, müssen sie auch Glück bei Geschäften bringen. Jene Vessas, die als Geldverleiher tätig waren und stets erhebliche Außenstände hatten,

fanden an der neuen Lehre weiter attraktiv, daß sie Personen mit Schulden von der Ordination ausschloß (Mv 1,46), der Saṅgha also nicht, wie andere Samaṇa-Gruppen, eine Fluchtstätte für jene bot, die sich dem Zugriff ihrer Gläubiger entziehen wollten.

Sympathisch war den Kaufleuten ferner, daß Gotama zu wirtschaftlichen Tätigkeiten – ausgenommen den Handel mit Waffen, Lebewesen, Fleisch, Alkohol und Giften (A 5,177) – eine zustimmende Haltung einnahm. Er propagierte keinen geschäftsschädigenden asketischen Konsumverzicht, sondern Maßhalten und Selbstbescheidung. Für die praktische Arbeit des Kaufmanns und seine Wirtschaftsethik gab er mehrere vernünftige Hinweise. In Predigten an die Bhikkhus führte er (in Gleichnissen) aus, nur ein Kaufmann, der morgens, mittags und abends emsig bei seinen Geschäften sei, könne Reichtum erwerben (A 3,19). Zum Kaufmann gehöre ein scharfer Blick, nämlich Warenkenntnis und Marktinformiertheit, ferner Verstand beim Ein- und Verkauf und die Fähigkeit, Vertrauen einzuflößen, so daß Finanziers ihm gegen Zins Geld für weitere Unternehmungen leihen (A 3,20). Die beste Verwendung des Vermögens sei, es vierzuteilen und ein Viertel für den Lebensunterhalt, die Hälfte für geschäftliche Investitionen und das letzte Viertel für Rücklagen zu verwenden (D 31,26).

Die Rolle der Vessa-Kaste bei der sozialen Adoption und Ausbreitung der Buddhalehre ist bisher wenig gewürdigt worden. Die Kaufleute waren es vor allem, die als vermögende Laienbekenner zu Klosterstiftungen in der Lage waren und als weit reisende Personengruppe die Kenntnis des Dhamma in die Ferne trugen. Mit den schwerfälligen Ochsenkarren der Handelskarawanen gelangte Gotamas Lehre in alle Richtungen der Windrose.

Die Kaufleute waren die einflußreichste Gruppe von buddhistischen Laienbekennern, nicht die an Zahl stärkste. Laienanhänger rekrutierten sich aus sämtlichen Kasten, denn der wortgewaltige Prediger und Denker beeindruckte alle. Anziehend war seine Lehre auch deshalb, weil sie die Laienanhänger nicht zu Bekennern zweiter Güte stempelte. Dem Upāsaka fiel es infolge seiner gesellschaftlichen Gebundenheit zwar schwerer als dem Bhikkhu, die innere Loslösung zu vollziehen und die Leidensbefreiung zu erreichen, er war aber dazu imstande. Der Pāli-Kanon (A 6,119–139) überliefert die Namen von 21 Haushabern, die die Heiligkeit verwirklichten ohne jemals Mönche gewesen zu sein.

Die Liste ist weder komplett was männliche Laienheilige angeht, noch führt sie die Laienbekennerinnen auf, die das Heilsziel erreichten. Frauen wurde in Gotamas Lehre die gleiche Erlösungsfähigkeit zuerkannt wie Männern. Kein Wunder, daß dem Saṅgha von den Laienbekennerinnen so viel gütige Hilfe entgegenströmte.
Es wäre der Untersuchung wert, welcher Prozentsatz der Bevölkerung des Mittleren Landes sich zu Lebzeiten des Buddha zu seiner Lehre bekannte. Leider liefert der Pāli-Kanon keine ausreichenden Angaben, die Frage zu beantworten. Daß die Buddhisten 15 bis 20 % der Gesamtbevölkerung des Landstrichs ausgemacht hätten und von den Bekennern 2 bis 3 % Mönche und Nonnen waren, ist eine aus der Textlektüre erwachsene gefühlsmäßige Annahme, keine verifizierbare Feststellung.

Der Buddha und die Kastenordnung

Einige ältere Bücher feiern den Buddha als sozialen Reformer, der das Kastensystem und seine Ungerechtigkeit bekämpft habe. Ist diese Beschreibung zutreffend?
Für abwegig hielt Gotama die Behauptung der Brahmanen, sie seien aus dem Munde des Gottes Brahma geboren (Ṛv 10,90,12). Überall könne man schwangere und ihre Kinder stillende Brahmanenfrauen beobachten, erklärte er dem Novizen Vāseṭṭha, woraus zu schließen sei, daß auch die Mitglieder dieser Kaste auf normale Weise zur Welt kommen (D 27,3-4). Er übersah dabei freilich, daß der Mythos den Ursprung der Brahmanenkaste, nicht jedes einzelnen Brahmanenkindes erklären will.
Bestritt er den Brahmanen und folglich der gesamten Kastenordnung den göttlichen Ursprung, so war er dennoch überzeugt, daß das Kastensystem sich aus der Weltmechanik ergebe. Die Kasten sind bedingt durch das Naturgesetz von Wiedergeburt und Kamma, nach welchem die absichtsvoll getanen Taten die Qualität der wiedergeburtlichen Daseinsform festlegen:

> Die Wesen sind Besitzer ihrer Taten *(kamma)*, Erben ihrer Taten, haben ihre Taten zum Mutterschoß, sind ihren Taten verwandt, haben in ihren Taten ihre Heimat. Das Kamma teilt die Wesen in geringere und höhere (Wiedergeburtsformen und Kasten).
>
> (M 135 III p.203)

Soziale Ungleichheit ist ein Ergebnis früherer Taten; jeder hat sich seinen sozialen Stand kammisch verdient. An der Kastenordnung rütteln zu wollen wäre nach Gotamas Weltverständnis ebenso grundlos wie vergebens gewesen.

Außerdem empfand die Gesellschaft des Mittleren Landes die Kastenordnung nicht als allzu bedrückend. Die Kasten *(vaṇṇa)* und Unterkasten *(jāti)* stellten eine Stände- und Berufshierarchie dar, die aus der Arbeitsteilung erwuchs und in der die Intellektuellen – aus historischen Gründen weitgehend die Abkömmlinge hellhäutiger indo-arischer Einwanderer – die oberen Ränge einnahmen. Sie kategorisierte die Menschen nach Art ihres Broterwerbs und ihrer Bildung und legte den Knaben nahe, den väterlichen Beruf zu ergreifen und später innerhalb der Kaste zu heiraten. Niemand war aber zum Beruf des Vaters oder zu kastenendogamer Heirat gezwungen. Auch war es für die Angehörigen der unteren beiden Kasten nicht unmöglich, sozial aufzusteigen. Wer Reichtum erwarb oder zu politischem Einfluß gelangte, konnte sich über seine Herkunft erheben und, wenn noch nicht sich selbst, so doch seinen Nachkommen die Anerkennung als Mitglieder einer höheren Unterkaste oder Kaste sichern. Von der Rigorosität, die das Kastensystem im hinduistischen Mittelalter annahm, und von der Grausamkeit, die Ausüber beschmutzender Tätigkeiten als Unberührbare aus der Gesellschaft zu verbannen, war die Zeit des Buddha noch weit entfernt.

Daß von den vier Kasten die der Kriegeradligen *(khattiya)* die höchste sei und über der der Brahmanen rangiere, stand für Gotama und die meisten Bewohner des Mittleren Landes fest. Selbst viele Brahmanen zögerten nicht, die Khattiyas als oberste Kaste anzuerkennen, obwohl der Streit um die Rangfolge zwischen Brahmanen und Kriegeradligen begonnen hatte und westlich vom Mittleren Land für die Brahmanen bereits siegreich ausgegangen war. Bezeichnend für die Übergangsperiode ist die Äußerung des Brahmanenjünglings Ambaṭṭha, der in der Unterhaltung mit dem Buddha in alter Gewohnheit die Kastenhierarchie von oben nach unten mit »Krieger, Brahmanen, Vessa, Sudda« angab, im gleichen Atemzug aber behauptete, die drei anderen Kasten seien dazu da, den Brahmanen zu dienen (D 3,1,15).

Wie sich die Brahmanen selbst einschätzten wird aus den Worten des brahmanenkastigen Novizen Vāseṭṭha deutlich, der dem Buddha die Schmähungen schilderte, die er bei Eintritt in den Saṅgha anhören mußte. »Die Brahmanen sagen: ›Die Brahmanenkaste ist die höchste.... Nur ein Brahmane ist weiß, die anderen sind dunkel. Nur ein Brahmane kann rein werden, die anderen nicht. Nur Brahmanen sind Kinder Brahmas.‹ ...« (D 27,3) Eins der Argumente, mit denen Brahmanen ihre Kastenbrüder gegen den Samaṇa Gotama einnehmen wollten, war, daß er die Reinheit *aller vier* Kasten anerkenne (M 93 II p.147).

Nicht dem Kastensystem an sich trat der Buddha entgegen, sondern der falschen geistigen Einstellung der Menschen gegenüber den Angehörigen anderer Kasten. Sein Einsatz richtete sich gegen den Überlegenheitsdünkel der Brahmanen und gegen die Meinung, daß die Kastenzugehörigkeit etwas über den Wert der Person besage. Dutzende Male betonte er, daß den sozialen Unterschieden zwischen den Menschen keine wesenhaften Unterschiede entsprechen. Alle vier Kasten besäßen vielmehr die gleiche Fähigkeit zur Erlösung – wie aus vier Feuern, die mit verschiedenen Hölzern genährt werden, die gleiche Flamme hochschlägt (M 90 II p.129 f.). Ungeachtet der Kaste stehe allen Menschen für böse Taten kammischer Abstieg in die Hölle bevor. Ebenso seien alle gleichermaßen befähigt, Wohlwollen und Freundlichkeit zu entwickeln (M 93 II p.149 ff.).

Ein kluger Schachzug des Buddha, der brahmanischem Abstammungssnobismus entgegenwirkte und zugleich die Geistigkeit der Brahmanenkaste anerkannte, war es, den Begriff »Brahmane« zu einem ethischen Begriff umzumünzen. Er erklärte, Brahmane sei man nicht durch Geburt, sondern durch würdiges Benehmen und ethischhochstehendes Verhalten. Was immer auch jemandes Kaste sei: Jeden, der die erforderliche Selbstdisziplin besitzt, könne man als Brahmanen bezeichnen. Als er einmal einige fortgeschrittene Bhikkhus herankommen sah, die der Kriegerkaste entstammten, rief er: »Dort kommen Brahmanen!« Und auf die Frage eines dabeistehenden Mönchs, welche Eigenschaften denn den Brahmanen ausmachen, erläuterte er:

Die schlechte Eigenschaften abgetan
und voll besonnen wandeln ihre Bahnen,
die geistig wach sind und von Fesseln frei:
Sie nennt man hier in dieser Welt ›Brahmanen‹. (Ud 1,5)

Gotama – psychologische Aspekte

Erscheinungsbild

Der Pāli-Kanon enthält eine Beschreibung des Buddha aus dem Mund des Brahmanen Soṇadaṇḍa. Zwar hatte Soṇadaṇḍa zum Zeitpunkt seiner Schilderung den Meister noch nicht gesehen; er wiederholte nur, was er gehört hatte, fand aber bald darauf bei der Begegnung mit ihm, daß das Gehörte zutraf:

> Fürwahr, der Samaṇa Gotama ist wohlgestaltig, ansehnlich, sympathisch, von absolut lotosblütenartiger Hautfarbe, von der Hautfarbe (des Gottes) Brahma, strahlt wie Brahma; er ist keine kleine Erscheinung für die Betrachtung .... Seine Sprache ist kultiviert und ebenso seine Ausdrucksweise, sie ist städtisch, elegant, klar und präzise. (D 4,6)

Die helle Haut des Buddha fiel vielen seiner Zeitgenossen auf. Öfter wurde er als goldfarben bezeichnet, und nach einer regen Debatte mit dem Jaina-Laien Saccaka Aggivessana stellte dieser fest, Gotamas Gesichtsfarbe sei hell geblieben (M 36 I p.250). Bei einem so hautfarbenbewußten Volk wie den Indern, wo heller, im modernen indischen Sprachgebrauch »weizenfarbener« Teint sogleich als höhere Kaste *(vaṇṇa* = wtl. »Farbe«) und bessere familiäre Herkunft gedeutet wird, enthält diese Äußerung nicht nur ein Lob der Gelassenheit des Buddha, sondern auch ein Kompliment über seine Abstammung.

Ein Schluß auf Gotamas rassischen Typus ist aus der Hautfarbe nicht möglich. Die Einwohner der Sakiya-Republik waren teils Indiden – manche davon indo-arisch aufgehellt und von Westen und Süden in den Landstrich eingewandert –, teils Mongoliden, die entlang den Flußtälern von Norden her gekommen waren. Zur Zeit des Buddha waren die beiden Rassen – braune Indiden und gelbbraune Mongoliden – im Gebiet der Sakiyas bereits gemischt, so daß es dort vielerlei Übergangstypen und Menschen jeder Hautschattierung gab.
Einen Fingerzeig, daß der Buddha wohl doch mehr der indischen als der Himālaya-Rasse angehörte, liefert allenfalls seine Körpergröße. Menschen mongolider Rasse sind drahtig-gedrungen und kleiner als die Indiden, und es ist überliefert, daß Gotama, auch wenn er sich unter indiden Menschen südlich des Ganges bewegte, als physisch majestätische und Ehrfurcht gebietende Gestalt empfunden wurde.

Persönlichkeitsentwicklung

Hatte Suddhodana, der Rāja von Kapilavatthu, gehofft, sein ältester Sohn werde sich zu einem robusten, entschlossen der Welt zugewandten Tatmenschen mit politischen Ambitionen entwickeln, so wurde er enttäuscht. An fröhlichen Gruppenspielen und militärischen Übungen desinteressiert, war der Jüngling zum Eigenbrötler geworden und philosophischen Überlegungen und kontemplativen Betrachtungen allzu sehr hingegeben. Statt seine angenehmen Lebensumstände zu genießen, war er infolge selbst entwickelter Maßstäbe mit der Welt unzufrieden und litt unter ihren Unzulänglichkeiten. Zugleich sann er darüber nach, wie sich die Welt subjektiv überwinden lasse. Kurzum, er war, mit der Sprache der Psychologie zu reden, ein sensibler, habituell introvertierter Denktyp. Kein Wunder, daß ihn das Leben in Haus und Ehe seelisch nicht ausfüllte und er die Chance ergriff, als Samaṇa der Welt zu entsagen.
Man muß in Gotamas Erleuchtungserlebnis *(bodhi)* vom Jahre 528 v. Chr. das Schlüsselereignis sehen, das nicht nur der Welt die Lehre bescherte, sondern den dominant introvertierten Siddhattha Gotama zu dem periodisch extrovertierten Buddha machte. Mit welcher Kraft drängte die Erfahrung der Bodhi zum Ausdruck! Sie zwang den jungen

Buddha geradezu, sich Menschen zu suchen, denen er seine Erkenntnisse offenbaren und an die er den gefundenen geistigen Schatz weiterreichen konnte.

Ein Pendeln zwischen intro- und extrovertierten Neigungen ist während Gotamas gesamter 45jähriger Missionstätigkeit zu beobachten. Deutlich unterscheiden sich Zeiten, in denen er lehrend mit großem Gefolge von einem volkreichen Platz zum anderen zog, von solchen, da er, der Menschen müde, Alleinsein und Stille suchte. Er liebte es, allein zu wandern (A 6,42; S 22,81), »dem Nashorn gleich.« Nur für den Einsamen eigne sich seine Lehre, nicht für den, der Gesellschaft sucht, erklärte er (A 8,30). Trotzdem gab er sich dem Hang zur Zurückgezogenheit nur begrenzt hin, denn auch wer eine Philosophie der Abkehr propagiert, muß sich, will er Mission treiben, nach außen richten und unter Leute begeben. Später kam die Unterscheidung auf zwischen einem Paccekabuddha, einem »Für-sich-Erleuchteten«, der seine Erkenntnisse als privaten Besitz betrachtet und über sie schweigt, und einem Sammāsambuddha, einem »Vollkommen Erleuchteten«, der der Welt seine Heilseinsichten verkündet. Das Ideal des Vollkommen Erleuchteten steht höher, denn ein Weiser von hoher Einsicht denkt nicht nur an sein eigenes Heil, sondern auch an das der anderen (A 4,186,4).

Mit zunehmendem Alter wurden Gotamas Introversionsphasen länger. Er war, was die Verbreitung des Dhamma anbelangt, mit dem Missionserfolg zufrieden, und das Hochgefühl, das ein Redner erlebt, wenn die Hörer an seinen Lippen hängen, empfand er nicht mehr: Er war des Ruhms überdrüssig (A 5,30). Obwohl noch als Achtzigjähriger im Vollbesitz geistiger Kräfte (M 12 I p.83) und ein guter Redner, hatten seine Gleichnisse an Frische und Farbe verloren und seine Lehrvorträge eine gewisse Formelhaftigkeit angenommen. Er beschied sich deshalb mehr und mehr damit, die Bhikkhus zu unterweisen und sprach vor Laien nur noch, wenn er dazu aufgefordert wurde. Im übrigen hatte der Saṅgha, der zu einer breiten Organisation ausgereift war, in der es hervorragende Dhamma-Propagatoren gab, die Darlegungsaufgaben weitgehend übernommen (D 29,15).

Zu diesen Gründen für die Abnahme von Gotamas missionarischer Aktivität kam ein gewichtiger weiterer. Etwa vom 60. Lebensjahr an zwang ihn sein Gesundheitszustand, sich Schonung aufzuerlegen.

Gesundheitsbewußt war der Buddha seit je und beobachtete auch als Samaṇa einige elementare Regeln. Während des besonders heißen letzten Monats des indischen Sommers gönnte er sich nach der Mittagsmahlzeit Schlaf (M 36 I p. 249), und auf eine Abendmahlzeit verzichtete er generell, »um sich Gesundheit und Frische, Munterkeit, Kraft und Wohlbefinden« zu bewahren (M 70). Abgesehen von vereinzelten, bei Bettelmönchen unvermeidlichen Erkrankungen des Magen-Darm-Trakts, die er durch Ölmassagen und Abführmittel (Mv 8,1,30 f.), durch Trinken von Melasse in heißem Wasser (S 7,2,3) oder durch eine Grütze aus drei Zutaten kurierte (Mv 6,17,1), machte ihm, je älter er wurde, sein Rücken zu schaffen: Wahrscheinlich handelte es sich um einen Bandscheibenvorfall. Längeres Stehen bereitete ihm Rückenschmerzen (A 9,4), und obwohl er sich bei einem Besuch in Kapilavatthu in der neuen Parlamentshalle mit dem Kreuz gegen einen Pfeiler setzte, schmerzte ihn die Wirbelsäule bald so sehr, daß er sich hinlegen mußte und Ānanda bat, den Vortrag fortzusetzen (M 53). Wärme tat dem kranken Rücken gut, was den Meister veranlaßt haben mag, bei Aufenthalten in Rājagaha öfter in den dortigen heißen Quellen zu baden. Ein Sutta (S 48,5,1) schildert den greisen Buddha, wie er im Osthainkloster bei Sāvatthi den entblößten Rücken der Abendsonne zugewandt hält, während Ānanda ihm die welken Glieder massiert und Betrachtungen über den Altersverfall des Körpers anstellt. Kurz vor seinem Tod machte der Meister die Bemerkung, nur Leibbandagen hielten seinen Körper noch funktionsfähig (D 16,2,25).

Selbstverständnis

Schon öfter war die Rede davon, daß die Erleuchtung, die sich an dem 35jährigen Sakiya-Adligen vollzog, ein Akt nicht allein der Erkenntnis, sondern auch der Persönlichkeitswandlung war. Durch die Bodhi im tiefsten Wesen angerührt, war Gotama als Buddha überzeugt, keiner weltlichen Gattung mehr zuzugehören, vielmehr eine eigene Wesenskategorie darzustellen (A 4,36). »Redet mich nicht (mehr mit der alten Vertrautheit) als ›Bruder‹ an«, bat er die einstigen Askesegefährten als er ihnen nach der Erleuchtung wieder begegnete, »ich bin (jetzt) ein Heiliger, ein Vollkommener Buddha!« (Mv 1,6,12).

Durch Buddhaschaft, adlige Geburt, gute Erziehung und hohe Geistesgaben ausgezeichnet, sah Gotama keinen Grund, zaghaft aufzutreten. Er verkehrte mit den Königen und Rājas des Mittleren Landes aufrecht und unbefangen und führte Gespräche mit den gelehrtesten Brahmanen der Zeit auf gleicher Ebene. In Reaktion auf den Hochmut vieler Brahmanen, die ihm ihre soziale Arroganz einmal in rüder Weise demonstriert hatten (D 3), legte er Wert darauf, von ihnen nicht als unterlegen angesehen zu werden. Als ihm einer von ihnen vorwarf, er, Gotama, entbiete würdigen alten Berufsbrahmanen keinen Gruß, erhebe sich nicht zu ihren Ehren und biete ihnen keinen Sitz an, erwiderte der Meister, er sehe niemanden in der Welt, dem er solche Ehrerbietung schulde (A 8,11). Er wollte von gleich zu gleich disputieren – nicht mehr. Überheblichkeit lag ihm fern. Ein Heiliger fühle sich weder besser noch schlechter als andere, erklärte er einmal (A 6,49).
Die Vergleichende Religionswissenschaft unterscheidet bei den Religionsstiftern Propheten und Mystiker. Der Prophet ist der nach außen gerichtete Eiferer, der, vom religiösen Erleben besessen, seine Mitmenschen zum Gehorsam gegen Gott überreden und die Welt im Sinne Gottes verbessern will. Er bekehrt mit Seligkeitsversprechen und Androhung der Verdammnis, weicht dem Kampf nicht aus und erleidet, wenn er mit Traditionalisten zusammenstößt, oft einen gewaltsamen Tod.
Der Mystiker dagegen geht davon aus, daß Erlösung nicht in der äußeren Welt und nicht durch das Eingreifen eines Gottes realisierbar ist, sondern nur im Innern gefunden werden kann – durch Hinabtauchen, Sich-Versenken in das eigene Wesen. Mit der Welt lebt der Weise im Frieden. Seine Grundstimmung ist die der Abgeklärtheit, der inneren Distanz, des Ruhens in sich selbst.
Der Buddha repräsentiert den Typus des Mystikers. Da er die Existenz einer Seele leugnete und ein Absolutes bestritt, vollzog sich sein Erwachungserlebnis nicht als *unio mystica,* sondern als Erkenntniserfahrung: Sie bestand in der Einsicht, daß die Welt mit ihrem Leiden *(dukkha)* überwindbar und ein Ausscheiden aus der Wiedergeburtenrotation *(saṃsāra)* durch eigene Anstrengung möglich ist. Sein Transzendenzerlebnis, aus dem er seine Erhobenheit bezog, war das Offenbarwerden der Erlösung im Verlöschen *(nibbāna).* Wer immer ihm begegnete spürte, daß dieser Mann noch in der Welt, aber nicht mehr von

der Welt war, daß ihn eine transzendierende Einsicht gegen die Wandelwelt immunisiert hatte.
So sagte er von sich selbst:

> (Ich), ihr Mönche, (als) der Vollendete, habe die Welt völlig durchschaut und mich von ihr gelöst. (Ich), ihr Mönche, habe den Ursprung der Welt (und des Leidens) durchschaut und (von mir) abgetan, die Aufhebung der Welt durchschaut und (für mein Teil) verwirklicht, den Pfad zur Aufhebung der Welt durchschaut und dargelegt. Was die Wesen der Welt (jemals an Erlösungwissen) gesehen, gehört, empfunden, erkannt, verwirklicht, gesucht und erwogen haben, das (habe ich,) der Vollendete, durchschaut: Eben darum wird (solch einer und werde ich) ein ›Vollendeter‹ genannt. (A 4,23 gerafft)

> Mönche, ich streite nicht mit der Welt, es ist die Welt, die mit mir streitet. Kein Darleger der Lehre streitet mit irgendwem in der Welt.
> Das, was im Kreise Gebildeter (an Anschauungen) verneint wird, das verneine auch ich. Was im Kreise Gebildeter (an Anschauungen) anerkannt wird, das anerkenne auch ich. ...
> Wie ein blauer oder weißer Lotos im Wasser entsteht, größer wird, zur Oberfläche kommt und (wegen der fettigen Glätte seiner Blätter) vom Wasser unbefleckt dasteht, genau so (bin auch ich,) der Vollendete, in der Welt größer geworden, habe mich über die Welt erhoben und stehe da unbefleckt. (S 22,94 gerafft)

Treffender kann sich ein Mystiker kaum charakterisieren.
Gotamas Äußerung, er vertrete nur Anschauungen, die im Kreis der Gebildeten anerkannt werden, ist näherer Betrachtung wert. Sie gründet sich auf seine Überzeugung, daß sein Dhamma nichts Ersonnenes, kein Philosophem darstelle, sondern direkter Erfahrungseinsicht entspringe und objektive Sachverhalte offenbare. Er hegte nicht den mindesten Zweifel, daß jeder, der zu tieferer Weltdurchdringung gelangt, den Dhamma als *die* Wahrheit und Wirklichkeit schlechthin bestätigen werde.
Bei solcher Überzeugungsgewißheit nimmt es nicht wunder, daß er abweichende Auffassungen als Hirngespinste ansah, als in der Luft schwebende Behauptungen (D 1,1,29). Metaphysisch-spekulative

Probleme – z. B. ob die Welt ewig oder nicht-ewig sei (D 1,2), wie das (von ihm geleugnete) Ich, die Seele, beschaffen sein könne und wie sie den Tod überdauere (D 1,2,38; D 1,3), wie die Zukunft aussehen möge – solche Fragen tat er als belanglos ab. Allein auf *ein* Wissen komme es an: Auf das Wissen von der Erlösung (D 1,3,30).
Manch anderer wäre gegen für falsch gehaltene Theorien zu Felde gezogen und hätte sich mit ihren Verfechtern in einen Wortstreit eingelassen. Nicht so der Buddha, der als »streitfreier« Mystiker typisch reagierte.

> Die einen reden bösgesinnten Geistes,
> die andern reden stets der Wahrheit treu:
> Was man auch sagt, den weisen (Mann) berührt's nicht,
> drum ist der Weise von Verstörung frei. (Snip 780)
>
> Wer rein, hat Nichtsein oder Sein der Welt
> als vorgefaßtes Dogma fall'ngelassen,
> hat abgetan das Prahlen und den Stolz:
> Er ist unnahbar, wer kann ihn noch fassen?
>
> Wer nahbar ist, dem geht Gerede nahe,
> was geht den Unnahbarn Gerede an?
> Er akzeptiert nicht und er weist nicht von sich,
> hat alle Dogmen hier schon abgetan. (Snip 786–7)

Das hier mit »Dogma« *(diṭṭhi)* übersetzte Wort bezeichnet theoretische Weltansichten, die nicht durch Erfahrung untermauert sind. Vielfach ist im Pāli-Kanon belegt, wie Gotama, wenn ein Gespräch ins Spekulative abglitt, das Thema auf den praktischen Erlösungsweg zurückleitete. Er war ein Heilspragmatiker, wie er dem Bhikkhu Māluṅkyaputta durch das Gleichnis vom Pfeil klarmachte. Māluṅkyaputta waren allerlei spekulative Fragen in den Sinn gekommen, die er dem Buddha vortrug. Dieser erwiderte:

> (So zu fragen, Māluṅkyaputta,) ist wie wenn ein Mann von einem dick mit Gift bestrichenen Pfeil getroffen wird. Seine Freunde rufen einen Arzt herbei, aber (der Verletzte) spricht: ›Ich werde diesen Pfeil nicht herausziehen bis ich Namen und Familie des Schützen weiß, ferner ob er groß oder klein ist, schwarz, braun oder

golden von Hautfarbe, wo er wohnt, wie Bogen und Sehne beschaffen sind, woraus der Pfeil genau besteht und mit Federn welchen Vogels er geschäftet ist‹. Dieser Mann, Mālunkyaputta, würde sterben bevor er das alles weiß. (M 63 I p.429 gerafft)

Den Rat, pragmatisch zu verfahren und den Heilsnutzen zum Maßstab zu machen, gab er bei einem Besuch in Kesaputta, einem kleinen Ort im Königreich Kosala, auch den Mitgliedern des Kālāma-Klans. Diese hatten ihn gefragt, wie man bei Samaṇas und Brahmanen, die Widersprechendes lehren, das Wahre vom Falschen unterscheiden könne. Der Buddha belehrte sie:

Richtet euch, ihr Kālāmas, nicht nach Hörensagen und Überlieferung, nicht nach landläufigen Meinungen und der Autorität von (heiligen) Schriften, nicht nach Spekulationen und Schlußfolgerungen, nicht nach sinnfälligen Theorien und liebgewordenen Ideen, nicht nach dem Eindruck persönlicher Vorzüge (des betreffenden Samaṇa) und nicht nach der Autorität eines Meisters! Wenn ihr vielmehr selber erkennt: ›Diese Dinge sind unheilsam, verwerflich, werden von Verständigen getadelt, führen, wenn verwirklicht, zu Unheil und Leiden‹ – dann, Kālāmas, sollt ihr sie ablehnen. ... Und wenn ihr selbst erkennt: ›Diese Dinge sind heilsam, annehmbar, werden von Verständigen gepriesen, führen, wenn verwirklicht, zu Heil und Glück‹ – dann, Kālāmas, solltet ihr sie euch zu eigen machen. (A 3,65)

Allein die Heilswirksamkeit einer Lehre ist der Maßstab, nach dem sie zu beurteilen ist; erst im Ergebnis zeigt sich ihr Wert. Hat sich dann aber ihr Erlösungsnutzen herausgestellt, sollte man an ihr festhalten.
Gleichfalls Pragmatiker war der Buddha bei der Darlegung seiner eigenen Erkenntnisse, bei denen er sich auf die erlösungsrelevanten Elemente beschränkte. Als er einmal bei Kosambī unter einer Gruppe von Siṃsapā-Bäumen – dem so herrlich blühenden Asoka-Baum (saraca indica) – rastete, nahm er einige herabgefallene Blätter in die Hand.

Der Buddha: Was meint ihr, Mönche, was ist mehr: diese Handvoll Siṃsapā-Blätter, die ich hier halte, oder die Blätter in den Bäumen über uns?

Die Mönche: Herr, nur wenige Blätter sind das in deiner Hand, viel mehr Blätter sind das oben in den Bäumen.
Der Buddha: Ebenso, Mönche, sind es viel mehr Dinge, die ich erkannt, aber nicht offenbart habe; nur wenige Dinge sind es, die ich offenbart habe. Und warum habe ich jene nicht offenbart? – : Weil sie nichts mit dem Nutzen zu tun haben, nicht dem heiligen Leben dienen, nicht zur Abkehr, Leidenschaftslosigkeit, Beruhigung, zum Verständnis, zur Weisheit, zum Verlöschen führen.
(S 56,12,4,1 gerafft)

Behaupteten manche indischen Schulhäupter, sie könnten die gesamte Welt erlösen, so war Gotama sich darüber im klaren, daß den Heilsweg nur beschreiten kann, wer infolge günstiger kammischer Disposition »Ohren zum Hören« hat. Er verstand sich als Wegweiser zur Erlösung, der keinen Einfluß darauf nehmen kann, ob der Unterwiesene den Weg auch einschlägt.

Nur einige Jünger erreichen, von mir belehrt, das höchste Ziel, das Verlöschen, andere erreichen es nicht. ... Da ist das Verlöschen, da ist der zum Verlöschen führende Weg und ich bin da als Unterweiser. Aber von meinen Jüngern, die von mir belehrt werden, erreichen die einen das Ziel, die anderen nicht. Was kann ich dazu tun? Ich bin nur ein Wegweiser. (M 107 III p.4 f. gerafft)

Emotionslage

Der Buddha stellte sich gegen die Überzeugungen seiner Herkunftskaste, als er Kriegern, falls sie im Kampf getötet werden, eine kammisch ungünstige Zukunft voraussagte. Aufgrund der Haßgefühle, die er dem Feind gegenüber entwickelt, stehe dem im Feld gefallenen Berufssoldaten Wiedergeburt in der Sārājita-Hölle bevor, erklärte er (S 42,3). Mochte der Heldentod dem Land nützen, dem Toten brachte er wiedergeburtlichen Nachteil.
Gotamas bedingungsloser Pazifismus wird deutlich in drei Strophen des Dhammapada, in denen er Nicht-Gegenwehr als das Mittel bezeichnet, Feindschaft zur Ruhe zu bringen:

»Man hat beschimpft mich und geschlagen,
hat mich beraubt, tat mir Gewalt«
– wen solcherlei Gedanken plagen,
gebietet nie der Feindschaft Halt.

»Man hat beschimpft mich und geschlagen,
hat mich beraubt, tat mir Gewalt«
– die solches Denken sich versagen,
für sie erstirbt die Feindschaft (bald).

Denn Feindschaft läßt im Weltenlauf
niemals durch Feindschaft sich befrieden:
Nicht-Feindschaft (nur) hebt (Feindschaft) auf,
die Wahrheit ewig gilt (hienieden). (Dhp 3–5)

Bei den Verfolgungen der einheimischen indischen Religionen durch den Islam im 11. und 12. Jh. ließen sich mehrere Tausend Bhikkhus ohne Widerstand hinmorden. Tibetische Quellen haben die Erinnerung an ihre Selbstdisziplin bewahrt.

Nicht-Feindschaft ist ein hohes, aber kaltes Ideal, das durch die Tugend der Güte *(mettā)* ergänzt werden muß. Selbst wenn Räuber und Mörder einem Bhikkhu mit der Baumsäge die Glieder abtrennten, durften die Mönche keine Feindseligkeit in sich aufkommen lassen. Auch in solcher Lage sollten sie beherrscht bleiben und sich sagen:

> Nicht soll unser Denken aus der Fassung geraten, und nicht wollen wir ein böses Wort äußern. Freundlich und mitleidvoll wollen wir weilen mit einem Denken voller Güte, ohne innere Abneigung. Nachdem wir jene Person mit gütevollem Geist durchdrungen haben, wollen wir (in diesem Zustand) verweilen. ...
> (M 21 I p.129)

Güte besaß der Buddha in hohem Grad und richtete sie auf alle Bereiche der lebendigen Welt. Berufe, die Menschen oder Tieren zum Leiden gereichen – z. B. die »grausamen Handwerke« Schlächter, Vogelfänger, Wildsteller, Jäger, Fischer, Räuber, Henker und Kerkermeister (M 51 I p.343) – wertete er als verwerflich und mit rechter Lebensführung unvereinbar. Das Tieropfer verabscheute er, und auch der Pflanzenwelt galt sein Mitgefühl, indem er das Zerstören und Beschädigen von Samen und Pflanzen von sich wies (D 1,1,10 f.).

Güte sei die Grundstimmung im Wesen des Buddha, stellte der Arzt Jīvaka in einem Gespräch mit ihm fest (M 55 I p. 369), aber der Meister unterwarf auch sie der Kontrolle. Er erlaubte ihr nicht, ein bestimmtes Emotionsniveau zu überschreiten; Mitleidsanfälle ließ er in sich nicht zu. Seelisches Gleichgewicht und Gefühlsstabilität gingen ihm über alles und waren ihm durch Selbsterziehung zur Natur geworden.
Daher prallten Attacken an ihm ab ohne ihn zu affizieren. Sogar seine philosophischen Gegner räumten ein, der Samaṇa Gotama sei weder provozierbar noch zu erschüttern. Der schon erwähnte Jaina-Laie Saccaka Aggivessana stellte am Ende einer Diskussion fest, Gotamas Hautfarbe sei hell geblieben, d. h. er habe keinen roten Kopf bekommen; andere religiöse Lehrer wichen bei einem solchen Disput den Fragen durch Gegenfragen aus und gerieten in Zorn (M 36 I p.250).
Gleichmut *(upekhā)* gepaart mit witziger Schlagfertigkeit bewies der Meister gegenüber dem Rājagaher Brahmanen Bhāradvāja. Verärgert darüber, daß ein Verwandter zum Dhamma übergetreten war, schmähte der Brahmane den Buddha mit Ausdrücken wie »Dieb, Wirrkopf, Kamel und Esel«. Gelassen ließ Gotama die Beleidigungen über sich ergehen und fragte Bhāradvāja unvermittelt, ob er gelegentlich Freunde zum Essen einlade. Auf die bejahende Antwort erkundigte er sich weiter, was mit den Speisen geschehe, die die Gäste nicht annehmen. Die seien dann für ihn selbst, entgegnete der Brahmane. »Genau so«, erklärte der Buddha, »ist es mit den Schmähungen. Ich nehme sie nicht an, sie fallen an dich zurück!« (S 7,1,2)
Bei einer Mönchsbelehrung im Jetavana bei Sāvatthi schilderte der Meister den Bhikkhus seine Unerschütterlichkeit und forderte sie auf, ebenfalls Gleichmut anzustreben.

> Wenn andere (mich), den Vollendeten, beleidigen, beschimpfen und belästigen, dann ärgere ich mich nicht, bin nicht ungehalten oder aufgebracht. ... Und wenn andere (mich), den Vollendeten, verehren, hochschätzen, respektieren und mir huldigen, dann freue ich mich nicht darüber, bin nicht froh und nicht (innerlich) erhoben. (M 22 I p.140)

Dutzende von Einzelepisoden in den Pāli-Texten belegen die Richtigkeit dieser Selbstbeschreibung.
Dennoch gab es Fälle, die Gotama nicht einfach hinnahm und die ihn

veranlaßten, seine Gleichmutsbastion zu verlassen, um mit Engagement, ja Härte zum Gegenangriff vorzugehen: Dann nämlich, wenn es sich darum handelte, die Lehre gegen Mißverständnisse und Fehlinterpretationen der eigenen Jünger zu schützen. Der Dhamma war seine große Erkenntnis, seine Lebensleistung und sein Geschenk an die Welt; er duldete nicht, daß es im Saṅgha, der die Lehre an zukünftige Generationen weiterzureichen hatte, Bhikkhus gab, die sie fahrlässig oder böswillig entstellten. Als der Mönch Sāti den Dhamma dahingehend interpretierte, daß das Bewußtsein *(viññāna)* den Körper überlebe und nach dem Tod in eine neue Daseinsform hinüberwechsele, mithin eine ewige Seele darstelle, ließ der Meister ihn rufen und fragte ihn, ob er wirklich diese Meinung vertrete. Als Sāti dies bejahte, fuhr Gotama ihn an: »Von wem hast du denn, du Dummkopf *(moghapurisa)*, gehört, daß ich den Dhamma so dargelegt hätte? Habe ich nicht, du Dummkopf, auf vielerlei Weise das Bewußtsein als bedingt entstanden (und deshalb im Tode vergänglich) erklärt? ... Du Dummkopf, der du bist, stellst mich aufgrund eines mangelhaften Verständnisses nicht nur falsch dar, du fügst dir auch selbst (kammischen) Schaden zu!« (M 38 I p.258). Und er ließ sich von den anwesenden Mönchen bestätigen, daß Sāti, Sohn eines Fischers, vom Dhamma keinen Schimmer habe. Man muß den armen Mönch fast bedauern, der, wie das Sutta beschreibt, sich bestürzt niedersetzte und schämte, die Schultern hängen ließ und in sprachlose Betrübnis verfiel.
Nicht besser erging es dem Bhikkhu Ariṭṭha, einem ehemaligen Geierabrichter. Er hatte den Dhamma so verstanden, daß vom Buddha als verderblich bezeichnete Handlungen dem Täter nicht in *jedem* Fall zum Verderben gereichen. Auch ihn maßregelte der Meister als Dummkopf (M 22 I p.132). Es fällt auf, daß der Kanon in beiden Fällen die schlichte Herkunft der getadelten Bhikkhus erwähnt. Anscheinend traute Gotama Männern ohne schulische Vorbildung zwar ethische Qualitäten, aber geringe Erkenntnisfähigkeit zu.
Ein auf den ersten Blick überraschender Zug im Wesen des Buddha ist seine negative Meinung von den Künsten. Mag sein, daß er als Sohn eines Rāja mit Musik und Tanzvorführungen überfüttert worden war. Mehr spricht indes dafür, daß seine Abneigung den Verführungscharakter jeglicher Kunst betraf. Denn Kunst ist dazu angetan, das Gemütsleben in Mitschwingen und Erregung zu versetzen, den Geist von

der Selbstkontrolle abzulenken. Sie zielt auf das Aufwühlen der Leidenschaften ab, der Dhamma hingegen auf deren Beruhigung; der Künstler schafft eine verlockende Scheinwelt, der Bekenner des Dhamma aber will die reale Welt durchschauen. Als Oberhaupt eines religiösen Ordens mußte der Buddha deshalb kunstfeindlich eingestellt sein:

> Als Geheul, ihr Mönche, gilt in der Edlen Ordenszucht das Singen, als Wahnsinn das Tanzen, als kindisch das Lachen, bei dem man die Zähne zeigt. (A 3,108)

Daß er trotz rationaler Ablehnung der Musik ein Gespür für künstlerische Qualität besaß, geht aus einem allerdings legendären Sutta des Dīghanikāya hervor. Nachdem er dort einem Liebeslied des Himmelsmusikanten Pañcasikha gelauscht hat, lobt er den Künstler wegen der Harmonie zwischen Gesang und Saitenspiel – und weil in dem Lied des Erwachten, des Dhamma und der Heiligen gedacht werde (D 21,1,6).

Ebenfalls Ablehnung zeigte Gotama gegenüber dem Schauspiel, das im alten Indien ein Mittelding zwischen mimischem Tanz und teils pathetischer, teils drolliger Deklamation darstellte. Bei Rājagaha gab es den Theaterdirektor Talapuṭa, der eine Wanderbühne mit einer großen Truppe von Schauspielern und Hilfskräften unterhielt. Bei einer Begegnung mit dem Meister erkundigte sich Talapuṭa, ob es stimme, daß Schauspieler, die das Publikum zum Lachen bringen und sie durch Vortäuschungen entzücken, in der Sphäre lachender Götter wiedergeboren werden. Taktvoll schwieg der Buddha, um Talapuṭa nicht durch eine ungünstige Antwort traurig zu stimmen. Als Talapuṭa aber insistierte, erklärte er ihm, daß Menschen, die durch ihre Gaukelkunst in anderen Menschen Illusionen erzeugen, in der Hölle oder unter Tieren Wiedergeburt finden (S 42,2).

Der Besuch von Schaudarbietungen sei zu unterlassen, machte Gotama dem jungen Haushaber Sigāla klar, denn nicht nur koste er Geld (D 31,7), er nehme auch das Denken in Beschlag durch den ständigen Wunsch nach mehr Schauspiel, Gesang, Musik, Rezitationen, Geklatsche und Getrommel (D 31,10). – Hingegebenheit an die Künste ist für die Erlösung hinderlich.

Gotama im Umgang mit Laienbekennern

Schon wenige Jahre nach Beginn seiner Missionstätigkeit war Gotama im Mittleren Land als Redner berühmt und wer konnte, nahm die Chance wahr, ihn zu hören. Er sprach vernehmlich, ruhig, in elegant-urbaner Ausdrucksweise und mit reichem Vokabular. Häufig gab er zu einem Verb oder Adjektiv, das allein vielleicht zu farblos geblieben wäre, mehrere Synonyma, was zwar kaum den Gedanken präzisierte, aber dem Hörer mehr Zeit gab, ihn sich anzueignen. Dazu illustrierte er seine Ausführungen durch lebensnahe Gleichnisse. Mehr als 800 von ihnen hat man im Pāli-Kanon gezählt, allen Bereichen des altindischen Lebens und der Natur entnommen. Da sehen wir den Goldschmied am Werk und den Elfenbeinschnitzer, den Pfeilmacher und den Töpfer; der Schlächter zerteilt die zu Gotamas Zeiten noch keineswegs heilige Kuh, der Händler manipuliert die Balkenwaage ein wenig zu seinem Vorteil – kein Beruf, dem der Buddha nicht eine gleichnishafte Seite abgewann. Nicht minder bezog er Sprachbilder aus der Natur: Vom Löwen (der im Westteil Indiens häufig war) ist die Rede und vom Elefanten; die nervöse Gier der Affen, die graziöse Scheuheit der Gazelle, die Tücke des Krokodils werden ebenso angeführt wie die Welt der Pflanzen: Lotos und Banyan, Mango und Palme. In den Gleichnissen des Buddha spiegelt sich die subtropische Welt.

Einige Buddhismusforscher haben Äußerungen Gotamas als Beweise für Humor ausgelegt; es ist nicht zu entscheiden, ob zu recht oder unrecht. Seine Beschreibungen zur indischen Volksmythologie (D 11,81; S 11,3,2), die Parabel von der langmütigen Hausfrau Vedehikā, die, auf die Probe gestellt, dann doch wütend wurde und ihrer Magd den Türbolzen über den Kopf schlug, daß sie blutete (M 21) – dies und einiges andere mag von Gotama weder humorvoll gemeint gewesen noch im Kulturmilieu Indiens als komisch empfunden worden sein. Lachen galt dem Buddha nicht als erlösungsdienlich. Vielleicht erkannte er, daß Lachen mit dem Dasein versöhnt, während es ihm zufolge doch gerade darauf ankommt, sich von der Welt zu lösen.

Es war keine feurige Beredsamkeit, die Gotama an den Tag legte, vielmehr ein unemotionales Ausbreiten von Argumenten und Erkenntnissen. Er verfuhr nach dem Grundsatz, den Zuhörer nicht zu überreden, sondern zu überzeugen. In keinem Fall drängte er jemanden zur Annahme des Dhamma, wußte er doch, daß Einsicht nicht plötzlich eintritt, sondern reifen muß – wie auch das Meer nur nach und nach tiefer wird und sein Ufer nicht jäh abstürzt (A 8,19). Wenn sich jemand allzu spontan zu seiner Lehre bekannte, warnte er sogar vor übereilter Konversion, so unter anderem den Jaina-Anhänger Sīha, den General der Licchavī von Vesāli. Als Sīha trotz der Bitte des Buddha, seinen Übertritt zum Dhamma nochmals zu überdenken, Gotamas Lehre annahm, ermahnte der Meister ihn, den Jaina-Mönchen auch weiterhin Almosen zu geben (Mv 6,31,10 f.).

Zu den besonderen Fähigkeiten des Buddha gehörte es, Menschen Vertrauen einzuflößen. König Bimbisāra hielt ihm 37 Jahre lang bis zu seinem Tod die Treue, und Bimbisāras Sohn Ajātasattu, keineswegs ein Bewunderer des Buddha, ging in seinem Vertrauen so weit, ihm den Mord an seinem Vater zu bekennen (D 2,99). Am engsten war Gotamas Verhältnis zum König Pasenadi, der ihn als philosophischen Gesprächspartner schätzte und nach Schicksalsschlägen mehrfach bei ihm Trost suchte.

Dabei war er kein Schönredner. Er tröstete durch Wahrheit, so unbarmherzig diese auch klingen mochte. Als ihn der alte Haushaber Nakulapitar bat: »Möge der Erhabene mich aufmuntern und erbauen!«, erwiderte ihm der Meister:

> Wahr ist es, Haushaber, dein Körper ist gebrechlich und anfällig. Wer einen solchen Körper herumträgt und ihn auch nur einen Augenblick für gesund ausgibt, der begeht eine Dummheit. Darum solltest du dich, Haushaber, so üben: ›Mag mein Körper auch krank sein, nicht soll mein Geist krank sein!‹ (S 22,1)

In dem siechen Bhikkhu Vakkali versuchte Gotama nicht, trügerische Hoffnung zu erwecken und den bevorstehenden Tod wegzuleugnen. Vielmehr bereitete er Vakkali auf den Tod vor. Er hielt ihm eine Lehrrede über die Vergänglichkeit des Leibes und ließ ihm kurz darauf, als sein Zustand sich verschlimmerte, ausrichten, er werde ein gutes Sterben haben (S 22,87). Daß Vakkali sich selbst den Tod geben würde, sah er allerdings nicht voraus.

In zwiespältigem Verhältnis stand der Buddha zu den Frauen. Wiederholt hatten Frauen ihn und den Saṅgha zu diskreditieren versucht; man denke an jene Sundarī, die sich im Auftrag neidischer Samaṇas wie eine

Geliebte Gotamas benommen hatte (Ud 4,8), und jene Ciñcā, die eine Schwangerschaft simulierte, um ihm eines Tages vor großer Zuhörerschaft vorzuwerfen, als zukünftiger Vater keine Vorkehrungen für ihre Entbindung getroffen zu haben (Thag-Komm.). Störungen waren auch von Frauen der Gotama-Familie ausgegangen, so von seiner einstigen Gattin und seiner Pflegemutter Mahāpajāpati, auf deren Betreiben die Gründung des Nonnenordens zurückging. Alle diese Erfahrungen waren für den Buddha Grund genug, von Frauen Abstand zu halten.

Es gab noch mehr Gründe, denn die Nähe von Frauen brachte eine ständige Gefährdung der mönchischen Disziplin. Gier, Haß und Verblendung waren die Triebkräfte der Wiedergeburt, die es zum Zweck der Erlösung zu überwinden galt. Selbst die kürzeste Zufallsbegegnung mit einem weiblichen Wesen konnte in einem noch nicht vollendeten Bhikkhu sexuelle Begierde wachrufen und ihn auf dem Heilsweg zurückwerfen. Es war daher unvermeidlich, daß der Buddha als Haupt eines zölibatären Ordens vor den verführerisch-irritierenden Geschöpfen warnte:

> Mönche, ich kenne keine andere Gestalt, die den Geist eines Mannes so fesselt wie die Gestalt einer Frau. Ich kenne keine andere Stimme, keinen anderen Duft, keinen anderen Geschmack, keine andere Berührung, die den Geist eines Mannes so fesselt wie die Stimme, der Duft, der Geschmack, die Berührung einer Frau.
>
> (A 1,1)

Frauen reizen den Muni zur Lust, heißt es in einem Text (Snip 703). Insbesondere während der täglichen Almosenrunde, bei der er oft dürftig bekleideten Frauen und Mädchen begegnet, bedarf der Bhikkhu der Selbstkontrolle (S 20,10). Als Ānanda den achtzigjährigen Buddha fragte, wie sich die Mönche Frauen gegenüber verhalten sollen, entgegnete ihm der Meister:

– Sie nicht ansehen, Ānanda.
– Aber wenn wir sie sehen, was sollen wir tun?
– Nicht mit ihnen sprechen, Ānanda.
– Wenn sie uns aber ansprechen, Herr, was sollen wir dann tun?
– Auf der Hut bleiben, Ānanda. (D 16,5,9)

Die Tatsache, daß viele Männer Haus und Familie gegen den Willen ihrer Frauen verließen um Bhikkhus zu werden, veranlaßte »Mönchswitwen« zuweilen, ihre Männer mit List, Intrige und Verführung ins weltliche Leben zurückzulocken. Hierin lag der Grund, daß der Buddha die Frauen mehrfach mit unfreundlichen Attributen belegte.

> Mönche, drei Dingen ist heimliches Wirken zu eigen, keine Offenheit –: Den Frauen ist heimliches Wirken zu eigen, den Zaubersprüchen der Brahmanen, und Falscher Ansicht.
>
> (A 3,132 gerafft)

Frauen seien listig, redeten die Unwahrheit, agierten im Verborgenen, liebten Ränke und seien untreu, heißt es im Pāli-Kanon, und die Jātakas illustrieren diese Behauptung durch haarsträubende Geschichten (z. B. Jāt 62 und 192).

Trotzdem wäre es falsch zu folgern, der Buddha sei ein Frauenfeind gewesen. Hätte er Frauen durchweg für ethisch schwach gehalten, hätte er leugnen müssen, daß sie in ihrer gegenwärtigen Daseinsform die Erlösung erreichen können. Ganz im Gegenteil hat er ihnen aber die Chance der Verwirklichung des Nibbāna ausdrücklich bestätigt (Cv 10,1,3). Der Kanon ist voll der Erwähnungen von Nonnen und Laienbekennerinnen, die das Heilsziel realisierten. Die Heiligkeit steht Frauen wie Männern offen, nicht hingegen die Buddhaschaft, die nur ein Mann erreichen kann (A 1,15).

Um Gotamas Einschätzung der Frau gerecht zu beurteilen, muß man seinen negativen Äußerungen die positiven gegenüberstellen.

Über Frauentugenden äußerte er sich in einem Gespräch mit dem König Pasenadi, der in Mißmut gefallen war, weil ihm Königin Mallikā statt des erhofften Sohns eine Tochter geboren hatte (S 3,16). Eine Frau, so tröstete Gotama den Monarchen, sei, wenn sie klug und sittsam ist, die Schwiegermutter verehrt und ihrem Gatten treu ergeben ist, mehr wert als ein Mann. Den Haushaber Nakulapitar von Sumsumāragiri beglückwünschte er dazu, mit einer so guten Frau wie Nakulamātā verheiratet zu sein, die ihm bei scheinbar tödlicher Krankheit versprochen hatte, sie werde die Familie ernähren, die Kinder erziehen und tugendhaft leben (A 6,16). Der Aṅguttaranikāya (1,24) zählt in einer Liste der hervorragenden Jünger und Jüngerinnen neben 41 Mönchen und 11 Laienbekennern 23 Frauen auf: 13 Nonnen und 10 Laien-

anhängerinnen. An anderer Stelle (8,91) nennt das gleiche Buch 27 prominente Upāsikās mit Namen.
Alle im Pāli-Kanon geschilderten Begegnungen des Buddha mit Frauen beweisen, daß er sie als Männern gleichwertig ansah. Daß es zänkische und böse Frauen gab, daß Frauen den Bhikkhu vom Heilsweg ablocken konnten, hielt ihn nicht davon ab zuzugeben, daß Frauen hohe Erkenntnisfähigkeit besitzen und viele von ihnen die Männer an Herzenswärme und Opferbereitschaft übertreffen. Zudem wußte er, daß es meist die Frauen sind, die das religiöse Klima der Familie bestimmen und den Kindern ihre ethischen Grundsätze auf den Lebensweg mitgeben. Daß sich unter den Freunden des Dhamma so viele Frauen befanden, ist weitgehend dadurch zu erklären, daß Gotama ihnen – anders als andere Lehrer seiner Zeit – Mündigkeit und volle Erlösungschancen zuerkannte, für die sie sich, ergriffen und beglückt, dankbar zeigten.

Der Meister

Mit Mönchen, die ganz am Anfang ihrer Schulung standen, scheint sich der Buddha weniger gern beschäftigt zu haben, besonders, wenn sie sich ungehörig benahmen. Eine Gruppe von jungen Bhikkhus, die so geräuschvoll auftraten »wie Fischer, die mit Geschrei ihren Fang an Land ziehen«, schickte er weg (M 67) und erlaubte ihnen erst, sich zu nähern, als sie mönchisches Benehmen gelernt, angeblich sogar die Heiligkeit erreicht hatten (Ud 3,3). Am liebsten waren ihm Gespräche mit fortgeschrittenen Jüngern, bei denen er Kenntnisse voraussetzen und sich auf einen speziellen Punkt der Lehre konzentrieren konnte. Je vollkommener ein Jünger in Wissen und Selbstzügelung war, umso näher stand er dem Meister.
Eine Lehrrede aus dem Mund des Buddha zu hören war für die Bhikkhus ein Anliegen, für das sie weite Fußreisen unternahmen. Wenn das Treffen nicht sogleich zustandekam, war es oft Ānanda, des Meisters Aufwärter und Adjutant, der den Kontakt herstellte und dies manchmal so geschickt, daß der Buddha die Lenkung kaum wahrnahm (z. B. M 26). Eine (gewöhnlich zu schwach wiedergegebene) Standardformel

des Kanons beschreibt, wie umfassend der Buddha auf seine Hörer einwirkte. Er »gab ihnen durch seine Lehrdarlegung Richtung, machte sie (die Belehrung) annehmen, begeisterte sie und schuf in ihnen Zufriedenheit« (D 4,27 u.ö.). Der Satz macht deutlich, daß der Buddha nicht nur Inhalte vermittelte, sondern den Hörer auch über das Gefühl ansprach. Sein Charisma gab allem, was er sagte, den Anhauch des Besonderen und ließ die Begegnung mit ihm zum bewegenden Erlebnis werden.

Obendrein lieferte er seinen Anhängern eine Methode der Geistesdisziplinierung, mit der sie selbst an sich arbeiten konnten: Die Meditation *(samādhi)*. Entsprechend dem Dhamma, der auf Beruhigung der Leidenschaften und Vermittlung erlösungsrelevanten Wissens abzielt, sind zwei Grundtypen von Meditationen zu unterscheiden (A 2,32). Beruhigungs- *(samatha-)* Meditationen sind solche, die Geist und Sinne des Meditanden von der Welt zurückziehen und ihm im Erlebnis der Stille einen Vorgeschmack des Nibbāna vermitteln. Sie fördern die Vernichtung der Gier und schließen den Geist für höhere Einsichten auf.

Der zweite Meditationstyp, die Durchschauungs- *(vipassanā-)* Meditation, dient der Bekämpfung der Verblendung und Unwissenheit. Sie richtet sich stets auf einen Gegenstand: Den eigenen Körper, die psychisch-mentalen Funktionen, ein physisches Objekt oder einen Punkt der Buddhalehre. Ihre Absicht ist es, das Objekt analytisch zu durchdringen, d. h. die Gegenstände der Welt in direkter Beobachtung ohne Ich-Beziehung und Bewertung als vergänglich, leidhaft und substanzlos zu erkennen und ihren Beziehungszusammenhang sowie ihre Bedingtheit zu erfassen. So entstehen Erkenntnis *(ñāṇa)* und Weisheit *(paññā)*. Sofern das Meditationsthema ein Einzelzug der Buddhalehre ist, gilt es, den mit dem Verstand aufgenommenen Wissensinhalt in lebendige Erkenntniserfahrung umzusetzen, um ihn sich wahrhaft zu eigen zu machen.

Keineswegs ist die Meditation jedoch Selbstzweck. Ob es das Verweilen in der Meditation sei, das die Bhikkhus veranlaßt, den religiösen Wandel auf sich zu nehmen, fragte Mahāli den Buddha bei einem Besuch in Vesāli, und der Meister erwiderte: »Nein, Mahāli, die Mönche tun das um höherer und süßerer Dinge willen, nämlich zwecks Vernichtung von Gier, Haß und Verblendung!« (D 6,12 f.). Die Meditation ist ein Hilfsmittel zur Erlösung, nicht mehr. Sie schafft günstige geistige Voraussetzungen für Erkenntnisse, kann aber die Erlösung weder herbeizwingen noch ist sie unverzichtbar. Der Pāli-Kanon enthält genug Beispiele von Menschen, die nie meditiert hatten und doch die Heiligkeit und Erlösung erreichten.

Der Hindu-Gott Brahma, der mit seinen vier Gesichtern in alle Richtungen schaut, lieferte den Namen für die Vier Brahma-Verweilungen *(brahmavihāra)*. Zielen die oben beschriebenen Meditationen von der Welt weg nach innen bzw. auf einen bestimmten Themenpunkt, so wirken die Brahma-Verweilungen nach außen in die Welt und die Gesellschaft hinein. Die Bezeichnung »Meditation« erscheint daher nur teilweise passend für diese Übung, treffender spricht man von »Durchstrahlungen«. Wie sie durchzuführen sind erläuterte der Buddha dem jungen Brahmanen Vāseṭṭha wie folgt: Der Bhikkhu läßt sich an einem einsamen Ort im Meditationssitz nieder und bringt seinen Geist zur Ruhe, so daß ihn keine Einflüsse mehr affizieren. Dadurch entstehen in ihm Glücksgefühl und Sammlung. Derart eingestimmt

> strahlt er mit einem Denken voller Güte *(mettā)* erst nach einer Richtung, dann nach der zweiten, dritten und vierten, dann nach oben und unten – die ganze weite Welt durchstrahlt er mit gütigem Denken, mit einem Denken weit, frei, grenzenlos und bar von Feindseligkeit und Groll. (D 13,76)

In gleicher Weise durchdringt er darauf die Himmelsrichtungen mit Mitleid *(karuṇā)*, Mitfreude *(muditā)* und Gleichmut *(upekhā)*. Den Durchstrahlungen wird nicht nur heilsfördernder Einfluß auf den sie durchführenden Bhikkhu zugeschrieben, sie haben in der Welt greifbare Wirkung. Als Gotama einmal von einem Elefantenbullen attakkiert wurde, strahlte er, so heißt es, dem Tier Mettā entgegen und besänftigte es damit (Cv 7,3,12).

Indien ist ein wundergläubiges Land. Von dem großen »Samaṇa Gotama« kursierten schon zu seinen Lebzeiten übertriebene Erzählungen; kaum verwunderlich, daß manche ihn für allwissend hielten. Da er als Erleuchteter ja die Unwissenheit zerstört hatte, lag die Vermutung seiner Allwissenheit in der Tat nahe. Darauf angesprochen entgegnete der Meister:

> Wer sagt, der Samaṇa Gotama wisse und sehe alles, behaupte Allwissenheit und Allsicht zu besitzen und zwar beim Gehen, Stehen, Schlafen oder Wachen, wer das sagt, stellt mich falsch und unrichtig dar. ... Wer hingegen sagen würde: ›Der Samaṇa Gotama besitzt das Dreifache Wissen‹ (d. h. Erkenntnis der Vorexistenzen, des Kamma-Vorgangs und der Vernichtung der Āsavas), der stellt mich richtig dar. (M 71 gerafft)

Er beanspruchte nicht, von allem und jedem in der Welt spontane Kenntnis zu haben, sondern lediglich zu wissen, was für die Befreiung vom Leiden bedeutsam ist. Nur in erlösungsrelevanten Fragen war er allwissend.

Nicht in Abrede stellte er den Besitz magischer Fähigkeiten *(iddhi)*, wie sie sich nach indischer Überzeugung bei jedem echten Religiosen aufgrund der Selbstzügelung automatisch entwickeln. Der Saṃyuttanikāya (51,7,2,1) führt als derartige Fähigkeiten auf: Sich zu vervielfachen, solide Hindernisse zu durchdringen, in die Erde wie in Wasser einzutauchen, auf dem Wasser zu wandeln, mit gekreuzten Beinen durch die Luft zu schweben, Sonne und Mond mit der Hand zu berühren, die Stimmen fern weilender Götter und Menschen zu hören, sich an frühere Daseinsformen zu erinnern und mit hellsichtigem Götterblick das Hinsterben und kammische Wiederentstehen der Wesen zu durchschauen. Einmal fragte Ānanda den Meister, ob auch er mittels übernatürlicher Fähigkeiten die Welt des Gottes Brahma erreichen könne. Der Meister antwortete:

> Wenn der Erhabene seinen Körper in den Geist konzentriert und den Geist mit dem Körper eins werden läßt, dann weilt er im Bewußtsein des Glücks und der Leichtigkeit. ... Mit nur geringer Mühe erhebt sich dann der Körper des Erhabenen vom Boden in die Luft. Und dann genießt er die verschiedenen Arten magischer Fähigkeiten. (S 51,7,3,2,)

Es überrascht, daß Ānanda die Frage überhaupt stellte: Einigen Stellen zufolge war er ja bei Wundern des Meisters zugegen gewesen (z. B. Ud 7,9). Man darf daraus schließen, daß die Wunderberichte des Kanons eine Zutat späterer Textredaktoren darstellen.

Das ist umso wahrscheinlicher, als der Buddha, wenn er seine eigene

Wunderfähigkeit im Hinblick auf die wundersüchtigen Massen auch nicht ableugnete, von solchen Fähigkeiten eine geringe Meinung hatte und ihnen in seinem System keinerlei Bedeutung einräumte. Er betrachtete sie als Nebenprodukte der Erlösungssuche, die für die Richtigkeit einer Lehre nichts beweisen und zudem in die Irre führen, da mancher sie für das Endziel des religiösen Strebens hält. Ausdrücklich bezeichnete er sie deshalb als gefährlich, mißfällig und abzulehnen (D 11,5). Haushabern, d. h. Weltlingen ein Wunder vorzuführen, und sei es auch zum Zweck der Bekehrung, verbot er den Mönchen und legte sogar eine Ordensstrafe für den Verstoß fest (Cv 5,8,2).

Wie war das Verhältnis der Bhikkhus dem Buddha gegenüber? Welche Gefühle hegten sie für ihn?

Man kann wohl kaum sagen, daß sie ihn »liebten«. Ein Lehrer, der unermüdlich darlegt, daß aus jeder Liebe Leid erwächst und der innere Bindungen philosophisch abwertet, kann schwerlich zum Gegenstand tiefer Gefühlshingabe werden und hätte sich dies auch verbeten. Dem todkranken Bhikkhu Vakkali, dessen Herzenswunsch es war, den Meister zu sehen, hielt er entgegen: »Genug davon, Vakkali. Was bedeutet schon der Anblick dieses anfälligen Körpers? Wer, Vakkali, die Lehre sieht, der sieht mich, wer mich sieht, sieht die Lehre.« (S 22,87,13). Er forderte für sich zwar die Ehrerbietung, die einem Erleuchteten zusteht, gefühlsintensive Huldigung indes wehrte er ab. Sie widersprach dem Dhamma, den er als das allein Wichtige ansah und hinter dem er als Person zurücktreten wollte.

Hinzu kommt, daß seine Geistesüberlegenheit und seine innere Detachiertheit zwar Ehrfurcht einflößten, aber kaum innige Zuneigung entstehen ließen. Nur Menschen mit starker Persönlichkeit wie Bimbisāra und Pasenadi, mit Dhamma-Vollverständnis wie Sāriputta und Moggallāna oder mit naiver Gefühlsspontaneität wie Ānanda und die Laienbekennerin Visākhā schafften es, mit ihm in ein herzliches Verhältnis zu treten; die Masse der Bhikkhus und Laien blieb auf Distanz. Sie spürten seine Mettā, erkannten aber, daß diese allem Lebenden galt und die Bevorzugung eines Einzelnen ausschloß. Er war eben »der Meister« *(satthar)* – eine Bezeichnung, die sowohl die Größe des so Titulierten wie den ihm zukommenden Respekt, aber gleichzeitig auch den Abstand ausdrückt, in dem der gewöhnliche Jünger sich zu ihm befand.

Späte Jahre

Im Wettbewerb der Denksysteme

Ungefähr zwischen 515 und 500 v. Chr. hatten sich im Mittleren Land aus der großen Zahl von Samaṇa-Lehrern sieben als besonders einflußreich herauskristallisiert. Den Buddha auslassend stellen die buddhistischen Quellen sie (in D 2,2–7) zu einer Liste zusammen:

(1) Pūraṇa Kassapa,
(2) Makkhali Gosāla,
(3) Ajita Kesakambalin,
(4) Pakudha Kaccāyana,
(5) Sañjaya Belaṭṭhiputta und
(6) Nigaṇṭha Nātaputta

Alle waren bereits »alt und betagt« (D 2,2 ff.), wobei man berücksichtigen muß, daß die durchschnittliche Lebenserwartung eines Inders im 6./5. Jh. bei etwa 22 Jahren lag und jemand, der die Fünfzig überschritten hatte, schon als sehr alt galt.

(1) Pūraṇa Kassapa behauptete von sich, er sei allwissend (A 9,38), und so erklärt sich wahrscheinlich sein Name als Pūraṇañāna, »Kompletten Wissens«. Zu seiner Herkunft ist lediglich überliefert, er sei niederer Abstammung gewesen und nackt herumgelaufen – »in das Gewand der

Tugend gekleidet«, wie man diesen Zustand umschrieb. Jaina-Quellen sprechen von einem »närrischen Asketen« namens Pūraṇa aus dem Ort Bebhela, vielleicht ist unser Pūraṇa damit gemeint. Er soll sich nach zwölf Jahren Askese freiwillig zu Tode gefastet haben und in Sāvatthi gestorben sein. Ein spätbuddhistischer Sanskrittext (Divyāvadāna) will es anders. Ihm zufolge band sich Pūraṇa einen Topf mit Erde an den Hals und ertränkte sich.

Über Pūraṇas Lehre ist gerade so viel überliefert, daß man ihren philosophischen Umriß erkennen kann. König Ajātasattu, der mit Pūraṇa eine Unterhaltung hatte, gibt dem Buddha deren Inhalt wieder:

> Pūraṇa Kassapa sagte mir folgendes: ›Großer König, wenn jemand etwas tut oder tun läßt, andere verstümmelt, brät, einem anderen Kummer bereitet, ihn drangsaliert, ängstigt, tötet, beraubt ..., er tut mit alledem nichts Böses. Auch wenn man mit einem messerscharfen Diskus die Lebewesen der Erde in eine bloße Masse Fleisch verwandelte, erwüchse einem daraus kein Böses und keine Zurechnung von Bösem. ... Und wenn einer Almosen spendete und Opfer darbrächte erwüchse ihm daraus kein Verdienst, keine Anrechnung von Verdienst. Freigebigkeit, Selbstzügelung und Wahrheitsliebe erzeugen kein Verdienst‹. (D 2,17)

Konform damit umreißt einer von Pūraṇas Jüngern die Lehre seines Meisters mit den Worten:

> Kassapa sieht im Verletzen und Töten, in der Übervorteilung und im Betrug anderer nichts Böses. Ebenso glaubt er nicht an Verdienst für die eigene Seele. (S 2,3,10)

Und der Licchavi Mahāli referierte dem Buddha die Äußerung des Pūraṇa:

> Es gibt keine Bedingungen, keine Ursache für die Unreinheit der Wesen. Ohne Bedingungen, ohne Ursache werden sie unrein. Es gibt keine Bedingungen, keine Ursache für die Reinheit der Wesen. Ohne Bedingungen, ohne Ursache werden sie rein. (S 22,60)

Pūraṇa vertrat also die Auffassung, daß Taten, gute wie schlechte, den Täter nicht retributiv affizieren: Er leugnete das Gesetz des Kamma.

Da die Erlösung nicht bedingbar ist, kann sie nicht durch ein Tun verwirklicht werden. Mit anderen Worten: Die Wesen können zu ihrer Erlösung nichts beitragen sondern haben sich ins Fatum zu fügen und ergeben auf ihr Heil zu warten. Pūraṇas fatalistische Lehre hat starke Ähnlichkeit mit der des »Ājīvika«-Konsolidators Makkhali Gosāla.

(2) Das jainistische Bhagavatīsūtra gibt Makkhalis Namen in Ardhamāgadhī als Maṅkhaliputta Gosāla an; er war demnach der Sohn eines Bänkelsängers *(maṅkha)* und übte diesen Beruf wohl auch selber aus. Er sei in Saravaṇa in einem Kuhstall *(gosāla)* zur Welt gekommen, daher der Name.

Makkhali traf mit dem Nigaṇṭha Nātaputta (Mahāvīra), dem späteren Stifter des Jainismus zusammen als dieser sich im dritten Jahr seiner Askese befand (524 v. Chr.). Von ihm fasziniert, bat Makkhali den Mahāvīra, ihn als Schüler anzunehmen. Der Angesprochene schwieg dazu und wanderte davon.

Nach einiger Zeit beschloß Makkhali, gleich Mahāvīra sämtliche Kleidung abzulegen und sein Leben fortan als wandernder Nacktsamaṇa zu fristen. Unweit von Nālandā, in Paṇiyabhūmī, traf er Mahāvīra wieder. Er wiederholte die Bitte, sein Schüler zu werden, und diesmal stimmte Mahāvīra zu. Volle sechs Jahre blieben die beiden zusammen und teilten alle Entsagungen des unbehausten Lebens.

Es war in dieser Zeit unter Mahāvīra, daß Makkhali den Glauben an die Determiniertheit allen Geschehens entwickelte. Tief beeindruckte es ihn, daß sein Mentor mehrfach Ereignisse voraussagte, die sich dann nicht verhindern ließen, so einmal, daß ihm, Makkhali, beim Almosengang an einem bestimmten Tag ein falsches Geldstück gespendet werde. Obwohl Makkhali alles dagegen tat, geschah genau das, was Mahāvīra geweissagt hatte. Makkhali folgerte daraus: »Was sein soll, das muß so und kann nicht anders eintreten.«

Teils war seine Philosophie, teils seine Prahlerei daran schuld, daß Makkhali sich und seinen Mentor immer wieder in heikle Situationen brachte. Wiederholt bezog er von der Bevölkerung Prügel. Zuweilen scheint er für Abweisungen bei der Almosenrunde tückisch Rache genommen zu haben, denn verdächtig oft passierte es, daß er Leuten, die nichts gaben, den Brand ihres Hauses oder des ganzen Dorfes voraussagte, der dann auch prompt eintrat.

Weil Mahāvīra ihm einmal Hilfe gegen Angreifer versagt hatte, trennte sich Makkhali von seinem Mentor, erkannte aber bald, daß er ohne dessen Schutz schwerlich heil durchkommen werde. Ein halbes Jahr später schloß er sich ihm wieder an. Gelernt hatte er aus der Erfahrung nichts; er benahm sich weiterhin herausfordernd und eulenspiegelhaft. Bei einer Gelegenheit kommentierte er einen vorüberziehenden Hochzeitszug, Braut und Bräutigam seien besonders häßlich. Von den Trauzeugen kräftig verbläut begriff er, daß die Bemerkung nicht ganz angebracht gewesen war.

Einer von Makkhalis Streichen bewirkte seine Trennung von Mahāvīra. Während einer Wanderung durch Magadha fragte Makkhali, auf ein blühendes Sesamkraut zeigend, ob diese individuelle Pflanze wohl Frucht tragen werde. Sie werde es und sogar reichlich, erwiderte Mahāvīra. Als sie dann weiterzogen blieb Makkhali ein Stück zurück und riß die Pflanze, von Mahāvīra unbemerkt, aus der Erde.

Einige Zeit darauf kamen sie erneut an die Stelle und sahen, daß die Pflanze zwar ausgerissen, aber nicht zugrundegegangen war. Ein Regenschauer hatte bewirkt, daß sie sich wieder eingewurzelt und Samenrispen angesetzt hatte. Wenngleich Mahāvīra mit seiner Prophezeiung recht behalten hatte, war Makkhalis experimenteller Schabernack für ihn Grund genug, den kauzigen Schüler davonzujagen.

Auf sich allein gestellt begann Makkhali angestrengt, sich um magische Macht und Einsicht zu bemühen und erreichte, wie es heißt, diese Ziele innerhalb von sechs Monaten. Das Ereignis ist wohl in das Jahr 517 v. Chr. zu datieren.

Die Jahre bis zu seinem Tod verbrachte Makkhali als Samaṇa auf der Wanderschaft, hielt aber seine Regenrast stets in Sāvatthi im Haus einer Töpferin. Mit der Zeit gelang es ihm, eine beträchtliche Laiengemeinde zu finden und zahlreiche Jünger um sich zu versammeln. Offenbar war er als Persönlichkeit nicht ohne Ausstrahlung. Auch auf den Kosala-König und Buddha-Freund Pasenadi machte er Eindruck.

Details aus seinem Leben werden in den Jaina-Büchern wieder aus dem vierundzwanzigsten Jahr seines Samaṇa-Daseins, dem Jahr seines Todes (501 v. Chr.) berichtet. In jenem Jahr versammelte er seine sechs Hauptjünger um sich, um seine Lehre zu kodifizieren. Als Mahāvīra, sein einstiger Mentor, von der Versammlung erfuhr, kamen ihm Makkhalis Narreteien aus der gemeinsamen Zeit in Erinnerung, die er seinen Mönchen freimütig erzählte. Wie ein Lauffeuer verbreitete sich der Bericht – zu Makkhalis gewaltigem Ärger.

Zornig erschien der lächerlich Gemachte vor Mahāvīra. Er sei nicht (mehr) der Makkhali Gosāla von ehedem, erklärte er, mehrere geistige Wiedergeburten hätten ihn zu einem anderen Menschen gemacht. Höhnisch wies Mahāvīra das Argument zurück, was Makkhali vollends aus der Fassung brachte. »Du bist von meiner Zaubermacht durchbohrt!« schrie er Mahāvīra an, »in sechs Monaten wirst du an Fieber sterben!« Mahāvīra aber zeigte sich unbeeindruckt; Zauber könne ihm nichts anhaben und pralle auf seinen Urheber zurück: »Nach sieben Nächten wirst du selber an Fieber verenden!«

Wahrhaftig, so tradieren die jainistischen Quellen weiter, begann Makkhali, nach Sāvatthi in die Töpferei zurückgekehrt, zu kränkeln. Er fiel in ein Fieberdelirium, tanzte herum, sang und rieb sich den heißen Körper mit kühlendem Töpferton ein. Einem Bewunderer, der ihn in diesem Zustand antraf, erzählte er wirres Zeug. Wenig später gab er seinen Jüngern Anweisungen für seine Einäscherung: sie solle mit Pomp stattfinden.

Wenn man den (fraglos voreingenommenen) Jaina-Büchern trauen darf, legte Makkhali in der siebten Nacht nach dem Verwünschungsduell ein Reuebekenntnis über seine Verstöße gegen den asketischen Kodex ab und gestand seinen Anhängern, er sei kein Vollendeter, sondern ein Schwindler, und sterbe darum an seinem eigenen Fluch. Seine früheren Beisetzungsinstruktionen widerrufend ordnete er an, sein Leichnam solle entweiht werden, die Mönche sollten seiner Leiche dreimal ins Gesicht spucken und sie mit einem Strick am linken Fuß durch Sāvatthi schleifen, um sie irgendwo hinzuwerfen.

Die Jünger vollzogen die Desekrierung nur symbolisch. Auf den Boden der Töpferhütte zeichneten sie den Grundriß der Stadt Sāvatthi und zogen den Toten am linken Fuß darüber hinweg. Dann äscherten sie ihn mit allem Zeremoniell ein.

Von sämtlichen mit ihm zeitgenössischen Lehrern verachtete der Buddha Makkhali Gosāla am meisten. »Ich kenne niemanden, der so vielen Leuten zum Unheil, Schaden und Unglück wirkt wie Makkhali, der Verrückte« (A 1,30) erklärte er. »Unter den Lehren all der vielen Samaṇas und Brahmanen ist die des Makkhali die schlechteste. Denn Makkhali, dieser Verrückte, lehrt und vertritt die Ansicht, daß es kein

Kamma, kein (sich kammisch auswirkendes) Handeln und keine (zur Erlösung führende) Willenskraft gebe« (A 3,138). Und in einem Dialog mit dem brahmanischen Wanderreligiosen Vacchagotta stellte er fest, kein Ājīvika habe je die Erlösung vom Leiden verwirklicht; lediglich einer sei im Himmel wiedergeboren worden, aber der (sei kein echter Ājīvika gewesen, denn er) habe an das Gesetz des Kamma und des Handelns geglaubt (und sich folglich religiöses Verdienst geschaffen) (M 71 I p.483).

Der Pāli-Kanon enthält eine Zusammenfassung der Lehren des Makkhali Gosāla aus dessen eigenem Mund. König Ajātasattu gab sie dem Buddha angeblich wörtlich wieder:

> Es gibt weder Ursache noch Grund für die Verunreinigung der Wesen: Ursachen- und grundlos sind sie verunreinigt. Es gibt weder Ursache noch Grund für die Reinheit der Wesen: Ursachen- und grundlos sind sie rein. Nichts liegt am eigenen Tun, am Tun anderer, am menschlichen Tun (überhaupt). Es gibt keine Kraft, keine Energie, keine Menschenmacht, keine menschliche Fähigkeit (die imstande wären, die Erlösung zu bewirken). Alle Wesen, Kreaturen, Geschöpfe und Seelen *(jīva)* sind nicht durch ihren Willen, ihre Kraft (oder) Energie, (sondern) infolge von Schicksalsbestimmung *(niyati)*, (elterlicher) Zeugung *(saṅgati)* und Entwicklung *(bhāva)* (zu ihrer jetzigen Daseinsform) herangereift, wo sie in den Sechs Wesensklassen Glück oder Leiden erfahren. ... Nachdem sie in vierundachtzighunderttausend großen Weltperioden (im Wiedergeburtenkreislauf) umhergewandert sind, werden Dumme wie Kluge dem Leiden ein Ende machen (d. h. erlöst werden). Man darf nicht denken: ›Durch diese Zucht, Observanz, Askese, diesen Tugendwandel werde ich das noch nicht gereifte Kamma zur Reife bringen und das reife Kamma durch Abgeltung vernichten‹. So ist das nicht. Glück und Leiden sind (vielmehr) in vollem Maße zugemessen, es gibt keine Verkürzung oder Verlängerung des Wiedergeburtenkreislaufs, kein Hinaustreten (aus ihm) und kein Eintreten (in ihn). Wie ein Knäuel Schnur, wenn es geworfen wird, sich entsprechend (der Schnurlänge) abwickelt, ebenso werden Dumme wie Kluge dem Leiden ein Ende machen, wenn sie den (ihnen vom Schicksal zugemessenen) Wiedergeburtenzirkel durchlaufen haben. (D 2,20)

Der zentrale Begriff dieser Philosophie ist der des Schicksals oder Fatums *(niyati)*, das jedem Wesen seinen Weg durch die Kette der Wiedergeburten vorzeichnet. Das Schicksal ist sein Daseinsprogramm. Es ist nicht zu beeinflussen, und darum sind Taten, gute wie schlechte, für die Qualität der Wiedergeburt ohne Folgen. Ebenso sind religiöse Oberservanzen wertlos, ja selbst Ājīvika zu sein beschleunigt die Befreiung von der Wiedergeburt in keiner Weise. Ājīvika-Samaṇas sind Mönche, weil ihnen das vom Fatum so zudiktiert ist, sie sind es nicht aus der Hoffnung heraus, dadurch ihre Zukunft zu verbessern. Ein bei ihnen häufiges Motiv war allerdings, die Kunst des Wahrsagens zu erlernen. Ist jedem Wesen sein Schicksal vorbestimmt, so dachten sie sich, muß es möglich sein, wenigstens die nahe Zukunft zu erkennen.
Wie der Lauf durch den Saṃsāra für jeden Einzelnen programmiert ist, so ist ihm vom Schicksal auch die Menge des Glücks und Leidens zugemessen. Die einzig vernünftige Haltung ist daher, alles so zu nehmen, wie es kommt und sich ohne Klagen darein zu ergeben. Die Erlösung tritt automatisch ein sobald ein Wesen 8400000 Weltperioden durchlaufen hat. Ein Merkspruch der Ājīvikas lautet:

> Zum Himmel gibt's kein Tor, leb' nur dein Schicksal ab,
> Glück ebenso wie Leid kommt dir vom Schicksal zu.
> Der Kreislauf der Geburt macht endlich jeden rein,
> auf das, was kommt, sollst du drum nicht begierig sein.
>
> (Jāt 544 VI p.229)

Insbesondere die Kriegerkaste fühlte sich von diesem Fatalismus angesprochen, aber auch manch anderer dürfte sich eines Ājīvika-Sinnspruchs erinnert haben, wenn ihm etwas fehlgeschlagen war.
Mit dem Aussterben der Ājīvika-Schule – im Norden Indiens im 2. Jh. v. Chr., im Süden im 14. Jh. n. Chr. – sind auch ihre Bücher der Vernichtung anheimgefallen; unsere Kenntnis der Ājīvika-Philosophie gründet sich auf Zitierungen in Werken gegnerischer Schulen. Wesentliche Fragen, z. B. über die Natur der Seele *(jīva)*, die das Bindeglied zwischen den Existenzformen darstellt, und über den Erlöstheitszustand nach Durchleben des Schicksalsweges, bleiben daher ohne präzise Antwort.

(3) Von Ajita Kesakambalin ist nichts Biographisches bekannt, ausgenommen, daß er um vieles älter war als der Buddha. Sein Beiname deutet an, daß er sich in ein aus Menschenhaar *(kesa)* gewebtes Gewand *(kambala)* kleidete, ein, wie Gotama kommentierte (A 3,138) besonders unangenehmes Kleidungsstück: In der Kälte kalt, in der Hitze heiß, schlecht riechend und kratzig. Warum er sich dieser quälenden Kutte bediente, ist unerfindlich, denn da er den Heilsnutzen asketischer Übungen bestritt, konnte er sich für seine Erlösung nichts davon versprechen.
Ajitas nihilistisch-materialistische Lehre ist mit der der Lokāyatas, Cārvākas oder Nāstikas identisch und wird von ihm selbst (in der Wiedergabe Ajātasattus) wie folgt umrissen:

> Es gibt keine Spende, kein Opfer, keine Opfergabe (die für eine Heilserreichung von Wert wären), es gibt keine Frucht und kein Reifwerden guter und böser Taten *(kamma)*, es gibt nicht eine diesseitige noch eine jenseitige Welt (sondern nur die sinnenfällige Wirklichkeit), es gibt weder Mutter noch Vater noch Wesen, die ohne Ursache geboren sind, es gibt in der Welt keine Samaṇas und Brāhmaṇas, die auf einem Rechten Weg das Heilsziel erreicht und eine diesseitige und eine jenseitige Welt selber erkannt haben und (nun) nach eigener Erfahrung darlegen könnten.
> Der Mensch ist (vielmehr) aus den Vier Großen Elementen (und einem nichtmateriellen Element) gebildet. Stirbt er, verfällt seine Materie der Erde, seine Flüssigkeit dem Wasser, seine Temperatur dem Feuer, sein Hauchiges der Luft, seine Sinnesfähigkeit dem Raum. Zu fünft ziehen sie, die (vier) Träger und die Leiche auf der Bahre, dahin; bis zum Einäscherungsplatz lobpreisen die (Träger den Toten). Dort bleichen dann seine Knochen, und die Opferbeigaben sind zu Asche geworden. Nur Toren propagieren Spenden. Wenn Leute sagen, sie seien nützlich, ist das falsches Gerede. Dummе wie Kluge vergehen mit dem Zerfall des Körpers und sind vernichtet, nach dem Tode gibt es sie nicht mehr. (D 2,23)

Man kann sich schwerlich vorstellen, daß Ajita, der weder eine Jenseitshoffnung noch einen Heilsweg anbot, Mönche zu Jüngern hatte. Vermutlich trat er als Einzelredner auf und hatte Anhänger nur unter Haushabern.

(4) Einen Atomismus, aus dem er skurrile Schlußfolgerungen zog, vertrat Pakudha Kaccāyana, von dem man lediglich (aus dem Namen) weiß, daß er der Brahmanenkaste angehörte. Er anerkannte sieben Grundstoffe *(kāya)* verschiedenster Denkkategorien, aus denen alles Bestehende zusammengesetzt sei. Sie seien nicht geschaffen, sondern seit je existent und unwandelbar. Die Sieben Elemente oder Grundtatsachen sind: Erde, Wasser, Feuer, Luft, Glück, Leiden und die Seele *(jīva)*.

> Da gibt es keinen, der tötet oder töten läßt, hört oder spricht, erkennt oder erklärt. Wenn jemand mit einem scharfen Schwert (einem anderen) den Kopf spaltet, beraubt er niemanden des Lebens. Der von dem Schwert verursachte Spalt geht zwischen den Sieben Grundstoffen hindurch (ohne einen davon zu verletzen).
>
> (D 2,26)

Daß die Sieben Elemente, wenn zu einer empirischen Ganzheit kombiniert, etwas anderes und mehr darstellen als ihre bloße Summe, diese Erkenntnis war Pakudha offenbar nicht aufgegangen. Historisch war er von Bedeutung als der erste der indischen Atomisten. Seine Sieben Grundstoffe sind später von der südlichen Ājīvika-Schule anerkannt und übernommen worden, weshalb er manchmal als Ājīvika bezeichnet wird.

(5) In den buddhistischen Quellen nur unscharf profiliert ist Sañjaya Belaṭṭhiputta, der wahrscheinlich identisch ist mit jenem Sañjaya aus Rājagaha, der einst der Lehrer von Sāriputta und Moggallāna gewesen war. Im Dialog mit König Ajātasattu beschrieb er sich als Skeptiker und Agnostiker, der alle Thesen von sich wies, die nicht durch Wahrnehmung oder Erfahrung erhärtbar sind. Vielleicht hatte seine Philosophie auch positive Inhalte, nur haben diese die zweieinhalb Jahrtausende zwischen ihm und uns nicht überdauert.

(6) Nigaṇṭha Nātaputta, der »sich zu den Nigaṇṭhas bekennende Sproß der Nāta-Familie«, hieß mit seinem persönlichen Namen Vardhamāna und war der Sohn des politisch einflußreichen Kriegeradligen Siddhārtha und seiner Gemahlin Triśalā. Geboren wurde er 557 v. Chr. in Kuṇḍagrāma (heute Basukuṇḍ) bei Vesāli. Besser kennt man ihn unter

seinen Ehrentiteln Mahāvīra (»Großer Held«) und Jina (»Sieger«). Der Name seiner Religion, des Jainismus, ist von dem zweiten Titel abgeleitet.

Vardhamāna wuchs im Wohlstand auf und erhielt die für Khattiya-Knaben übliche Erziehung. Zum Mann herangewachsen, wurde er verheiratet und hatte eine Tochter. Seine Eltern folgten den Lehren des Pārśva(nātha), eines wohl historischen, angeblich aus Benares stammenden Lehrers aus dem 8. Jh. v. Chr., dessen Anhänger als Nigaṇṭhas, »von Fesseln Befreite«, bezeichnet werden. Sie nahmen diese stark asketische Religion so ernst, daß sie sich zwecks Reinigung von altem Karman (P.: Kamma) zu Tode hungerten. Ein Nigaṇṭha war nach dem Vorbild der Eltern außer Vardhamāna auch sein älterer Bruder Nandivardhana, der nach dem Tod des Vaters dessen politische Funktionen übernahm und seinen Einfluß in Vesāli dazu benutzte, für die Nigaṇṭha-Schule Bekenner zu werben.

Zwei Jahre nach dem Fastentod seiner Eltern zog Vardhamāna zu Beginn des indischen Winters in die Hauslosigkeit hinaus. Er war zu dem Zeitpunkt (527 v. Chr.) dreißig Jahre alt. Da er den Geboten Pārśvas folgte, brauchte er keinen Lehrer zu suchen, sondern nur Pārśvas Weisungen nachzuleben. Anfänglich aus Askesegründen in nur *ein* Tuch gehüllt, legte er nach dreizehn Monaten auch dieses ab und lebte fortan »den Luftraum als Gewand tragend«, also nackt, ein Brauch, den auch sein zeitweiliger Schüler Makkhali Gosāla, der Ājīvika übernahm.

Vardhamāna unterwarf sich strengen Regeln und soll eine hohen Wall um sich errichtet haben um in dessen Schutz zu meditieren. Zwei Jahre und zwei Monate verweilte er auf diese Weise ortsgebunden, dann begab er sich auf die Wanderung, die ihn östlich des Mittleren Landes bis ins heutige West-Bengalen, möglicherweise bis ans Meer führte. Seine Begegnungen mit der ostindischen Bevölkerung waren weitgehend unerfreulich, da die Menschen dort das Nacktgehen als Schamlosigkeit empfanden und für die Lebensweise des Bettelns kein Verständnis hatten; manchmal hetzten sie ihre Hunde auf den nackten Samaṇa. Vardhamāna lebte extrem enthaltsam, scheint aber keine Kasteiungen auf sich genommen zu haben.

Seine Erleuchtung, die ihn allwissend gemacht habe, datiert zwölf Jahre nach Beginn seiner Heimatlosigkeit, d. h. 515 v. Chr. Ihr Schauplatz war ein Sāla-Baum bei Jrimbhikagrāma. Durch die Erleuchtung wurde Vardhamāna zum Jina (Sieger). Die Zeit der Verachtung durch die Bevölkerung war damit vorbei; dem Jina kam man mit Hochachtung entgegen.

Nach dreißig Jahren der Mission und einem erfolgreichen Leben als Haupt seiner Schule starb Mahāvīra 485 v. Chr. im Alter von 72 Jahren in Pāvā (heute Pāvapurī) bei Patna. Gleich seinen Eltern hatte er sich totgefastet. Er hinterließ eine Gemeinde von Mönchen, Nonnen und Laienbekennern, die den Gemeinschaften der Buddhisten und Ājīvikas an Zahl unterlegen, aber fest gefügt war. Die von ihm neu belebte Nigaṇṭha-Lehre, der man im Lauf der Zeit den Namen Jainismus gab, hat sich bis heute auf indischem Boden gehalten und zählt dort rund zwei Millionen Bekenner. Die Jaina-Gemeinde ist vor allem in Bombay stark.

Der Abriß der Jaina-Lehren, den uns der Pāli-Kanon (D 2,29) liefert, verfehlt die Lebensmitte des Systems. Zum Glück sind wir nicht auf ihn angewiesen, da die Jainas selbst eine breite Sakralliteratur geschaffen haben, die im 5. Jh. n. Chr. schriftlich niedergelegt wurde und in den Sprachen Ardhamāgadhī (der Sprache Mahāvīras), Apabhramśa und Sanskrit bewahrt ist. Daneben hat die weltliche Literatur Indiens den Jainas viel zu verdanken. Die Schule rechnet es zu den religiös verdienstlichen Taten, bedeutende alte Bücher, die als Palmblattmanuskripte nach etwa 150 Jahren klimabedingt zerfallen, durch Abschreiben oder Drucken vor dem Untergang zu retten.

Die Jainas glauben nicht wie die Buddhisten an periodische Weltentstehungen und -vergehungen. Die Welt als Ganzes existiert seit ewig und ist unvergänglich, wenn sich auch an ihr vielerlei Abläufe vollziehen und die Verhältnisse im einzelnen sich wandeln. Alles verläuft naturgesetzlich-kausal, es gibt keinen göttlichen Aufseher über die Weltmechanik. Eingriffe von außen in deren Gesetze sind ausgeschlossen.

Die Gesamtheit der Welt besteht aus Unbelebtem und Belebtem, welche von den Jainas scharf getrennt werden. Der Bereich des Unbelebten *(ajīva)* umfaßt fünf Kategorien, Befindensmodi und Substanzen, nämlich Raum, Bewegung, Beharrung, Zeit und Materie *(pudgala)*. Die Materie, d. h. Erde, Wasser, Feuer und Luft, ist aus nicht weiter zerlegbaren Atomen *(anu)* gebildet, die sich mit anderen Atomen zusammenschließen, woraus die in der Welt wahrnehmbare Vielfalt von

Stoffen entsteht. Auch Schatten und Licht, Töne und Klänge werden als Materie betrachtet.

Dem Bereich des Unbelebten steht der des Belebten *(jīva)* gegenüber. Zu ihm zählen die unendlich vielen Einzelseelen *(ātman)*, die ewig, mit Bewußtsein begabt, allwissend, leidfrei und vollkommen sind, solange sie nicht durch äußere Verunreinigung zu Jīvas, bekörperten Seelen degradiert werden. Die Ausdrücke Ātman und Jīva bezeichnen dieselbe Seele, je nachdem, ob sie sich im Reinheitszustand oder im Zustand der Inkarnierung befindet. Ātmans sind einander gleich, Jīvas sind durch ihre Bekörperungen verschieden.

Die Degradierung des Ātman zum Jīva wird dadurch verursacht, daß sich feinstofflicher, dem Auge unsichtbarer Schmutz auf dem Ātman niederschlägt wie sich auf einer eingeölten Oberfläche Staubteilchen absetzen. Auf diese Weise erhält der Ātman zuerst einen geistigen, dann einen physischen Körper, der die Urqualitäten des Ātman, nämlich Allwissenheit und Leidfreiheit verschleiert und ihn schließlich völlig umkrustet: Der Ātman wird zum Jīva, zu einem physischen Lebewesen das, an den Kreislauf der Wiedergeburten *(saṃsāra)* angekettet, wieder und wieder Leiden erfährt. Alles Leiden entsteht aus der Bindung der Seele an die Materie. Jīvas sind nicht nur Menschen und Tiere, sondern auch Pflanzen, die Erde, fließendes Wasser, das Feuer, der Wind, ja sogar Felsen und Steine. Letztere besitzen eine Kollektivseele. Beseelt sind also nach Jaina-Verständnis weite Bereiche, die andere Denkschulen der materiellen Welt zuordnen. Die besondere Rücksichtnahme der Jainas auf ihre Umwelt hat in dieser Überzeugung ihren Ursprung.

Die Anbindung *(yoga)* von Seelen an den Bereich der Materie und an den Wiedergeburtenkreislauf besteht seit unausdenklicher Zeit. Sie wird verursacht durch die geistigen, sprachlichen und körperlichen Taten *(karman)* eines Wesens. Jede Tat, ob gut, ob böse, wirbelt karmische Staubpartikel – im Jaina-Sprachgebrauch Karmans (plur.) – auf, die den Jīva als Täter weiter beschmutzen; die Karmans werden durchaus physisch als besudelnde feinstoffliche Schuldsubstanzen aufgefaßt. Grausame und eigensüchtige Taten verursachen mehr karmischen Staub als andere und binden an den Saṃsāra entsprechend stärker.

Ziel des Jainismus ist es, die Seele von der Wiedergeburt zu befreien. Erlösung, d. i. Rückverwandlung des Jīva zum reinen Ātman, ist möglich, indem man die alten Karmans ab-lebt und somit annulliert und keine neuen mehr schafft. Der Weg zu diesem Ziel führt durch zahlreiche Wiedergeburten und ist mühsam und lang. Die Jainas nehmen darum an, daß nur wenige Wesen ihn bis zum Ende gehen und viele zu ewiger Wiedergeburt destiniert sind. Zur schnelleren Abgeltung *(nirjarā)* alter Karmans befolgen manche Jainas rigorose Observanzen, die bis zum freiwilligen Fastentod reichen. Askesetod ist zulässig, doch gewöhnlicher Selbstmord ist als Feigheit verpönt. Zur Vermeidung *(saṃvara)* neuer Karmans regeln sie ihr Leben in striktester Weise.

Für alle Jainas, Laien wie Mönche, gelten Fünf Elementarregeln *(vrata)*, die bei Laien milde, bei Mönchen außerordentlich streng ausgelegt werden: Keinem Jīva zu schaden *(ahiṃsā)*, nicht zu stehlen und zu lügen, sexuell gezügelt zu leben und keinen übermäßigen Besitz zu haben. Der Laienheilsweg ist in elf Stationen *(pratimā)* aufgeteilt. Wegen der Unvermeidlichkeit, im Boden lebende Kleinwesen zu verletzen, ist den Laien neben anderen Erwerbszweigen die Landwirtschaft verwehrt. Die Jaina-Laiengemeinde besteht deshalb überwiegend aus Kaufleuten und hat vor allem mit Gold- und Edelsteinhandel Reichtum erworben. Gold und Juwelen sind unbeseelt, und der Umgang mit ihnen tut keinem Jīva Schaden an.

Vollkommenheit *(siddhi)* und Erlösung *(mokṣa)* kann nur der Mönch erreichen. Sie besteht in der Freisetzung der Seele, in der Wiederherstellung der Reinheit des Ātman. Die Erlösten *(kevalin)* leben nach dem Tod in einem Paradies über dem Universum. Sie weilen dort als körperlose Geister in inaktiver, allwissender, der Lust und dem Leid entrückter Glückseligkeit.

Soweit das System der Jainas. Mag die eine oder andere Kategorisierung aus späterer Zeit stammen, so gilt doch als gesichert, daß die tragenden Gedanken auf Mahāvīra bzw. schon Pārśva zurückgehen.

Die Pāli-Bücher geben keinen Hinweis darauf, daß der Buddha einem der Großen Lehrer je persönlich begegnet wäre. Er vermied solche Treffen aus Prinzip (Snip 828; 912), obwohl die Chance, daß er bei einer Diskussion obsiegt hätte, für ihn groß war: Er galt als gerissener Gegner. »Der Samaṇa Gotama ist trickreich, er kennt den Verlokkungs- (oder: Missions-)trick, mit dem er Anhänger anderer Schulen (an sich) zieht«, berichtete der Jaina-Mönch Dīghatapassin seinem

Lehrer Mahāvīra, nachdem er mit Gotama disputiert hatte (M 56 I p.375). Mahāvīra hätte sich vom »Samaṇa Gotama« leicht einen persönlichen Eindruck verschaffen können, denn beide hielten sich bei der Gelegenheit unfern voneinander in Nālandā auf (M 56 I p.371). Andererseits war auch Gotama nichts daran gelegen, Mahāvīra kennenzulernen.

In den ersten beiden Jahrzehnten seiner Lehrtätigkeit waren dem Buddha die Missionserfolge relativ leicht zugefallen. Seine Heilsbegeisterung war noch frisch und ansteckend und die philosophische Opposition schwächer. Ernstzunehmende Konkurrenten um die Gunst der Laien und geschulte dogmatische Widersacher entstanden ihm erst im Lauf der Zeit, zuerst in den Ājīvikas, dann in den Jainas. Im letzten Jahrzehnt seines Lebens waren fast ausschließlich die Jainas seine philosophischen Opponenten.

Zu Begegnungen des Buddha mit anderen Schulhäuptern kam es, wie gesagt, nie, häufig war hingegen, daß Schüler jener Lehrer, vor allem des Mahāvīra, ihn besuchten. Der Pāli-Kanon schildert solche Vorsprachen vielfach. Hier ein Beispiel:

> Einst hielt sich der Erhabene in Nālandā auf, in Pāvārikas Mangowald(-Kloster). Da kam Asibandhakaputta, der Dorfhauptmann, ein Anhänger des Unbekleideten (Mahāvīra) zu ihm, um ihn zu sehen. Als er zur (linken) Seite des Erhabenen Platz genommen hatte, sprach dieser zu ihm:

- Dorfhauptmann, wie beschaffen ist die Lehre, die der unbekleidete Sohn der Nāta(-Familie) seine Anhänger lehrt?
- Herr, der unbekleidete Nāta-Sohn lehrt dies: ›Wer immer ein lebendes Wesen tötet, sie alle gehen abwärts, zur Hölle. Wer immer nimmt, was ihm nicht gegeben wurde, wer immer sich im Hinblick auf sinnliche Leidenschaften falsch verhält, wer immer Lügen spricht, sie alle gehen abwärts, zur Hölle. Wie ein Mensch sich gewohnheitsmäßig verhält, so geht er seiner Bestimmung entgegen.‹ Dies, Herr, ist es, was der unbekleidete Nāta-Sohn seine Anhänger lehrt.
- Du sagst, Dorfhauptmann: ›Wie ein Mensch sich *gewohnheitsmäßig* verhält, so geht er seiner Bestimmung entgegen.‹ Wenn das (aber) so ist, dann geht niemand abwärts, zur Hölle. Denn was meinst du,

Dorfhauptmann, wenn ein Mensch gelegentlich tötet, was ist ihm gewohnheitsgemäßer: Die Zeit da er tötet oder jene, da er nicht tötet?

– Herr, natürlich ist die Zeit, da er nicht tötet, ihm gewohnheitsgemäßer.

– Du aber sagtest: ›Wie ein Mensch sich gewohnheitsmäßig verhält, so geht er seiner Bestimmung entgegen.‹ Somit geht (also) nach der Lehre des Nāta-Sohnes *keiner* abwärts, zur Hölle. (Und ebenso steht es bei den anderen vom Nāta-Sohn getadelten Verhaltensweisen.)

Ein gewisser (anderer) Lehrer, Dorfhauptmann, lehrt (genau das Gegenteil von dem, was Mahāvīra behauptet) und sein Anhänger hat (ebenfalls) Vertrauen in ihn. Er denkt: Mein Lehrer vertritt die Ansicht, ›wer immer ein lebendes Wesen tötet, sie *alle* gehen abwärts, zur Hölle‹. Auch ich habe ein lebendes Wesen getötet, also muß auch ich abwärts gehen, zur Hölle. Und indem er an dieser Überzeugung festhält, sie nicht ablegt, geht er in der Tat zur Hölle.

Nun jedoch, Dorfhauptmann, ersteht in der Welt ein Vollendeter, ein *Buddha*. (Auch) er mißbilligt es aufs Entschiedenste, zu töten, zu stehlen, sich Leidenschaften zu ergeben, zu lügen. Sein Jünger, der an ihn glaubt, denkt: ›Auch ich habe lebende Wesen getötet. Das war nicht richtig, nicht gut. Möge ich in dem Gedanken, daß die böse Tat nicht rückgängig zu machen ist, Reue entwickeln.‹ Und indem er so denkt, unterläßt er es zukünftig, zu töten: So überwindet er das böse Kamma ... (und entwickelt mit der Zeit) Rechte Ansicht, Selbstbeherrschung, Sammlung und Güte. ... Wie ein Muschelhornbläser alle vier Himmelsrichtungen durchdringt, so (durchdringt er die Himmelsrichtungen) mit (Güte), Mitleid, Mitfreude und Gleichmut.

Auf diese Worte sprach Asibandhakaputta, der Dorfhauptmann, zum Erhabenen:

– Ausgezeichnet, Herr, ausgezeichnet! Möge der Erhabene mich von heute ab, solange ich lebe, als Laienbekenner annehmen, der zu ihm Zuflucht genommen hat!

(S 42,8,8 gerafft, Schlußteil paraphrasiert)

Das Sutta ist von Interesse nicht allein als Beschreibung eines intersektarischen Gesprächs, sondern auch wegen Gotamas hier angewandter didaktischer Technik, die man als »Methode des Eingrenzens« bezeichnen kann. Nachdem er die Kamma-Theorie des Mahāvīra als Extrem A (»gelegentliche böse Tat führt *nicht* zu kammischem Abstieg«) und die eines anderen Lehrers als Extrem Z (»*jede* böse Tat führt zum Abstieg«) gekennzeichnet hat, stellt er seine eigene Kamma-Lehre als die vernünftige Mitte M dar: »Die kammischen Folgen einer üblen Tat können durch Reue und die Entwicklung von Tugenden überwunden werden.« Sowohl in der Sache als auch in der logischen Methode demonstriert Gotama hier seinen Mittleren Weg.

Weder vom Lehrtalent des Mahāvīra noch von seiner Lehre hatte der Buddha eine hohe Meinung. Die Jaina-Lehren seien unter allen Denkmöglichkeiten unbefriedigend, erklärte er den Bhikkhus. Denn wenn das Glück und das Leiden der Wesen durch das Tun der Präexistenz festgelegt werden, dann seien die Jainas, da sie jetzt (durch ihre harten Observanzen) so viel Leiden zu erdulden haben, im früheren Leben Übeltäter gewesen. Nehme man aber an, Glück und Leiden hingen von einem Weltschöpfer oder vom Zufall ab, dann seien die Jainas von einem bösen Schöpfer geschaffen oder das Ergebnis eines ungünstigen Zufalls (M 101 II p.220 ff.).

Gotamas bewegliche Intelligenz erlaubte ihm, gegnerische Philosopheme durch Aufdeckung ihrer inneren Unstimmigkeiten zu widerlegen. Ein Beispiel ist der soeben angeführte Dialog mit dem jainistischen Dorfhauptmann, ein weiteres seine Unterhaltung mit dem Wandermendikanten Dīghanakha Aggivessana (M 74), einem Schwestersohn des Sāriputta. Dīghanakha, der den Buddha am Geiergipfel bei Rājagaha aufsuchte, vertrat die Überzeugung: »Alles mißfällt mir«. Gotama entgegnete, wenn alles *(sabbam)* ihm, Dīghanakha, mißfalle, dann also auch seine eigene Philosophie. Notgedrungen mußte Dīghanakha einräumen, so sei es. Der Buddha führte darauf aus, daß derart in sich widersprüchliche Ideen die Beruhigung des Denkens verhindern. Das Heilsziel könne nur durch Aufgeben aller Philosopheme erreicht werden, durch Einsicht in die Grundtatsache des Lebens, daß der Körper vergänglich, leidhaft und leer, d. h. ohne ein (den Tod überdauerndes) Selbst ist. Diese Erkenntnis führe zur Abkehr von den irritierenden Gefühlen, zur Leidenschaftslosigkeit, zur Befreiung und zum Ende der (eigenen) Wiedergeburt. – Von der Belehrung überwältigt, bekannte sich Dīghanakha als Laienbekenner zur Buddhagemeinde.

Gotama, der Wanderer

Wenngleich es im Pāli-Kanon heißt, das Leben als Haushaber sei voller Hindernisse, die Hauslosigkeit des Samaṇa hingegen der freie Himmel, so war das Dasein des Wandermendikanten doch nicht problemlos. Unbarmherzig kalt waren für den hauslosen Samaṇa die Nächte des Winters (Dezember/Januar), erschöpfend war der Sommer, wenn die Temperatur (Mai/Juni) in Nordindien bei 40° steht, die Luft vor Hitze flimmert und die Sonne schon am frühen Morgen als sengendes Feuer empfunden wird. Grau liegen die Felder unter dem farblos-hellen Himmel; schier endlos erstreckt sich der Weg. Vom Schweiß, der dem Wanderer von der Stirn herabrinnt, brennen ihm die Augen.
Zur Buddhazeit mit ihrer noch dünnen Besiedlung des Subkontinents lagen die Dörfer und Städte weiter auseinander als heute, daher war der Überlandmarsch der Bhikkhus nicht ohne Gefahren. Nur wenige liebliche Gärten, Haine, Felder und Teiche gebe es und sehr viel mehr Abhänge und Schluchten, schwer zu querende Flüsse, gestrüppiges Gelände und unwegsame Berge, stellte der Buddha in einem Gleichnis fest (A 1,33). Auch die Tiere, darunter Tiger und Bären, begegneten dem gelben Mönch nicht immer friedlich. Nicht einmal in den Städten war der Wanderer zudem vor wildgewordenen Kühen sicher. Vier Todesfälle durch rasende Kühe sind im Pāli-Kanon überliefert.
Hatte der Bhikkhu das Wanderziel des Tages, den Rand einer Ansiedlung erreicht, galt es herauszufinden, wie die Bewohner gegenüber seinem Almosengang am kommenden Morgen eingestellt waren. Manche Orte mißbilligten den Erwerb des Lebensunterhalts durch Betteln. Die Bürger von Thūṇa in der Malla-Republik zum Beispiel verstopften, um den Samaṇa Gotama und das ganze »geschorene Samaṇa-Gesindel« vom Löschen des Durstes und vom Verweilen abzuhalten, den Brunnen mit Stroh (Ud 7,9) – eine ungeheuerliche Maßnahme, denn es gehört zu den asiatischen Anstandsregeln, keinem Dürstenden Wasser zu verweigern. Der Vater der frommen Rohinī aus Vesāli, der die Begei-

sterung seiner Tochter für den Saṅgha nicht verstehen konnte, formulierte sein Urteil über die Bhikkhus in dem Vers:

Sie scheuen Arbeit, sind ein faules Pack,
und leben ganz von andrer Leute Gaben,
Schmarotzer sind sie, scharf auf Naschereien:
Wie kannst die Samaṇas nur gern du haben? (Thīg 273)

Ähnlich dachten manche seiner Zeitgenossen und ließen den auf Almosenspeise wartenden Bhikkhu vergebens vor der Tür stehen. Zum Glück urteilte die Mehrheit anders. Die Quellen lassen nicht erkennen, daß je ein Bhikkhu Hungers gestorben wäre.

Gotamas Missionserfolge vollzogen sich im »Mittleren Land«, das nur vage durch teilweise nicht mehr lokalisierbare Ortsangaben definiert ist (Mv 5,13,12). Vermutlich war es nie, auch nicht zur Buddhazeit, geographisch klar abgegrenzt; wahrscheinlich bezeichnete der Ausdruck einfach die Kulturprovinz, die als geistig führend empfunden wurde. Die Gaṅgā (Ganges), etwa zwischen dem heutigen Kānpur im Westen und Sāhibgañj im Osten, bildete die Mittelachse. Weitere dem Meister durch Augenschein bekannte »Große Flüsse« waren Yamunā, Aciravatī (Rāpti), Sarabhū (Ghāgara) und Mahī, ein Zufluß des Gandak (Cv 9,1,3). Überraschenderweise nicht genannt ist der mächtige Soṇa, der, von Süden kommend, damals bei Pāṭaligāma (Patna) in die Gaṅgā floß und seitdem seine Mündung nach Westen verlagert hat.

Ein Blick auf die physikalische Landkarte Indiens zeigt, daß sich das Wirkensgebiet des Buddha nur über grün eingetragene Flächen, also die Ebene erstreckte und im Norden und Süden dort endete, wo die Braunkolorierung der Berge beginnt. Die höchsten Berge, die er bestieg, scheinen die um Rājagaha gewesen zu sein. Da die anderen Samaṇa-Schulhäupter seiner Epoche sich gleichfalls auf das ebene Land beschränkten, ist anzunehmen, daß der Grund in den politischen Verhältnissen lag. Ein Wandermendikant bedarf der Freizügigkeit, die damals nur dort garantiert war, wo Könige und Rājas die Ordnung aufrechterhielten. In den Berggebieten Nordindiens endete die Macht der Könige; die dort wohnenden Stämme waren sehr auf ihre Unabhängigkeit bedacht. Ein Samaṇa, der sich in die Berge begab, konnte, nicht zu reden von den Gefährdungen durch die Natur, leicht als Spion verdächtigt werden und unsanfte Behandlung erfahren.

Was die Grenzen von Gotamas Wandergebiet angeht, so war Kosambī an der Yamunā (25 km südwestlich von Allāhabād) der westlichste und Campā (40 km östlich von Bhāgalpur) der östlichste Punkt seiner Reisen. Von Norden nach Süden reichte seine Ortskenntnis von seiner Heimatstadt Kapilavatthu (95 km nordwestlich von Gorakhpur) bis nach Uruvelā (südlich von Gayā), dem Platz seiner Askese. Das Heilige Land des Buddhismus erstreckt sich also über ein Areal von 600 mal 300 km.

Schwerpunkt der Aktivität des Buddha waren die Städte; vor allem dort fand er die kultivierten Menschen, die er ansprechen wollte, betrachtete er doch den Dhamma als »nur dem Gebildeten *(paṇḍita)* verständlich« (M 26 I p. 167). Da der Saṅgha in den Königreichen Kosala und Magadha das Patronat der Könige genoß, war es kein Wunder, daß Gotama die Königsstädte Sāvatthi und Rājagaha besonders häufig besuchte. Die meisten kleineren Plätze, wo er Lehrreden hielt, liegen auf oder bei den Handelsrouten, die die Hauptstädte verbinden.

Daß er keine direkten West-Ost-Reisen unternahm hing mit dem Fehlen einer entsprechenden Straße zusammen. Der west-östliche Güterverkehr erfolgte per Segelboot auf der Gaṅgā, und eine ihr parallel laufende Straße gab es nur zwischen Payāga (Allāhabād) und Benares. Für die größeren West-Ost-Strecken war der Fluß die einzige Verbindung. Wir hören aber nie, daß Gotama eine längere Bootsreise unternommen hätte.

Da der Meister und seine Jünger die gleichen Straßen benutzten wie die Handelskarawanen mit ihren knarrenden Ochsenkarren, sind die Routenangaben des Kanons wirtschaftsgeographisch aufschlußreich. Die große Nord-Südwest-Handelsroute erreichte, von Nordwesten über Takkasīla kommend, das Mittlere Land bei Sāvatthi, wo sich der Weg gabelte, lief südwärts nach Sāketa (Ayojjhā) und zu dem zwischen Gaṅgā und Yamunā gelegenen Kosambī weiter und führte von dort in südwestlicher Richtung über Vedisa (30 km nordöstlich von Bhopāl) und Gonaddha nach Ujjenī (heute Ujjain), eine der beiden Hauptstädte des Königreichs Avanti. Von dort gab es eine Verbindung zum Narmada-Fluß und über diesen zum Hafen Bharukaccha (heute Broach) am Golf von Cambai im Arabischen Meer.

Die Nord-Südost-Handelsader trennte sich von der Südwestroute bei Sāvatthi, zog sich von dort ostwärts nach Setavyā und Kapilavatthu,

bog hier nach Südosten ab und lief durch Kusināra, Pāvā, Hatthigāma und Bhandagāma auf Vesāli zu. Bei Pāṭaligāma (Patna) war die Gaṅgā zu überqueren, dann ging der Weg weiter nach Nālandā und Rājagaha. Natürlich gab es auch Handelsverkehr in umgekehrter Richtung, denn keine Wirtschaft funktioniert auf die Dauer als Einbahnstraße. Rājagahas Export bestand hauptsächlich aus Eisenwaren.
Eile hatte Gotama bei seinen Reisen kaum. Die 600 km von Rājagaha nach Kapilavatthu legte er in 60 Tagen zurück. Unter der Voraussetzung, daß er nirgendwo mehr als eine Nacht verweilte, entspricht dies einer täglichen Leistung von 10 km, d. i. knapp drei Stunden gemächlicher Wanderung.

Ein Jahrzehnt der Krisen

Im Jahr 493 v. Chr. war der Buddha siebzig Jahre alt. Er fühlte sich müde, und immer häufiger geschah es, daß er Lehrvorträge, die man von ihm erwartete, von seinen Jüngern Sāriputta, Moggallāna und Mahākassapa halten ließ. Seine Berühmtheit, die zur Folge hatte, daß man ihn gern als Festredner zu Eröffnungsfeierlichkeiten einlud – so als die Mallas von Pāvā (D 33,1,2) und die Sakiyas von Kapilavatthu (M 53) neue Ratshallen und Prinz Bodhi(rāja), Sohn des Königs Udena von Vaṃsā, in Suṃsumāragiri einen neuen Palast einweihten (M 85) – war ihm nachgerade lästig. Es war unübersehbar, daß Krankheit und Alter den Körper des Meisters verschlissen und gebeugt hatten, wenn auch seinem Geist Mobilität und Präzision des Ausdrucks erhalten geblieben waren (M 12 I p.83).
Mit Sorge beobachtete der greise Buddha, wie sein Einfluß auf die Mönche, zumal die jüngeren, nachließ. Früher habe er gar keine Weisungen geben müssen, äußerte er vor Bhikkhus in Sāvatthi, den damaligen Mönchen habe er eine Verhaltensweise nur vor Augen zu führen brauchen und schon hätten sie das rechte Verhalten angenommen (M 21 I p.124). Sorge bereitete ihm auch, daß die härteren Observanzen der Frühzeit des Saṅgha mehr und mehr außer Gebrauch kamen. In einem Gespräch mit Mahākassapa bemerkte er, einstmals hätten viele ältere Mönche als Waldeinsiedler gelebt und sich konsequent vom Al-

mosensammeln (ohne Annahme von Einladungen) ernährt; sie hätten sich in Roben aus Fetzen gekleidet und Genügsamkeit und Alleinsein gepflegt – dies habe die Jungmönche zur Nachahmung angespornt. Jetzt dagegen werteten die jüngeren Bhikkhus die älteren nur nach ihrer Bekanntheit und der Menge der ihnen zufließenden Spenden (S 16,8). Und er stimmte Mahākassapa darin zu, der jungen Mönchsgeneration mangele es an Glaubensvertrauen, Zurückhaltung, Eifer und Einsicht, sie zeige Anzeichen des Rückschritts (S 16,7).

Daß der Saṅgha seinem Griff allmählich entglitt empfand nicht nur das Ordenshaupt selbst, sondern auch der Bhikkhu Devadatta, sein Vetter und Schwager, den er im Jahre 527 zusammen mit sechs anderen Sakiyas ordiniert hatte. Aufmerksam beobachtete Devadatta des Meisters Altersabbau und nahm sich vor, als sein Nachfolger die Leitung des Ordens zu übernehmen.

Um sich zur Verwirklichung dieser Absicht einen starken Verbündeten zu verschaffen machte sich Devadatta an den Sohn des Magadha-Königs Bimbisāra, den Prinzen Ajātasattu heran und nahm diesen mit einer Vorführung magischer Kräfte für sich ein (Cv 7,2,1). Die Verbindung des ehrgeizigen Mönchs mit dem zur Herrschaft drängenden Prinzen ergab ein gefährliches Gespann. Es war Moggallānas Aufwärter Kakudha, der dies zuerst erkannte. Moggallāna meldete den Hinweis dem Buddha weiter, der aber die Sache bagatellisierte (Cv 7,2,2–4). Auch die Warnung einiger Mönche, der Prinz Ajātasattu versorge Devadatta allzu großzügig und erweise ihm alle Ehren, tat er ab: Devadatta werde an seinem eigenen Ehrgeiz zugrundegehen wie die Bananenstaude, die durch ihre eigene Frucht zum Absterben gebracht wird (Cv 7,2,5).

Devadatta bewies den Mut, sein Ziel nicht ausschließlich durch Intrigen zu verfolgen, sondern offen zu bekennen. Eines Tages, als der Buddha einer großen Gemeinde, darunter dem König, die Lehre darlegte, erhob sich Devadatta, verbeugte sich vor dem Ordensoberhaupt und sagte: »Herr, Ihr seid jetzt alt, verbraucht, ein Greis, habt Eure Zeitspanne durchlebt und steht am Ende Eures Daseins. Herr, möget Ihr Euch damit bescheiden, in dieser Welt fortan unbeschwert zu leben: Überantwortet mir den Mönchsorden, ich werde den Orden leiten!« Der Buddha lehnte das Ansinnen ab, aber Devadatta wiederholte seine Bitte ein zweites und drittes Mal. Diese Zähigkeit brachte den alten Gotama auf: »Nicht einmal Sāriputta und Moggallāna würde ich den Mönchsorden übergeben, um wieviel weniger Dir, Devadatta, einem gemeinen Speichellecker!« Zutiefst getroffen von der vor so vielen Zeugen ausgesprochenen, auf seine Rolle beim Prinzen anspielenden Beleidigung entfernte sich Devadatta. Der Buddha hatte sich durch seine barsche Reaktion einen Feind geschaffen, mit dem er in Zukunft rechnen mußte (Cv 7,3,1).

Er gab sich mit der Demütigung Devadattas nicht zufrieden. Formaljuristisch denkend veranlaßte er, daß die Kapitelversammlung des Saṅgha von Rājagaha ein Mißtrauensvotum gegen Devadatta beschloß, und er bestimmte Sāriputta mit anderen Bhikkhus dazu, den Beschluß in der Stadt zu verkünden. Der Auftrag war dem großen Jünger ungemein peinlich, da er Devadatta früher einmal wegen seiner magischen Kräfte öffentlich gelobt hatte. Der Buddha bestand aber auf seiner Weisung, und so blieb Sāriputta nichts übrig als allenthalben auszustreuen, daß der Orden Devadatta das Vertrauen entzogen habe und Devadatta in allem was er tue und sage nicht mehr im Namen des Buddha, der Lehre und des Saṅgha, sondern nur als Privatperson handele (Cv 7,3,2–3).

Da dem Devadatta wie auch dem Ajātasattu zur Verwirklichung ihrer Führungsambitionen je *ein* Mann im Weg stand, nahm ihre Freundschaft rasch Verschwörungscharakter an. Der Pāli-Kanon behauptet, Devadatta habe den Prinzen angestiftet, seinen Vater zu ermorden, in Wahrheit lag diese Idee in der Luft. Jedenfalls bewaffnete sich Ajātasattu eines Nachts mit einem Dolch und schlich, zitternd, aber grausam entschlossen, in die Gemächer Bimbisāras, um ihn im Schlaf zu erstechen. Die Wachen schöpften Verdacht, ergriffen den Prinzen und zwangen ihm ein Geständnis ab, in welchem er Devadatta der Urheberschaft an dem Mordplan bezichtigte.

Der als Gericht fungierende Ministerrat war zu ängstlich, ein Urteil über den Prinzen zu fällen, und legte die Sache dem König vor. Dieser entschied, daß aufgrund des von der Kapitelversammlung über Devadatta verhängten Vertrauensentzugs den Buddha und den Saṅgha keine Schuld treffe. Aber auch die Bestrafung Devadattas und Ajātasattus lehnte er ab. Der Herrschaft müde und voll dunkler Ahnungen, daß Mordanschläge sich zukünftig wiederholen würden, reagierte er auf überraschende Weise. Er erklärte, wenn Ajātasattu die Herrschaft über

das Magadha-Reich so sehr begehre, dann solle er sie haben – und dankte ab (Cv 7,3,4–5). Als Jahr von Ajātasattus Thronbesteigung ist etwa 492 v. Chr. anzusetzen.
Kaum König von Magadha geworden, entledigte sich Ajātasattu seines Vaters, dessen Gnade er Leben und Thron zu verdanken hatte, auf brutale Weise. Er ließ ihn in ein stickiges Gefängnis werfen, wo ihm jegliche Nahrung vorenthalten wurde. Von den drei (offiziellen) Frauen Bimbisāras hatte nur Ajātasattus Mutter Kosaladevī, eine Schwester des Königs Pasenadi von Kosala, das Herz, ihrem Mann Speisen ins Gefängnis zu schmuggeln, jedoch wurden ihre Besuche dort bald unterbunden. Bimbisāra verhungerte (491 v. Chr.), und Kosaladevī starb einige Monate nach ihm an Gram, sehr betrauert von ihrem in Sāvatthi residierenden königlichen Bruder.
Ajātasattu hatte sein Ziel erreicht, Devadatta noch nicht. Der Mönch beredete darum den jungen König, den Buddha töten zu lassen. Zwar hegte Ajātasattu für den greisen Friedensmahner, der seine Eroberungspläne behinderte, keine Sympathien, trotzdem wollte er das Risiko der Tat nicht übernehmen. Einer Gruppe seiner Soldaten gab er deshalb Befehl, den Anordnungen Devadattas zu gehorchen – damit dieser, sollte der Mordanstifter gesucht werden, als der Schuldige dastand.
Das Vorgehen Devadattas klingt ziemlich romanhaft, wird aber im Kanon als geschichtlich überliefert. Devadatta befahl einem Soldaten, dem Buddha aufzulauern, ihn zu töten und auf einem bestimmten Weg zurückzukehren. An diesen Weg postierte er zwei weitere Soldaten mit dem Befehl, den Mann, der ihnen entgegenkommen würde, zu erschlagen. Den beiden Mördern sollten wiederum vier, diesen acht, diesen sechzehn andere den Garaus machen, so daß die Ursache des Gemetzels in der Mordlawine vergessen werde.
Der Plan schlug fehl, denn als der mit Schwert und Bogen bewaffnete Soldat den Buddha herankommen sah, war er vor Angst gelähmt. »Komm näher, Freund, fürchte dich nicht!« sprach ihn der Meister an, worauf der Soldat sich ihm zu Füßen warf und die Mordabsicht offenbarte. Gotama riet ihm, einen anderen Rückweg als den ihm befohlenen zu nehmen. So rettete jeder von beiden dem anderen das Leben (Cv 7,3,6–7).
Der Vinayapiṭaka schreibt Devadatta zwei weitere Anschläge auf den

Meister zu; ob es sich um historische Ereignisse handelt oder um Vorfälle, die auf Devadatta als Täter transponiert wurden, ist nicht feststellbar. Das eine dieser Attentate erfolgte am Weg zum Geiergipfel. Devadatta, so behauptet der Text, ließ von dem Berg einen großen Felsbrocken hinabrollen, der den Buddha töten sollte, ihn aber nur am Fuß verletzte (Cv 7,3,9). Die Verletzung mag geschichtlich und der Kern des Attentatsberichts sein. Steinschlag ist am Chatha-Berg, an dessen Südhang man zum Geiergipfel hinaufsteigen muß, eine häufige Erscheinung.

Das dritte Attentat geschah im Stadtbezirk von Rājagaha – wenn es ein Attentat war. Dem Kanon zufolge bestach Devadatta mit Versprechungen einige Mahauts (Elefantenführer), den Arbeitselefanten Nālāgiri gegen den Buddha loszulassen. Der gewaltige Elefantenbulle, der schon einmal einen Menschen getötet hatte, stürmte durch die Straßen, und zwar genau auf dem Weg, den der Buddha auf seiner Almosenrunde entlangkam. Mit erhobenem Rüssel, breitgestellten Ohren und gestrecktem Schwanz raste das Tier auf den gelben Samaṇa zu, aber furchtlos strahlte dieser ihm Güte *(mettā)* entgegen. Da hielt der mächtige Elefant an, senkte den Rüssel und ließ sich von Gotama streicheln. Dann nahm er Staub vom Boden auf, den er sich über den Kopf blies, und wich, rückwärts gehend, die Augen auf den Buddha geheftet, zurück, um sich in seinen Stall zu trollen (Cv 7,3,11–12). – Zumindest die Geschichte vom ausgebrochenen Arbeitselefanten, der den Buddha gefährdete, besitzt die Wahrscheinlichkeit der Historizität.

Der Fehlschlag der militanten Methode ließ Devadatta neue Überlegungen anstellen. Wenn er nicht den ganzen Orden in die Hand bekam, dann würde er ihn eben spalten und sich an die Spitze der einen Hälfte setzen.

Er wußte, daß der Buddha Askese verwarf, daß es im Saṅgha aber auch Befürworter strengerer Ordensregeln gab: Sie wollte er für sich gewinnen. Ungeachtet dessen, was zwischen ihm und dem Buddha vorgefallen war, trat Devadatta also vor den alten Meister hin und legte ihm nahe, die Ordensregeln in fünf Punkten zu verschärfen: (1) Die Mönche sollten künftig nur im Wald leben, (2) nur erbettelte Speisen essen (d. h. keine Einladungen annehmen), (3) sich in Roben aus selbst zusammengesuchten Lumpen kleiden, (4) nicht mehr unter einem Dach, sondern (auch im Monsun) nur unter Bäumen schlafen, und (5)

absolut vegetarisch leben. Der Buddha erwiderte, es stehe jedem Bhikkhu frei, die ersten drei Observanzen auf sich zu nehmen, sie obligatorisch zu machen sehe er keinen Grund. Bei den Punkten vier und fünf bleibe er dabei, daß die Bhikkhus nur acht Monate des Jahres unter einem Baum wohnen dürften (die Regenzeit aber in einem Vihāra zuzubringen hätten), und daß Fleisch und Fisch ihnen nicht verboten seien, falls die Tiere nicht eigens für sie getötet wurden (Cv 7,3,14–15). Dies war die Antwort, die Devadatta erwartet hatte und die es ihm ermöglichte, einen Keil in den Saṅgha zu treiben. Öffentlich erklärte er, der Buddha lehne die fünf Punkte ab, er aber, Devadatta, erkenne sie als verbindlich an. Es gelang ihm, bei manchen den Eindruck zu erwecken als sei Gotama ein Freund des üppigen Lebens und nehme die mönchische Selbstdisziplin nicht ernst. Obwohl vom Buddha gewarnt, Ordensspaltung sei ein Verbrechen, das übles Kamma und langes Leiden schafft, setzte er seine Polemik fort (Cv 7,3,16). Dem Bhikkhu Ānanda, dem er eines morgens bei der Almosenrunde begegnete, teilte er mit, er werde in Zukunft den Uposatha- (Vollmond-)Tag ohne Rücksicht auf den Buddha und den Saṅgha (auf eigene Weise) begehen und (mit einem eigenen Mönchskapitel) Rechtsakte für den Orden *(saṅghakamma)* vornehmen. Der Meister war entrüstet, als Ānanda ihm die Nachricht überbrachte (Cv 7,3,17; Ud 5,8).
Devadatta verfuhr wie angekündigt. Eine größere Schar frisch ordinierter Bhikkhus aus Vesāli, die in den Vinaya-Regeln noch nicht firm waren, folgte seiner Führung und plädierte, ohne darin eine Abweichung von der Ordensdisziplin zu erkennen, zugunsten der fünf Punkte. Mit ihnen, jetzt »seinen« Mönchen, brach Devadatta nach Gayā zum Gayākopf-Berg auf, den er zum Hauptquartier seines Ordens erkor.
Die Botschaft von Devadattas erfolgreicher Ordensspaltung erreichte den Buddha durch Sāriputta und Moggallāna. Sofort beauftragte er die beiden Jünger, Devadatta nachzuwandern und die jungen Bhikkhus zurückzuholen. Die beiden machten sich auf den Weg und wurden von Devadatta freundlich empfangen, da er annahm, auch sie würden sich seiner Richtung anschließen.
Die Nacht war schon angebrochen und Devadatta hatte sich schlafen gelegt, als Sāriputta und Moggallāna sich den Jungmönchen zuwandten. Durch Lehrreden über den wahren Dhamma des Buddha gelang es

ihnen, die Bhikkhus zu begeistern, und als die beiden großen Jünger erklärten, jetzt kehrten sie zum Meister zurück, schloß die Mehrheit der Bhikkhus sich ihnen an. Devadatta, der sich beim Erwachen von den meisten »seiner«Mönche verlassen fand, erregte sich darüber so, daß ihm »heißes Blut aus dem Mund brach« (Cv 7,4,1–3). Er soll danach neun Monate krank gelegen haben.
Dennoch hörte Devadattas Saṅgha mit dem Abfall der Jungmönche nicht auf zu existieren. Der Gayākopf-Berg (heute Brahmayoni) bei der Stadt Gayā blieb Devadattas Hauptquartier, und König Ajātasattu stiftete dem Schismatiker dort ein Kloster (Jāt 150), das dieser nie verließ. Da es aus der Staatskasse versorgt wurde, kam es vor, daß auch einer der buddhatreuen Mönche sich einschlich, um an den Speisungen teilzunehmen – was der Buddha selbstverständlich schärfstens rügte (Jāt 26). Ein langes Leben war Devadatta nicht mehr beschieden, er wurde bald »vom Erdboden verschluckt« (490 v. Chr.?). Sein Saṅgha überlebte ihn lange Zeit. Der chinesische Pilger Fa-hsien, der Indien rund tausend Jahre später, nämlich im 5. Jh. n. Chr. bereiste, berichtet, er habe dort noch Mönche getroffen, die sich als Anhänger des Devadatta bezeichneten.
Mit Ajātasattus Übernahme des Throns von Magadha war ein neuer politischer Stil in das Reich eingezogen. Schon Bimbisāra, der keine imperialistischen Ziele verfolgte, hatte sich eine Berufsarmee zugelegt, die auf ihn vereidigt war. Ajātasattu vergrößerte diese Armee, unterwarf sie hartem Drill und machte sie zu einem Instrument für Eroberungen. Das freilich kostete Geld und setzte voraus, daß der junge König in seinem Land neue Finanzquellen auftat. Er erhöhte die Steuern und verfeinerte das System der Einkommenserfassung und Steuereintreibung. So entstand eine bürokratische Staatsverwaltung mit erheblichem Beamtenapparat.
Bereits 490 v. Chr. wurde die Magadha-Armee auf die Probe gestellt; es war gerade ein Jahr her, daß Bimbisāra im Verließ verhungert und seine Witwe Kosaladevī, Ajātasattus Mutter, vor Kummer gestorben war. Der Bruder der Verstorbenen, König Pasenadi von Kosala, von ihrem und seines Schwagers Tod bewegt, beschloß, dem skrupellosen Neffen Ajātasattu eine Lektion zu erteilen. Er besann sich darauf, daß seine Schwester, als sie Bimbisāra heiratete, die Steuererträge eines Dorfes bei Benares (Kāsi) als Mitgift in die Ehe eingebracht hatte (Jāt

239): Diese Mitgift forderte Pasenadi von Ajātasattu zurück und ließ das Dorf von seinen Truppen besetzen. Im Nu machte Ajātasattu seine gut trainierte Armee gegen Pasenadi mobil, und in der Nähe des umstrittenen Platzes kam es zu einer Schlacht. Ajātasattu siegte, und der dicke alte Pasenadi floh Hals über Kopf in seine befestigte Hauptstadt Sāvatthi zurück. Mit Bedauern vernahm der Buddha, daß der Ungerechte den Gerechten geschlagen hatte.

Zwei weitere Schlachten folgten, aber stets war das Kriegsglück auf Ajātasattus Seite. In einer vierten Schlacht endlich griff Pasenadi, gut beraten, zu einer List. Er lockte Ajātasattu in einen Hinterhalt (Jāt 282) und besiegte ihn nicht nur, sondern nahm ihn gefangen.

Wieder hatte es Ajātasattu dem weichen Gemüt eines anderen zu danken, daß er mit dem Leben davonkam. Pasenadi eignete sich zwar Ajātasattus Elefanten, Pferde, Wagen und Fußtruppen als Beute an, tat dem Neffen aber nichts zuleide (S 3,2,4–5). Mit heiligsten Eiden mußte ihm der Besiegte versprechen, kriegerische Handlungen gegen das Kosala-Reich zukünftig zu unterlassen, und um den Pakt zu besiegeln gab Pasenadi dem Neffen seine Tochter Vajirā zur Frau. Sie erhielt als Mitgift die Steuereinnahmen gerade jenes Dorfes, um das der Krieg gegangen war. Ziemlich rasch stellte sich ein freundliches Verhältnis zwischen den beiden Königen her. Wir hören beiläufig von einem Prachtmantel, den Ajātasattu seinem Onkel zum Geschenk machte (M 88 II p.116).

Die einzige Begegnung Ajātasattus mit dem Buddha kam durch eine romantische Anwandlung des Königs zustande. Eine strahlende Vollmondnacht des Monats Kattikā (Oktober/November) weckte in ihm den Wunsch, einer erbaulichen Ansprache zu lauschen (D 2,1). Verschiedene Samaṇas wurden erwogen, bis schließlich Jīvaka, der alte Hofarzt und Dhammabekenner, vorschlug, der König möge doch den Buddha aufsuchen, der zur Zeit in dem von ihm, Jīvaka, gestifteten Mangowald-Kloster in Rājagaha weile. Hoch zu Elefant machte sich der König dorthin auf den Weg (D 2,8), nicht ohne unterwegs von der Angst gepackt zu werden, Jīvaka wolle ihm eine Falle stellen und ihn den Feinden in die Hände liefern (D 2,10).

Er begrüßte den Buddha, der zur Entlastung seines kranken Rückens gegen den Mittelpfeiler der Klosterhalle gelehnt dasaß, und ließ sich etwas abseits von den Mönchen auf den Boden nieder. Dann richtete er

die Frage an den Meister: »Gibt es eine Frucht des Lebens als Wandermendikant schon im gegenwärtigen Dasein?« (D 2,14). Der Buddha erwiderte zustimmend und stellte dem König durch Gleichnisse die Vorteile des Mönchslebens vor Augen (D 2,36–98). Das Gespräch endete damit, daß Ajātasattu Reue ausdrückte, seinen Vater ermordet zu haben (D 2,99). Zum Dhamma bekannte er sich nicht. Er war ein Mann mit Diesseitssinn und schwachem religiösem Bedürfnis. Es lag ihm fern, die sentimentale Stimmung, in die ihn der Vollmond versetzt hatte, in eine Verpflichtung einmünden zu lassen.
Im Jahr 484 v. Chr. setzte sich Ajātasattu in den Kopf, die acht zur Vajjī-Föderation zusammengeschlossenen Republiken und Stämme – die wichtigsten davon die Republiken der Licchavī (Hauptstadt Vesāli) und der Videha (Hauptstadt Mithilā) – mit Krieg zu überziehen. Angeblich wurden sie ihm zu mächtig (D 16,1,1); wahrscheinlicher ist, daß es ihn gelüstete, ihr Territorium seinem eigenen Reich zuzuschlagen. Sich an einem Nachbarland zu bereichern, betrachteten die meisten Könige als Selbstverständlichkeit (M 82 II p.71 f.).
Wissend, daß der Buddha mit dem Vajjī-Gebiet vertraut und mit seinen Menschen Freund war, ließ Ajātasattu ihn durch seinen Chef-Minister, den Brahmanen Vassakāra, über sie ausfragen (D 16,1,2). Es gebe sieben Bedingungen für ein stabiles (republikanisches) Staatswesen, erläuterte der Buddha dem Minister: Regelmäßige und gut besuchte Ratsversammlungen, Beschlußfassung im Konsensus-Prinzip, Festhalten an der Tradition und den Gesetzen, Fürsorge für die Alten, Schutz der Frauen und Mädchen, Pflege der heiligen Orte sowie Betreuung der zu Besuch kommenden Vollendeten. Solange diese Voraussetzungen bei den Vajjīs erfüllt sind – und das seien sie sehr wohl – lasse sich kein Niedergang für sie absehen. Vassakāra quittierte die Ausführungen mit der Feststellung, wenn die Vajjīs nicht im offenen Kampf besiegbar seien, dann müsse man sie eben durch Überredungskunst und das Aussäen von Zwietracht unterwerfen (D 16,1,4–5). Tatsächlich entsandte Ajātasattu Wühler und politische Agitatoren in die Republiken.
Ungefähr um die gleiche Zeit fand es Ajātasattu ratsam, seine Hauptstadt von Rājagaha nach Norden an die Gaṅgā zu verlegen. Die gute Verteidigungsmöglichkeit, die Rājagaha durch seine Kessellage und seine Zyklopenmauer bot, schien ihm durch den besseren Waffen-

schutz der verstärkten Armee verzichtbar geworden. Nicht nur lag die alte Stadt verkehrsungünstig, sie hatte wegen der Windsperre durch die Berge ein ungesundes Klima und wies miserable sanitäre Verhältnisse auf; der üble Geruch von Rājagaha war sprichwörtlich. Ajātasattu gab deshalb Befehl, das im Winkel zwischen dem Soṇa-Fluß und der Gaṅgā gelegene Dorf Pāṭaligāma zur neuen Hauptstadt Pātaliputta (heute Patna) auszubauen und gegen die Vajjīs zu befestigen. Mit der Planung und Bauaufsicht betraute er die Minister Vassakāra und Sunīdha (D 16,1,26).

Um 481 schließlich war die neue Stadt so weit fertiggestellt und der Zusammenhalt der Vajjī-Föderation durch Ajātasattus Wühler genügend zersetzt, daß der König mit seiner Armee über die Gaṅgā nach Norden aufbrechen konnte, um das Gebiet zu erobern. Der Buddha war zu diesem Zeitpunkt schon tot. Er hätte sich wahrscheinlich Vorwürfe gemacht, wenn er die Auswirkungen seiner ganz anders gemeinten Worte an Vassakāra und den Untergang der Vajjī-Republiken und -Stämme im Magadha-Reich noch erlebt hätte.

So weit die Ereignisse im Königreich Magadha. Auch im Königreich Kosala stand währenddessen die Zeit nicht still. Drei Jahre nachdem Pasenadi den Sieg über Ajātasattu davongetragen und den Neffen gebändigt hatte, verdrängte ihn sein Sohn Viḍūḍabha vom Thron. Die Schlüsselrolle des Putschs spielte der General Dīghakārāyana, der »lange« Kārāyana.

Der Groll Kārāyanas gegen Pasenadi hatte weit zurückliegende Ursachen. Kārāyanas Onkel Bandhula war ein Studienfreund Pasenadis an der Universität Takkasīla gewesen und von Pasenadi, nachdem er König geworden war, zum Armeechef ernannt worden. Während Bandhula einst mit seinen Söhnen zur Niederschlagung eines Grenzkonflikts abwesend war, hatten Pasenadis Minister dem König eingeflüstert, Bandhula strebe nach der Krone. Pasenadi ließ darauf Bandhula und seine Söhne ohne Gerichtsverfahren enthaupten, mußte aber bald erkennen, daß die Anschuldigungen gegen den General haltlos gewesen waren. Er bedauerte seine Tat und ernannte in tätiger Reue Bandhulas Neffen Kārāyana zum neuen General. Kārāyana indes konnte die Ermordung seines Onkels nicht verwinden (Jāt 465 IV p.150 f.).

Seine Stunde der Rache kam 487 v. Chr., als Pasenadi die ihm untertane Sakiya-Republik besuchte. In Naṅgaraka hörte der König, der Buddha

sei in Medaḷumpa, und um den alten Freund wiederzusehen, brach er mit seiner von Kārāyana befehligten Leibgarde dorthin auf. An dem Haus angekommen, in dem der Buddha weilte, legte Pasenadi die Zeichen seiner Königswürde, Zeremonialschwert und Turban ab und gab sie Kārāyana zur Aufbewahrung. Der Buddha öffnete die Tür, der König trat ein, und nach herzlicher Begrüßung führten die beiden alten Herren ein langes Gespräch (M 89).
Als Kārāyana, vor dem Haus wartend, die beiden wichtigsten der fünf Insignien der Königswürde in seinem Besitz sah, erkannte er seine Chance, an Pasenadi Vergeltung zu üben. Unter Hinterlassung eines Pferdes und einer Dienerin ritt er mit des Königs Leibgarde davon zum Prinzen Viḍūḍabha und stattete ihn mit den Hoheitssymbolen aus. Durch das Überlaufen der Eliteeinheit zu ihm und durch den Besitz der Würdezeichen zum Herrscher über Kosala geworden, zog Viḍūḍabha als der neue König in Sāvatthi ein.
Sobald Pasenadi nach dem Gespräch mit dem Buddha sah, daß er verlassen worden war und ihm die Dienerin den Treuebruch Kārāyanas bestätigt hatte, setzte sich der schwere alte Mann auf das Pferd und ritt nach Rājagaha, um seinen Neffen Ajātasattu zu einer Strafexpedition gegen Viḍūḍabha zu veranlassen. Es war Nacht als er Rājagaha erreichte, die Tore der Stadt waren bereits geschlossen. Ermattet von der langen Reise, von Wind und Sonne ausgedörrt, legte sich der 76jährige in einem Schuppen vor der Stadtmauer zur Ruhe. Noch in derselben Nacht starb er an Erschöpfung. Ajātasattu ließ ihn mit allem Gepränge beisetzen (Jāt 465 IV p. 151 f.).
Die Herrschermacht über Kosala und seine Armee, die ihm so leicht zugefallen war, lieferte Viḍūḍabha das Mittel, um endlich einen lange gehegten Racheplan auszuführen. Er galt der Sakiya-Republik, die einst an seinem Vater Pasenadi einen Betrug begangen hatte.
Als nämlich Pasenadi, Jahrzehnte zuvor, die Sakiyas von Kapilavatthu hatte wissen lassen, er wünsche zur Herstellung von Blutsbanden mit ihnen eine ihrer Stammestöchter zur Frau, hatten sie ihm statt einer vollkastigen Braut aus der Kriegerkaste ein halbkastiges Mädchen geschickt: Vāsabhakhattiyā, die schöne Tochter des Kriegeradligen und Buddha-Vetters Mahānāma mit einer Sklavin. Von ihrer Halbkastigkeit nichts ahnend hatte Pasenadi sie geheiratet und zur Hauptfrau erhoben. Binnen Jahresfrist gebar sie den Prinzen Viḍūḍabha.

Viḍūḍabha war sieben Jahre alt als ihm auffiel, daß andere Kinder von ihren Großeltern mütterlicherseits Geschenke erhielten, er hingegen nicht. Mit Sechzehn reiste er nach Kapilavatthu, um den Grund herauszufinden. Die Sakiyas empfingen ihn kühl und machten hinter seinem Rücken abschätzige Bemerkungen. Schließlich kam dem Prinzen durch einen Zufall die Wahrheit über seine Mutter zu Ohren und er schwor, sich an den Sakiyas, die seinen Vater so böse getäuscht hatten, dereinst blutig zu rächen (Jāt 465 IV p. 145 ff.).

Dieser Zeitpunkt war nun gekommen. An der Spitze einer Armee setzte sich Viḍūḍabha nach Osten in Marsch, unterließ aber den Angriff auf Kapilavatthu als der Buddha ihn bat, die Menschen zu schonen. Angeblich ein zweites und drittes Mal gelang es dem greisen Meister, Viḍūḍabha zu beschwichtigen, aber dann war der König nicht mehr zurückzuhalten. Er nahm Kapilavatthu ein und ließ die wehrfähigen Bürger hinrichten. Zum Schluß setzte er die Stadt, in der der Buddha seine Jugend verbrachte hatte, das heutige Tilaurakoṭ in Nepāl, in Brand. Die Zerstörung Kapilavatthus dürfte 485 oder 484 v. Chr., also kurz vor Gotamas Tod stattgefunden haben.

Verständlicherweise hatten zahlreiche Sakiyas sich beim Anrücken Viḍūḍabhas zu den Nachbarstämmen der Moriya und Malla in Sicherheit gebracht. Als sie hörten, daß Viḍūḍabha sein Zerstörungswerk beendet hatte und seine Rache als erfüllt ansah, kehrten sie aus dem Exil zurück. Vom alten Kapilavatthu (Tilaurakoṭ = Kapilavatthu I) war nicht mehr viel übrig, also ließen sie sich an einem anderen Platz (Piprāvā in Indien = Kapilavatthu II) nieder. Sie nannten den Ort *Mahā*-Kapilavatthu (»Groß-K.«), und hier setzten sie nach der Einäscherung des Buddha ihren Anteil der Reliquien bei.

483 v. Chr.

Die große Heimkehr

Letzte Wanderungen

Wie es seit über zwanzig Jahren seine Gewohnheit war, verbrachte der Buddha auch im Jahr 485 v. Chr. die Regenzeit in Sāvatthi. Vom Zorn König Viḍūḍabhas gegen die Sakiyas fühlte er sich nicht betroffen.
In Anāthapindikas Jetavana-Kloster weilend, erhielt der Meister die Nachricht, daß sein Hauptjünger Sāriputta in Nālagāmaka unweit von Rājagaha einer Krankheit erlegen sei. Cunda(ka), Sāriputtas jüngerer Bruder, war es, der außer der Meldung auch den Nachlaß des Verstorbenen brachte: Seinen Almosentopf, sein Obergewand und, in das zum Wasserfiltern bestimmte Tuch eingeknotet, seine Asche (S 47,3,2,3,).
Die Regenzeit war vorüber als der Buddha sich wieder auf die Wanderung nach Süden begab. Bei einem Zwischenaufenthalt in dem Dorf Ukkācelā (oder Ukkāvelā) am Ganges scheint ihm die Nachricht vom Tod auch seines zweiten Hauptjüngers, des Bhikkhu Moggallāna, zugegangen zu sein. Bewegt äußerte er zu den Bhikkhus, nun sei der Saṅgha ärmer geworden. Wie an einem mächtigen, gesunden Baum einzelne Äste absterben, so seien dem Saṅgha Sāriputta und Moggallāna weggestorben. Aber wo gebe es das, daß was entstanden ist, nicht auch vergeht (S 47,3,2,4).
Genaueres über Moggallānas Sterben überliefert ein Jātaka (Nr. 522).

Ihm zufolge wurde der große Jünger bei Rājagaha am Schwarzen Stein des Isigili (»Seher-Berg«, der heutige Udaya Hill?) ermordet. Da er anderen Samaṇa-Schulen so viele Anhänger abspenstig gemacht habe, hätten sie einen Räuber gedungen, der ihn erschlug. – Als Sāriputtas Todestag wird der Vollmond des Kattikā (Oktober/November), als Moggallānas Todestag der darauffolgende Neumond angegeben (Jāt 95). Beide Jünger starben demnach im Jahr 486 v. Chr.

Die nachmonsunischen Monate des Jahres 485 sahen den greisen Buddha in Rājagaha, wo ihn bei einer Gelegenheit der Minister Vassakāra über die Vajjī befragte. Bald brach er mit Ānanda und anderen Bhikkhus im Gefolge erneut nach Norden auf. Der Bericht des Dīghanikāya (16,1,16–17), bei Nālandā sei er Sāriputta begegnet, ist zweifelsohne irrtümlich in diesen Textzusammenhang geraten, denn Sāriputta war zu dem Zeitpunkt schon ein Jahr tot.

Die nächste Station war Pāṭaligāma, wo der Meister die Arbeiten an der neuen Magadha-Hauptstadt und Festung Pāṭaliputta beobachtete. Unter anderem war er hier Gast der Minister Sunīdha und Vassakāra, denen die Bauaufsicht oblag. Dem Tor, durch das er die Stadt verließ, gaben sie ihm zu Ehren den Namen »Gotama-Tor«. Die Gaṅgā, die bei Patna bis zu 2,5 km Breite ausufern kann, führte noch Hochwasser, aber der Buddha überquerte sie ohne Schwierigkeiten (D 16,1,19–34).

Das Jahr 484 war längst angebrochen als die gelben Mönche über Koṭigāma und Nādika Vesāli (heute Vaishāli), die Hauptstadt der Licchavī-Republik erreichten, wo sie im Mangohain der angejahrten, aber noch immer ansehnlichen Stadtkurtisane Ambapālī Aufenthalt nahmen. Aus einer Verbindung mit dem früheren Magadha-König Bimbisāra hatte Ambapālī einen Sohn namens Vimalakondañña, der Bhikkhu geworden war. Kaum hörte sie, daß der Lehrer ihres Sohnes in ihrem Hain kampiere, da eilte sie zu ihm und lud ihn für den Folgetag zum Essen ein. Durch Schweigen nahm Gotama an.

Auch andere Bürger von Vesāli wollten den Meister bewirten: Wie enttäuscht waren sie zu erfahren, daß Ambapālī ihnen zuvorgekommen war! Ihren Versuch, ihr den ehrwürdigen Gast gegen Geld abzuhandeln, lehnte die Kurtisane ab. Am nächsten Morgen beköstigte sie den Buddha und seine Bhikkhus aufs beste und schenkte dem Meister und dem Saṅgha zum Abschluß der Mahlzeit ihren Hain (Ambapālīvana) als Kloster (D 16,2,11–19) – sicher auch in der Hoffung, daß ihr Sohn dort Regenzeit halten möge. In ihrer Glanzzeit hatte sie für eine Liebesnacht 50 Kahāpaṇas, den Wert von fünf Milchkühen, kassiert, daher konnte sie sich großzügige Geschenke leisten. Später trat sie als Bhikkhunī in den Orden ein und soll sogar die Heiligkeit erlangt haben (Thīg 252–270).

Bis Vesāli war der Meister mit Gefolge gereist, den Monsun 484 wollte er zurückgezogen, sich der Meditation widmend allein mit dem treuen Ānanda zubringen. Als der Regen sich ankündigte, bat er darum die Bhikkhus, sich in der Umgebung von Vesāli Vihāras zu suchen, er seinerseits werde für die Regenzeit in Beluva (heute Basarh) bleiben (D 16,2,22), einem südlichen Vorort der Stadt.

Es wurde eine schwere Zeit. Der alte Lehrer wurde sehr krank und hatte heftige Schmerzen. Er bewahrte jedoch klaren Geist und bezwang sein Leiden durch Willenskraft. Als er wieder aufstehen konnte und im Schatten der Hütte saß, schilderte Ānanda ihm die Sorgen, die er sich um ihn gemacht habe. Es sei ihm aber ein Trost gewesen zu denken, daß der Vollendete nicht ins Parinibbāna eingehen werde, ohne über den Bhikkhusaṅgha eine Bestimmung zu treffen (D 16,2,24). Der Buddha wies den Gedanken zurück:

> Wieso, Ānanda, erwartet der Mönchsorden das von mir? Ich habe die Lehre dargelegt ohne ein Innen und Außen zu unterscheiden, (denn) in der Lehre des Vollendeten gibt es nicht die geschlossene Faust des Lehrers (in welcher er gewisse Wahrheiten zurückhält). Wer den Gedanken hegt: ›*Ich* will es sein, der den Bhikkhusaṅgha leitet‹ oder: ›Der Bhikkhusaṅgha untersteht *meiner* Führung‹, der hätte (Nachfolge-)Bestimmungen zu treffen. Ein Vollendeter indes hegt keinen solchen Gedanken. Warum also sollte (ich,) der Vollendete, über den Bhikkhusaṅgha Bestimmungen treffen? Ich bin jetzt alt, in der Neige meiner Jahre, ein Greis, meine (Lebens-)Reise geht zu Ende, ich habe die Grenze erreicht: Achtzig Jahre werde ich alt. Wie ein abgenutzter Karren nur noch mit Hilfe von Riemen funktionsfähig gehalten wird, so ist auch mein Körper nur noch mit Bandagen funktionsfähig. ... Darum, Ānanda, seid (von nun ab) euch selbst eine Insel, euch selbst eine Zuflucht, sucht keine andere Zuflucht; nehmt die Lehre als Insel, die Lehre als Zuflucht, nehmt keine andere Zuflucht! ... Jene Bhikkhus, die, sei es

jetzt, sei es nach meinem Tode, in sich selbst und in der Lehre Insel und Zuflucht finden und nirgendwo sonst, diese eifrigen (Bhikkhus) sind (wahrlich) *meine* Bhikkhus und überwinden die Dunkelheit (der Wiedergeburt). (D 16,2,25–26 gerafft)

Nicht einen Lehrer, sondern die Lehre *(dhamma)* ernannte der Buddha damit zum künftigen Führer des Saṅgha. Wenige Tage nach diesen Worten an Ānanda war er gesundheitlich so weit hergestellt, daß er seine Almosengänge nach Vesāli wieder aufnehmen konnte (D 16,3,1).

Wie jeder, dem nach gefährlicher Krankheit die Welt neu geschenkt ist, sah der greise Buddha sie plötzlich mit frischen Augen. Fast schwärmerisch sprach er bei einem Ausflug zum Cāpāla-Heiligtum von der Schönheit Vesālis und der umliegenden Gedenkstätten (D 16,3,2). Und als er die Stadt geraume Zeit später in der Ahnung verließ, sie nie mehr wiederzusehen, warf er aus einiger Entfernung einen wehmütigen Blick auf sie zurück (D 16,4,1).

In kleinen Etappen ging die Wanderung über Bhaṇḍagāma, Hatthigāma, Ambagāma, Jambugāma nach Bhoganagara, immer in Nordwestrichtung, denn anscheinend wollte er seinen Tod, den er nahen fühlte, in einem der Klöster von Sāvatthi erwarten. Da er keinen der Bhikkhus zum Nachfolger und Ordensoberhaupt ernannt, sondern den Dhamma als höchste Autorität über den Orden gesetzt hatte, beschäftigte ihn unterwegs die Frage, wie der Saṅgha sich gegenüber einem Mönch verhalten solle, der behauptete, diese oder jene Lehre vom Meister selbst gehört zu haben. In einem solchen Fall, so wies er bei Bhoganagara die Bhikkhus an, sei die Behauptung jenes Mönchs danach zu beurteilen, ob sie durch eine Lehrrede *(sutta)* verifiziert werden könne und mit der Ordensdisziplin *(vinaya)* harmoniere. Nur wenn das mit Sicherheit festgestellt sei, dürfe sie als Wort des Vollendeten anerkannt werden (D 16,4,8). – Die Äußerung verrät Gotamas Überzeugung, daß seine Lehrreden im Gedächtnis der Mönche bewahrt und weitergereicht werden würden.

Das Große Verlöschen

In Pāvā (wahrscheinlich das heutige Fazilnagar, 16 km südöstlich von Kasia) wurde der Meister mit seiner Schar von dem Schmied Cunda für den darauffolgenden Tag zum Essen eingeladen. Um dem ehrwürdigen Gast etwas Besonderes vorzusetzen, hatte Cunda neben anderen Speisen »Eberweich« *(sūkaramaddava)* zubereiten lassen. Über die Natur dieses Gerichts ist bisher keine Klarheit erzielt worden. Einige Autoren verstehen darunter Schweinefleisch, andere zarte Bambussprosse wie sie am Rand einer Schweinesuhle aus dem Boden schießen, dritte eine Pilzart, vielleicht Trüffeln. Was immer es gewesen sein mag: Dem Buddha kam die Speise bedenklich vor, so daß er Cunda bat, sie den anderen Bhikkhus nicht anzubieten. Er selbst aber aß davon, um den wohlmeinenden Schmied nicht zu enttäuschen (D 16,4,13–19).

Die Rücksichtnahme auf den Spender erwies sich als Fehler. Der Buddha erkrankte an der Ruhr und wurde von quälenden Koliken befallen. Geschwächt und matt brach er trotzdem auf und verließ Pāvā in Richtung Kusināra. Immer wieder zwangen ihn Krämpfe, sich seitab von der Straße zu erleichtern und am Wegrand auszuruhen.

Zu den Koliken und dehydrierenden Durchfällen kam der Durst. Auf seine dringende Bitte um Wasser wies Ānanda darauf hin, der nahegelegene Bach sei von Ochsenkarren aufgewühlt und liefere nur lehmiges, zum Trinken ungeeignetes Wasser; es sei besser, zu dem nicht mehr fernen Kakutthā-Fluß (heute Bādhi oder Barhi) weiterzuwandern. Aber der Meister beharrte auf seinem Wunsch und trank von dem Bachwasser, das sich inzwischen gesetzt und geklärt hatte (D 16,4,20–25).

In diesem Moment kam ein Mann des Malla-Stammes vorbei, Pukkusa mit Namen. Er sprach den Buddha an, wobei sich herausstellte, daß Pukkusa ein Anhänger des Āḷāra Kālāma war, unter dessen Mentorschaft Gotama vor seiner Erleuchtung religiöse Studien getrieben hatte. Als Pukkusa die beschmutzten Gewänder des kranken alten Mannes und seines Adjutanten sah, ließ er von einem Diener rasch zwei Tücher besorgen, die er dem Buddha und Ānanda zum Geschenk machte (D 16,4,26–35).

Nachdem Pukkusa außer Sicht war, setzte sich die kleine Schar erneut in Marsch und erreichte die Kakutthā, wo der Meister trank, sich wusch und am anderen Ufer ausruhte nachdem der Novize Cundaka ihm dort unter Mangobäumen das Obergewand als Bodendecke ausgebreitet hatte. Cundakas Anwesenheit brachte dem Buddha den *Schmied* Cunda in Erinnerung, in dessen Haus er sich die Speisevergiftung zugezogen hatte, und er schärfte Ānanda ein, der Orden möge dem Schmied, der das Beste gewollt hatte, keine Vorwürfe machen (D 16,4,37–42). Sobald er wieder etwas zu Kräften gekommen war, ging die Wanderung weiter. Der matte Lehrer durchwatete mit seinem Gefolge den Hiraññavati-Fluß (heute Little Gandak) und erreichte Kusināra, die ihm von früheren Besuchen (M 103; A 10,44) bekannte zweite Hauptstadt des Malla-Stamms.

Da er erklärte, er sei müde und müsse sich hinlegen, machte Ānanda ihm unter den Sāla-Bäumen des Upavattana-Wäldchens am südlichen Stadtrand ein Lager zurecht. Die Sālas (shorea robusta) standen in Blüte, was – entgegen der Tradition, die den Tod des Meisters im Vesākha (April/Mai) ansetzt – auf die Monate März/April hinweist. Auf der rechten Seite liegend, vielleicht schmerzverkrampft, versuchte er zu ruhen. Da Ausbrüche kalten Schweißes, wie sie mit Koliken und Darmaffektionen verbunden sind, ihn frieren ließen, schickte er den Bhikkhu Upavāṇa, der ihm Kühle zufächelte, von sich weg (D 16,5, 1–4).

Er hatte jetzt keinen Zweifel mehr, daß er sich von dieser Stelle des Sāla-Hains bei Kusināra nicht mehr erheben werde. Mit klarem Kopf instruierte er Ānanda, wie mit seinem Leichnam zu verfahren sei: Die Bhikkhus sollten sich um seine Beisetzung nicht kümmern, sondern allein um ihre Erlösung bemüht sein; es gebe genug Leute, die an den Vollendeten glaubten – sie würden das Notwendige schon besorgen (D 16,5,10). Weinend ging Ānanda beiseite und überließ sich seinem Schmerz: »O weh, ich bin noch ein Lernender, habe noch viel (an mir) zu arbeiten, und jetzt geht der Meister, der sich meiner erbarmte, ins Parinibbāna ein!«

Als dem Buddha auffiel, daß sein treuer Jünger sich fernhielt, ließ er ihn rufen und tröstete ihn:

> Laß es gut sein, Ānanda, gräme dich nicht, laß das Weinen!
> Habe ich nicht stets betont, daß wir von allem Lieben und Angenehmen uns einmal trennen, von ihm Abschied nehmen müssen,

> daß nichts ewig so bleiben kann? Daß etwas, das geboren, geworden, (durch die Tatabsichten der Vorexistenz) bedingt und (deshalb) zum Zerfall bestimmt ist, – daß das nicht vergehe, diesen Fall gibt es nicht. Lange Zeit, Ānanda, bist du (mir), dem Vollendeten, nahe gewesen und hast dich mit ausdauernder Güte um mein Wohl gekümmert. Du hast dadurch Verdienst erworben. Strenge dich an, dann wirst du die Einflüsse bald vernichten!
>
> (D 16,5,14 Schluß gerafft)

Vermutlich beim Almosengang am nächsten Morgen, angeblich auf Anordnung des Buddha, machte Ānanda die Krankheit des Meisters in Kusināra bekannt. Zahlreiche Bürger der Stadt begaben sich darauf in den Sāla-Hain, um das ehrwürdige Ordenshaupt, von dem seit fünfundvierzig Jahren Wunderdinge erzählt wurden, zu sehen. Ānanda versuchte alles, um Belästigungen des erschöpften Greises zu verhindern. Subhadda, einen Samaṇa anderer Schule, der am Abend kam um den Buddha zu sprechen, wies er ab, bis der Meister, der den Wortwechsel mitgehört hatte, ihn bat, den Besucher vorzulassen. Am Ende dieses Gesprächs mit dem Buddha ersuchte Subhadda ihn um Ordination in den Saṅgha, und Ānanda vollzog an ihm den Weltverzicht *(pabbajā)*. Subhadda war der letzte, der noch zu Lebzeiten des Ordensstifters als Novize aufgenommen wurde. Später, nach Ablauf der üblichen Wartefrist für Samaṇas aus anderen Bekenntnissen, erhielt er auch die Bhikkhuweihe *(upasampadā)* (D 16,5,19–30).
Etwaigen Ansprüchen eines Mönchs auf die Führung des Saṅgha vorzubeugen, war Gotama so wichtig, daß er kurz vor seinem Hinscheiden noch einmal die Leitfunktion der Lehre für den Orden betonte:

> Ānanda, es könnte euch der Gedanke kommen: ›Mit dem Tode des Meisters ist sein Wort vergangen, wir haben keinen Meister mehr‹. Aber so dürft ihr es nicht ansehen, Ānanda. Die Lehre *(dhamma)* und die Ordenszucht *(vinaya)*, die ich euch dargelegt und erläutert habe, die sind nach meinem Tode euer Meister.
>
> (D 16,6,1)

Dies setzte voraus, daß keine Unklarheiten blieben, die zu Auslegungsdifferenzen führen konnten. Der Buddha gab darum den Mönchen eine letzte Gelegenheit, ihm Fragen zu stellen:

> Vielleicht, Mönche, hat einer von euch noch einen Zweifel oder eine Wissenslücke bezüglich des Buddha oder des Dhamma oder des Saṅgha, bezüglich des (Achtfachen) Weges oder der Methode (zur Verwirklichung der Erlösung). Fragt mich, Mönche, damit ihr euch später nicht vorwerft: ›Wir saßen dem Meister gegenüber, doch wir brachten es nicht fertig, ihn persönlich zu fragen‹.
> (D 16,6,5).

Aber die Bhikkhus blieben stumm. Da bat der Buddha sie, falls sie aus Respekt vor ihm nicht zu sprechen wagten, ihren Fragewunsch einem befreundeten Mitmönch anzuvertrauen, aber wiederum verharrten sie in Schweigen. Es gab keine Unklarheiten mehr. Die Nacht war weit vorgerückt und Stille stand zwischen den Bäumen, als der sterbende Lehrer die Bhikkhus noch einmal anredete:

> Nun denn, Mönche, ich beschwöre euch: Die Persönlichkeitsbestandteile *(saṅkhāra)* unterliegen dem Gesetz der Vergänglichkeit. Bemüht euch angestrengt! (D 16,6,7)

Das war des Buddha letztes Wort. Darauf fiel er in ein Koma, das Anuruddha den Mönchen als Meditationszustand erklärte, und ohne das Bewußtsein wiedererlangt zu haben, ging der Achtzigjährige ins Parinibbāna ein, in den Zustand der Leidenserlöstheit nach Ablegung des Körpers (D 16,6,8–9). Die Mehrheit der Indienhistoriker datiert das Ereignis auf das Jahr 483 v. Chr.

Einäscherung

Der Gefaßteste war Anuruddha, ein Vetter des Buddha und Halbbruder Ānandas, der die zum Teil weinenden Mönche tröstete und ihnen mit den Worten des verloschenen Meisters die Unbeständigkeit allen Lebens vor Augen hielt. Gegen Morgen beauftragte er Ānanda, nach Kusināra zu gehen, um den Bürgern den Tod des Vollendeten mitzuteilen. Bereitwillig wie immer führte der alte Ānanda den Auftrag aus. Er meldete das Hinscheiden des Lehrers in der Ratshalle, wo die Ratsversammlung der Mallas gerade tagte. Sofort ordnete die Versammlung Zeremonien für die Totenfeier an (D 16,6,11–13).

Der kanonische Bericht über die Einäscherung vermittelt den Eindruck heilloser Desorganisation. Da die kleine Mönchsgruppe, bestehend aus den Bhikkhus Ānanda, Cundaka, Anuruddha, Upavāna und vielleicht ein oder zwei weiteren, vom Buddha Weisung erhalten hatten, die Beisetzung seinen Laien-Verehrern zu überlassen, die aber anscheinend in Kusināra nicht zahlreich waren, fühlte sich niemand wirklich verantwortlich. Trauerbekundungen in Form von Blumen und Räucherwerk kamen reichlich, offenbar war jedoch niemand bereit, die Kosten für das Holz des Scheiterhaufens zu tragen. Von Tag zu Tag wurde die Einäscherung verschoben, angeblich eine Woche lang.

Dazu bestand Konfusion über das anzuwendende Ritual. Der Verstorbene war ein Sakiya und Kriegeradliger, aber ein Samaṇa und Gegner des brahmanistischen Ritualismus gewesen, welche Bräuche waren also auf ihn anzuwenden? Sollte er südlich oder östlich der Stadt verbrannt werden? Endlich entschied man sich für das letztere und trug den in Tücher gewickelten Toten durch das Nordtor in die Stadt hinein und durch das Osttor wieder hinaus zum Makuṭa-bandhana, worunter wahrscheinlich eine nach allen Seiten offene Leichenhalle am Verbrennungsplatz zu verstehen ist (D 16,6,13–16).

Unterdessen befand sich der Bhikkhu Mahākassapa, »der große Kassapa« mit einer Begleitgruppe auf dem Weg nach Kusināra; man darf annehmen, daß er vorhatte, die heranrückende Regenzeit in Sāvatthi zuzubringen. Mahākassapa war nach dem Tod Sāriputtas und Moggallānas der prominenteste Mönch im Saṅgha, und hätte der Buddha einen Nachfolger bestimmt, wäre die Wahl vermutlich auf ihn gefallen. Er war Brahmane und stammte aus dem Magadha-Dorf Mahātittha. Der Buddha hatte ihn vor vielen Jahren bei einem Zusammentreffen zwischen Rājagaha und Nālandā selbst in den Saṅgha aufgenommen. Schon eine Woche danach war Kassapa die höchste Erkenntnis zuteilgeworden (S 16,11,16–23), die ihn zum Heiligen machte.

Stolz war Mahākassapa darauf, des Meisters verschlissene Mantelrobe zu tragen. Die Ehre war ihm allerdings durch einen Zufall zuteil geworden. Als der Buddha sich einst bei einer Wanderung anschickte, unter einem Baum Rast zu machen, hatte Kassapa sein Obergewand zusammengefaltet und den Meister eingeladen, auf dieser Unterlage Platz zu nehmen. Gotama tat es und stellte, durch seinen wehen Rük-

ken empfindlich, fest, das Tuch sei ungewöhnlich weich. Kassapa überließ es ihm daher und erhielt die abgetragene Fetzenrobe des Buddha als Gegengabe. Er leitete daraus die Überzeugung ab, ein wahrhafter »Sohn des Erhabenen, aus seinem Munde geboren« (S 16,11,24–30) und zu besonderen Aufgaben berufen zu sein.
Der Buddha hatte Mahākassapa stets hoch geschätzt, ihn bei einer Erkrankung besucht (S 46,2,4) und ihn gegenüber jüngeren Mönchen als vorbildlich lebenden und genügsamen Bhikkhu gelobt (S 16,1). Dennoch verkannte er nicht Kassapas schwierigen Charakter, der von den Jungmönchen das Äußerste an Disziplin forderte und es zuweilen an Einfühlung und Nachsicht fehlen ließ. Ein Novize, zur Verzweiflung getrieben, hatte sogar einmal Mahākassapas für die Regenzeit errichtete Laubhütte angezündet (Jāt 321), was Kassapas Sympathie für die jüngere Mönchsgeneration nicht eben stärkte. Mehrfach hatte er Bitten des Buddha, jungen Mönchen einen Lehrvortrag zu halten, rundweg abgelehnt (S 16,6; 16,7; 16,8).
Dieser Mahākassapa also war mit anderen Bhikkhus auf dem Weg von Pāvā nach Kusināra und machte soeben unter einem Baum Rast, als ihm ein Ājīvika-Mönch entgegenkam. Ein Gespräch entspann sich:

> *Mahākassapa:* Bruder, kennst du unseren Meister?
> *Der Ājīvika:* Gewiß kenne ich ihn. Heute ist es acht Tage her seit der Samaṇa Gotama das Parinibbāna erreicht hat. (D 16,6,19)

Das war eine traurige Nachricht, die nur die fortgeschrittenen Bhikkhus aus Kassapas Gruppe philosophisch bewältigten; die anderen brachen in Tränen aus. Eine Ausnahme bildete Subhadda – nicht zu verwechseln mit dem gleichnamigen Novizen, dem der Buddha am Vorabend seines Todes die Pabbajā hatte erteilen lassen. Subhadda, ein ehemaliger Barbier aus dem Dorf Ātumā, der erst im Alter in die Hauslosigkeit gezogen war, erklärte: »Genug, Brüder, des Trauerns und Jammerns! Jetzt sind wir den großen Samaṇa endlich los. Er war recht lästig mit seinem (ständigen): ›Dies ist euch erlaubt, das ist euch nicht erlaubt!‹ Jetzt können wir tun und lassen, was wir wollen« (D 16,6,20). Mahākassapa ging auf die Äußerung nicht ein, sollte sich ihrer aber bald wieder erinnern.
Unverzüglich eilte er mit seiner Gruppe nach Kusināra und erreichte den Verbrennungsplatz gerade rechtzeitig, um den Scheiterhaufen des

Buddha noch unentzündet vorzufinden. Welch geringe Menge Holz für die Einäscherung zusammengekommen war, wird daraus deutlich, daß die umhüllten Füße des Toten noch zu sehen waren.
Nachdem Mahākassapa und die anderen Bhikkhus den Leichnam dreimal im Rechtskreis umwandelt und durch Aneinanderlegen der Handflächen und Verneigung ihre Verehrung bezeugt hatten, wurde der Holzstoß in Brand gesetzt. Als er heruntergebrannt war, wurde die Restglut mit Wasser gelöscht. Vom Körper des Buddha waren nur noch geringe Knochenreste übrig. Sie wurden an der Verbrennungsstätte in einem irdenen Topf beigesetzt, und die Mallas markierten die Stelle indem sie rundum Speere in den Boden stießen (D 16,6,22–23).
Anscheinend war keinem der Kusinārer Mallas der Gedanke gekommen, daß andere Stämme auf Reliquien des Buddha Anspruch erheben könnten. Sie waren daher höchst überrascht als Abgesandte aus allen Richtungen in Kusināra eintrafen, um Reliquienanteile des Buddha zu erbitten. Anfänglich nicht gewillt, von den Knochenresten etwas abzugeben, beugten sie sich schließlich den Argumenten des Verbrennungsbrahmanen Doṇa, der darauf hinwies, Reliquienegoismus werde zu Streit führen und stehe im Gegensatz zur Lehre des Verstorbenen, der stets für Frieden eingetreten sei (D 16,6,25). Doṇa teilte deshalb die Knochenüberreste in acht Teile. Je ein Teil ging an

- den Magadha-König Ajātasattu nach Rājagaha,
- die Licchavī von Vesāli,
- die Sakiya von Kapilavatthu (d. h. *Neu*-Kapilavatthu),
- die Bulī von Allakappa,
- die Koliya von Rāmagāma,
- einen Brahmanen aus Veṭhadīpa und
- die Mallas von Pāvā.
- Den Mallas von Kusināra verblieb das restliche Achtel.

Als die Knochenreliquien bereits vergeben waren, erschien ein Bote auch von den Moriya aus Pipphalivana und bat um einen Anteil. Er konnte nur noch mit einem Aschenrest vom Scheiterhaufen zufriedengestellt werden. Den Tontopf, in dem die Reliquien nach der Verbrennung bis zur Verteilung aufbewahrt worden waren, nahm Doṇa an sich (D 16,6,24–26). Alle zehn Empfänger von Reliquien oder Souvenirs bestatteten ihren Anteil in Stūpas (D 16,6,27).

Die Schriftzeile in Brāhmī-Lettern auf der Deckelurne von Piprāvā ist die ältest erhaltene Inschrift Indiens. Sie lautet: »Diese Urne mit Reliquien des erhabenen Buddha aus dem Sakiya(-Stamm) ist eine Stiftung des Sukiti und seiner Brüder mitsamt Schwestern, Söhnen und Frauen.«

Bisher sind zwei der Reliquienurnen entdeckt und archäologisch erforscht worden. Die auf dem Deckel mit einer Widmungsinschrift versehene, kugelförmige kleine Urne, die die Sakiyas im heutigen Piprāvā (Kapilavatthu II) beisetzten, befindet sich im Indian National Museum in Kalkutta, jedoch ohne die Asche, die vor Jahrzehnten dem König von Thailand (Siam) übergeben worden ist. Die Deckelschale, in der die Licchavī ihren Reliquienanteil bestatteten, wurde 1958 in Vesāli ausgegraben. Sie enthält Knochenreste, Asche und Beigaben und ist heute in der Obhut des Department of Archaeology and Museums der Landesregierung von Bihār in Patna.

Kusinārа – die archäologische Stätte

Nach dem Urteil des Bhikkhu Ānanda war die Malla-Stadt Kusinārа nicht mehr als »ein hinterwäldlerisches und provinzlerisches Lehmhüttenstädtchen« (D 16,5,17); heute ist nicht die geringste Spur von ihr zu entdecken. Der Name Kusinārа bezeichnet allein die archäologischen Monumente der Parinibbāna-Stätte, die man am günstigsten von Gorakhpur mit dem Auto oder Bus erreicht. Die Fahrstrecke ist 55 km lang und führt genau nach Osten. Zwei Kilometer vor dem Dorf Kasia biegt man nach Süden ab und erreicht die Sterbestätte des Buddha, den Sāla-Hain, nach 500 m. Die Bemühung der indischen Regierung um Wiederaufforstung des Geländes mit Sāla-Bäumen zeigt Anfänge eines Erfolges.

Das augenfälligste Monument am Ort ist der etwa 20 m hohe Nibbāna-stūpa, dessen mehrfach neu ummantelter Kern aus dem 3. Jh. n. Chr. stammen könnte und der 1927 zu seiner jetzigen Form einer hochgesetzten Halbkugel restauriert wurde. Seine einstige Höhe wird auf 45 m geschätzt. Vor ihm, auf derselben rechteckigen Plattform ruhend,

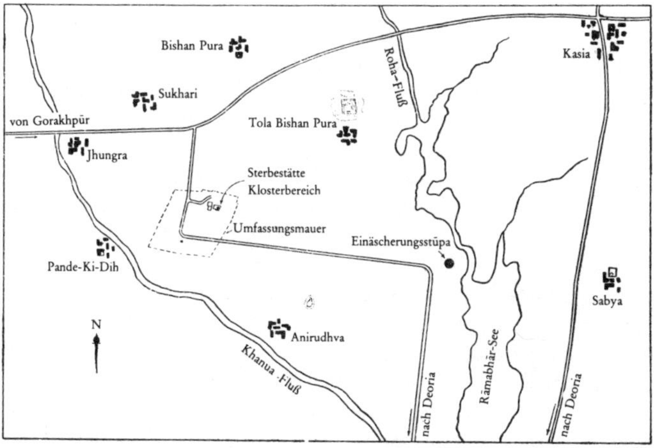

Kusinārа, skt: Kuśinagara, Gesamtübersicht

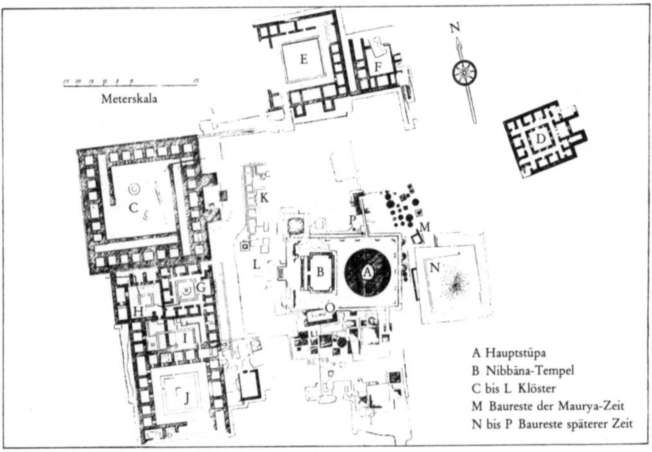

Kusinārā, skt.: Kuśinagara, der Ort des Parinibbāna des Buddha.

befindet sich der 1956 rekonstruierte Nibbāna-Tempel, eine Halle mit Tonnendach nach dem Vorbild der frühen Spantenbau-Vihāras. Sie birgt eine aus dem 5. Jh. stammende, 6,20 m lange Sandsteinskulptur des sterbenden, auf der rechten Körperseite liegenden Buddha.

Westlich, nördlich und nordöstlich von diesen beiden Monumenten erstrecken sich die Überreste mehrerer Klöster, deren ältestes im 3. Jh. n. Chr., deren jüngstes im 12. Jh. entstand. Die Grundmauern sind stellenweise bis etwa in Schulterhöhe erhalten und lassen den ehemaligen Innenhof und die um diesen herum angeordneten Zellen erkennen. Einige der Bauten erlauben durch die Mächtigkeit ihres Ziegelmauerwerks den Schluß, daß sie ursprünglich mehrstöckig waren.

Archäologische Untersuchungen haben ergeben, daß der Komplex etwa im 4./5. Jh. einem Feuer zum Opfer gefallen ist. Der chinesische Pilger Fa-hsien fand im 5. Jh. noch ein paar Mönche am Ort vor, der chinesische Reisende Hsüan-tsang beschreibt den Platz im 7. Jh. als zerstört und verlassen. Später belebte er sich wieder, zwischen dem 9. und 12. Jh. entstanden einige weitere Klöster. Im 13. Jh. scheint die religiöse Aktivität hier endgültig zum Erliegen gekommen zu sein.

Der Stūpa, der die Stelle der Einäscherung des Buddha und der Verteilung seiner Reliquien markiert, liegt 1,5 km östlich des Nibbānastūpa und wird von den Anwohnern der Gegend als (Skt.) Aṅgāra- (»Aschen-«) stūpa oder, nach dem an seiner Ostseite gelegenen langgestreckten See, (H) Rāmabhār-ṭila (»R.-Hügel«) genannt. Er steht auf einem flachen Sockel und mißt im Durchmesser 34 m. Seine einstige Höhe ist nicht mehr feststellbar, denn Schatzsucher und Ziegelplünderer vieler Jahrhunderte haben den oberen Teil abgetragen. Man kann den Ziegelberg hinaufsteigen und findet auf seiner Spitze kleine Steinmale, die fromme Pilger, darunter viele Tibeter, als Zeichen ihrer Verehrung für den großen Lehrer dort aufgeschichtet haben. Mag der Stūpa archäologisch unbedeutend sein, für den mit der Lebensgeschichte des Buddha vertrauten Besucher gehört er zu den Denkmälern, die das Gemüt besonders bewegen.

Danach

Konzile und Kanon

Der Scheiterhaufen des Buddha war kaum verloschen, als sich die Mönche fragten, wie es nun weitergehen solle. Zumal Mahākassapa machte sich darüber Gedanken, denn ihm klang noch die Bemerkung des Subhadda im Ohr, nach dem Tod des großen Samaṇa könnten die Bhikkhus endlich tun und lassen, was sie wollten. Mahākassapa rief deshalb die Mönche zusammen:

> Laßt uns, Ehrwürdige, den Dhamma und den Vinaya gemeinsam aufsagen, damit nicht falsche Lehren und Regeln aufkommen und Irrlehrer auftreten während die Sachkenner zu schwach werden.
> (Cv 11,1,1 gerafft)

Die Anregung zur Abhaltung eines Konzils *(saṅgīti)* und die Beschreibung seiner Arbeitsweise hatte der Buddha selbst geliefert als er einmal dem Novizen Cunda die Methode der kollektiven Selbstführung des Saṅgha beschrieb:

> Cunda, ihrjenigen, denen ich die von mir erkannten Wahrheiten dargelegt habe, müßt in Gemeinschaft zusammenkommen und zusammen die Lehre aufsagen und darüber nicht in Streit geraten, sondern Bedeutung mit Bedeutung, Satz für Satz vergleichen, damit diese reine Lehre lange Zeit existiere und fortdauere zum Nut-

zen und Segen der Vielen, aus Liebe für die Welt, zum Nutzen, Gewinn und Wohl für Götter und Menschen. (D 29,17)

Die Bhikkhus griffen Mahākassapas Vorschlag zur Abhaltung eines Konzils sofort auf. Er möge die Teilnehmermönche bestimmen, baten sie ihn, aber er dürfe Ānanda nicht auslassen. Dieser sei zwar noch ein Lernender, befinde sich aber auf dem rechten Weg, von dem er nicht mehr abfallen könne, und habe sich unter dem Buddha profunde Kenntnisse des Dhamma und des Vinaya angeeignet.

Die besondere Empfehlung Ānandas als Konzilteilnehmer hatte ihren Grund. Es war im Saṅgha bekannt, daß es zwischen dem kompromißlosen Mahākassapa und dem weichherzigen Ānanda wiederholt Meinungsverschiedenheiten gegeben hatte. Da Ānanda von Zeit zu Zeit Nonnen unterwies, worin Kassapa eine Gefühlsverstrickung Ānandas argwöhnte, hatte Kassapa ihm einst eine disziplinarische Befragung durch die Ordensversammlung angedroht (S 16,10,13). Bei einer weiteren Gelegenheit hatte er den alten Ānanda, weil von ihm betreute Novizen aus dem Orden wieder ausgetreten waren, in Hörweite von Bhikkhunīs als »Jüngelchen« *(kumāraka)* tituliert (S 16,11,7). Andererseits konnte auch Mahākassapa nicht bestreiten, daß Ānanda mehr Lehrreden des Buddha gehört und behalten hatte als jeder andere Bhikkhu. Im Interesse der Sache nahm er ihn deshalb in die Gruppe der Konzilanten auf. Angeblich umfaßte die Liste fünfhundert Mönche, alles Theras (Cv 11,1,2), d. h. Bhikkhus mit einem Ordinationsalter von zehn und mehr Jahren.

Es war wohl noch in Kusināra, daß die Ordensversammlung Mahākassapas Liste der Konzilteilnehmer billigte und sich für Rājagaha als Abhaltungsort der Synode entschied. Als Termin wurde die bevorstehende Regenzeit (483 v. Chr.) festgesetzt. Andere Bhikkhus als die ausgesuchten fünfhundert sollten für den Monsun in Rājagaha nicht zugelassen werden, damit das Konzil nicht gestört würde.

In der Magadha-Hauptstadt eingetroffen, brachten die Bhikkhus einen Monat damit zu, sich Regenhütten zu errichten und verfallene ältere Vihāras wieder instandzusetzen. Daß sie nach der langen Wanderung von Kusināra nach Rājagaha und vor dem Ausbruch des Monsun (gewöhnlich Mitte Juni) noch so viel Zeit hatten, ist ein weiterer Hinweis darauf, daß das Parinibbāna des Buddha auf März oder April 483 angesetzt werden muß. Endlich war alles und waren alle für das Konzil be-

reit – ausgenommen Ānanda, der noch nicht die Heiligkeit erlangt hatte. Beschämt darüber meditierte er fast die ganze Nacht, bis ihm in der Morgenfrühe vor dem Konzilbeginn, als er sich noch etwas Ruhe gönnen wollte, plötzlich »zwischen dem Abheben der Füße vom Boden und dem Niederlegen des Kopfes auf dem Bett« die Vernichtung der Einflüsse *(āsava)* und Befreiung von der Wiedergeburt zuteil wurde (Cv 11,1,3–6). Nun war auch er ein Heiliger *(arahant)*, was die Bedeutung der Synode natürlich erhöhte. Möglicherweise war die Aufwertung des Konzils überhaupt der Grund dessentwegen man dem alten Bhikkhu, der es in 44 Ordensjahren nicht zur Erlösung gebracht hatte, so kurz vor dem Konzil die Heiligkeit zusprach.
Kommentarwerken zufolge fand die Kodifikationsversammlung der Fünfhundert in der Sattapaṇṇi-Höhle am Vebhāra-Berg (heute Vaibhāra), dem nordwestlichen der Rājagaha umschließenden Berge statt; die kanonischen Berichte enthalten diese Angabe nicht. Sollte sie zutreffen, muß man an der ohnehin nicht wörtlich zu nehmenden Zahl der Konzilteilnehmer verstärkte Zweifel anmelden, denn fünfhundert Bhikkhus haben weder in noch vor der Höhle Platz.
Im Lauf der folgenden sieben Monate fragte Mahākassapa den Bhikkhu Upāli auf die Ordensregeln *(vinaya)* und den Bhikkhu Ānanda auf die Lehrreden *(sutta)* des Buddha ab (Cv 11,1,7–8). Schwieg die Synode, galt die von Upāli oder Ānanda referierte Äußerung des Meisters als korrekt wiedergegeben und war damit als kanonisch anerkannt. Jeder der anwesenden Mönche war aufgefordert, Einwürfe oder Ergänzungen zu machen oder von ihm selber erinnerte Buddhaäußerungen zu Protokoll zu geben. Niedergeschrieben wurde der so festgelegte Kanon nicht, er wurde dem Gedächtnis eingeprägt. Der Schrift bediente sich Altindien nur bei Rechtsvereinbarungen und Verträgen, also bei relativ kurzlebigen Dokumenten, die zu memorieren sich nicht lohnte. Der Daseinsbewältigung dienende Texte hingegen wurden auswendig im Kopf behalten, so daß man sie jederzeit zitierbereit hatte. Sie wurden durch Vorsprechen und Wiederholenlassen an jüngere Mönchsgenerationen weitergegeben.
Die Differenzen zwischen Mahākassapa und Ānanda drohten wieder aufzubrechen als Ānanda während des Konzils die Äußerung des Buddha (D 16,6,3) anführte, nach seinem, des Buddha Tod könnten die Mönche, falls sie wollten, die nur Kleinigkeiten betreffenden diszi-

plinären Regeln *(sikkhāpada)* abschaffen. Sogleich faßte Kassapa nach: »Hast du, Ānanda, den Erhabenen gefragt, welche Regeln das sind?« – »Nein, das habe ich nicht«, mußte Ānanda zugeben. Darauf entspann sich ein Disput, was man wohl unter solchen Kleinregeln zu verstehen habe. Endlich schlug Kassapa den Versammelten vor, alle Regeln beizubehalten, damit die Laienbekenner nicht glaubten, der Orden sei nach dem Tod des Stifters lax geworden. Durch Schweigen nahm die Synode den Vorschlag an (Cv 11,1,9). Ānandas Versäumnis bildete freilich noch einige Zeit ein Gesprächsthema und führte, wie immer in solchen Fällen, dazu, daß auch andere Fehlhandlungen des alten Bhikkhu in Erinnerung gerufen wurden. Um des Friedens willen bekannte Ānanda sich formal schuldig (Cv 11,1,10).

Die Sprache, die das Rājagaha-Konzil verwendete und in der es das Buddhawort kanonisierte, war Pāli, eine gehobene Form der Māgadhī, die mundartliche Formen mied und ihr Vokabular durch Ausdrücke aus verwandten Sprachen Indiens angereichert hatte. Das Pāli war eine Verkehrssprache, die nur der Gebildete sprach, die aber auch der einfache Mann verstand. Die nordindischen Herrscher benutzten sie als Verwaltungs- und Gerichtssprache, weswegen sie dem Rāja-Sohn Siddhattha Gotama von Jugend an geläufig war. Auch Upāli und Ānanda sprachen sie vermutlich fließend. Im Gegensatz zum Pāli war Sanskrit weniger im Alltag als in Brahmanenkreisen zu Hause. Dies war der Grund, warum der Buddha das Ansinnen zweier Brahmanen, den Dhamma in Sanskrit und in Verse zu fassen, abgelehnt und verfügt hatte: »Ich ordne an, das Buddhawort in seiner (d. h. Gotamas) eigenen Sprache zu lernen« (Cv 5,33,1). Nicht weil es seine, sondern weil es eine universelle Sprache war, hielt er am Pāli fest.

Das Konzil war gerade beendet, die Urfassung des Pāli-Kanons festgelegt, als der Bhikkhu Purāṇa mit einer Freundesschar zum Almosensammeln nach Rājagaha kam. Stolz auf ihre geleistete Arbeit ersuchten ihn die Konzilmönche, dem von ihnen kodifizierten Text zuzustimmen. Purāṇa indes erwiderte: »Die Ordensälteren haben die Lehre und die Ordenszucht gut aufgesagt (und) kanonisiert, ich aber möchte sie so im Gedächtnis behalten wie ich sie selbst vom Erhabenen gehört und empfangen habe« (Cv 11,1,11). Das heißt nicht unbedingt, daß es zwischen seiner Auffassung des Dhamma und der der Synode sachliche Unterschiede gab. Vermutlich muß man Purāṇas Worte subjektiv auslegen: Warum sollte ich, der ich den Meister habe sprechen hören und unter dem unmittelbaren Eindruck seiner Persönlichkeit stehe, warum sollte ich mir eine literarische Festlegung aus zweiter Hand zu eigen machen?

Hundert Jahre nach dem Ersten Konzil, also 383 v. Chr., unterzog ein Zweites Konzil den Urkanon einer Revision. Anlaß dieses Konzils waren Unstimmigkeiten über die Ordenszucht. Nach längerem Hin und Her entschied ein Komitee gegen die Zulässigkeit von zehn vorgeschlagenen Neuerungen, und um diese Entscheidung zu bekräftigen rezitierte eine Synode von siebenhundert Theras unter dem Vorsitz des Bhikkhu Revata in Vesāli acht Monate lang den Kanon erneut (Cv 12,12,8–9). Zur Verdeutlichung ihres Festhaltens an der Tradition nannten sich die Konzilteilnehmer selbst Theravādins, »Anhänger der Lehre der Alten«. Die Neuerer, die behaupteten in der Mehrheit zu sein, gaben sich den Namen Mahāsāṅghikas, »Angehörige der großen Gemeinde«. Aus dem Mahāsāṅghika entwickelte sich etwa um die Zeitwende das Mahāyāna, das »Große Fahrzeug«.

Hatte das Erste Konzil seine Aufgabe darin gesehen, die Aussagen des Buddha getreu festzuhalten und für die Gemeinde der Zukunft zu kodifizieren, so sichtete oder besser: audierte das Zweite Konzil die Textmasse unter gewissen Redaktionsgesichtspunkten. Ungeachtet des Buddhawortes »keiner weiß alles« (M 90 II p. 127) war es der Synode wichtig, Gotamas Allwissenheit zu belegen, die ihm ihrer Überzeugung nach mit seiner Erleuchtung *(bodhi)* zum Buddha aufgegangen war. Sie glaubten deshalb, Hinweise des Urkanons auf Erkenntnisfortschritte des Meisters tilgen und divergierende Äußerungen aus der frühen und der späten Phase seines Lebens harmonisieren zu müssen. Zum Glück verfuhren sie dabei nicht allzu sorgfältig, so daß die Indologie noch Anhaltspunkte hat, Gotamas geistige Entwicklung zu erschließen. Um die Allwissenheit des Buddha im Kanon deutlicher zu machen, nahmen sie z. T. skurrile Textredaktionen vor, derart, daß dem Meister das, was ihm erst mitgeteilt werden sollte, bereits bekannt gewesen sei. Als z. B. der Arzt Jīvaka ihm eine Medizin verordnete, wußte Gotama schon, was ihm verschrieben werden würde; gleichwohl wartete er die Verordnung ab.

Des weiteren ist dem Vesāli-Konzil unter Revata die Aufblähung der kanonischen Textmasse zuzuschreiben. Durch das hundertjährige

Memorieren und mündliche Weiterreichen des Urkanons waren viele Passagen zu Wortblöcken erstarrt. Beim Audieren des Kanons wurden diese Wortblöcke überall dort, wo sie dem Thema relevant schienen, in den Text eingeschoben, ohne Rücksicht darauf, daß dies zuweilen den gedanklichen Faden verhedderte. Letztlich reicherte das Zweite Konzil den Kanon um Material an, das außerhalb der urkanonischen Textmasse tradiert worden war.

Ein Drittes Konzil fand unter dem Patronat des großen indischen buddhistischen Kaisers Asoka Moriya (Skt: Aśoka Maurya) im Jahr 253 v. Chr. in Pāṭaliputta (Patna) statt. Den Vorsitz der tausendköpfigen Synode hatte Moggaliputta Tissa. In neunmonatiger Arbeit revidierte das Konzil den theravādischen Kanon aufs Neue und fügte den beiden Sammlungen »Vinaya« und »Sutta« ein scholastisches Werk an. Durch weiter dazukommende scholastische Bücher entstand in den folgenden zwei Jahrhunderten schließlich als dritte Sammlung der »Abhidhamma«. Man bezeichnet die drei Textsammlungen als »Körbe« *(piṭaka)* und spricht vom Pāli-Kanon oft als dem Dreikorb *(tipiṭaka)*.

Der erfolgreichen Missionstätigkeit Asokas (Alleinherrscher 269–232 v. Chr.) ist es zu danken, daß uns der Pāli-Kanon bewahrt geblieben ist. Asoka war es, der durch seinen Sohn Mahinda die Insel Ceylon (Laṅkā) zum Buddhismus bekehrte und damit dem Dhamma des Buddha eine Heimat schuf, in der er alle historischen Krisen überdauerte. In den Klöstern der Insel wurde der Kanon in der Pāli-Sprache im Gedächtnis bewahrt, bis die Mönche ihn im 1. Jahrhundert v. Chr. auf den getrockneten Blättern der Talipot-Palme (corypha umbraculifera) niederschrieben (Dv 20,20f.; Mhv 33,100f.). Das Felsenkloster Aluvihāra (P: Ālokavihāra), wo dies geschah, liegt 3 km nördlich von Matale. Wenn der Besucher Śrī Laṅkās nach der Besichtigung Kandys im Auto nach Norden reist, sollte er nicht versäumen, hinter Matale einen dankbaren Blick nach links auf den großen Felsen des Aluvihāra zu werfen, wo vor zweitausend Jahren die zeitlose Lehre des Buddha schriftlich fixiert wurde.

Anhang

Zur Aussprache und Betonung indischer Wörter

1. Aussprache

Lautzeichen		gesprochen wie
c	=	tsch
j	=	dsch
ñ	=	nj
v	=	w
s	=	ß
ś und ṣ	=	sch
ṛ	=	ri

Bei den aspirierten Konsonanten kh, gh, ch, jh, th, dh, ph und bh wird das h deutlich als Hauchlaut mitgesprochen.
Die Aussprache der übrigen Konsonanten ist wie im Deutschen.

2. Vokallängen

Die Vokale a, i und u werden kurz gesprochen. Lange Vokale tragen Dehnungszeichen: ā, ī, ū. Immer lang zu sprechen sind e und o. Die Längen dienen in indischen Sprachen der Wortunterscheidung, z. B. *phala* = Frucht, *phāla* = Pflugschar.

3. Betonung

a) – In drei- und mehrsilbigen Wörtern, die keinen gedehnten Vokal in der vorletzten Silbe haben, liegt der Ton *meist* auf der drittletzten Silbe: S*i*ddhattha, S*a*kiya, *U*ddaka, K*a*ssapa, V*a*ruṇa, M*a*gadha, V*i*naya, kh*a*ttiya, Up*a*niṣad.

– Langvokaliger Wortauslauf ändert an dieser Regel nichts: L*u*mbinī, L*i*cchavī, V*a*jirā, p*a*bbajā, upas*a*mpadā, vip*a*ssanā.

– Die Regel gilt *immer,* wenn die drittletzte Silbe e, o oder einen anderen langen Vokal aufweist: Pas*e*nadi, R*e*vata, G*o*tama, Suddh*o*dana, Yas*o*dhara, K*o*sala, K*o*sambī, K*o*liya, M*o*riya, R*o*hinī, G*o*rakhpur, K*o*ndañña, R*ā*hula, *Ā*nanda, S*ā*vatthī, N*ā*landa, J*ā*taka.

b) – Bei Komposita behält meist jedes Wortelement seinen Eigenakzent: *A*mbav*a*na, *A*ṅgulim*ā*la, K*a*pilav*a*tthu, M*a*jjhimanik*ā*ya, K*e*sap*u*tta, S*ā*rip*u*tta, An*ā*thap*i*ṇḍika, Aj*ā*tas*a*ttu, Jetav*a*na, R*ā*jag*a*ha, G*i*jjhak*ū*ṭa, *I*sig*i*li.

c) – Hat die vorletzte Silbe einen langen Vokal, erhält sie die Betonung: Bimbis*ā*ra, Nibb*ā*na, Moggall*ā*na, Vis*ā*khā, Pajjota.

Abkürzungen

A	Aṅguttaranikāya
BAU	Bṛhadāraṇyaka-Upaniṣad
ChU	Chāndogya-Upaniṣad
Cv	Cullavagga des Vin
D	Dīghanikāya
Dhp	Dhammapada
Dv	Dīpavaṃsa
H	Hindī
Itiv	Itivuttaka
Jāt	Jātakam
Khp	Khuddakapātha
M	Majjhimanikāya
Mhv	Mahāvaṃsa
Mv	Mahāvagga des Vin
P	Pāli
Par	Parivāra des Vin
PTS	Pāli Text Society, London
Ṛv	Ṛgveda
S	Saṃyuttanikāya
ŚBr	Śatapatha-Brāhmaṇa
Skt	Sanskrit
Snip	Suttanipāta
Sv	Suttavibhaṅga des Vin
TBr	Taittirīya-Brāhmaṇa
Thag	Theragāthā
Thīg	Therīgāthā
Ud	Udāna
Vin	Vinayapiṭaka
Vism	Visuddhimagga des Buddhaghosa.

Benutzt wurden die Textausgaben der Londoner Pāli Text Society (PTS). In den meisten Fällen reicht die Angabe der Kapitel- und Abschnitteinteilung zum Auffinden der herangezogenen Stelle aus. Auf die Editio verwiesen wird nur bei wenig unterteilten Texten. Die römische Ziffer gibt deren Band, die dann folgende arabische Ziffer die Seite an. Auf die Nennung von Parallelstellen wurde verzichtet.

Literatur

Alle wichtigen Werke des Vinaya- und Suttapiṭaka liegen in europäischen Übertragungen vor, am vollständigsten in englischer Sprache (PTS-Reihen »Sacred Books of the Buddhists« und »PTS Translation Series«). Deutsche Übersetzer haben sich lediglich dem Suttapiṭaka gewidmet. Neben dem monumentalen Übersetzungswerk von K. E. Neumann (D,M,Dhp,Snip,Thag,Thīg), das den Buddhismus im deutschsprachigen Raum bekanntgemacht hat, aber wegen sprachlicher Exaltiertheit und zahlloser Ungenauigkeiten heute nicht mehr empfohlen werden kann, liegen Verdeutschungen vor von P. Dahlke (D,M,Dhp), J. Dutoit (Jāt), R. O. Franke (D,Dhp), W. Geiger (S), Nyānaponika Thera (S,Snip,A), Nyānatiloka Thera (A), K. Schmidt (M,Dhp) und K. Seidenstücker (Ud,Itiv,Khp). Auszugsweise Übersetzungen und Anthologien haben ferner geliefert H. Beckh, E. Frauwallner, H. v. Glasenapp, H. Oldenberg. M. Winternitz u. a. Bibliographische Angaben zu den deutschen Übersetzungen gibt

H. Hecker: *Der Pāli-Kanon – Ein Wegweiser durch Aufbau und deutsche Übersetzungen der heiligen Schriften des Buddhismus* (horae subsicivae philosophiae, Bd. 1), Hamburg 1965.

Altindische Biographien
Außer den biographischen Aussagen des Pāli-Kanons gibt es vier indische Buddhabiographien; alle sind stark legendär:

1. Nidānakathā (= Einleitg. zu den Jātakas), aus dem Pāli übersetzt von T. W. Rhys Davids in: *Buddhist Birth Stories,* PTS ²1925; Übersetzung ins Deutsche: J. Dutoit: *Jātakam,* Bd. 7, München 1921

2. Mahāvastu, aus dem Sanskrit übersetzt von J. J. Jones: *The Mahāvastu*, 3 Bde., London 1949–56
3. Lalitavistara, aus dem Sanskrit ins Französische übersetzt von Ph. E. Foucaux: *Lalitavistara*, 2 Bde., Paris 1884–92;
Teilübersetzung (5 Kapitel) ins Deutsche von S. Lefmann: *Lalitavistara, Erzählung von dem Leben und der Lehre des Śākya Siṁha*, Berlin 1874
Teilübersetzung (15 Kapitel) ins Englische von R. L. Mitra, Kalkutta 1881–86
4. Buddhacarita des Aśvaghosa, aus dem Sanskrit ins Deutsche übersetzt von R. Schmidt: *Buddha's Leben – Ein altindisches Heldengedicht des 1. Jh. n. Chr.*, Hannover 1923.

Moderne Biographien

J. Bacot: *Le Bouddha*, Paris 1947

A. Bareau: *Le Bouddha*, Paris 1962

E. H. Brewster: *The Life of Gotama the Buddha, compiled exclusively from the Pāli Canon*, London ²1956

M. B. Byles: *Footprints of Gautama the Buddha, being the Story of the Buddha his Disciples knew, describing Portions of his ministerial Life*, Wheaton Ill. ²1972

J. Dutoit: *Das Leben des Buddha – Eine Zusammenstellung alter Berichte aus den kanonischen Schriften der südlichen Buddhisten*, München-Neubiberg 1906

A. Foucher: *La Vie du Bouddha d'après les textes et les monuments de l'Inde*, Paris 1949;
gekürzte Übers. ins Englische: *The Life of the Buddha according to the ancient Texts and Monuments of India*, Middletown Conn. 1963

H. Hecker: *Das Leben des Buddha – Der innere und äußere Lebensgang des Erwachten, dargestellt nach den ältesten indischen Quellen*, Hamburg 1973

D. Ikeda: *The living Buddha – An interpretive Biography*, New York/Tokyo 1976

J. Lehmann: *Buddha – Leben, Lehre, Wirkung*, München 1980

Bhikkhu Ñāṇamoli: *The Life of the Buddha as it appears in the Pāli Canon*, Kandy 1972

J. Naudou: *Buddha*, Gütersloh 1973

H. Oldenberg: *Buddha, sein Leben, seine Lehre, seine Gemeinde*, Stuttgart ^{13}1959
M. Percheron: *Buddha in Selbstzeugnissen und Bilddokumenten*, Rowohlts Monographien Bd. 12, Hamburg ^{6}1972
M. Pye: *The Buddha*, London 1979
R. Raven-Hart: *Where the Buddha trod, A Buddhist Pilgrimage*, Colombo ^{2}1966
C.A.F. Rhys Davids: *Gotama the Man*, London 1928
E. J. Thomas: *The Life of the Buddha as Legend and History*, London ^{6}1960
K. D. P. Wickremesinghe: *The Biography of the Buddha*, Colombo 1972

Geographie des Buddhalandes, Städte der Zeit

B. C. Law: *Geography of Early Buddhism*, Varanasi ^{2}1973
B. N. Puri: *Cities of Ancient India*, Meerut/Delhi/Calcutta 1966
D. Schlingloff: *Die altindische Stadt, eine vergleichende Untersuchung* (Abhandlungen der Akademie der Wissenschaften und der Literatur, Bd. 5), Mainz/Wiesbaden 1969

Sozialverhältnisse Altindiens, Alltagsleben

J. Auboyer: *Daily Life in Ancient India from 200 B.C. to 700 A.D.*, London 1965
A. L. Basham: *The Wonder that was India – A Survey of the Culture of the Indian Sub-Continent before the Coming of the Muslims*, London 1954
A.P. de Zoysa: *Indian Culture in the Days of the Buddha*, Colombo 1955
M. Edwardes: *Everyday Life in Early India*, London 1969
R. Fick: *Die sociale Gliederung im nordöstlichen Indien zu Buddhas Zeit*, Graz ^{2}1974
D.D. Kosambi: *Ancient India – A History of its Culture and Civilisation*, New York 1965
G. S. P. Misra: *The Age of Vinaya – A Historical and Cultural Study*, New Delhi 1972
T. W. Rhys-Davids: *Buddhist India*, Calcutta ^{7}1957
N. Wagle: *Society at the Time of the Buddha*, Bombay 1963

Staat und Politik der Buddhazeit

B. C. Law: *The Magadhas in Ancient India,* Delhi [2]1976
Y. Mishra: *An Early History of Vaiśālī,* Delhi 1962
V. Pathak: *History of Kośala up to the Rise of the Mauryas,* Delhi 1963
W. Rau: *Staat und Gesellschaft im alten Indien,* Wiesbaden 1957
B. C. Sen: *Studies in the Buddhist Jātakas,* Calcutta 1974
J.P. Sharma: *Republics in Ancient India c. 1500 B.C. – 500 A.C.,* Leiden 1968

Saṅgha und Kultureinfluß des Buddhismus, Konzile

D. K. Barua: *Vihāras in Ancient India – A Survey of Buddhist Monasteries,* Calcutta 1969
B. N. Chaudhury: *Buddhist Centres in Ancient India,* Calcutta 1969
N. Dutt: *Buddhist Sects in India,* Calcutta 1970
N. Dutt: *Early Monastic Buddhism,* Calcutta [2]1960
S. Dutt: *The Buddha and Five After Centuries,* London 1957
S. Dutt: *Buddhist Monks and Monasteries of India – Their History and their Contribution to Indian Culture,* London 1962
M. Edwardes: *In the Blowing out of a Flame – The World of the Buddha and the World of Man,* London 1976
I. B. Horner: *Women under primitive Buddhism – Laywomen and Almswomen,* Delhi [2]1975
T. Ling: *The Buddha – Buddhist Civilisation in India and Ceylon,* London 1973
P. Olivelle: *The Origin and the Early Development of Buddhist Monachism,* Colombo 1974
L. de la Vallee Poussin: *The Buddhist Councils,* Calcutta [2]1976
M. Weber: *Hinduismus und Buddhismus* (Wirtschaftsethik) (Gesammelte Aufsätze zur Religionssoziologie Bd. 2), Tübingen [5]1972

Buddhistisches Recht

D. N. Bhagvat: *Early Buddhist Jurisprudence – Theravāda Vinaya-Laws* (Studies in Indian History of the Indian Historical Research Institute vol. 13), Bombay 1939
S. Dutt: *Early Buddhist Monachism,* Bombay [2]1960

H. Hecker: *Allgemeine Rechtsgrundsätze in der buddhistischen Ordensverfassung* (Vinaya) (in: »Verfassung und Recht in Übersee«, 10. Jgg, Heft 1), Hamburg 1977

Buddhismus-Lexika

Ch. Humphreys: *A popular Dictionary of Buddhism*, London 1962
T. O. Ling: *A Dictionary of Buddhism – A Guide to Thought and Tradition*, New York 1972
G. P. Malalasekera: *Dictionary of Pāli Proper Names*, 2 Bde., London ²1960
G. P. Malalasekera (Ed.): *Encyclopaedia of Buddhism* (im Erscheinen begriffen, vorgesehen 15000 Seiten, bisher erschienen 3 Bde.), Colombo 1961 ff.
Nyānatiloka Mahāthera: *Buddhistisches Wörterbuch – kurzgefaßtes Handbuch der buddhistischen Lehren und Begriffe*, Konstanz 1952
C. S. Upasak: *Dictionary of Early Buddhist Monastic Terms – based on Pāli Literature*, Varanasi 1975

Die Lehre des Buddha

A. Bareau: *Die Religionen Indiens* Bd. 3: *Buddhismus, Jinismus, Primitivvölker* (Die Religionen der Menschheit Bd. 13), Stuttgart 1964
E. Conze: *Der Buddhismus – Wesen und Entwicklung* (Urban-Bücher Bd. 5), Stuttgart ³1962
E. Conze: *Buddhist Thought in India*, London 1962
E. Frauwallner: *Geschichte der indischen Philosophie Bd. 1*, Salzburg 1953
R. A. Gard (Ed.): *Der Buddhismus* (Die großen Religionen der Welt), Genf 1972
H. von Glasenapp: *Die Weisheit des Buddha*, Baden-Baden 1946
H. von Glasenapp: *Der Buddhismus – eine atheistische Religion*, München ²1966
A. Govinda: *Die psychologische Haltung der frühbuddhistischen Philosophie*, Zürich 1962
K. N. Jayatilleke: *Early Buddhist Theory of Knowledge*, Delhi ²1980
W. Rāhula: *Was der Buddha lehrt*, Zürich 1963

C. Regamey: *Der Buddhismus Indiens* (Enzyklopädie Der Christ in der Welt, XVII Bd. 6), Aschaffenburg 1964
Bhikshu Sangharakshita: *Die Drei Kleinode – eine Einführung in den Buddhismus*, München 1971
D. Schlingloff: *Die Religion des Buddhismus*, 2 Bde. (Slg. Göschen Nr. 174 u. 770), Berlin 1962–63
U. Schneider: *Einführung in den Buddhismus*, Darmstadt 1980
H. W. Schumann: *Bedeutung und Bedeutungsentwicklung des Terminus ›saṁkhāra‹ im frühen Buddhismus*, (Dissertation) Bonn 1957
H. W. Schumann: *Buddhismus – Stifter, Schulen und Systeme*, Olten/Freiburg ³1981
A. K. Warder: *Indian Buddhism*, Delhi 1970

Monographien und Handbücher zu anderen Religionen der Buddhazeit

A. L. Basham: *The Ājīvikas – a vanished Indian Religion*, London 1951
K. K. Dixit: *Early Jainism*, Ahmedabad 1978
J. Dowson: *A classical Dictionary of Hindu Mythology and Religion, Geography, History and Literature*, London ⁷1950
P. S. Jaini: *The Jaina Path of Purification*, Delhi/Varanasi/Patna 1979
G. Liebert: *Iconographic Dictionary of the Indian Religions, Hinduism – Buddhism – Jainism*, Leiden 1976
W. Schubring: *The Doctrine of the Jainas described after the old Sources*, Delhi ²1978
M. and J. Stutley: *A Dictionary of Hinduism – its Mythology, Folklore and Development 1500 B.C. – A.D. 1500*, Bombay/New Delhi/Calcutta/Madras/Bangalore 1977
B. Walker: *Hindu World – an encyclopaedic Survey of Hinduism*, 2 Bde., London 1968

Archäologie des Buddhismus

D. Mitra: *Buddhist Monuments*, Calcutta 1971
B. K. Rijal: *Archaeological Remains of Kapilavastu, Lumbini and Devadaha*, Kathmandu 1979
D. Valisinha: *Buddhist Shrines in India*, Colombo 1948

Flora und Fauna Indiens
S. Ali: *The Book of Indian Birds*, Bombay [6]1961
E. Blatter/W. S. Millard: *Some beautiful Indian Trees*, Bombay [4]1977
D. V. Cowen: *Flowering Trees and Shrubs of India*, Bombay [6]1970
Ch. McCann: *100 Beautiful Trees of India*, Bombay [3]1966
S. H. Prater: *The Book of Indian Animals*, Bombay [3]1971

Namen- und Sachregister

Daten sind unter dem Stichwort »Jahresereignisse«, Baumarten, Flüsse und Klöster jeweils unter dem Sammelbegriff aufgeführt.